机关事务管理导论

任晓春 ◎ 主编

中国劳动社会保障出版社

图书在版编目(CIP)数据

机关事务管理导论 / 任晓春主编. -- 北京：中国劳动社会保障出版社，2024. --ISBN 978-7-5167-6575-3

Ⅰ.D630.1

中国国家版本馆 CIP 数据核字第 20247M98S9 号

中国劳动社会保障出版社出版发行

（北京市惠新东街 1 号　邮政编码：100029）

*

河北虎彩印刷有限公司印刷装订　　新华书店经销

787 毫米 ×1092 毫米　16 开本　21.25 印张　403 千字
2024 年 11 月第 1 版　　2025 年 1 月第 2 次印刷

定价：66.00 元

营销中心电话：400-606-6496

出版社网址：https://www.class.com.cn

版权专有　　侵权必究

如有印装差错，请与本社联系调换：(010) 81211666
我社将与版权执法机关配合，大力打击盗印、销售和使用盗版图书活动，敬请广大读者协助举报，经查实将给予举报者奖励。

举报电话：(010) 64954652

目 录

上篇 总论

第一章 机关事务管理的概念界定 / 3

第一节 机关事务的概念与范畴 / 3
一、关于"机关"的理解 / 3
二、关于"事务"的理解 / 6
三、机关事务的范围 / 9
四、机关事务的特征 / 10

第二节 机关事务管理的概念与职能 / 12
一、机关事务管理内涵界定 / 12
二、机关事务管理的特征 / 14
三、机关事务工作的职能及其关系 / 17

第三节 机关事务管理的主体与角色 / 23
一、机关事务的参与者 / 23
二、机关事务管理者的角色定位 / 25
三、机关事务的多主体协同治理 / 27

第四节 机关事务管理学及发展 / 29
一、机关事务管理学的学科特点 / 29
二、机关事务管理学的主要内容 / 30

三、我国机关事务管理学的学科发展 / 32

第二章 中国机关事务管理的历史 / 34

第一节 古代王朝的机关事务管理 / 34

一、王权时期 / 35

二、霸权时期 / 36

三、大一统时期 / 36

第二节 民国时期的机关事务管理 / 44

一、北洋政府的机关事务管理 / 44

二、国民政府的机关事务管理 / 45

三、革命根据地的机关事务管理 / 45

第三节 新中国的机关事务管理 / 50

一、新中国成立至改革开放初期 / 50

二、改革开放初期至1997年 / 51

三、1998年至党的十八大 / 53

四、十八大至今 / 54

第三章 机关事务管理的国际比较 / 58

第一节 集中管理模式：美、加、澳 / 58

一、美国机关事务管理 / 58

二、加拿大机关事务管理 / 60

三、澳大利亚机关事务管理 / 63

第二节 分散管理模式：英、日、芬兰 / 65

一、英国机关事务管理 / 66

二、日本机关事务管理 / 67

三、芬兰机关事务管理 / 70

第三节 混合管理模式：德、法 / 71

一、德国机关事务管理 / 72

二、法国机关事务管理 / 74

第四节 国外机关事务管理的比较与借鉴 / 76

一、机构网络化 / 76

二、保障法治化 / 77

三、管理科学化 / 78

四、服务社会化 / 79

第四章 机关事务管理的法律基础 / 81

第一节 机关事务管理法律基础概述 / 81

一、机关事务管理法律基础的概念与特征 / 82

二、机关事务管理法律基础的构成 / 83

第二节 机关事务管理法律规范体系 / 84

一、机关事务管理法律规范体系的概念与特征 / 85

二、机关事务管理法律规范体系的层次和效力 / 85

三、机关事务管理法律规范体系内容 / 87

第三节 机关事务管理法律价值体系与法律关系 / 89

一、机关事务管理法律价值体系 / 89

二、机关事务管理法律关系 / 94

第五章 机关事务管理方式的变革 / 100

第一节 由传统管理模式向市场化与社会化管理模式变革 / 100

一、机关事务管理的传统模式 / 100

二、市场化与社会化管理改革 / 101

第二节 由分散化管理模式向集中统一管理模式变革 / 105

一、分散化的机关事务管理解析 / 105

二、地方机关事务集中统一改革探索 / 107

三、整体构建集中统一管理新格局 / 109

第三节 机关事务管理方式改革的新方向：标准化与信息化 / 112

一、机关事务标准化 / 112

二、机关事务信息化 / 116

三、机关事务"两化融合" / 119

中篇 职能范围

第六章 机关资金管理 / 125

第一节 机关资金管理概述 / 125

一、机关资金管理的概念与特征　/　125

　　二、机关资金管理的主体　/　126

　　三、机关资金管理的意义　/　128

　第二节　机关资金管理的原则与方法　/　129

　　一、机关资金管理的原则　/　129

　　二、机关资金管理的过程　/　130

　　三、机关资金管理的方法　/　137

　第三节　机关资金管理的中国实践　/　140

　　一、机关资金管理的体制变迁　/　140

　　二、机关资金管理中存在的问题　/　143

　　三、机关资金管理的完善对策　/　146

第七章　机关资产管理　/　152

　第一节　机关资产管理概述　/　152

　　一、资产管理的内涵及特征　/　152

　　二、行政事业单位资产的主要类型　/　153

　　三、机关资产管理的意义　/　156

　第二节　机关资产管理的过程与方法　/　156

　　一、机关资产管理的原则　/　156

　　二、机关资产管理的过程　/　157

　　三、机关资产管理的方法　/　160

　第三节　机关资产管理的中国实践　/　164

　　一、机关资产管理的体制变迁　/　164

　　二、机关资产管理取得的成效与存在的问题　/　166

　　三、机关资产管理的完善对策　/　170

第八章　机关节能管理　/　173

　第一节　节能管理概述　/　173

　　一、节能管理的概念与目标　/　173

　　二、机关节能管理的主体与客体　/　175

　　三、机关节能管理的意义　/　180

　第二节　机关节能管理的过程与方法　/　182

一、机关节能管理的原则 / 182
　　二、机关节能管理的过程 / 182
　　三、机关节能管理的方法 / 185
第三节　机关节能管理的中国实践 / 189
　　一、机关节能管理的体制变迁 / 189
　　二、机关节能管理取得的成效与存在的问题 / 194
　　三、机关节能管理的影响因素 / 197
　　四、机关节能管理的完善对策 / 199

第九章　机关办公环境管理 / 202
　第一节　机关办公环境管理概述 / 202
　　一、机关办公环境管理的概念与特征 / 202
　　二、机关办公环境管理的内容以及与物业管理的关系 / 205
　　三、机关办公环境管理的意义 / 207
　第二节　机关办公环境管理的过程与方法 / 208
　　一、机关办公环境管理的原则 / 208
　　二、机关办公环境管理的过程 / 211
　　三、机关办公环境管理的方法 / 213
　第三节　机关办公环境管理的中国实践 / 216
　　一、机关办公环境管理的体制变迁 / 216
　　二、机关办公环境管理中存在的问题 / 219
　　三、机关办公环境管理的完善对策 / 222

第十章　机关人员福利管理 / 227
　第一节　机关人员福利概述 / 227
　　一、机关人员福利的概念与特征 / 227
　　二、机关人员福利的内容 / 229
　　三、机关人员福利管理的意义 / 233
　第二节　机关人员福利管理的过程与方法 / 234
　　一、机关人员福利管理的原则 / 234
　　二、机关人员福利管理的过程与影响因素 / 235
　　三、机关人员福利管理的方法 / 238

第三节 机关人员福利管理的中国实践 / 240
　　一、机关人员福利管理的体制变迁 / 240
　　二、机关人员福利管理存在的问题 / 244
　　三、机关人员福利管理的完善对策 / 245

下篇　重要领域

第十一章　机关办公用房管理 / 251

第一节 机关办公用房管理概述 / 251
　　一、机关办公用房的内涵和特征 / 251
　　二、机关办公用房管理的内涵和特征 / 253
　　三、机关办公用房管理的意义 / 255

第二节 机关办公用房管理的过程与方法 / 256
　　一、机关办公用房管理的原则 / 256
　　二、机关办公用房管理的过程 / 257
　　三、机关办公用房管理的方法 / 261

第三节 机关办公用房管理的中国实践 / 265
　　一、机关办公用房管理的体制变迁 / 265
　　二、机关办公用房管理存在的问题 / 271
　　三、机关办公用房管理的完善对策 / 272

第十二章　公务用车管理 / 276

第一节 公务用车管理概述 / 276
　　一、公务用车的概念 / 276
　　二、公务用车管理的概念 / 277
　　三、公务用车管理的意义 / 279

第二节 公务用车管理的过程与方法 / 280
　　一、公务用车管理的原则 / 280
　　二、公务用车管理的过程 / 283
　　三、公务用车管理的方法 / 289

第三节 公务用车管理的中国实践 / 292

一、公务用车管理的体制变迁 / 292

二、公务用车管理存在的问题 / 296

三、公务用车管理的完善对策 / 299

第十三章　公务接待管理 / 305

第一节　公务接待管理概述 / 305

一、公务接待的概念与特征 / 305

二、公务接待的内容与要素 / 306

三、公务接待管理的含义及其特征 / 309

四、公务接待管理的意义 / 310

第二节　公务接待管理的过程与方法 / 312

一、公务接待管理的原则 / 312

二、公务接待管理的过程 / 313

三、公务接待管理的方法 / 316

第三节　公务接待管理的中国实践 / 318

一、公务接待管理的体制变迁 / 318

二、公务接待管理中存在的问题及其成因 / 322

三、公务接待管理的完善对策 / 326

后记 / 329

上篇 总论

中国当代行政学主要奠基人夏书章教授1982年在《人民日报》发表《把行政学的研究提上日程是时候了》，提出了行政工作研究的四大问题：行政组织、人事管理、工作方法、机关管理。至此，机关管理便成为了行政学研究的四大问题之一。

机关事务管理需要回答"谁来管、管什么、怎么管"的问题。对于"谁来管"的问题，不同国家以及同一国家在不同历史阶段管理体制的复杂性决定了管理主体的多样性。对"管什么"的问题，不同国家与不同时期的同一国家在管理对象和范围上也存在很大差异。对于"怎么管"的问题，不仅涉及机关事务管理职能的理论阐释，还涉及机关事务管理的具体方式。早在1999年，全国机关事务工作协会第二次代表大会便提出，机关事务管理改革要坚持管理科学化、服务社会化、保障法治化的方向。本篇具体内容有：机关事务管理的概念界定、机关事务管理中国历史、机关事务管理的国际比较、机关事务管理的法律基础、机关事务管理的方式变革。

第一章 机关事务管理的概念界定

机关事务工作古已有之，我国于1950年正式提出"机关事务"这一概念，但这一术语至今仍具有一定模糊性，不同场合、不同视角都对其有不同的解读，且与社会语境下的一般性理解也存在着一些距离。当代机关事务管理需要改变机关事务领域的传统观念、传统话语，以全新的价值内容、观念内容、话语内容论证和推动该领域的制度变革，推动机关事务管理理论创新与实践创新并行向前，进而优化机关事务管理职能。

第一节 机关事务的概念与范畴

一、关于"机关"的理解

"机关"一词原是指工程学领域中控制机械运行的枢纽，是机械设备运行过程中担负着启动功能、发挥制动作用的关键性部位。具体来看，"机"是指事物发生的枢纽，是能够迅速适应事物变化，决定事情成败的中心环节，或是由许多零件组成的、具有特殊功用的专用装置或设备；"关"旧指发给或支领薪饷、征收进出口货税的机构，也指古代在重要地界特别设立的守卫点。

（一）国家机关

公共部门中的"机关"是针对国家机器运转的特殊需要而专门设立的、国家为履行其职能而普遍建立的、具有控制与枢纽作用的固定机构。国家机关作为国家职能的负担者而出现，是根据国家的权限，以国家的名义来活动，但其行为不能越过赋予它的权利的界限。[①] 在司徒节尼金看来，"国家管理机关"或"国家机关"的特点在于："第一，仅能依据并执行法律而进行其活动；第二，对政权机关负责并受其监督；第三，服从上

---

① 王贵松. 行政主体论的中国变迁[J]. 法学评论, 2023, 41 (2): 59-71.

级管理；第四，仅在本身权限内解决国家任务；第五，根据上级机关指示，独立执行其所负之义务"。①一般而言，国家机关是指国家为行使各项职能所设立的各种机构，包括从事国家管理和行使国家权力的机关，如国家元首、权力机关、行政机关、监察机关（监察委员会）、审判机关（人民法院）、检察机关（人民检察院）、军事机关（中央军委）、党群机关等。②其中，权力机关是指各级人民代表大会及其常务委员会，代表国家和人民的意志，集中统一掌握和行使国家权力。行政机关作为最具代表性和数量最多的国家机关，是由权力机关产生的执行机关，通过强制和非强制手段对国家经济、政治、教育、科技、文化、卫生、国防等事务进行组织和管理，是包含国务院、省、市、县级人民政府在内的，具有严格等级划分、职权划分、责任划分的整个行政系统。③在此意义上，行政用来描述权力的性质，是根据具体职能性质和职权范围划分的，行政权力是与立法权力、司法权力平行的国家权力。

（二）党政机关

中国作为单一制国家，中国共产党是唯一的执政党，领导一切国家事务，因此，有学者认为中国共产党的各级机关也应纳入国家机关的范围。党政机关可分为党务机关和政务机关两大类型。所谓党务机关，也称为政治机关，是指包括中国共产党机关，各民主党派机关，工会、共青团和妇联等人民团体机关，以及由中国共产党领导的政治协商会议机关在内的各类机关，其中中国共产党机关是执政机关，其他机关为参政、辅助执政机关。党务机关围绕党的建设进行一系列具体的党内管理活动，包括党的组织工作、宣传工作、纪律检查工作等各项内部事务性和业务性工作。所谓政务机关是指各级人民代表大会及其所产生的人大常委会机关、人民政府机关、监察委员会机关、人民法院机关和人民检察院机关，这些机关也可统称为国家机关或者政权机关。④政务机关既是国家政策的制定者，同时也承担着政策的执行、监督等职责，工作方式和效果直接影响着"公权力"在人民群众心中的公信力。除此之外，党政机关还常常包括参照公务员法管理的事业单位。但需要明确的一点是，"党政机关"不等同于"党和政府"，前者是实体概念，后者是属性概念。

---

① C·C·司徒节尼金.苏维埃行政法（总则）[M].中国人民大学国家法教研室，译.北京：中国人民大学出版社，1953.
② 李宝荣.机关事务管理概论[M].北京：北京大学出版社，2020.
③ 王贵松.行政主体论的中国变迁[J].法学评论，2023，41（2）：59-71.
④ 高鹏程.当前中国机关事务管理研究中的前沿问题——资产管理、层空关系和集中统一方式[J].理论与改革，2020，（1）：100-109.

（三）公共机构

2008年国务院出台，2017年修订的《公共机构节能条例》指出，公共机构是指全部或部分使用国家财政性资金的国家机关、事业单位和团体组织。其中，国家机关指各级政府机关或职能部门（参照上文所述国家机关）；事业单位是包含了政府机关直属事业单位以及全部或部分由财政支持的，提供公共服务的公益性社会服务组织，主要是一些涉及教、科、文、卫、体的公共事业单位；团体组织是指由公民自愿组成，为实现会员共同意愿，按其章程开展活动的非营利性组织，包括工会、共青团、妇联等群团组织。受国家治理模式和体制的影响，国家机关以外的公共机构具有体量大、内部管理程序复杂且差异性大的特点。其一，公共机构应该是为追求公共利益、提供公共服务、维护公共权力而设立的。其二，因其提供各类公共服务、满足政府履行职能的各种需求，以及其自身对资源调控、掌握能力的先天性缺失，一方面，国家机关以外的公共机构承担着部分政府职能，并受相关法律规范及政策文件支持；另一方面，其具体活动、决策和运营在一定程度上受到政府的掌控和影响。其三，国家机关以外的公共机构与政府间的关系在于：前者代替后者履行部分职能，而后者需保障前者在这期间的资金来源，这一点就揭示了公共机构的运行成本为何全部或部分由国家财政负担。

（四）企业机关

广义的企业机关包括办公行政、人力资源、财产会计等部门；狭义上仅以行政部门为主，负责办公及后勤保障事务。通常情况下，企业机关中的行政部门和人事部门关系紧密。相对而言，人事部门对工作人员的专业性要求较高，其工作模块清晰，主要包括规划、招聘、劳动关系、绩效、薪酬、培训等方面。行政部门工作人员的专业性要求不高，工作内容呈现"广而杂"的特点，即其他职能部门之外的职能全由行政部门兜底，并且时常在某些场景中作为"辅助"部门出现。行政部门工作的最终目标是通过各种规章制度和人为努力使部门之间或者合作企业之间形成密切配合关系，使整个企业成为一个高速并且稳定运转的整体。行政部门一般负责企业文化建设，包括企业内外部各类公关、宣传、演示、文体等活动的组织、宣传、安排工作；负责企业各类会议的组织、安排、服务工作。具体来说，涉及到相关制度的制定和执行推动、日常办公事务管理、办公物品管理、文书资料管理、会议管理、涉外事务管理，还涉及出差管理、财产设备管理、生活福利发放、安全卫生管理等。[1]

需要说明的是，在不同实践领域，机关所指代的范围有所不同，在无特殊说明时，

---

[1] 王悦.论行政工作的引导与服务[J].人力资源管理，2014（7）：31-32.

本书所指的机关为广义的政府机构。

二、关于"事务"的理解

"事务"一词通常指要做的事情，机关事务就是指机关要做的事情。可是，无论哪类机关，需要处理的事务往往比"机关事务"这个词所涵盖的范围要广泛得多。因此，理论上的"机关事务"并不等于实际上机关所要做的全部"事务"，而仅仅是机关要做的部分"事务"。尽管"机关事务"这个词在使用过程中逐渐专有化，但其词义与实际应用的内涵仍有一定差别，导致了"机关事务"的相对模糊性。

（一）与"外部业务"相对的事务：内部事务

业务是个人或机构、组织职权范围内（行业内、职业内）的事务，是在一个目标指引下，持续进行的工作。在公共管理视角下，党政机关从事的业务活动被称为政务。政务主要涉及对国家事务和社会事务的管理，由政府负责，为履行公共职能而设立，是向社会提供各类公共服务和公共产品的活动，以规范和决策为主要内容。处理政务的关键在于政府角色的扮演以及处理政府与市场、大众的关系，主要包含具体的政策制定、政策执行、政策评估、政策终结、政策监督等活动，是受严格的行政程序和法律程序控制的，具有行政性、政治性、公共性的业务性活动。政务办公更多地表现为正式文书、文件形成以及流转程序，表现为档案、公章管理等。

1950年，周恩来总理明确指出，政务院（即国务院）的工作包含政务和事务两个部分，这两个部分要分开，不分开工作则难以搞好。政务业务的高效运行离不开对办公活动的保障性工作。政府组织作为公共服务和公共产品的提供者，其自身也需要作为消费者来谋求能够保障自身工作和生活要求的各类公共服务，从而保障有序的政府间关系、健康的政府与市场和社会的关系。当政府所提供的服务用于满足自身的需求时，就是机关事务。机关事务是依据行政机关的需求提供的保障，是一种不带有价值偏好的、非政务性活动。在此意义上讲，机关事务与外部政务活动相对应，可称之为政府运行保障，也有学者称之为政府保障运营管理（government operations management）。广义的政府运行保障是指"一切保障政府正常运行的内部行政管理活动，以及在此基础上的相关理论建设和文化建设"。政府运行保障概念的确立不仅是保障政府高效有序运行的现实需要，也是机关事务管理部门融入政府治理现代化体系的重要一步。[①] 余少祥认为，机关事务既包括内部管理建设，也包括对外交流、行政管理等内容，可翻译为

---

① 吴志攀.新时代下"政府运行保障"概念建构、特征和意义[J].中国行政管理,2022,(7):149-151.

"government organization affairs"。

"事务"与"政务"既相互区别又相互依存。区别体现为：其一，就对象而言，政务面向社会，是公共权力对社会的管理，是外部行为；事务面向国家机关自身，是要保证公共权力的有序运转，是内部行为。其二，就内容而言，政务强调管理好社会公共事务，解决好公共问题；事务强调对各种资源要素的统筹协调、优化利用，保障政府高效运转，实现好政府自身建设。其三，就作用而言，政务是其必须要做的工作，是使命和责任；事务是其存在、工作的前提和保障。就二者关系而言，事务服务于政务，事务通过提供"后台"的保障工作，提升国家机关的治理效能，间接促进公共服务供给，维护公共利益，为政务"前台"服务。事务不参与政务的具体环节，但事务部门的各种工作开展在一定程度上影响机关内部秩序，进而影响政务活动的正常开展。因此，机关事务不能完全从行政机关中脱离出来，撇开政务活动而独立存在，事务工作的发展建设规划需要国家机关规范指引。

（二）"内部事务"中包含的一类事务：办公事务

"内部事务"通常包含专业性领域的工作，如人事、财务、党务，而其余则是具有自我服务性质的办公性事务活动。1951年颁发的《政务院关于各级政府机关秘书长和不设秘书长的办公厅主任的工作任务和秘书工作机构的决定》，规定各级人民政府秘书长、办公厅主任主要任务之一是掌管机关事务工作。条件许可的，可把秘书业务、研究工作、机关事务工作分开。[1]可见，基于办公行政的理解，"办公事务"是剥离于"管人"和"管财"之外，包括秘书业务、研究工作、狭义的机关事务工作等。彭宗超、高鹏程、王浦劬等用"government offices administration"（政府办公室行政）、丁煌用"administrative affairs management"（行政事务管理）来翻译办公事务管理。

首先，办公事务不同于人事管理。中国最早的人事管理制度可以追溯至夏朝，随着汉朝设立了三公九卿制度以及隋唐开启的科举制，中国的人事管理制度日趋完善。现代政府管理中，人被视为组织中最重要的资源，一般各级组织和单位中有党委组织部门和专门的组织人事部门或人事综合管理部门，专职负责干部职工的推荐选拔、招聘任用、培训学习、监督考核等。而"办公事务"工作中所包含的对人的管理与人事管理有本质的区别，其对人的管理主要是对组织人员的伙食、住宿、交通出行等生活方面的管理与服务，实现对工作人员的正向或反向的激励刺激，属于辅助性的办公事务。

其次，办公事务不同于财政职能。财政职能强调财政所有和分配，办公事务强调部分财政资产的使用。随着财政形态从古代社会的实物、徭役等形式，逐渐转向金银乃至

---

[1] 陈庆修.机关事务基本属性探析[J].中国机关后勤，2020，(12)：147-148.

现代国家的法币形式，财政本身越来越货币化，财政与国家机关事务逐步分离。机关部门内部建设和管理支出是财政支出的一部分，专指对机关内部运行经费的管理（机关事务管理部门的资金管理职能）。因此，国家机关事务是财政支出在国家机关中的内部使用，是国家机关的财政性"消费"，是以公共资金为来源，以空间物质条件和服务供给为内容，以保障政府正常办公的内部行政管理活动。

（三）"办公事务"中包含的一类事务：行政杂务

一般认为，行政杂务是办公事务中除文秘、行政资产、运行经费等之外的事务。基于对行政杂务的理解，机关事务主要集中于"物之保障"（物质要素）的"事物"，主要向国家机关提供空间性物质条件以及所附带的其他服务。机关事务是为行政机关这一"生命机体"正常运行提供或创造必要物质条件支持与物质环境保障的"细胞组织系统"。在此意义上讲，机关事务管理也可以理解为机关"事物"管理，核心在于处理"事与物"的关系，也常常被理解为后勤事务。英文中的后勤（logistics）一词出自希腊文 logistikos，意为"计算的科学"；1982年，美国海军历史学家 A.T. 马汉将"logistics"解释为"通过国家经济动员，对武装力量提供保障。"复旦大学朱春奎用 logistic affairs management 翻译机关事务管理，美国联邦总务署翻译为 General Services Administration（GSA）。

从历史沿革的角度看，起初的机关事务主要体现为后勤事务。后勤是沿用军事斗争的术语，指后方对前方的一切供应工作，常与前线、前敌相对应，更多体现在其提供物资生产和配备的军事保障职能。按《现代汉语词典》（第7版）的解释，后勤也指机关、团体等的行政事务性工作。从此意义上看，机关事务与机关后勤二者的含义基本相同。如，高鹏程认为，国家机关事务是国家机关组织的内部行政后勤[①]；陈庆修认为，很难说机关事务的"行政杂务"就比机关后勤的"行政事务性工作"范围更广、更具角色价值。

在新的历史时期，"后勤"的外延过窄，已不能全面准确地反映机关事务的内涵[②]，"机关事务"延伸并扩展了"后勤"概念的外延。随着现代化进程的不断深化，机关事务工作的社会化也不断加深，其具体工作内容在"行政后勤"所涉及的杂务性工作基础上，增添了行政办公的制度性保障等要求。我国机关事务逐步划分为政务服务和生活服务两大类，后勤服务更多地侧重于生活类的保障服务[③]。其一，就性质而言，后勤主要面对服务保障业务，具有较强的业务性；机关事务除服务保障等事务性工作以外，还要求体现公共机构的意志，彰显"政治"的理念和意志，落实"行政"性要求，业务性与政治性并重。其二，就手段而言，后勤主要采取一种"被动供给"的方式进行人、财、

---

① 高鹏程.试析国家机关事务的概念[J].中国行政管理，2019（3）：13-17.
② 黎兵.对机关事务工作机构职能的几点思考[J].中国行政管理，2007（3）：60-62.
③ 陈庆修.机关事务话语体系的公众性和专业性[J].中国行政管理，2020（12）：147-148.

物等物质资源的统筹协调，以满足党政机关公务人员吃、穿、住、行等物质需求；机关事务则需要统筹协调包括物质资源在内的各类资源，谋求党政机关资源的合理配置，为其正常运作提供服务保障。

三、机关事务的范围

从中国古代政治管理的实践来看，核心的机关事务至少包括三类，其一是办公场所服务，其二是交通服务，其三是食宿服务。[1] 从当代管理实践看，机关事务范围包括国有资产管理、经费管理、服务管理、节能管理等四大类。党政机关各部门通常认为，机关后勤是指提供财物补给和服务保障的单位，基本工作定位是行政管理和后勤服务，相当于中央国家机关各部门行政司（或等同于行政司的下属单位）或机关服务中心的职能，管理的对象包括财、物、电、暖、气、水、食、车、住，基础建设、生活服务、接待和会议服务、安全保卫、医疗保障、幼儿园、场馆维护等。从学术界看，王德认为，机关事务以运行经费、机关用地、办公用房和设备、职工住宅、公务用车、政府采购、能源节约、公务接待、差旅会议、领导同志服务为核心业务；以信息服务、车辆服务、物业服务、餐饮服务、幼教服务、会议服务、宾馆服务等为一般业务；以培训教育、精神文明、爱国卫生、绿化美化、计划生育、综合治理等为辅助业务。[2] 基于此，本书认为机关事务的范围主要包括四个方面：

（一）机关资金

机关资金即机关运行经费。国家机关和党政机关的正常运行离不开"钱袋子"，资金管理是机关事务管理工作的核心，是政府运行成本的"总阀门"，也是全面提升机关事务运行效能的"发动机"和"助推器"[3]。机关资金管理涵盖了运行经费从分配、执行到使用和评价的全过程，涉及到"三公"经费[4]、政府采购、基建费用、住房公积金等方面，要求根据市场价格、工作需要，按照定员定额高效的原则制定、统计和评估运行经费预算、决算，做好绿色采购和资源集中调配。

（二）机关资产

机关资产也称行政事业资产。党政机关多个维度上机构的变动，会引发机关资产的

---

[1] 高鹏程.试析国家机关事务的概念[J].中国行政管理，2019（3）：13-17.
[2] 王德.以建设现代政府为目标大力推进机关事务治理方式改革[J].行政管理改革，2017（4）：33-38.
[3] 蒋震.机关运行经费管理职责重塑研究[J].中国行政管理，2020（4）：35-39.
[4] "三公"经费：出国（境）费、车辆购置及运行费、公务接待费。

变动，进而导致部分机关资产的处置管理不当或流失，这就要求对资产进行集中统一管理，最大限度提高政府存量资产的管理和使用效率。行政事业流动资产主要涉及货币资金、票据、红利等，固定资产涵盖机关用地、办公用房、公务用车、办公家具和设备等，其中，机关用地还可以作为独立资源性资产，实现机关资产的增值。资产管理过程中，既要保证符合相关规定，适应当下经济发展水平，满足机关运行需要，还要满足节能环保、安全保密等要求，防止闲置浪费。另外，关于闲置或报废通用资产的处理，需要按照国有资产处理流程对其进行无偿划转、对外捐赠、置换或报废。多数学者认为，机关事务的核心职能是资产管理职能。①

（三）机关能源

机关能源主要涉及机关内部用能问题，具体体现为办公建筑、公务出行、生活保障等对电能、热能、水能、化石能（汽油、柴油、天然气）等的消耗。各机关应减少化石燃料燃烧，减少煤、石油等能源资源使用，加大光伏、风力等可再生能源的应用，实现机关绿色、低碳、节能发展。

（四）机关服务

机关服务是面向机关内部的公共服务、生活服务和社会服务等服务的统称②，也可以称为后勤服务，是指办公服务管理和人员服务管理（生活福利），涵盖了办公设备维修保养服务、物业服务（含房屋养护维护、公用设施设备维护、保洁、绿化等服务项目）、安全保卫服务、印刷服务、餐饮服务、在职生活保障（含职工住房、国内差旅、出国境活动、工资福利、津贴补贴、幼教服务、计划生育等）、离退休人员生活保障（含养老、医疗、文娱等）、其他服务（含保留公务车辆维护保养服务/车辆保险、会议服务等服务项目）。

就目前我国机关事务管理范围而言，各层级的机关事务管理局基本享有服务管理职能，而国有资产管理、经费管理、节能管理职能不完备，如仅有24个省管局享有国有资产管理职能，8个省管局享有经费管理职能。节能管理权限不完备，公共机构节能工作一般由国家发展改革委员会牵头制定相关规则、机关事务管理局具体执行。③

四、机关事务的特征

任何事务都有其自身特点。机关事务除了具有行政事务的一般性外，还有其独有的

---

① 刘玉起. 积极优化机关事务管理核心职能[J]. 中国机关后勤, 2009（4）: 15.
② 陈庆修. 机关事务基本属性探析[J]. 中国机关后勤, 2020（1）: 42-43.
③ 衡霞. 地方机关事务管理职能法定化困境及成因研究[J]. 中国行政管理, 2019（3）: 18-22.

特征。陈庆修认为，机关事务有政治性、政策性、综合性、内部性、经济性、特殊性、保障性、服务性、间接性、连续性、导向性、相对性、附属性、专业性、实践性等特征。[1] 本书根据机关事务的内涵或工作目标，将其主要特征归纳如下。

（一）综合性

从职能范围看，机关事务包括经费管理、资产管理、公共机构节能管理、服务管理等内容，涉及工程维修、项目管理、餐饮文化、接待礼仪、安保接访、电梯运行、幼儿教育等事项，是一项综合性很强、涵盖面很广的工作。从工作内容来看，机关事务工作职能的实现需要统筹各类资源、协调各类服务事项；从人才需求来看，机关事务工作职能的实现需要政策标准制定者、人力资源管理者、数据统计及监测者、能源管理者、文秘工作者等。无论从哪个角度来看，机关事务都呈现出了极强的综合性。

（二）内部性

机关事务工作不直接参与社会事务管理，而是主要负责为政府机构内部提供一系列的服务，包括向其他国家机构提供各种服务保障，其管理、服务和保障活动会对其他国家机构权力的运行产生较大影响。

（三）物质性[2]

为国家机构提供有序活动空间（特定的建筑群和划定区域）是国家机关事务的根本任务。一般来说，当国家机构进入到社会中去规范社会行为时，国家机关事务管理部门会提供交通服务或路费帮助其工作人员抵达目的地，而不参与对目的地的规范管理。机关事务也会延展到向公共组织中的具体工作人员提供服务，如基于空间区域的环境服务、建筑服务等。总之，机关事务并不参与有精神性、思想性、观念性的政务活动，仅为从事这类活动的政务人员提供空间性的物质保障。

（四）辅助性

国务院领导同志曾要求机关事务工作"为机关高效运转服好务，进而为经济社会管理服好务，为人民群众服好务"。辅助性主要强调机关事务是相对于所保障的对象而存在的，其服务和保障对象涉及党政机关、主要领导及其广大干部职工，具体体现为保证行政首脑与各职能部门间联系的协调性特征，以及在综合性事务方面为各职能部门提供

---

[1] 陈庆修. 机关事务基本属性探析 [J]. 中国机关后勤，2020（1）：42-43.
[2] 高鹏程. 试析国家机关事务的概念 [J]. 中国行政管理，2019（3）：13-17.

后方支援的服务性特征。机关事务的辅助性特征从政务活动主体角度出发，以政务活动为目的，以机关事务工作为条件，机关事务工作以政务活动的需要为前提，政务活动因为机关事务工作的存在而顺利进行。

（五）人民性

机关事务的辅助性特征能够间接地满足社会需求，而机关事务的人民性和社会紧密相连、互为因果。党和国家事业发展的需要在根本上来自于最广大人民的需要，后者是国家一切工作的出发点和落脚点，更是机关事务工作的出发点和落脚点。[①] 机关事务工作作为联系群众、服务社会和干部职工的桥梁以及承担社会责任、推动服务经济发展的平台，其运行资金由国家财政提供，没有自己的特殊利益，工作的目的在于保障政务活动高效、有序处理好各类公共问题并提供各类公共服务。

第二节 机关事务管理的概念与职能

一、机关事务管理内涵界定

在我国，由于地区、专业、部门、层级以及受历史传统因素影响程度的不同，关于机关事务管理的定义和理解存在着一定程度的差异。狭义上的机关事务管理可以看作是具体管理职能的履行。广义的机关事务管理应包括管理、服务、保障等职能。

学界关于机关事务管理内涵的界定较为丰富。湛中乐认为，机关事务管理就是机关事务主管部门作为国家与其他国家机构间的媒介者，对经费、资产以及服务等各种资源与利益，在党政机关各部门之间进行调整、分配与监管的全过程。[②] 朱萌认为，机关事务管理可被模型化为"资源的获取——资源的分配（再分配）——分配后对资源使用情况的监管"。[③] 李巧玲认为，机关事务保障（此处可理解为机关事务管理）由国管局及地方政府机关事务管理部门运用自身的组织和技术，利用一定的设施设备和方法措施，在政府机关各部门之间调整与分配经费、资产及服务等物质资源和利益，实现行政机关高效运行、国有资产保值增值和民众办事方便快捷。[④] 张翼、陶雪良认为，

[①] 吴志攀.新时代下"政府运行保障"概念建构、特征和意义[J].中国行政管理，2022（7）：149-151.
[②] 湛中乐.机关运行保障的立法逻辑[J].中国法学，2020（1）：49-66.
[③] 朱萌.技术与制度的变奏：数字化驱动下的机关事务集中统一管理改革[J].中国行政管理，2022（8）：37-42.
[④] 李巧玲.机关事务保障的理论建构与治理现代化[J].甘肃社会科学，2022（5）：178-184.

机关事务管理是对机关高效运行所需经费、资产、服务、能源等资源要素进行统筹安排、优化配置和管理监督的行政活动。[①] 王德认为，新形势下机关事务管理作为政府行政管理的重要组成部分，是以资产管理为核心，以组织提供物资保障为手段，以保证机关职能活动正常有序运转为目的的过程和活动的总称。[②] 国家机关维系自身运行提供物质保障的大部分行政活动，在性质上均属于对行政公物的设定和利用，直接物质条件和通用服务的组织活动。[③][④] 机关事务管理应保障机关事务工作的整体性、连续性、便捷性，进而提高机关事务的整体管理水平，间接实现公共产品的高质量供给。

合理配置稀缺的资源能够让党政职能机构有效运转起来，是机关事务角色定位的逻辑起点。[⑤] 因此，优化资源配置是机关事务管理的重要内容。资源包含实体资源、制度资源和隐性资源。机关事务管理的资源协同效应的产生，不仅来自于实体资源的交易和互补、制度资源的协同和共存，还应包括隐形资源的共享和增值。

（一）实体资源的交易和互补

实体资源包含机关事务管理的人力、物力、财力。在实际中，机关事务工作的资源协同主要聚焦于办公用房、公务用车、节能、资产、后勤服务等方面的重点业务，旨在通过机关事务各方主体间的谈判、协商和约定，促进资源交换、整合和共享，保证资源的合理开发和利用，实现对这些重点资源管理的经验交流、标准统一、部门协作以及成本控制，将机关事务管理中的住房、用车等相关资源进行统一整合、统一规划、统一标准，从而实现机关事务管理相关资源的均衡化，实现资源最优化利用，为机关事务协同治理提供一个统一的资源环境，形成机关事务协同治理的整体场域，避免"公地悲剧"等资源过度开发的现象。

（二）制度资源的协同和共存

一方面，党中央、国务院合力将机关事务管理领域的法治建设纳入国家治理法治化体系，通过全面的制度筛选、制度清理与制度统合，将党政职能机构内部事务管理职能整合，服务机关事务管理部门制度审核、清理与建设工作，有效解决机构间的职能

---

① 张翼，陶雪良.机关事务管理研究[M].北京：北京大学出版社，2020.
② 王德.科学把握当前机关事务工作的定位与职能[J].中国行政管理，2005（1）：62-64.
③ 高鹏程.试析国家机关事务的概念[J].中国行政管理，2019（3）：13-17.
④ 李巧玲.机关事务保障的理论建构与治理现代化[J].甘肃社会科学，2022（5）：178-184.
⑤ 丁煌.政策执行阻滞机制及其防治对策[M].北京：人民出版社，2002.

交叉和制度间的冲突等问题。①另一方面，各省市根据实际需要，参照《机关事务管理条例》《党政机关厉行节约反对浪费条例》等政策要求，制定各自行政区划内的地方条例和管理办法，提高党和国家政策的普适性，推进制度落实和优化；充分发挥国管局对全国机关事务工作的业务指导作用，各级机关事务管理部门根据上级部门的制度规范，详细制定机关事务工作流程和实施准则，同时强化不同层级、不同区域机关事务管理部门在制度制定、标准规范等方面成功经验的交流学习，促进制度资源的协同和共生。

（三）隐性资源的共享和增值

隐性资源包含机关事务管理部门形象、行政信息与行政文化、行政影响力与政策执行力、社会责任与社会信任、知识与经验等。机关事务协同治理需要凝聚多元主体的合作共识，对"民众关心的问题""机关需要的服务"等追本溯源，引导机关事务价值理念与公共利益、社会信任、政策执行力等资源相互适应，彼此促进，构建新时代机关事务保障治理的价值体系。同时，还需要顺应当前的互联网背景，将物联网、大数据、云计算等信息技术应用于机关事务工作中，发挥科技优势，将信息整合联通，打破信息壁垒，推动机关事务工作相关信息的共建、共享、共用，为机关事务协同治理的实现提供技术支持以及技术保障。

机关事务管理作为资产资源、运行经费等机关资源集中统一管理的平台，需要通过资源流动、共享与处置，既要满足社会需求和机关需求，又要提高资产效益，建设效能型机关；又要花得更少、办得更多、效率更高，构建节约型机关。机关事务管理的行为过程表现为对机关组织所拥有的实体设备资源、财政（经费）资源、技术资源、信息资源、人力资源、房地产等进行配置、组织和使用的过程，还表现为应对政务活动不确定性、提高干部职工满意度、强化机构自身建设的过程。

二、机关事务管理的特征

（一）政治必要性

机关事务管理应国家机关权力运转的需要产生，每一项工作都服务于机关政治需求和政务发展需要，都蕴含着很强的政治性和政策性。机关事务管理在履行职责过程中体现为政治服务，为政治主体运行保驾护航。我国机关事务管理为维护和坚持党的集中统

---

① 丁煌，王光良.国家治理语境下机关事务管理的角色定位与改革创新[J].中国行政管理，2020（12）：15-20.

一领导而服务保障，为坚持全国一盘棋、集中力量办大事而服务保障，为保证我国单一制中央集权的行政体制运行顺畅而服务保障，旨在推动我国国家制度和国家治理体系优势得到最佳发挥。[1]党政机关加强自身建设、从严规范自身行为、落实大政方针和决策部署，离不开事务性保障措施；党政机关厉行节约反对浪费、坚守节用裕民正道，要靠机关事务来落实。[2]因此，政治性是机关事务管理的根本属性，不从政治出发的机关事务，就会变成就事论事，陷入事务主义泥潭。

（二）法律适用性

一方面，机关事务管理由于具有程序弹性较大、决策灵活性较强、监管手段非强制性等特点，在管理过程中法律通常是作为不能突破的"底线"存在。另一方面，机关事务管理属于内部行政行为，内部行政行为原则上不适用行政复议和行政诉讼等外部行政管理的救济手段，不能对管理对象进行行政处罚等。因此，机关事务管理监督的责任追究具有特殊性。

（三）行政效率性

资源总是存在不同程度的稀缺性和分散性。组织中的每一层级、每一部门都有自己的一整套资源，包括人力、物力、财力以及权力资源，而自上而下的行政结构会增强这些资源的"占有性"，甚至是使其"部门私有化"。而部门间拒绝资源共享无疑会导致行政效率低下，资源无效占有等情况。因此，机关事务管理的主要任务是对机关资源进行理性配置、组织和使用，使其产生最佳的管理行为效果。特别是机关事务服务内容广泛、服务产品多样，机关事务管理同生产资料和商品相联系，参与经济活动中的生产、分配、交换、消费等活动。机关事务管理部门可以是服务的直接提供者，还可以是公共产品和公共服务的购买者，介于服务享用者和生产者之间。因此，机关事务提供的服务应采用多种安排形式，以保证资源配置效率及行政效率。

（四）经济节约性

机关事务工作的经济性主要体现为节约性，降低行政运行成本。早在延安时期，党就提出"发展生产，厉行节约"的口号。整个20世纪50年代，号召"勤俭节约，反对浪费"。20世纪50年代后期到90年代，从减少生产资料消耗的节约与节能到反腐败等政治纪律，到综合利用和节能减排及保护环境等要求，节约的内涵更加丰富。进入21世纪，党的十八大之后，追求绿色、节约、低碳和效能，将节约与反腐和廉政建设更加

---

[1] 吴志攀.新时代下"政府运行保障"概念建构、特征和意义[J].中国行政管理，2022（7）：149-151.
[2] 陈庆修.机关事务工作的政治性探析[J].中国机关后勤，2019（12）：57.

紧密地联系在一起；党的十九大明确提出创建节约型机关的要求；2020年的联合国大会上，中国提出碳达峰和碳中和的"双碳"目标；2022年党的二十大报告中多次强调"加快节能降碳先进技术研发和推广应用""形成绿色低碳的生产和生活方式"等，要求把节约与推进绿色发展联系起来。无论是反浪费还是节能降碳，机关事务管理变迁都"以经济体制改革为前提和牵引"①，所以说，机关事务管理需要从人类生存发展的高度看待节约问题。注重经济效益和价格机制充分体现了机关事务服务本身的价值②，政府运行保障的节约性是大局性和人民性的具体体现。

（五）社会性示范性

机关事务管理的社会性主要体现在其作为公共机构的示范效应及其对社会的引导作用。机关事务管理有利于提升党和政府的形象，其具有巨大的社会意义，如政府通过带头示范，引领全社会推进绿色发展③。机关事务工作尤其是节能降碳、绿色转型方面，在全社会有较大的示范引领作用。公务接待中杜绝奢侈浪费，严禁扩大接待范围、增加接待项目，反对享乐主义和奢靡之风，对全社会的消费习惯具有标杆作用。机关事务管理部门将政务工作所需的桌椅文具、公务用车、办公用房、设备维修、宾馆接待、保洁服务、安保服务等，采用统一对外采购、对外承包、市场招标等形式，并强制优先采购和使用绿色低碳产品，着力控制"三公"经费支出，引导节能公司研发绿色产品和节能技术，发展绿色生产，鼓励各社会主体采买和使用绿色节能型产品，对全社会厉行节约反对浪费和引领社会风尚都具有明显的导向作用。④机关事务机构作为一个具有法定职能支撑的行政主体统筹管理机关的事务性工作，在保障党政机关运转的基础上，通过建立监督约束机制，将有限的资金节约出来用于经济社会的发展。⑤

（六）资源转化性⑥

很多情况下，国家机关事务服务并无现成的供给，需要国家机关事务管理机构根据外部条件状况，将相应的要素资源转化为国家机关所需要的服务。早在先秦时代，天子有"公田"，并通过组织生产作为"私奉养"，以供政务办公和生活之用；诸侯大夫到王畿办事，王畿内亦设有专门的名为"汤沐之邑"的区域，给他们提供一定的土地从事生

---

① 王浦劬.论新时期深化行政体制改革的基本特点[J].中国行政管理，2014（2）：6-14.
② 丁煌，李雪松.新中国70年机关事务治理的制度变迁：一项历史制度主义的考察[J].理论与改革，2020（1）：88-99.
③ 吴志攀.新时代下"政府运行保障"概念建构、特征和意义[J].中国行政管理，2022（7）：149-151.
④ 朱萌.技术与制度的变奏：数字化驱动下的机关事务集中统一管理改革[J].中国行政管理，2022（8）：37-42.
⑤ 孙丽霞.机关事务管理职能机构制度化研究[J].中国行政管理，2020（3）：23-26.
⑥ 高鹏程.试析国家机关事务的概念[J].中国行政管理，2019（3）：13-17.

产以供自用。中国共产党在江西苏维埃政权时期，乃至长征以后到达陕北根据地时期，都需要从事生产，以供给中央机关使用。新中国成立后，国家机关事务所需要的资源列入国家计划，按计划供给。改革开放后，国家机关事务机构通过财政提供的货币资金，采购获取所需资源，并将这些资源转化为国家机关所需的服务。由此可见，国家机关事务所处的时代不同，生产力和社会经济发展水平不同，国家机关发展的阶段不同，国家机关事务获取和转化资源的手段也不相同。

三、机关事务工作的职能及其关系

我国历次政府机构改革使得机关事务工作专业化、职能化趋势明显。1999年11月，全国机关事务工作协会第二次代表大会指出，深化改革，要坚持管理科学化、保障法治化、服务社会化的方向；2004年，国务院领导对机关事务工作部门的职能定位作出了"管理、保障、服务"的高度概括，为机关事务管理指明了方向。机关事务管理既要负责机关运行的顶层设计、系统筹划、组织协调等宏观层面的管理工作，又要负责机关和职工生活的保障工作，还要为服务对象提供后勤服务，这是其他行业和系统所不具有的。[1]

（一）三大职能

1. 管理：提高管理效能

管理主要通过制标准、定规则、传理念、签合同的方式，实现对人、财、物等各类资源的管理，推进内部行政的规范化（法治化、标准化）发展，提高资源利用效率。机关事务管理职能建设是政府自我节制、自我更新的必然要求。

从管理对象来看，管理职能分为内部管理和外部监管两个方面。内部管理是对机关内部资源运行的管理，外部监管是对具体参与机关事务的其他社会力量的监管督促。内部管理范围覆盖机关人员、资金、资产、资源等各个板块，其中资金和物资、房地产等资产是"物质载体"，人员是"生命血液"，信息管理、网络平台建设与维护等资源是"中枢神经"[2]。外部管理是服务社会发展的结果，主要涵盖了餐饮服务（机关食堂）、会务服务（礼仪）、物业管理（安保、卫生）、绿化管理等供应服务管理和生活服务管理。

从管理方式来看，主要采用规划、组织、指导与监管等管理方式。

（1）规划，主要通过制定标准与制度的形式强化对资源的统筹。制定内部管理制度，如绿色采购标准、节能工作目标管理考核办法、工作成效评估和通报制度等。2018

---

[1] 王德.以建设现代政府为目标大力推进机关事务治理方式改革[J].行政管理改革，2017（4）：33-38.
[2] 王德.科学把握当前机关事务工作的定位与职能[J].中国行政管理，2005（1）：62-64.

年国家机构改革后，机关事务管理部门在原有分工的基础上，通过加强制度化、标准化、规范化以及机构改革服务保障、省部级干部住房、办公用房、公务用车等，进一步提升了职能履行的资源统筹能力[①]。

（2）组织，即落实制度、履行合同等方面。搞清楚"有什么、有多少"，弄明白"哪来的、花哪了、剩多少"，安排好"给谁用、怎么用、用到什么程度"，"给谁干、干什么"，计算好"付多少"等问题。

（3）指导，形成反对贪污腐败、反对奢靡浪费的良好风尚和价值追求。对"买什么""怎么买""管什么""怎么管"等方面进行细化，建立一套标准和操作规范[②]。

（4）监督，确保服务工作能够提供更好的保障。将安全管理、节能管理、高效服务、绿色服务纳入监管范围；核查合同中应提供的公共产品数量、服务供给质量等，评估好"干了多少""干得怎么样"等问题；健全财务监管，做到支出定项定量定额。2018年国家机构改革后，为应对机关事务的制度化、标准化、规范化的要求，中央层面机关事务管理的统筹（规划）、业务指导和监督职能开始强化。

2. 服务：调整服务结构

机关事务需要提供各项劳务或技术性服务以满足机关办公与职工生活需要，直接为党政机关和广大干部职工服务。根据服务对象，可将其分为政务类服务和生活类服务；根据政治的保密性要求，可将其分为保密类服务与非保密类服务，如表1-1所示。服务涉及从工作环境、办公用品、员工食堂等，到领导住房、职工福利、养老医疗等方方面面，无论是工作环境的干净舒适还是生活福利的保障服务，都从物质和精神层面增强了干部职工幸福感、满足感、认同感，提高了其工作积极性和主动性。随着社会的发展，机关服务应降低生活类服务比重，加大政务类服务比重。[③]随着市场经济的不断完善和机关事务管理部门的自身建设，机关事务将市场、社会能够办好的事项交由市场、社会承担，实现从封闭型单一服务向开放型引进服务的转变。[④]

表1-1 机关服务的分类

	保密类服务（直接）	非保密类服务（间接）
政务类服务	档案管理、文件管理、资料管理	工作环境、办公用品、运行资金、会议安排、培训接待
生活类服务	安全保障、领导住房	食宿、托育保育、退休养老

在服务的提供方式上，机关事务管理部门（或服务中心）扮演着重要角色，主要提

---

① 孙丽霞.机关事务管理职能机构制度化研究[J].中国行政管理，2020（3）：23-26.
②④ 刘会增.深化机关后勤服务社会化改革的实践与思考[J].中国行政管理，2017（5）：6-9.
③ 陈庆修.从历史沿革看机关事务的含义及其发展趋势[J].中国行政管理，2017（10）：146-147.

供两类服务。

一是直接提供的服务。部分机关部门、重要行政项目、会议资料等信息资源对于保密性要求较高，需要由机关事务管理局直接提供网络信息监管服务、特勤人员护卫服务等。

二是间接提供的一般性服务。一般性服务主要涉及机关运行服务。政务服务要求保障办公，如办公区物业管理、治安管理、机关食堂、汽车维修、生活物品供应、培训接待等，旨在为干部职工提供安全、卫生、舒适的办公环境；生活服务要求帮助干部职工消除后顾之忧，如职工子女的入托、入学、参军、就业、就医，职工住房补贴、职工理发、职工生活区的物业管理等。

一般性服务的间接性是指机关部门通过服务外包、公开招标、政府购买等形式，积极联系市场主体，引进社会力量，使得政府内部需要同社会生产之间形成一定的供求关系，从服务的直接提供者变成服务的管理者[①]，从单纯的后勤事务管理角色转向机关运行保障专业化服务供给者角色。[②]其一，服务外包。单位食堂、卫生保洁、安全保卫、物业管理的企业外包。其二，公开招标。集中办公用房、活动场地、基础设施、饮水供应等服务，面向房地产、基建企业等择优招标。其三，政府购买。向资质合格的医院或相关科室购买员工体检等服务，以保障职工享有专业化、高质量的基本医疗服务；由机关事务管理局牵头，以面向市场进行合同购买、竞标招标、议价定价、集中管理的形式，保证生活区的物业、安保、环保、基建等服务的高效率、高质量和多元化。

3. 保障：转变保障方式

机关事务本质上是一项法定的保障活动，是直接为党政机关和广大干部职工提供保障，是满足或实现党政机关正常有序稳定运行的基础。保障职能将组织内部保障性要求进行集中汇总，将机关整体共有保障性资源进行集中统一管理，将保障性权力进行归拢整合，涉及办公条件、办公环境、安全保障、健康保障等方面，是机关运转的基础和职工生活的依托。保障职能的实现有两种方式。

一是以"消极政府"的姿态，被动地提供保障活动。机关事务作为一种内部行政行为，是行政主体享受行政权益的体现，必须依法进行。这种保障更多的是从相关部门或个人向机关部门提交保障申请开始，利用机关内部有限的运行资金，办公用房、用地、用车等资源，向机关人员提供安全的办公环境，一定数量的办公用品、卫生的食堂就餐环境等。其特点表现在：仅提供保障政务工作正常运行的基本条件；较少发挥主观能动

---

① 江苏省省级机关事务管理局.机关事务工作服务社会化改革的实践与思考［J］.中国机关后勤，2006（3）.
② 丁煌，王光良.国家治理语境下机关事务管理的角色定位与改革创新［J］.中国行政管理，2020（12）：15-20.

性；不积极适应市场环境、满足不了干部职工"日益增长的美好生活"的愿望；资源利用效率不高；不追求机关集约化、节约化发展等。

二是以"积极政府"的姿态，主动地发现政务所需。机关事务管理局以"参与者"或"主导者"的身份参与到服务供给的全过程，有效对接多元化的机关资源与多样性的保障需求，将保障物质和服务项目有效转换为治理资源。

（1）通过树立"业务思维"，拓展"业务链条"，致力于积极寻求技术赋能、专业赋能（如引进前沿技术和专业人才，培养和吸纳专业化人才，积极构建信息监管平台、资源调配平台等，实现资源整合、信息共享、业务协同、集成管理、智能应用），保障机关集约化、节约化发展。

（2）通过树立"人本意识"，致力于主动发现干部职工需要什么、想要什么，调动工作人员的工作积极性，提高对工作的满意程度。

（3）通过干预外部环境、强化思想引领、拓展保障服务覆盖范围、加大福利力度等方式来引导干部职工积极寻求或主动构建自身发展在经济利益和精神需求方面的平衡点、共同点，建立完善激励相容机制，增强干部职工的幸福感、认同感和归属感，激发干部职工的工作积极性和创造性，更好地实现组织目标。

当代，机关事务除了要做好基础性保障工作外，还应当以更加积极主动的姿态，以公共价值为导向，优化资源配置，提升政府效能。

（二）三大职能间的区别与联系

1. 三者的区别

（1）稳定性不同。[①] 管理职能是由机关内因所决定，是相对稳定且需要不断加强的；服务职能会受到机关外因的变化或外部大环境变化的影响，是相对动态且呈现收缩的趋势；保障职能由社会发展水平和法治化水平所决定，保障的范围逐渐变小但保障水平比较高。机关事务的保障范围和服务范围变小的原因有：一是社会组织承担了诸如办公区和职工生活区的物业管理、治安管理、机关食堂、职工理发、汽车维修、生活物品供应、培训接待等服务保障工作。二是社会保障机构承担了诸如养老、医疗、住房等服务保障工作，人事管理部门规范了公务员的津补贴和奖金福利的发放工作。三是老干部工作体制的健全，有专门部门和内设专门机构负责离退休干部的服务工作。四是工会组织工作的加强，分担了一些机关事务性服务工作。

（2）侧重点不同。新中国成立前，战时后勤工作强调后勤服务与保障，没有政务与事务之分；新中国成立后，政务事务逐渐分开，机关事务凸显"后勤服务"的特性，

---

① 黎兵. 对机关事务工作机构职能的几点思考 [J]. 中国行政管理, 2007（3）: 60-62.

机关职工的福利待遇均来源于机关事务管理机构提供的服务和所办经济实体的产出。[①]
1978年之后到1998年，机关事务实行"企业化管理、商品化服务、市场化经营"的管理体制，管理职能与服务职能分开，由自我生产、自我消费的生产方式向社会化生产、商品化交换的方式转变[②]，核心职能从传统的生产服务职能向管理职能转化。[③]1998年之后，机关事务管后勤与办后勤分开，管理职能彰显。机关事务工作在政府管理方式、流程和技术设计等方面整合和扩大机关事务管理职能，强化统筹和指导，实现制度化、标准化、规范化管理[④]，统一规范购买服务的内容、标准、方式和程序等，提供相关实施办法、合同参考文本等，指导和督促各级机关事务管理部门落实购买、优化和监管服务。在社会主义市场经济体制下，机关事务管理转型成为机关运行保障服务的"组织者"和"发动者"，管理成为机关事务工作的重点内容。[⑤]但在当前实践中，机关事务的管理职能与服务职能的实现形式却具有多样性。一些地方管理职能与服务职能合为一体，一套人马、两块牌子；一些地方管理职能与服务职能分离，分别设立机关事务管理局和机关服务局；还有一些地方将职能细分为管理、经营和服务，分设机关事务管理局、机关经营管理局和机关服务局。[⑥]

（3）层次有差异。一方面，管理职能侧重于对行政职权的管理，服务职能强调公共产品和公共服务的供给，保障职能是对公共安全、社会稳定、法律秩序的保障。管理最终呈现的是政策、标准，服务呈现的是具体的、各种形式的公共产品，以及良好的办公环境等，保障结果是有用的东西、促进性的东西。另一方面，管理职能强调对资产资源的所有权，服务职能考虑的是对资产资源的经营权，保障职能涉及对资产的保护权。如，在"去行政化"阶段初期，后勤服务的社会化改革（创办接待服务公司、出租内部资产资源等方式）刺激各部门强化对机关内部资产资源的经营管理，关注自身利益。随着改革的深入，1992年国家开始通过整合建设机关服务中心等方式逐步解决服务社会化管理问题，国家机关事务管理部门建成由行政机构、具有一些行政管理职能的事业单位、具有服务职能的后勤事业单位和国有企业单位四大块的格局。为了进一步规范对资产资源的管理，国管局实施了政企分开原则，设立了经营指导处、经营管理公司等机构，明确内部资产资源所有权，并对其进行规范化、标准化的统一管理。

（4）运行逻辑不同。管理职能追求效率原则，目的在于管理好制度、政策、标准，

[①][③][④] 朱萌，王浦劬.从"去行政化"到"再行政化"：机关事务管理体制变迁研究（1983至今）[J].云南大学学报（社会科学版），2021，20（4）：121-129.
[②] 王德.科学把握当前机关事务工作的定位与职能[J].中国行政管理，2005（1）：62-64.
[⑤] 丁煌，王光良.国家治理语境下机关事务管理的角色定位与改革创新[J].中国行政管理，2020（12）：15-20.
[⑥] 彭宗超，曾学华，曹峰.整体性治理视角下党政机关事务的整合与协同[J].北京行政学院学报，2019（1）：44-51.

监管好服务体系，做好上通下达，实现管理的规范化、标准化、一体化。服务职能追求满意度原则，目的在于服务好部门工作与干部职工。保障职能以消除不确定性为原则，内化于服务和管理中，同时具有服务和保障的运行逻辑，目标在于降低不确定性风险。①"不确定性"来自政务活动运行过程中对水、电、油资源和其他办公用品的消耗，机器设备、桌椅板凳、公务用车、办公用房的损耗，干部职工的调任，食宿以及卫生问题、安全问题、绿化需要等。"不确定性"应由机关事务管理局在政务活动过程中协调摒除，以保障各项政务活动有效进行。比如，鉴于政治系统动态的有序性和连续性，干部职工就职或调动区域跨度大，尤其是领导干部的调动具有稳定的动态性，多数工作人员的工作区、生活区相隔较远，必要时需要举家移动，其住房、子女教育等都需要得到保障和解决。

2. 三者的联系

关于三大职能的关系，不同的学者有不同的理解。张国良认为，"服务是核心，管理是基础，保障是目标"②；黎兵认为，"管理职能是主体、核心职能，服务职能是保障手段，保障职能是目标要求"③；吴志攀认为，"保障"一词应是描述机关事务工作本质的标识性词汇④。基于此，本书提出保障是目标，管理和服务是手段。当下，机关事务管理的着力点应转移到调整服务结构、转变保障方式、提高管理效能上来。⑤

（1）保障是目标。管理好，服务好，最终是为了保障好。⑥保障职能是机关事务具有决定性的、区别于其他特性的本质属性，属于撇开了机关事务具体工作的一个抽象范畴，是在思维逻辑与理性认知层面对机关事务保障及其内涵和外延的揭示。⑦管理和服务都是围绕"保障"概念、为实现保障目标进行的，提升管理效能和调整服务结构最终是为了保障更有力。机关事务的保障能力主要体现为机关事务管理部门对机关高效、有序运行提供的全过程管理和服务水平，保障能力的提升依靠管理服务方式的优化、流程的简化以及管理服务理念的科学性、标准的统一性、成效的高质量。

（2）管理与服务是手段。管理与服务相互依存，都是为了更好地提高保障能力，落实保障要求。处理"管理"与"服务"的关系时，不宜简单以大小划分，不存在"小管理、大服务"，更不能重服务、轻管理。管理与服务密不可分，管理就是服务，服务就是管理。一方面，在管理中做好服务。机关事务管理立足于规范化建设，通过

---

① 王德.机关事务管理思考与前瞻[M].北京：中国人事出版社，2012.
② 张国良.浅谈建国以来机关事务工作的历史沿革及职能特点[J].中国机关后勤，2017（4）：26-27.
③ 黎兵.对机关事务工作机构职能的几点思考[J].中国行政管理，2007（3）：60-62.
④ 吴志攀.新时代下"政府运行保障"概念建构、特征和意义[J].中国行政管理，2022（7）：149-151.
⑤ 李宝荣.机关事务管理概论[M].北京：北京大学出版社，2020.
⑥ 陈庆修.从经济性视角探析机关事务的三大职能[J].秘书工作，2020（8）：60-61.
⑦ 李巧玲.机关事务保障的理论建构与治理现代化[J].甘肃社会科学，2022（5）：178-184.

完善绩效考核机制、"三公"经费管理办法、工作目标管理考核办法、节约型服务型机关创建评价标准等多个角度构建管理的制度统一，将标准工具引入机关事务服务的各个领域与各环节，覆盖各个事项、流程和要素，在机关事务价值链的高端，推动服务标准制定、实施，改进闭环运行并循环往复，实现机关事务服务水平螺旋式上升。另一方面，在服务中深化管理。随着机关事务管理的社会化发展，机关事务管理部门要加强对多元主体参与的服务体系的监管。对于相对专业和自由的市场主体，机关事务管理部门负责总体把控、统一监管和调配，从而使其能够更好地为政府运行提供保障服务。机关事务管理部门要有针对性地进行公开招标、公布购买服务等需求，建立健全市场主体准入制度章程，强化合同管理，设立统一的管理体系、评价标准和行业规范，督促市场主体服务效能的有效发挥，保障服务高标准和产品高质量，追求政企双方的"合作共赢"。

第三节　机关事务管理的主体与角色

一、机关事务的参与者

我国机关事务的参与者应当包含机关事务管理部门和各级党政机关、人民团体、事业单位等多元主体。其中，各级党委为领导者，机关事务主管部门为主导者，各级政府部门、各人民团体、各事业单位等其他单位和部门为协同配合者。机关事务工作遍及各单位，党委、人大、政府、政协等系统分头设立，政府系统内各部门均配备有独立属性事务管理机构。关于县级以上人民政府与机关事务管理局的关系，《机关事务管理条例》（以下简称《条例》）第一章第三条指出，县级以上人民政府应当推进本级政府机关事务的统一管理，建立健全管理制度和标准，统筹配置资源，政府各部门应当对本部门的机关事务实行集中管理，执行机关事务管理制度和标准。关于机关事务管理局与本级政府组成部门和下级机关事务管理局的关系，《条例》第一章第四、五条明确，县级及以上地方人民政府机关事务主管部门指导下级政府公务用车、公务接待、公共机构节约能源资源等工作，主管本级政府的机关事务工作，有关机关事务管理的规章制度由国务院机关事务主管部门负责拟订。

中央与地方的各级机关事务管理部门设置、职权划分都有差异，不同省市的机关事务管理部门名称和职能也有差异。譬如，在中央层面，党政系统均有机关事务管理局，全国人大、政协以及各个部委也都有机关事务管理部门，设置为服务局或办公厅不同的机构。这些机构互不统属，也互不沟通。在地方层面，各省、市、县也都有机关事务管理机构，名为"机关事务管理委员会""政府接待办公室"或"机关后勤服务中心"等。这些机构的性质和规格、隶属关系、设置单位及主要职能都不一样，省级管理局的级别均为厅级，由政府或党委（党委办公厅）设立，且多数作为省级人民政府的工作部门行使行政管理权，一小部分则成为省级人民政府的直属事业单位。

机关事务管理局既要主管本级机关的机关事务工作，对各部门机关事务工作实施行政管理权，也要协调办公厅、编办、财政等部门，并与这些部门协同治理。《条例》第一章第五条明确，县级以上人民政府发展改革、财政、审计、监察等部门和机关事务主管部门明确分工，依法监督管理和调查处理机关运行经费、资产和服务管理工作，及时监督纠正本级政府各部门和下级政府的机关事务工作的违法违纪行为。《条例》第二章、第三章明晰了机关事务管理局与本级财政部门和其他政府组成部门的关系，要求财政部门根据机关事务主管部门等下发的规划建议做出详细的财务预算和决算工作，做好财政规划；要求机关事务管理与发改或节能、国土或住建等相关部门的职责分工与合作问题，要建立在法律规范的基础上，符合实际工作需要，提高工作效率和资源利用率，尤其是办公用房、办公用地、公务用车等方面。此外，《条例》还对国管局与地方局的关系、其他国家机关和有关人民团体的机关事务管理进行规定。关于资产管理的权限，机关事务管理局拥有对资产进行清查登记、调剂使用、产权界定、修缮维护等职能的较多，而对资产进行设计规划、管理公务用车购置经费等职能相对较少。[①] 在办公用房方面，中央层面办公用房投资和使用标准由国家发展改革委负责，使用由国管局负责，维修由财政部负责，而技术和业务用房由国家发展改革委负责，资产处置尚未明确主管部门，一般划分给管理局。关于公务用车，日常管理归机关事务管理部门负责，但其使用管理办法多由纪委规定[②]，政策制定部门与实际履行部门间的权责界定存在问题。

机关事务社会化管理改革使得越来越多的节能公司、物业公司、社会组织都以政府招标、合同管理、自愿组织等形式，或多或少地参与到机关事务治理中来。这些社会主体的参与引进了市场竞争机制，能够引导机关事务管理部门低成本、高效率地开展工作，强调机关事务管理的经济节约性，能够加大公共服务供给量、提高公共产品的多样性；引进了市场管理、企业行政模式，能够帮助机关部门吸收管理经验、优化管理手段，更好地促进管理与服务同步、检查与指导并重，很好地实现由粗放式管理向精细化管理转变，有力推动了节能节约工作。[③]

---

① 王浦劢，梁宇，李天龙.十八大以来我国省级机关事务管理体制改革的发展及其思考[J].中国行政管理，2018（3）：8-14.
② 余少祥.关于机关事务管理体制改革的若干思考[J].中国行政管理，2019（3）：30-33.
③ 刘会增.深化机关后勤服务社会化改革的实践与思考[J].中国行政管理，2017（5）：6-9.

二、机关事务管理者的角色定位

时代的发展和现实的需要都强调机关事务管理者要把握好自身的角色定位，才能实现运行保障的科学化和高效化。在国家治理现代化背景下，可以试行让机关事务管理部门成为机关事务市场化、民营化的中介，使用统一的管理标准将机关事务集中"发包"，做好国家资源的集中集约管理，缓解部门利益无序争夺造成职责交叉，逐步确保党政机关顺畅运行。① 机关事务管理部门应考虑机关运行的需要，组织有能力、合要求的企业、组织或个人进行具体公共服务的生产和实施，并监督服务全过程，管理部门只负责公共服务和公共产品的提供，并不从事具体的生产工作。

（一）做资源配置的优化者

在治理现代化的时代要求下，资源配置是机关事务管理职能的主要实现方式，为了更好地实现服务保障的职能目标，机关事务管理要更注重对现有资源的统筹调配，保障党政机关有序高效运行下对各项资源的需求，更加强调机关管理的高质量、高效率、高指向性。为此，机关事务管理要充当好资源配置的优化者角色，提高机关事务管理效能。

首先，要对现有资源集中统一管理，发挥规模效应，减少资源闲置和浪费，节约保障运行成本。机关事务管理部门要从"用在哪"和"用得怎么样"两个方面对机关内部资金、资产、资源使用展开流程性约束，实现内部的经费审计监管，办公物品采购审批，公务用车申请、维护，基础设施、办公用房建立与使用分配等的标准化、有序化、集约化，建设节约型机关。机关事务管理部门尤其是要对稀缺性、必要性资源进行权威性分配，防止党政职能部门对资源使用的独占性、随意性行为，盘活机构内闲置资源，打破部门间的"共享壁垒"，缩小"贫富差距"。其次，在充分发挥市场在资源配置中的决定性作用的同时，把握好机关事务管理部门的主导性，协调好政企关系。积极引进市场主体等社会力量，以满足党政职能部门运行的多元化需求，连接机关与社会两个"资源库"，从"开源"的角度提高资源配置效率。同时，资源配置的优化者可以通过引进大数据等数字化、信息化资源平台，打造资源管理"档案馆"，及时更新、共享相关信息；搭建资源申请对接"云平台"，实现资源处理和调配的精准、高效。

---

① 丁煌，王光良. 国家治理语境下机关事务管理的角色定位与改革创新[J]. 中国行政管理，2020（12）：15-20.

（二）充当服务供给的监管者

机关事务管理体制的改革推动事务部门从专业化、统筹化角度出发，为党政机关提供保障服务。机关事务管理部门适当地将餐饮、保洁、绿化、会务接待、物业管理、技术开发、平台建设与推广等方面的服务保障项目划分给具有专业资质的企业和社会力量，让专业主体推进承担部分专业化服务的直接生产和提供工作，更有利于实现服务的专业化、多元化。同时，机关事务工作把生产服务职能分出去，要求其除了要做好内部管理，更要做好外部服务监管，即机关事务管理部门需要从管理标准是否规范、服务重点是否突出、保障项目是否明确、社会化过程是否规范透明等角度做好对机关相应工作人员和市场主体的监管评估；从"用谁""用在哪""效果怎么样"三个角度，对招标工作、政府购买、对外承包等项目进行全过程监管，避免恶性竞争、贪污腐败和政商勾结，促进市场主体与机关内部的公平竞争，做好高标准、高质量、高效率的服务，推进服务型政府、廉洁政府、责任政府、透明政府的建设，树立政府在公众心中的良好形象，增加政府公信力。

（三）成为治理模式的追求者

在行政经费标准逐年降低的常态化整治和治理现代化的背景下，为积极盘活各类资源，促进服务供给的高效化和专业化，机关事务管理必须变"管理"为"治理"，处理好同其他政府部门、市场和社会的关系，把握好效率和公平的平衡，实现资金、资源、资产的集约节约化管理，努力做到"硬件"不足"软件"补[①]，利用好多元主体参与治理的模式，在压缩行政成本的基础上实现保障水平的平稳上升。一方面，机关事务管理部门要积极推动政府、企业与社会组织的合作治理。通过加强与发展改革部门、财政部门、住建部门、能源部门等相关部门的协同治理，关注具体行政部门在具体履行管理服务职能或生活中可能影响政务活动的不确定性因素，从基本政务保障和高级福利保障着手，规避不确定性风险。通过划定政府外部主体参与的范畴与准则，采用项目外包、购买服务、招标竞标等方式，提高企业、社会组织等主体与机关事务管理部门在资源开发、服务供给、技术研发以及平台建设推广等方面的合作力度，将部分资产、资源服务推入市场，促进一定范围内的良性竞争，形成机关事务管理局主导的、相关部门协同配合的、社会主体广泛参与的、以协商为基础的机关事务合作治理格局。另一方面，机关事务管理部门应以符合广大人民群众需求为衡量标准建设现代政府机构。从公共利益的角度出发，以伦理原则维系社会公平正义，以广大人民群众的切身利益为核心，促进公

---

① 陈庆修.机关事务工作的政治性探析［J］.中国机关后勤，2019（12）：57.

共价值的实现，关注干部职工对福利待遇的多元化、高质量追求，满足公务员序列提出的集中或相对集中办公要求，增强干部职工的工作积极性和人民群众满意度。同时，运用数字化技术建设公开透明的信息平台，并更加积极主动地接受人民群众的监督，强化社会公众对机关事务工作影响力，使党政机关内部行政行为能够体现社会公平正义，彰显治理价值[1]。

三、机关事务的多主体协同治理

机关事务协同治理可理解为在机关事务工作的管理过程中，机关事务管理部门与其他主体（包括其他部门和其他组织）协同行动，从而形成机关事务工作的网络结构，并实现治理资源的最大化利用。机关事务的协同治理不仅要增强机关自身专业技能，更要学会将专业技能团队纳入管理服务全程，譬如专家团体、高校、部分优质公司或企业、高精尖人才等，积极引入第三方主体，既可以利用好、发展好社会化优势，解决机关事务工作部门化、空心化、碎片化的问题，又能够引入市场竞争机制，加强政府与第三方主体的交流合作，为我国机关事务工作的区域协同与一体化发展增添新的动力。

2021年，国管局印发《机关事务工作"十四五"规划》明确强调：机关事务工作要注重上下联动、左右贯通、区域联合、内外统筹，推进不同层级、不同区域协同发展。机关事务的协同治理是在中央政府领导下的不同主体间对于实现特定集体目标的自发性的协同，包含机关事务管理的内部协同（政府内部纵向和横向协同）和外部协同（政府、市场、社会等各个不同主体间协同）。

（一）上下联动

上下联动包括：①同一区域的层级间协同（上下协同）。在条块结合的双重领导体制下，同一区域内强调"条块结合，以块为主"的管理形式，明确层级间业务指导关系与资源交流机制。一方面，在各层级机关事务工作中营造"比、学、赶、超、帮"的氛围，提升区域内业务能力和发展水平，实现优势互补和资源整合，形成整体协同场域。另一方面，各层级间自上而下统一规范机关事务管理标准，减少甚至消除不同层级机关事务管理部门的制度差异，提高工作默契度和配合度，实现区域内、层级间高效的上下联动，从而提升机关事务工作效能。②上下级政府的"条条"联动。充分发挥中央和地方的积极性，建立有中国特色的"国家、省市、区县"多层级的上下互动机制，既要坚持中央对地方的统一领导，以整合的思路理顺机关事务管理体制，构建统一标准体系；

---

[1] 于蓉. 机关事务概念辨析[J]. 中国机关后勤, 2007(10): 3.

又要尊重地方利益的特殊性，充分发挥地方的积极性、主动性和创造性，按照"一级政府、一级机关事务"的原则，强化上级机关事务管理部门对下级部门的指导作用。

（二）左右贯通

左右贯通即同级政府的部门间协同。机关事务协同治理需要机关事务管理部门的内部横向协同，即需要机关事务管理部门与其他同级部门就机关事务工作建立业务协同关系，理顺本级发展改革、财政、住建、机关事务、教育、科技、文化、卫生、体育等部门的横向联动机制，打破部门本位主义，破除部门壁垒，发挥本系统内各职能部门间的多维能动作用。为了实现左右贯通，需要清晰界定机关事务管理部门与发展改革、财政、自然资源、能源等部门的职能边界，在横向上建立机关事务管理部门同其他同级部门就机关事务相关业务的利益关联机制，明确资产管理、政府采购、土地管理等事项的管理范围和权限。机关事务管理部门与住建、财政等相关部门合作，加大职工宿舍安排、住房优惠政策力度，对外省市就职、调职人员提供住房保障；与卫生健康委合作建设"托育研究服务中心"，充分利用各自专业优势和资源条件，关注干部职工子女健康成长相关问题。

（三）区域联合

区域联合即不同区域的政府间协同。机关事务协同治理需要不同行政区政府进行区域合作，即需要机关事务管理部门突破本地局限性，从大局出发，打破地方"诸侯主义"，发挥"块块"联动作用，建立区域合作性质的机关事务工作协同机制。为了实现区域联合，需要机关事务管理部门充分利用信息化手段构建数字工具网络体系[①]，统筹发展电子政务，打造机关事务"云平台"，构建多区域甚至全国范围内的机关事务信息管理系统，促进政府间机关事务工作的经验交流、资源共享、信息互通、业务协同，充分发挥不同区域政府的比较优势，从而在纵向上形成区域乃至全国的机关事务协同治理格局，进而形成条块结合的机关事务协同治理模式。

（四）内外统筹

内外统筹即政府与社会主体间的协同。机关事务协同治理需要多元主体共同协调，即在机关事务工作的过程中政府与事业单位、国有企业、私营企业共同协商，充分发挥不同主体的优势，通过政府购买服务、政府与社会合作（PPP模式）等方式，将有关机关事务工作的资源进行最优、最大整合，将政府以外的各类社会主体（广大社会服务机

---

① 李巧玲.机关事务保障的理论建构与治理现代化[J].甘肃社会科学，2022（5）：178-184.

构）引入到政府资源资产的配置领域，打破机关事务管理行政主导的治理模式，改变政府单一提供方式，建立平等主体之间的竞争合作关系，将市场模式进一步引入机关事务的治理过程，为政府运行提供更为优质、高效的资源配置和服务[①]，进而形成在政府主导下，市场主体平等参与的多元共治的机关事务协同治理格局[②]。

此外，机关事务主体间协同还强调服务供给者（机关事务管理部门及其他相关部门）、生产者（企业、社会组织等具有生产能力的社会力量）、使用者（党政机关等职能部门）等"供、产、用"的协同。正确处理机关事务需求与供给的一致性，推动供需双方需求的精准对接；要求供求互助，即充分利用多元化机关事务需求，促进专业化、高质量供给，充分利用标准化、规范化、节约化机关事务供给引导适度、理性、绿色需求，从"供、产、用"层面促进机关事务协同治理体系的形成，构建全国性机关事务治理新格局。

第四节 机关事务管理学及发展

一、机关事务管理学的学科特点

1. 机关事务管理是关于政府运行保障的综合科学，即它是交叉的、丰富的、广泛的。机关事务管理范围广泛，带有很强的政治性、经济性和社会性，涉及到管理学、经济学、会计学、建筑学、心理学、美学、计算机应用科学等多种学科知识。机关事务管理学有效借鉴和运用了各个时期的相关学科的研究成果，进行多学科的交叉融合，形成其特有的专业知识能力。

2. 机关事务管理是关于政府运行保障的实践科学，即它是实际的、应用的、具体的。机关事务的管理、服务、保障三大职能都更多强调操作层面上的具体业务工作，点多、线长、面广的机关事务包括生活服务业的众多方面。它从论证现实中政府运行保障的问题发端，并始终强调理论研究与实践相结合。

3. 机关事务管理是关于政府运行保障的系统科学，即它是整体的、有序的、相互关联的，有较为完整的理论体系和特有的研究对象。机关事务管理是国家治理体系的一部分，是政府行政管理的组成部分，是政府自身建设的重要方面。其有效性关系到党政机关的有序运行和工作效率。我国机关事务管理的"去行政化"和"再行政化"变革，

---

①② 尹兴.机关事务治理体系和治理能力现代化的五大关系问题[J].中国行政管理，2018（6）：154-156.

实现了机关事务管理体制从生产服务职能向管理职能的初步转变，实现了对机关事务进行全链条、全环节的自上而下管理[①]，利于实现国家治理体系现代化的目标要求。

4. 机关事务管理是关于政府运行保障的技术科学，即它是一种方法、工具与手段。机关事务专门为国家机关提供管理、服务和保障工作，其工作人员作为具体工作的执行者必须具有专业的政治素养和专业能力。比如，能源管理岗要求工作人员具有能源计量工具的使用和维修能力以及能源计量统计和监管能力；采购岗要求工作人员了解市场和招标知识；公务接待岗要求工作人员掌握礼仪文化等。

5. 机关事务管理是关于政府运行保障的创新科学，即它是动态的、发展的、创新的，它在不同的发展阶段上均有新的理论观点和新的研究方法问世。机关事务管理工作的改革创新很大程度上依靠一般性的经验总结和传承，理论支撑不足、理论研究存在短板，使得基础性、前瞻性、方向性的政策理论研究明显滞后，不利于机关事务管理的深入发展。因此，机关事务管理学科的建设发展要坚持理论源于实践，实践检验理论。一方面，强调依赖机关事务工作人员所掌握的大量一手资料和原始数据，为理论研究提供问题导向和样本支持；强调着眼于政府管理实践中的问题研究、经验研究，建立相关案例库和数据库。另一方面，作为一门学科，机关事务管理要求做大量的理论假设、模拟实验，将理论模型与具体管理模式挂钩，用实践分析来检验理论成果的优缺点和普适性，为机关事务管理工作的开展提供理论基础和方法论指导。也就是说，机关事务管理学科强调理论性与应用性相结合，不能脱离实践空谈理论，也不能忽略理论成果的转化应用。

二、机关事务管理学的主要内容

机关事务管理学可以从国家的视角出发，构建政府运行保障学或国家机关事务管理学的基本内容。其主要内容主要包括以下四个方面。[②]

（一）机关事务基础理论

机关事务理论研究的目的在于将国家机关事务的有关术语学术化，形成学科术语共识；同时，使机关事务研究形成严密、自洽和有效的逻辑推理，通过严密的理性思维提炼有关经验认识并不断地加以检验实践。具体而言，一是以机关事务管理实践为基础，进一步对国家机关事务体制、职能、方式等展开研究；二是使机关事务管理价值，如效

[①] 朱萌，王浦劬. 从"去行政化"到"再行政化"：机关事务管理体制变迁研究（1983 至今）[J]. 云南大学学报（社会科学版），2021，20（4）：121-129.

[②] 高鹏程. 试析国家机关事务的概念[J]. 中国行政管理，2019（3）：13-17.

能、效率、公开、透明、平等和义务等,在机关事务的具体管理实践中协同实现。

(二)机关事务历史

政治分工随国家产生而出现,与机关事务扮演为政务提供基本物质条件的角色相伴而生。国家机关在不同社会形态和发展阶段的变迁,对为其提供基本物质条件的国家机关事务产生何种规律性的影响,值得深入研究。国家机关事务发展史研究与国家机关事务基础理论研究是相辅相成的。在国家机关事务管理发展史研究中,不仅应加强通史、断代史、国别史和部门史的研究,制度史和思想史方面的研究也非常必要。

(三)机关事务关系领域

国家机关事务关系领域是指国家机关事务与其密切相关的其他领域的关系,主要包括国家机关事务与政务、财政、人事等的关系。机关事务与政务的关系主要体现为政务办公空间是否需要集中统一、政务服务是否需要标准划一等问题。机关事务与财政的关系体现在资产管理、政府采购、节能工作等各个领域。机关事务支出是财政预算中行政事业费的重要组成部分,其不仅保障着国家机关的内部运行,还在市场经济中产生着巨大的经济外部性,如公务用车采购就可能对汽车市场格局产生很大影响。机关事务与人事的关系体现在其承担机关人员的多项福利工作,如住房、幼儿园、公费医疗、老干部工作、休假等。

(四)机关事务特定领域

一是机关事务政治必要性的差异。机关事务在不同行政层级、不同权力性质的机构中的表现形态存在差别,机关事务管理要依据这些差别保障有关的服务与管理。如中央、省级机构由于牵涉面广、影响大,因而其机关事务管理具有较高的政治性,而在地方的市、区县和乡镇层级其政治性就相对较低。在同级机构中,人大、政府、监察机关等就有较高的政治性,法院、检察院的政治性相对较低。在特定类型的国家权力部门中,如政府中的外交、国防、港澳台事务具有较高的政治性等。二是机关事务管理的方式变革。随着政府职能的扩张,国家组织逐渐成为超级巨型组织,其国家机关事务规模的总量也是惊人的。在这样的条件下,国家机关事务是否还要继续实行过去那种由所在层级和部门来全权领导的方式。又如,在全国国家机关事务工作中,是否有必要建立统一的法制体系,实现国家机关事务的标准化,普遍采用高效能的应用技术,建立统一的服务评价和监督体系。三是国家机关事务工作能否融通所掌管的各类资源,开展有效的教育培训全面提升人员素质,为政务工作等提供更加高效、低成本的统一服务保障。

三、我国机关事务管理学的学科发展

机关事务实践工作的高质量发展，离不开机关事务理论体系的支撑。深化机关事务管理学的理论研究和促进机关事务管理学的学科建设是治理能力现代化的必然要求。建立起学科话语体系，既要与其他有交叉的专业术语相区分，也要与大众话语、实际需要相接轨，从而为机关事务管理工作和理论研究培养更多的专业型人才，满足机关组织精细化管理和专业化分工需要。

2016年12月9日，全国机关事务管理研究会第一次会员大会暨学习贯彻党的十八届六中全会精神、推进机关事务管理创新与理论建设研讨会在北京召开。会议旨在推动机关事务管理工作与各高校、科研机构通力合作，为机关事务职能建设和创新发展引入外部智力资源和咨询服务。

2019年5月29日，国管局和北京大学国家机关事务研究中心在北京联合举办首届全国机关事务研究中心建设研讨会。会议指出处于起步阶段的机关事务理论研究工作既要顺应国家治理体系与治理能力现代化建设要求，总结吸收实践经验，又要保持理论研究的前瞻性和独立性。同年11月23日，第二届全国机关事务管理理论研究与智库建设学术研讨会在武汉召开，会议提出各研究中心要充分发挥各自优势和特长，加强合作，共同推进机关事务理论研究。[①]

2020年12月4日，国管局和中国行政管理学会在北京联合召开机关事务理论研讨会暨数字机关事务治理学术研讨会，为推进机关运行保障法治化建设和机关事务工作高质量发展提供理论支持。

2021年7月27日，第三届全国机关事务管理理论研究与研究中心建设学术研讨会在四川成都召开。研讨会围绕机关运行保障的立法研究、机关事务管理研究中心建设、政府运行保障管理学科建设等主题展开交流讨论，推动理论成果转化，主张外部智力支持和内部深度参与相结合，推动机关运行保障学科建设、人才培养、资政服务。

2022年1月，国务院学位委员会办公室印发《关于推进"政府运行保障管理"专业方向（二级学科）建设的通知》，决定从2022年起在北京大学、中国人民大学、清华大学、中国政法大学、复旦大学、南京大学、武汉大学、四川大学、重庆大学、云南大学、中国社会科学院大学等11家首批建设单位开展学科建设工作；建设单位应在公共管理硕士专业学位下设置"政府运行保障管理"专业方向，或在公共管理等一级学科下

---

① 肖珊. 专家学者共探新时代机关事务管理[EB/OL].（2023-11-27）[2019-11-27]. https://news.whu.edu.cn/info/1015/55940.htm.

设置"政府运行保障管理"二级学科，培养专业学位或学术学位研究生。[①] 这是国家教育行政主管部门首次以文件形式对机关事务领域学科建设提出明确意见和部署要求。

2022年12月1日，第四届全国机关事务研究机构建设研讨会暨政府运行保障管理学科建设交流会在云南省召开。会议提出要以国家治理体系和治理能力现代化为导向，以学科建设为契机，以各级机关事务管理部门业务实践为依托，不断深化对机关事务工作内涵外延、内在逻辑和特征属性等基础性问题的提炼概括，总结交流机关事务职能建设、行业建设的重点和思路，扎实推进机关事务理论研究、政府运行保障学科建设和机关事务管理体制改革工作。

2023年12月19日，第五届全国机关事务研究机构建设研讨会在重庆召开。会议从以资产管理为基础的机关事务管理研究、机关事务研究机构建设、政府运行保障管理学科建设等三个方面展开了研讨。

【参考文献】

[1] 陈庆修. 从历史沿革看机关事务的含义及其发展趋势 [J]. 中国行政管理, 2017（10）：146-147.

[2] 高鹏程. 试析国家机关事务的概念 [J]. 中国行政管理, 2019（3）：13-17.

[3] 于蓉. 机关事务概念辨析 [J]. 中国机关后勤, 2007（10）：3.

[4] 丁煌, 王光良. 国家治理语境下机关事务管理的角色定位与改革创新 [J]. 中国行政管理, 2020（12）：15-20.

[5] 衡霞. 地方机关事务管理职能法定化困境及成因研究 [J]. 中国行政管理, 2019（3）：18-22.

[6] 刘玉起. 积极优化机关事务管理核心职能 [J]. 中国机关后勤, 2009（4）：15.

[7] 黎兵. 对机关事务工作机构职能的几点思考 [J]. 中国行政管理, 2007（3）：60-62.

[8] 王德. 科学把握当前机关事务工作的定位与职能 [J]. 中国行政管理, 2005（1）：62-64.

[9] 孙丽霞. 机关事务管理职能机构制度化研究 [J]. 中国行政管理, 2020（3）：23-26.

[10] 吴志攀. 新时代下"政府运行保障"概念建构、特征和意义 [J]. 中国行政管理, 2022（7）：149-151.

---

① 国管局. 国家机关事务管理局、教育部共同推进"政府运行保障管理"专业方向（二级学科）建设工作 [EB/OL]. (2022-02-18)[2023-12-28]. http://www.ggj.gov.cn/xwzx/ggjxw/202202/t20220218_35023.htm.

第二章　中国机关事务管理的历史

自国家产生，政治分工随之出现，在不同社会形态和发展阶段下，国家权力组织与为其提供基本物质条件的国家机关事务之间形成了一种互适的关系，即作为行政管理重要构成的机关事务管理模式具有明显的历史性与时代性。但严格意义上，机关事务管理是随着近代民主国家的出现而产生的。"机关和机关事务自古有之。在不同的时代，由于生产方式和社会制度的不同，国家和政府机关事务也表现出不同的内容和形态。"① 因此可以说，中国机关事务管理的历史源远流长。按照由古及今的顺序，大致可以分为古代王朝、民国、新中国三个时期。

第一节　古代王朝的机关事务管理

"从历史沿革来看，机关事务源于宫廷事务。宫廷事务官是指为君主及其家室服务的职官。这类职官起源于君主的家臣，夏商已有'臣、尹、宰'等家臣之称。""国家政权是统治者家族的政权，机关事务在很大程度上也就是皇帝的宫廷事务。"② 所以，古代王朝机关事务管理的实质就是为直接为君主和宫廷提供服务，提供服务的部门可以统称为宫廷事务管理机构。古代中国依循"家天下"的政权统治逻辑，实践的内涵则伴随生产力水平的提高和经济社会的发展，呈现由简单到复杂、从单一向多元的发展规律。夏朝的宫廷事务主要指用车与膳食，到周朝时已扩展至安保、器物、金银、衣食等，且被独立设置③，明确区别于管理国家事务的政务，至清代时其职能范围已极其广泛，所含各司处高达50多个。同时，按照君主在不同历史阶段的地位和权限，又可以分为王权时期的共主、霸权时期的霸主、大一统时期的皇帝三种形态的宫廷事务管理模式。当然，从秦朝到清朝，虽然以皇帝制度、官僚制度、郡县制度为主要特征的政治体制体现

---

①③　白振刚.我国机关事务的历史沿革[J].中国行政管理，1997（4）：29-30.
②　李宝荣.机关事务管理概论[M].北京：北京大学出版社，2022.

出了"超稳定性"的特点，但是基于客观的历史形势和实际的管理需要，每个王朝的宫廷事务管理仍然有所不同。

一、王权时期

王权时期主要是指我国历史上的夏、商和西周，笼统而言，就是我国历史上的"三代"。这个时期也被以儒家为代表的学者视为"黄金时代"，又因其重要的统治者夏禹、商汤、周文王、周武王、周公一直坚持以道治国，也被称为"三代之治"。这个时期的君主在形式上拥有最高权力，但因其直接控制的范围非常有限，故只是被视为"共主"。尽管如此，作为"天下共主"的王仍然享有最高的礼遇，也产生了为其服务的专职官员。

（一）夏朝

夏朝是我国历史上第一个王朝，最高统治者称为"后"，《礼记·明堂位》中记载"夏后氏官百"，表明当时已经明确出现了负责管理宫廷事务的官职。

夏朝的宫廷官职设置已经相对完备。一是车正，掌"车服"，即主要承担着为夏后管理车辆和服饰的工作。历史上第一位车正是大禹时期的奚仲。二是庖正，掌"膳羞"，也就是饮食。夏启的重孙少康因为避难，逃奔到有虞氏那里，就做过其宗族内部的庖正。三是牧正，掌"六牲"，也就是管理牧畜。这三个官职，除了为夏后提供服务之外，还带有"礼官"的性质，如牧正掌管的六牲就有为祭祀提供贡品的职能。四是臣，为夏后的近侍。臣的本意是奴隶，但是服侍夏后的臣因为身份特殊，所以也掌握了一定的权力。除此之外，还有为夏后提供娱乐服务的御龙氏等。

（二）商朝

汤灭夏，建立了商朝，最高统治者的名号更改为"王"。《礼记·明堂位》中记载商朝的官员数量比夏朝有所增加，达到"殷二百"。这一数字虽然未必符合实际，但是也反映出商朝的管理体制较夏朝而言趋于完善。商朝的宫廷事务官主要包括：

宰：负责管理王宫综合事务。

寝：负责管理王宫内部事务。

臣：负责管理王宫内具体事务，人数众多，如有负责田庄的"小籍臣"，管理奴隶的"小众人臣"，管理车马的"小多马羌臣"等。

（三）西周

周朝的管理体制更为成熟，官员数量增加到"三百"，特别是负责周王衣食起居的宫廷官员数量更多。主要包括：

宰：掌管王室所有事务。

善夫：掌管周王和宾客的饮食。

御正：掌管王室车马驾御之事。

缀衣：掌管周王的衣物。

趣马：掌管周王的马匹。

庶府：掌管周王的库藏。

左右携仆：掌管周王所用器物。

二、霸权时期

霸权时期是指春秋战国时期，这个时期周王还是"共主"，但已经成为虚位元首，"五霸七雄"先后代周王号令诸侯。就行政管理体制而言，霸权时期的周王室或者诸侯国，一方面部分保留了西周时期的基本政治架构，一方面也产生了适应时代发展的新的机构和官员，这种变化在诸侯国表现得尤为明显。霸权时期负责宫廷事务管理的官员主要有：

师（大师、舞师）：楚国称为乐尹、伶人，属于乐官，负责在国君宴飨时奏乐。

府人：掌管王室的金玉器皿。

廪人：掌管王室的粮仓。

宫厩尹、王马之属：楚国官名，掌管王室的马匹。

少内、少府："少内"为秦国官职，"少府"为韩国官职，二者职能相似，负责管理王室财货。

三、大一统时期

秦王嬴政于公元前221年建立了秦朝，并自称皇帝，中国从此进入了大一统的皇权时期。自此，开始逐渐形成以皇帝和皇室为核心的宫廷事务管理模式。

（一）秦汉时期

秦汉时期的中央行政机构为"三公九卿制"，具体负责政务处理的"九卿"（九卿属于概称，实则不止九个部门）中除了"少府"具有鲜明的宫廷事务管理机构的性质外，其余都是负责处理朝廷（外廷）事务的机构。但在皇权体制下，九卿中的大部分部门又都带有为皇室服务的特点，"他们（指九卿）的职掌，大部分是为皇帝私人服务的，因而又带有浓厚的宫廷机构性质，故称为宫廷合一的列卿制。"① 所以，这个时期的宫廷事务管理机构具有为宫廷和朝廷服务的"双重属性"。相比较而言，太常、光禄勋、卫尉、宗正、少府等五卿的宫廷服务性质更为突出一些。

1. 太常

掌宗庙祭祀礼仪和教育等事务，秩中二千石。下设丞一人，秩千石，辅助太常工作。属官包括：

太祝令、丞：掌读祝文及迎送神。

太乐令、丞：掌伎乐。

太宰令、丞：掌宰牲及馔具。

太史令、丞：掌天时星历。

太卜令、丞：掌卜筮。

太医令、丞：掌医药。

博士（官）：掌经学。

2. 光禄勋

掌宫殿门户守卫，秩中二千石。下设丞一人，秩千石，辅助光禄勋工作。属官包括：

大夫：为参谋顾问官，包括太中大夫、中大夫、谏大夫。

郎：为门卫、车骑官，包括议郎、中郎、侍郎、郎中等官。

谒者：为传达、接待宾客官。

3. 卫尉

掌宫门守卫。秩中二千石。下设丞一人，秩千石，辅助卫尉工作。属官包括：

公车司马令、丞：掌守司马门。

卫士令、丞：掌送从。

旅贲令、丞：掌奔走之役。

4. 宗正

掌皇族和外戚事务，具体包括"序九族"、惩治当受"髡"以上刑罚的宗室人员等，秩中二千石。下设丞一人，秩千石，辅助宗正工作。属官包括：

都司空令、丞：负责督造砖瓦。

内官长丞：负责律令。

---

① 张创新.中国政治制度史（第四版）[M].北京：清华大学出版社，2018.

诸公主家门令尉：承担公主府事务。

5. 少府

主掌皇室财政，还负责皇帝的饮食起居、医药供奉、园林别苑建造、器物制作等事务，秩中二千石。下设丞六人，秩千石，辅助少府工作。属官包括：

尚书令、丞：掌文书、参谋事。

符节令、丞：掌皇帝印玺和符节。

太医令、丞：掌皇帝医药。

乐府令、丞：掌宫廷音乐。

考工室令、丞：掌器械制造。

（二）魏晋南北朝时期

西汉武帝之后，九卿地位开始下降。此后，九卿所属的部分机构和职能逐渐转移至新成立的门下省，如卫尉所属公车、武库令，少府所属太匠令、太官令、尚方令、符节令等。到了魏晋南北朝，门下省成为主要的宫廷事务管理机构。如南朝的门下省统领公车、太官、太医、骅骝厩，北魏和北齐的门下省统领左右、尚食、尚药、主衣、斋帅、殿中六局，这些机构主要负责皇帝的生活起居和安全警卫。[①]

（三）隋唐时期

隋唐是中国历史上又一个真正的大一统时期，殿中省和内侍省成为最主要的宫廷事务管理机构。

1. 殿中省

殿中省在隋朝设立，唐朝延置，主要承担"供御之职"。其主要官员包括：监一人，从三品；少监二人，从四品上；丞二人，从五品上；侍御尚医二人，正六品上；进马五人，正七品上；主事二人，从九品上。属吏包括：令史四人，书令史十二人，左右仗牛千各十人；掌固、亭长各八人。

殿中省机构众多，下设六局，分掌宫廷事务：

尚药局：掌诊治疾病，调和御药。官员包括：奉御二人，直长二人，御侍医四人，从六品上；司医五人，正八品下；医佐十人，正九品下。属吏包括：按摩师四人，咒禁师四人，书令史二人，书吏四人，直官十人，主药十二人，药童三十人，合口脂匠二人，掌固四人。

尚衣局：掌供冕服、几案。官员包括：奉御二人、直长四人。属吏包括：书令史三

[①] 杨志玖.中国古代官制讲座［M］.北京：中华书局，1995.

人，书吏四人，主衣十六人，掌固四人。

尚舍局：掌殿庭、祭祀张设、汤沐、灯烛、杂使。官员包括：奉御二人、直长六人。属吏包括：书令史三人，书吏七人，掌固十人，幕士八十人。

尚食局：掌皇帝饮食、储存食料。官员包括：奉御二人、直长五人、食医八人。属吏包括：书令史二人，书吏五人，主食十六人，主膳八百四十人，掌固八人。

尚乘局：掌饲养、调习、调度马匹等。官员包括：奉御二人、直长十人、司库和司廪各一人、奉乘十八人。属吏包括：书令史六人、书吏十四人、直官二十人、习驭五百人、掌闲五千人、典事五人、兽医七人、掌固四人。

尚辇局：掌辇舆、伞扇等。官员包括：奉御二人、直长三人、尚辇三人。属吏包括：书令史二人，书吏四人，掌扇六十人，掌翰三十人，奉舆十五人，掌固六人。

2. 内侍省

内侍省是宦官机构，属于在内廷为皇家服务的机构。主官为内侍监，从三品。下设机构包括：

掖庭局：掌女工事务。官员包括：令，二人，从七品下；丞，三人，从八品下；掌宫人名籍、劳作、蚕桑、供奉物等；宫教博士，二人，从九品下，掌教授宫人书法、算术、技艺等；监作，四人，从九品下，掌监督工役等。属吏包括：书令史四人、书吏八人、计史二人、典事十人、掌固四人。

宫闱局：掌宫内各处钥匙、伞扇、皇后出行随从等。官员包括：令，二人，从七品下；丞，二人，从八品下，主掌侍宫闱、出入管钥等。属吏包括：书令史三人，书吏六人、内阍史二十人、内掌扇十六人等。

奚官局：掌女奴、工役、宫官品阶、宫人医药等。官员包括：令，二人，正八品下；丞，二人，正九品下。属吏包括：书令史三人，书吏六人，典事、药童、掌固各四人。

内府局：掌藏宝货出纳数目、供应灯烛、汤沐、张设等。官员包括：令，二人，正八品下；丞，二人，正九品下；属吏包括：书令史二人，书吏、典事、掌固各四人。

内仆局：掌宫中车乘、皇后出宫引导、驾士习御车舆等。官员包括：令，二人，正八品下；丞，二人，正九品下。属吏包括：书令史二人，书吏四人，驾士一百四十人，典事八人，掌固八人。

内坊局：又称为太子内坊局，本隶属东宫，玄宗二十七年改隶内侍省。掌东宫阁内和宫人相关事务。官员包括：令，二人，从五品下，丞，二人，从七品下；坊事，五人，从八品下，掌序导宾客；典直，四人，正九品下，掌宫内仪式引导、通传劳问、纠劾非违、出纳等。属吏包括：书令史、书吏、典事、掌固等。①

（四）宋朝

宋朝的宫廷事务管理机构除了保留了唐朝的殿中省和内侍省之外，还特设了"入内内侍省"。入内内侍省和内侍省分别称为前省和后省，而入内内侍省地位更高，与王室"尤为亲近"。主要官员包括：都都知，从五品；都知，正六品；副都知，正六品；押班，正六品；内东头供奉官，从八品；内西头供奉官，从八品；内侍殿头，正九品；内侍高品，正九品；内侍高班，从九品；内侍黄门，从九品等。入内内侍省所属机构有：

御药院：勾当官四人，掌按验方书、修合药剂等。

内东门司：勾当官四人，掌宫禁、人物出入等。

合同凭由司：监官二人，掌禁中之物，给其要验，凡特旨赐予，皆具名数凭由，付有司准给。

往来国信所：管勾官二人，掌契丹使介交聘之事。

造作所：掌造作禁中及皇属婚娶之名物。

后苑：勾当官，无定员，掌苑囿、池沼、台殿种艺杂饰。

军头引见司：勾当官五人，掌供奉便殿禁卫诸军入见之事。

翰林院：勾当官一人，下天文、书艺、图画、医官四局。②

（五）元朝

元朝的大都留守司承担着宫廷事务管理的职能，主要官员包括：留守五员，正二品；同知二员，正三品；副留守二员，正四品；判官二员，正五品；经历一员，从六品等。属吏包括：令史十八人，宣使十七人，典吏五人，知印二人，蒙古必阇赤三人，回回令史一人，通事一人。

大都留守司下设机构主要包括：

修内司：掌修建宫殿及大都造作等事，领大木局、小木局、泥厦局、车局、妆钉局等。

祗应司：掌内府诸王府第营造和寺观营缮等事，领油漆局、画局、销金局、裱褙局等。

器物局：掌宫殿、京城门户修缮等事，领铁局、减铁局、盆钵局、成鞍局等。

大都城门尉：掌门禁启闭等事。

---

① 王颖楼.隋唐官制[M].成都：四川大学出版社，1995.
② 脱脱.宋史[M].北京：中华书局，1985.

犀象牙局：掌宫殿营缮犀象龙床卓器系腰等事。

大都四窑场：掌营造素白琉璃砖瓦。

凡山采木提举司：掌采伐车辆等杂作木植等事。

上都采山提领所：掌采伐材木、炼石为灰等事。[①]

（六）明朝

明朝宦官机构庞大，人员众多，成为宫廷事务管理的核心部门，主要包括十二监、四司、八局。

1. 十二监

司礼监：这是最重要的一监，掌内外章奏文书，以及用红笔对于内阁票拟的处理意见进行批示。

内官监：掌皇城宫殿皇帝陵寝的建筑营造。

御用监：掌皇帝和皇室所需物品的购置。

司设监：掌皇帝出行所需要的卤簿、仪仗、帷幕。

御马监：掌草场、马匹的管理等。

神宫监：掌皇室的宗庙祭祀。

尚膳监：掌皇宫内部的宴席膳食。

尚宝监：掌皇帝所发布诏令使用的玉玺、敕符。

印绶监：掌古今通集库存储的御用图书、铁券、诰敕等。

直殿监：掌各个宫殿和回廊过道的清扫。

尚衣监：掌皇帝的龙冠和御袍。

都知监：原掌各监公文来往、验证等事，后改为随驾前导警跸。

上述各监都设立负责管理的掌印太监一人，下属官员数目不定。

2. 四司

惜薪司：掌炭柴。掌印太监一人，属官有总理、佥书、掌司等。

钟鼓司：掌钟鼓、杂戏。掌印太监一人，属官有佥书、司房、学艺官等。

宝钞司：掌制作草纸。掌印太监一人，属官有佥书、管理、监工等。

混堂司：掌沐浴。掌印太监一人，属官有佥书、监工等。

3. 八局

兵仗局：掌制造军器。掌印太监一人，提督军器库太监一人，属官有管理、佥书、掌司等。

[①] 宋濂.元史[M].北京：中华书局，1997.

银作局：掌打造金银器饰。掌印太监一人，属官有管理、佥书等。

浣衣局：凡宫人年老及罢退废者，发此局听其自毙，以防泄露宫内事。掌印太监一人，属官有佥书、监工等。

巾帽局：掌造宫内使、驸马等的帽靴、官靴。掌印太监一人，属官有管理、佥书、掌司等。

针工局：掌造宫中衣物。掌印太监一人，属官有管理、佥书、掌司等。

内织染局：掌染造御用及宫内应用缎匹。掌印太监一人，属官有管理、佥书、掌司等。

酒醋面局：掌宫内食用酒醋糖酱面豆等。掌印太监一人，属官有管理、佥书、掌司等。

司苑局：掌宫中所需蔬菜瓜果。掌印太监一人，属官有管理、佥书、掌司等[1]。

（七）清朝

清朝入关后，有鉴于明朝宦官专权之祸，大力压缩宦官机构和人员数量，同时专设敬事房对其进行管理。原属于宦官机构所承担的宫廷服务职能则转移至内务府。内务府的高级官员为总管大臣，无定额，一般为4~6人，官职最高的称为"领班"，如和珅、奕䜣都曾担任过内务府总管大臣的领班。内务府大臣之下有内务府堂郎中，又称"坐半堂郎中"，是"上下之枢纽，职任繁重"。堂郎中可以指挥群僚，查核七司等处题本、堂稿、黄蓝册、督催、文职铨选等，必要时可以代替内务府大臣处理一切事务。一般每名内务府大臣之下专设一名辅助性的工作人员。堂郎中之下设主事二人，负责执行具体事务。内务府下设有七司、三院等五十余个机构。

1. 七司

广储司：明代称为御用监，为宫内提供冠服、装饰物，掌握金银珠宝、各类器物的收藏及出纳总汇。下设六库、七作、二房、三织造处等机构。其掌握着皇室的经济命脉，在内务府诸多部门中，地位最高。

六库：银、皮、瓷、缎、衣、茶库。各库开启时，需经过内务府堂郎中批准，且需库官三人一起进入。闭库时，则由库官二人共同在锁封上签字，再贴在锁眼上。库房钥匙交由侍卫保管，库房日夜均有人值班，看管严密。

七作：银、铜、染、衣、皮、绣、花。

二房：帽房、针线房。

三织造处：江宁、苏州、杭州织造处，负责制造宫廷及官员所用绸缎等纺织品。

---

[1] 余华青. 中国宦官制度史[M]. 上海：上海人民出版社，1995.

都虞司：都虞为管理山泽的意思，掌管宫廷护卫事宜及所属武职官员的铨选任用，此外还管理打牲、捕鱼等事宜。

掌仪司：相当于内廷的礼部，前身为明朝的司礼监。凡皇室的朝贺、筵席、嘉礼、祭祀等一切事务，均由其负责。除了礼仪事务，还掌握果房以及考核太监品级。

会计司：执掌京外皇庄收入，以供宫内祭祀及日常食物。清朝皇室控制的庄园数量很多、很大，以此来获得稳定的收入和物产。如果有额外开支，需要经过程序，由户部拨给。

营造司：初名惜薪司，康熙十六年（公元1677年）改称营造司。下设木、铁、房、器、薪、炭六库，铁、漆、炮三作，掌宫廷修缮，凡宫殿及庭园工程，会同工部办理，一般事务自行承办。营造司由总管内务府大臣直接管理，设郎中二人，员外郎八人，主事、委署主事各一人，以及笔帖式、书吏等员。

庆丰司：掌牛羊畜牧，供皇室之用，包括宫廷日常饮食、重大祭祀和皇子公主婚嫁仪式。每年春天皇帝亲自参与的"春耕仪式"上所用的黄牛也由庆丰司提供。

慎刑司：初名尚方司，后为尚方院。康熙十六年（公元1677年），改为慎刑司。掌对内务府包衣、匠人、太监以及皇帝交付的案件。杖一百以下的一般案件，由内务府自行审理结案，涉及人命或者案情重大的案件，交给刑部审理。

2. 三院

上驷院：初称御马监，康熙十六年（公元1677年）改称上驷院。负责管理皇帝御用的马匹。

武备院：掌御用军需。清代宫廷武器由武备院和造办处两处负责。制造的兵器称为"御制"或者"院制"。工部制作的宫廷兵器称为"部制"。下设四库，分别是甲库、毡库、北鞍库、南鞍库。

奉宸院：初名尚膳监，负责管理景山、瀛台事务。后增加管理畅春园、圆明园、颐和园、热河行宫等处的修缮事宜。

内务府除了七司三院外，还有御茶膳房、御药房、太医院、内管领、关防处、造办处、景山官学、咸安宫学等。①

总体来说，中国古代王朝的宫廷事务管理呈现出两个明显的特点：第一个特点是宫廷事务管理机构的专职化。在秦汉时期，以"九卿"为代表的机构尚具有双重属性，既负责朝廷管理，也要为皇室服务。但是从魏晋南北朝之后，宫廷事务管理机构逐渐专职化，如唐朝的殿中省和内侍省，宋朝的入内内侍省，明朝的二十四衙门，清朝的内务府等。第二个特点是宫廷事务管理机构的复杂化。在先秦时期，只有为共主直接服务的官

---

① 袁灿兴. 大清内务府：从帝王的家奴到鹰犬[M]. 杭州：浙江人民出版社，2022.

员；发展到秦汉，出现了带有为宫廷服务职能的机构；隋唐以后，宫廷事务管理机构的设置日渐复杂，如唐朝的殿中省下设六局，宋朝的入内内侍省有六个机构，明朝宦官机构有二十四衙门，清朝内务府更是增加到五十多个部门。无论是专职化还是复杂化，都充分彰显了我国古代机关事务管理的特点，同时也是我国古代政府管理体制日渐成熟的重要标识。

第二节　民国时期的机关事务管理

辛亥革命推翻了清政府，建立了中华民国。1912—1949年，大致经历了北洋政府和国民政府两个阶段，此时的机关事务管理工作已经开始具备"现代性"的特点。1931年，中华苏维埃共和国临时中央政府在江西瑞金成立，设置了负责后勤工作的部门，但一直到新中国成立前，都主要以"战争保障"为主要职能。

一、北洋政府的机关事务管理

1912—1928年为北洋政府统治阶段。这个阶段又可以分为三个时期：第一个阶段是"临时约法"时期，即在袁世凯称帝之前；第二个阶段是洪宪帝制，也就是袁世凯"恢复帝制"时期；第三个阶段是皖系、直系、奉系相继执政的军政府时期。这三个时期的机关事务管理工作一般被称为总务或者庶务，机构名称也有变化。

（一）临时约法时期

这个时期就政权组织形成而言，由总统制转到责任内阁制，但负责机关事务管理工作的机构并无变化。中央层面主要是国务院的秘书厅，主要职能包括管理机要文书、收发文件等，同时也负责会计、庶务等事项。中央的各部，如外交部、内务部、财政部等都设有总务厅负责本部门的财政事务和管理本部官产、官物，其下设立四科或者五科。总务厅一般不设厅长，多由秘书或者参事执掌其事。

（二）洪宪帝制时期

袁世凯称帝的时间虽然较短，但由于其倒行逆施，复辟帝制，负责机关事务管理工作的机构有所变更。1914年5月1日，袁世凯撤销了国务院，在总统府内改设政事堂，设国务卿一人、左右丞两人直接对自己负责。政事堂下设五局一所，其中一所为司务所。司务所设所长一人，佥事二人，主事若干人。依照袁世凯颁布的《大总统政事堂司务所官制》，司务所的职权主要有下列各项：①掌办政事堂人事进退的登记；②掌办官产、官物的保管和购置；③掌办政事堂的经费和预算、决算；④掌办政事堂的工程、工役；⑤办理不属其他各局的事项。[①] 可见，司务所主要承担着机关事务管理工作。但是在袁世凯取消帝制后，又恢复了国务院的建制，政事堂被撤除，司务所也一并被撤销。

（三）军政府时期

在皖系、直系、奉系军阀相继在北京主政的军政府时期，国务院始终是政府中枢机构。国务院所属的秘书厅下设五科，其中第四科为庶务科，负责机关事务管理工作。

在北洋政府统治期间，地方各省均设立内务司，管理官产、官物。

二、国民政府的机关事务管理

1928—1949 年，属于国民党执政时期。在此期间，国民政府的机关事务管理工作主要是由各部门的秘书处或者总务司来负责。如行政院负责庶务的为秘书处；行政院各部下设的总务司负责本部的官产管理、经费出纳以及其他庶务。

国民政府在抗日战争期间，设立了军事委员会作为抗日军事最高统帅部，下设后方勤务部负责整个的资产管理。1938 年 1 月 27 日，国民政府颁布了《修正军事委员会组织大纲》，其中规定，军事委员会隶属国民政府，设立军令、军事训练、政治、军法执行总监、后方勤务 5 个部。后方勤务部除设部长、副部长、参谋长各 1 人外，设参谋、秘书、副官、铁道运输、经理、军械、卫生 7 个处。1945 年 1 月 9 日，军事委员会改组为军政部后方勤务总司令部，内设参谋、秘书、副官、人事、物资、运输、经理、军械、卫生 9 个处。[②]

抗日战争结束后，1948 年 5 月，国民政府改组为总统府，《中华民国总统府组织法》规定，总统府内设置的第六局掌管庶务、出纳、来宾登记、交际、交通等事项。[③]

国民党统治下的地方省市均设有秘书处综理庶务。

三、革命根据地的机关事务管理

1921 年，中国共产党成立，基于当时的情况，并未设置负责机关事务管理的专门

---

① 钱实甫.北洋政府时期的政治制度[M].北京：中华书局，1984.
②③ 孔庆泰.国民党政府政治制度史[M].合肥：安徽教育出版社，1998.

机构，但是有从事机关事务工作的专职人员。党的第一次代表大会具体的筹备工作由上海共产主义小组的李达和李汉俊负责，食宿及开会具体地点等后勤事务则由李达的夫人王会悟操办。在密探闯入之后，也是王会悟迅速将会议安排到嘉兴南湖继续举行，并继续担任会议警戒，保证了"一大"会议的顺利召开。[①]此后，随着革命根据地的建立，开始设置承担着后勤服务职能的部门机构，机关事务管理工作逐渐步入正轨。在新中国成立之前，革命根据地的机关事务管理大致经历了瑞金、延安和西柏坡三个时期。

（一）瑞金时期

在中华苏维埃共和国临时中央政府成立之前，各个地区的最高权力机关是革命委员会。各县革命委员会下设的财务科和秘书处主要负责机关事务管理工作。

1931年11月，中华苏维埃共和国临时中央政府在瑞金正式成立，最高权力机关为中央执行委员会（及其主席团），其下设的中央人民委员会专设总务厅承担机关事务管理工作。同时，中央人民委员所属外交、军事、劳动、财政、土地等各部也各自设立了总务处（科）负责本部门的机关事务工作。如1932年8月17日，中央人民委员会第22次常会通过的《财政部暂行组织纲要》规定：财政人民委员部之下设总务处。"总务处掌管财政人民委员部内各种财产、文件及一切杂物"。1933年4月28日颁布的，中央人民委员会关于设立各级国民经济部的训令，所附《中华苏维埃共和国各级国民经济部暂行组织纲要》，也规定国民经济人民委员部内设立总务处，"总务处掌管会议记录，文书的收发保存，会计庶务等事宜"。

各级地方苏维埃政府中也设置了总务处负责机关事务工作。按照《地方苏维埃政府的暂行组织条例》（1931年11月）的规定，在城市苏维埃（中央和省的直属市除外），"废除秘书制，设立总务处以管理城市苏维埃内部一般的杂务"。该处之下"得分设文书、印刷、会计、事务、收发等股"。总务处设主任1人及文书、印刷、会计、事务、交通各1人。区、县、省三级苏维埃政府（执行委员会）中，"须设立总务处，以办理一般的杂务。总务处之下分文书、印刷、会计、事务、收发、交通等股"。总务处长及各股工作人员1人至数人（依政权层级而定）。[②]

各级地方苏维埃执行委员会所属各部，也都设立了总务科，统一负责该部门的机关事务工作。

从职能上看，各个部的总务处（科）和各级地方政府的总务处都具有双重性，既承担着本部门办公厅（室）的职责，也负责管理机关事务工作，但后者的工作范围更广。

[①] 陈庆修．从历史沿革看机关事务的含义及其发展趋势[J]．中国行政管理，2017（10）：146-147．
[②] 江西省瑞金市机关事务管理局．瑞金时期苏维埃政府机关事务工作（一）[J]．中国机关后勤，2018（2）：46-50．

以中央总务厅为例，其承担的机关事务管理工作主要包括：预算及经费管理，物资采买、制作、分配及管理，房屋借用、修缮与建造及室内家（用）具配置，会议服务，文书、小册子的起草、缮写及出版、印刷、传递，中央首长的医疗保健安排，举办机关合作社，接待工作。①

（二）延安时期

1935年10月，经过艰苦的二万五千里长征，中央工农红军到达陕北吴起镇，此后的13年，中央机关一直驻扎在这里，一直到1948年3月中央机关进驻河北平山县西柏坡村。在此期间，机关事务管理工作又经历了扎根陕北阶段、中央管理局成立阶段和军委直属机关供给部阶段。

1. 扎根陕北阶段

这个阶段是从1935年至1941年。当时正处于抗日战争期间，中共中央的后勤保障工作与军委系统的后勤保障工作紧密相连。1935年12月，中共中央成立了中国工农红军总供给部（即中央军委总供给部），重点保障中央红军的物资和资金。由于当时陕甘宁经济水平落后，再加上敌人实施的封锁，物资供应非常紧张。为此，从1939年2月开始，中央直属机关和军委直属机关开展了轰轰烈烈的大生产运动。虽然总体规模小，但是有限的收入仍然有效地补充了财政供给；同时，各个单位发展的农副业也在一定程度上改善了军民的生活。

2. 中央管理局成立阶段

这个阶段是从1941年至1945年。1941年7月30日，中共中央政治局决定将中央秘书处下设的中共中央财政经济处改为中央管理局，负责中央直属机关和学校的财政经济、医药卫生、保育保健、干部招待、房屋分配等工作。因为当时国民党反动派继续实施对革命根据地的经济封锁，所以中央领导继续号召大家开展生产自给。总部机关也开展了更大规模的生产运动，增加了生产收入，实施了蔬菜自给和粮食等部分自给。

1942年7月，军委后勤部与中共中央管理局合并，统筹安排中央直属机关和军委直属机关的后勤保障。此后，中央管理局采取了自主进行生产、控制人员编制、减少财政支出、减少浪费行为、开展评比竞赛等方式，响应中央提出的自力更生、厉行节约的号召，保证党政军的供给，为取得抗日战争的最后胜利奠定了坚实的基础。

3. 军委直属机关供给部阶段

这个阶段是从1945年至1948年。1945年10月中央管理局被划归至中央军委，改

---

① 江西省瑞金市机关事务管理局.瑞金时期苏维埃政府机关事务工作（一）[J].中国机关后勤，2018（2）：46-50.

称中央军委后勤部供给部,简称军委供给部,包括供给处、经建处、保管处、一个辎重营以及三个运输队。军委供给部的重要职能就是集中人、财、物,保证中央直属机关和军委直属机关人员家属和物资财产的转移。为此,军委供给部一方面建立严格的规章制度,保障管理的规范有序,实行有效的物资供给;一方面继续坚持自己动手、丰衣足食的原则,积极组织生产,解决财政、供给的来源。①

(三)西柏坡时期

1948年5月23日,中共中央书记处决定,撤销中央工委和中央后委,成立中共中央办公厅,下设书记处办公处、夹峪行政处(原中央行政处和王家坪行政处合并)、中直供给部、秘书处、机要处、中直卫生处等6个部处。同年9月增设中直警卫司令部、总务处,10月增设中直经济建设部。②

西柏坡时期最重要的后勤服务机关是夹峪行政处,其主要职责是组织管理夹峪、东柏坡、西柏坡、北庄、柏里、李家口、霍宾台7个村庄驻扎单位的行政工作。具体管理人事行政、文化教育、经费物资、机关生产、生活供给、采购运输、休养保健、客人招待等工作,保障在以上村庄驻扎的中央秘书处、中宣部、中直卫生处、书记处办公处、中央机要处、中央外事组、中央法律委员会、中央马列学院、中央文化补习学校的正常生活和业务开展。夹峪行政处内设行政科、财政科、供给科和建筑委员会,分管不同的工作。1948年9月,成立中央总务处,将夹峪行政处的后勤、生活保障的部分职能和部分人员划归总务处。

此外,还有负责保障中央和中央军委直属机关的物资供应的中直供给部。该部下属政治处、秘书科、医务所、供给处、采办处、总务科、保管处、辎重营、供训班、合作社、被服厂、供给部小学及裕丰造纸厂。中直经济建设处的主要任务是生产经营、积累资金,培养经济建设干部,改善中直机关生活。1948年10月,在建筑委员会、供给科及中央供给部的基础上,吸收中央文化补习学校的大部分学员,设立中直经济建设部。③

纵观新中国成立前革命根据地的机关事务管理工作的发展历程,主要有以下特点:第一,军事性。党的机关事务管理机构产生于战争年代,虽然在形式上与负责军队后勤服务的机关并立,但都是以保障军队的物资需求为第一要务,所以军事化色彩非常突出。如延安开展的"大生产运动"和提出的"勤俭节约"口号,在一定程度上都是为了保证军事前线的供给;1945年10月中央管理局划归中央军委也是服务于军事斗争的需

---

① 陕西省机关事务服务中心课题组.延安时期党的机关事务管理工作[J].中国机关后勤,2019(3).
②③ 赵方平,胡军,陈志勇.西柏坡时期党的机关事务工作[J].中国机关后勤,2019(5):54-58.

要。所以,"战争时期的机关事务实质上应当是一种军事后勤,其目的主要是集中力量调集物资并取得战争的胜利"①。第二,规范性。虽然处于战争年代,但是根据地时期的机关事务管理工作也呈现出逐渐规范化的特点,其集中体现于制度建设上。如瑞金时期就已经制定了《地方苏维埃政府的暂行组织条例》《中华苏维埃共和国地方苏维埃暂行组织法(草案)》,规定了机关事务管理工作机构的人员构成和基本职能。延安时期的中央管理局先后颁布了《中直机关财会工作任务》《中直机关财务收支、统计、报表制度》《中直机关预决赛制度》《会计员公约》《保管员公约》等文件,明确了相关责任和要求。西柏坡时期的夹峪行政处也制定了包括财政、供给、考勤等各种规章制度,作为各个部门行使权力的基本准则。第三,生产性。从1921年开始,中国共产党就始终处于严酷的战争环境下,无论是抗日战争时期还是解放战争时期,都受到敌方势力的残酷打击和严密封锁。因此,为了保障物资供应和军民需求,机关事务管理部门坚决响应党的号召,自力更生,艰苦创业,进行各种形式的创收。如延安时期,中央管理局就组织中央直属机关、军委直属机关开荒种地、开办工厂,以解决粮食和经费不足的问题。这种方式在特殊的环境下产生了重要作用,特别是培养了机关人员不畏艰难、勇于创新的精神,也同时对新中国成立后机关事务管理部门长期从事生产经营活动产生了直接影响。第四,节约性。由于在根据地时期物资和经费的不足,党中央一直号召要秉持勤俭之风。如1932年中央人民委员会"通令各级政府,务须立即实行节俭运动,所有各地方政府的预算、杂费、特费等,必须尽量减少,不必要的工作人员一律裁减,甚至一张纸一支笔都不要乱[浪]费,以免多耗经费。要存着'节减一文钱即是对革命工作有一份帮助'的观念来实行广大的节俭运动,来积蓄金钱或积蓄粮食以作供给红军发展革命战争之用"②。1945年,党中央提出了"节食备荒"的口号。作为提供保障服务的机关事务管理部门,坚决拥护党中央的决定,不仅在衣食住行等方面制定了详细的节约规定,而且与奢侈、挥霍行为和贪污腐化现象进行了坚决的斗争。这种勤俭节约的观念和行为在战争时期有助于缓解政府和军队的供需矛盾,对于中国共产党取得最后的胜利也起到了重要的作用。同时,重视勤俭反对浪费的理念也一直延续到新中国成立后的机关事务管理过程中,并且成为开展各项工作的核心原则之一。

---

① 李宝荣.机关事务管理概论[M].北京:北京大学出版社,2022.
② 江西省瑞金市机关事务管理局.瑞金时期苏维埃政府机关事务工作(一)[J].中国机关后勤,2018(2):46-50.

第三节 新中国的机关事务管理

从新中国成立到现在,我国机关事务管理工作大致经历了四个阶段:第一个阶段是从新中国建立至改革开放初期,这个时期一般用"机关后勤"或者"后勤服务"的概念来指代机关事务工作,其特征表现为"重生产经营"。无论是新中国成立之初成立的中央政府政务院机关事务管理局还是之后的国务院机关事务管理局,其职能除了承担领导人的生活服务以及管理政府运行的经费、房屋、车辆外,还包括经营多种形式的生产服务实体,以为机关工作和职工生活提供物质保障。第二个阶段是从改革开放初期到1997年。在此阶段,为了改变管办不分、管办合一的模式,按照市场化的要求,逐渐剥离机关事务管理部门的"生产经营职能",将之前附属的各种生产服务实体逐步社会化,并且通过内部机构的调整推动机关事务工作管理、服务、保障等多种职能的合一。第三个阶段是1998年到党的十八大。这一阶段主要通过机构调整和法制建设进一步强化机关事务管理部门的管理职能。同时,2012年6月28日正式公布的《机关事务管理条例》,也成为我国机关事务管理工作法制化的重要保障。第四个阶段是党的十八大以来到现在。这一阶段最显著的特征就是随着"国务院机关事务管理局"更名为"国家机关事务管理局",机关事务工作开始大力进行集中统一管理,"探求更加先进、节能、开放、高效的管理方式以提高运行质量"。

一、新中国成立至改革开放初期

这一阶段是从1949年至1978年。这一时期的机关事务管理工作体现为机构独立、制度初建、自主经营三个特征。

(一)机构独立

新中国成立之初,机关事务工作分别由中央人民政府办公厅下属行政处、政务院秘书厅下属总务处、中央人民政府典礼局负责。1950年12月,成立了中央人民政府政务院机关事务管理局,下设办公室、总务处、财务处、供给处、交际处、警卫处、人事处和生产处。[①]自此,机关事务管理工作部门成为独立的机构。1954年11月,中央人民

---

① 陈兆丰.机关事务管理基础知识[M].上海:上海人民出版社,2005.

政府政务院机关事务管理局改名为国务院机关事务管理局，开始承担起领导人的生活服务、安全警卫等工作。

（二）制度初建

为了适应新中国成立后国家发展的整体布局和建设目标，国务院机关事务管理局在不同时期分别制定了相关的管理制度和工作规定，逐步加强组织建设，明确机构职能，提高服务水平。1955年11月，颁布了《国务院机关事务管理局组织简则》，规定了其主要职能包括负责中央各机关行政管理费和其他费用预决算的审核、招待工作、安全警卫工作、基本建设工程设计和预算审核工作；1956年2月颁布了《关于中央国家机关汽车配备方法》；1956年3月颁布了《中央国家机关行政经费的开支暂行标准》等。1977年8月通过了《国务院机关事务管理局工作任务》，规定了其职责范围和主要工作任务。

（三）自主经营

新中国成立后，基于当时的历史形势，政府的管理职能和生产职能并没有完全分开，所以国务院机关事务管理局在提供后勤保障之外，还自主经营多个生产实体。如1954年2月，中央人民政府机关事务管理局成立饭店管理处（后改为饭店经营管理处），负责统一筹划管理经营中央一级饭店和招待所的工作。通过自主经营，可以有效保证机关人员的福利待遇。在物资比较缺乏的时代，这种方式在一定程度上减轻了政府的经济负担，后勤福利化随之成为机关事务工作的主要任务。[1]

二、改革开放初期至1997年

1978年底召开的党的十一届三中全会确立了将社会主义现代化建设作为全党工作的重点，改革开放成为中国的基本国策。为适应这一变化，国务院机关事务管理局（以下简称国管局）也开启了改革的步伐，紧密围绕"管理与服务相分离"的目标，开始引入市场机制，对原属于国家机关的幼儿园、招待所、食堂等经营服务实体进行不断调整，力图改变机关事务管理部门既是"裁判员"又是"运动员"的情况。与这种"去行政化"的转变相一致，机关事务管理部门的内部结构也在不断进行变革，积极推动机关事务工作管理、服务、保障等多种职能的合一。

---

[1] 北京大学政府运行保障研究院.政府运行保障改革发展报告（2021）[M].北京：人民出版社，2022.

（一）经营服务实体社会化

随着改革开放的逐步推进，国管局的管理职能和服务职能开始加以严格区分，后勤服务也沿着"社会化"的方向发展，原属机关事务管理部门的各种经营服务实体逐渐转化为独立经营、自负盈亏的现代企业。

1983年6月16日，中央书记处第70次会议对机关后勤改革的"服务社会化"提出了三步走的意见，"第一步，有条件的单位将后勤服务工作同机关工作分开；第二步，逐步打破部门界限，按地区联合；第三步，逐步过渡到社会化。将来的出路，可以设想由机关、企业向所在地区交纳地方建设税，由地方统一经营服务事业，使之企业化、社会化"。此后，国管局开始在所属的生产经营服务实体中引入企业化的管理模式，提升它们的经济实力。1989年，《关于中央国家机关后勤体制改革的意见》出台，这一文件更加明确了国管局后勤服务社会化的改革方向，并且提出后勤服务单位可以根据自身实际采取形式不同的承包经营责任制。1993年9月，国管局和中编办联合印发的《国务院各部门后勤机构改革实施意见》中，明确提出机关后勤服务社会化和机关后勤管理科学化的改革目标任务，同时对国管局的管理职能和服务职能做了详细规定。管理职能主要包括财务、房产、基本建设、物资设备、环境秩序、人防战备、绿化、爱国卫生、交通安全、社会治安综合治理等方面的管理；服务职能主要包括机关食堂、车队、医务室、传达室、理发室、洗衣房、幼儿园、宾馆招待所、印刷厂、修理厂、礼堂等服务工作。1996年，国管局印发的《关于加强机关服务中心建设若干问题的意见》中，提出要继续推进管理职能与服务职能的分离。

（二）内设工作机构合理化

1983年10月，国管局颁布的《关于司和直属处领导班子配备的请示》，将内设机构从局、处、科三级变化为局、司、处、科四级，此次调整使国管局的部门设置更加科学，人员构成更为合理，管理服务更有保障，是国管局历史发展过程中一次重要的体制改革。1992年9月，国管局的内设机构中增设了后勤体制改革处，将机关后勤服务管理处改为行业管理处，宾馆招待所管理处改为经营指导处，新建了宾馆招待所经营管理公司。"这些举措有效推进了后勤服务商品化、市场化，促进服务联合，充分发挥现有后勤服务商品和资源的联合效用。"[①]

---

① 北京大学政府运行保障研究院.政府运行保障改革发展报告（2021）[M].北京：人民出版社，2022.

三、1998年至党的十八大

1998年开始，根据党的十五大报告中提出的"转变政府职能"的要求，机关事务管理部门开始通过机构调整和法制建设进一步强化管理职能。

（一）机构调整

1998年之后，国务院机关事务管理局的核心职能和专业化程度不断强化，体现为"内部横向集中"。将国家计划委员会的管理国务院有关部门行政用房的基建投资、公务用车购置和更新经费等职能划转给国务院机关事务管理局，并增加了组织实施中央国家机关政府采购、中央国家机关职工住房补贴经费管理等职能[①]。1998年6月，按照国务院办公厅印发的《国务院机关事务管理局职能配置、内设机构和人员编制规定》的要求，国管局实施了内部机构的改革，设置了8个职能部门，包括办公室、财务管理司、房地产管理司、服务司、后勤改革与综合管理司、中央国家机关人民防空办公室、各省区市政府驻京办事处管理司、人事司、机关党委，建立起"办事高效、运转协调、行为规范的行政管理体系"。

2008年7月，在国务院办公厅印发的《国务院机关事务管理局主要职责内设机构和人员编制规定》中进一步突出了国管局的管理职能，特别是增加了中央国家机关节约能源管理的职责。同年，根据《公共机构节能条例》中的规定，国管局在内设机构上增设了资产管理司，2010年，增设了公共机构节能管理司，积极推动国务院节能工作的开展。

（二）法制建设

在2000年之前，指导机关事务管理工作的主要是内部规范性文件，进入21世纪后，以《公共机构节能条例》和《机关事务管理条例》为代表的两部行政法规的出台，标志着国管局机关事务管理工法制建设水平得到了进一步提升。

2008年10月1日，《公共机构节能条例》开始施行。这一条例是为了适应建设节约型机关的要求和配合推动《中华人民共和国节约能源法》的执行而制定出台的专项法规，也是机关事务管理领域的第一部行政法规。2010年，国管局专设公共机构节能管理司负责公共机构节能工作，并逐步成为省市地方局的法定职能，增强了机关事务管理部门节能工作的积极性和可执行性。

---

① 丁煌，李雪松.新中国70年机关事务治理的制度变迁：一项历史制度主义的考察[J].理论与改革，2022（1）：88-99.

2005年3月31日,国管局成立机关事务立法领导小组和工作小组,确定了《机关事务立法工作方案》,机关立法工作正式开启。2012年6月28日,《机关事务管理条例》正式公布。该条例是我国第一部全面规范机关事务管理活动的行政法规,明确了机关事务工作"保障公务、厉行节约、务实高效、公开透明"的十六字原则,规定了一系列应当建立和完善的机关事务管理制度、定额和标准,是机关事务法制化建设的重要体现。

四、十八大至今

党的十八大之后,我国的机关事务管理工作进入了新时代。特别是2013年3月19日国务院机关事务管理局正式更名为国家机关事务管理局(简称国管局)之后,以国管局为核心的各级机关事务管理部门在坚持集中统一原则的基础上,通过制度建设、实践创新进一步优化机关事务管理机构的职能,凸显其服务保障的作用。

早在2012年之前,机关事务管理工作中已经出现了集中统一的趋势。如1998年根据国务院机构改革方案,中央国家机关行政单位的国有资产管理职能被划归至国务院机关事务管理局。2001年在国务院办公厅转发的《国务院机关事务管理局关于改进和加强中央国家机关办公用房管理意见及其实施细则》中明确指出,中央国家机关办公用房权属统一登记至国管局名下,严禁擅自出租、出借甚至处置各类办公用房,以避免国有资产的浪费和流失。[①] 2008年的《公共机构节能条例》规定:"国务院管理机关事务工作的机构在国务院管理节能工作的部门指导下,负责推进、指导、协调、监督全国的公共机构节能工作。"但这些都只是针对"个别事项"的集中统一。2012年出台的《机关事务管理条例》则是明确提出了集中统一的思想:"县级以上人民政府应当推进本级政府机关事务的统一管理,建立健全管理制度和标准,统筹资源配置。政府各部门应当对本部门的机关事务实行集中管理,执行机关事务管理制度和标准。""在机关事务管理活动中,属于机关事务的事项,原则上应该由一个部门统一管理,如机关用地、办公用房、公务用车、机关经费以及后勤服务等。"2016年制定的《机关事务工作"十三五"规划》提出,推进体制机制创新,进一步完善统一集中、资源统筹、集约高效的管理体制,健全职责法定、运转协调、监督有力的运行机制。2021年公布的《机关事务工作"十四五"规划》明确指出,到2025年,各地区各部门基本实现机关事务管理部门集中统一管理。自此,机关事务管理部门的工作正式进入了以集中统一为原则的提质增效阶段。

---

① 北京大学政府运行保障研究院.政府运行保障改革发展报告(2021)[M].北京:人民出版社,2022.

（一）机构的集中统一

基于历史的原因，我国机关事务管理部门长期充当着政府各个职能部门的后勤保障角色，这也导致了机关事务管理机构名称、机构组织、机构职能呈现出多样化、分散化、独立化、封闭化的特点，从而造成管理沟通不畅和资源严重浪费的情况。针对这种情况，在党的十八大以后，我国机关事务管理部门与国家机构改革同步，开始规范管理机构，从而推动机关事务工作的统一集中管理。2013年3月国务院机关事务管理局更名为国家机关事务管理局后，在管理体制上呈现"外部横向集中"的特点。2014年，国管局增加了承担全国人大机关、全国政协机关、各民主党派中央部级干部住房和公务用车管理工作。2018年，新组建的政府部门不再单独设立机关事务管理机构，而是由国管局统一提供相关服务。在"十二五"期间，全国共有29个地区和新疆生产建设兵团设立了机关事务管理局，北京市设立机关事务管理委员会，14个地区机关事务管理部门规范了机构名称并加强了自身的业务指导职能。"十三五"期间，我国机关事务管理部门进一步完善了集中统一管理体制，基本实现省级层面机关事务管理部门全覆盖，管理职能普遍加强。

机关事务管理工作的集中统一可以有效降低行政成本，提升管理效能和保障水平。因此，将政府各个部门集中至某一固定的区域，集中办公，并由机关事务管理部门提供统一的服务，是最直接也是最常见的一种形式。为此，各个地方政府也相继进行了基于自身实际的有益探索，大致形成了三种模式：一是山西的"办公区布局优化"模式，其特点是将办公区的总体布局与太原市城市建设相结合，同时充分发挥山西省机关事务管理局的主体作用，统一管理办公用房、运行经费，并提供各项服务；二是上海的"服务内容优化模式"，其特点在于在集中办公区建设的基础上，探索更深层次、更优越、更便捷、更低成本的高质量服务；三是江西的"服务内容与管理统分结合模式"，其特点是一方面坚持以统为主，从职能建设、制度建设、标准建设三方面构建统一的服务保障体系，另一方面强化分级负责，突出保障内容的不同、管理方式的多样和服务类型的特色。此外，在考核监督上注重二者的结合。①

除了为固定区域共同办公的政府部门提供统一服务的"集中保障"的方式，针对不同区域分散办公的政府部门，机关事务管理部门则采取了"联勤保障"的方式实现服务供给。2018年5月，国务院机构改革第二次推进会明确指出："没有后勤保障服务机构的新组建部门，不再搞单独的后勤保障队伍，由国管局统一负责、提供后勤保障。"这也就表明，对于新组建的退役军人部、国家国际发展合作署、国家医疗保障局，都由国

---

① 北京大学政府运行保障研究院.政府运行保障改革发展报告（2021）[M].北京：人民出版社，2022.

管局统一负责其办公用房、公务用车、后勤服务等。为此，2019年12月，国管局办公室专门成立了联合后勤保障办公室负责新组建的三个部门的后勤保障的协调管理工作，并采取了具体措施有效落实。在地方层面上，天津市机关事务管理局在基于《天津市市级机关后勤服务机构改革方案》的基础上，将联勤保障的对象扩大至政府所有部门，为进一步推动联勤保障模式的实施和完善提供了重要的探索。

（二）职能的集中统一

无论是集中保障模式还是联勤保障模式，都是强调各政府部门的后勤服务工作统一由机关事务管理部门来承担。与之相应，党的十八大之后的一系列制度设计，则更加明确了机关事务管理部门集中统一的管理体制。

1. 经费集中统一

所谓的经费主要是指机关运行经费，"是指为保障机关运行用于购买货物和服务的各项资金"。经费的集中管理是指县级以上人民政府机关事务主管部门或者是县级以上人民政府财政部门根据相关规定制定机关运行经费的各项标准，并同时进行有效管理的一种做法。2016年，国管局与国家统计局制定了《机关运行成本调查统计报表制度》（2020年更名为《机关运行成本统计调查制度》），通过对单位基本信息和上一年度机关运行经费支出、机关运行成本、单位人员人数、办公用房等方面的数据进行统计，强化对机关运行经费的统一管理。同时，中共中央办公厅、国务院办公厅分别于2013年和2017年印发的《党政机关国内公务接待管理规定》《党政机关办公用房管理办法》《党政机关公务用车管理办法》中，对于公务接待、办公用房和公务用车等方面的经费使用给予了专项说明，从而更加确保了经费管理的集中统一。因此，在"十三五"期间，统一购置经费也成为推进集中统一管理的重要成效之一。

2. 资产集中统一

《机关事务管理条例》中明确规定，包括机关用地、办公用房、公务用车等机关资产统一由机关事务管理部门集中管理。该条例第二十条规定："县级以上人民政府应当对本级政府机关用地实行统一管理。城镇总体规划、详细规划应当统筹考虑政府机关用地布局和空间安排的需要。县级以上人民政府机关事务主管部门应当统筹安排机关用地，集约节约利用土地。"第二十一条规定："县级以上人民政府应当建立健全机关办公用房管理制度，对本级政府机关办公用房实行统一调配、统一权属登记；具备条件的，可以对本级政府机关办公用房实行统一建设。"第二十六条规定："政府各部门应当对公务用车实行集中统一管理、统一调度，并建立健全公务用车使用登记和统计报告制度。"《行政事业性国有资产管理条例》第五条中进一步明确了国管局在资产管理中的权限，"国务院机关事务管理部门和有关机关事务管理部门会同有关部门依法依规履行相关中央行政事业单位国有资产管理职责,制定中央行政事业单位国有资产管理具体制度和办法并组织实施,接受国务院财政部门的指导和监督检查"。《机关事务工作"十四五"规划》强调,要夯实资产管理基础强化集中统一管理,并对发挥机关作用、落实法规制度、探索保障模式等方面提出了具体要求。

地方各级机关事务管理部门也根据实际情况制定了相关办法,明确了机关事务管理部门对资产管理的主体地位,并提出了具体的措施。如山西省吕梁市机关事务中心制定的《公务用车标准体系》对公务用车的配置、更新、使用、处置、维修保养、车辆租赁等都有详细的规定。下属的方山县机关事务服务中心也制定了公务用车的管理标准。如"购置标准"中要求:机要通信用车配备价格 12 万元以内,排气量 1.6 升以下的轿车或小型客车;公务用车配备新能源轿车的,价格不得超过 18 万元。

综合而言,在今后相当长的一段时期内,加强以资产管理为基础的集中统一管理仍然是机关事务管理部门的重点工作,更是实现新时代机关事务工作高质量发展的重要保证。

【拓展阅读】

[1] 杨志玖.中国古代官制讲座[M].北京:中华书局,1995.

[2] 余华青.中国宦官制度史[M].上海:上海人民出版社,1995.

[3] 袁灿兴.大清内务府:从帝王的家奴到鹰犬[M].杭州:浙江人民出版社,2022.

[4] 白振刚.我国机关事务的历史沿革[J].中国行政管理,1997(4):29-30.

[5] 陈庆修.从历史沿革看机关事务的含义及其发展趋势[J].中国行政管理,2017(10):146-147.

[6] 朱萌,王浦劬.从"去行政化"到"再行政化":机关事务管理体制变迁研究(1983至今)[J].云南大学学报(社会科学版),2021,20(4):121-129.

[7] 张国良.浅谈建国以来机关事务工作的历史沿革及职能特点[J].中国机关后勤,2017(4):26-27.

[8] 余少祥.关于机关事务管理体制改革的若干思考[J].中国行政管理,2019(3):30-33.

第三章　机关事务管理的国际比较

虽然机关事务和具体管理机关事务的机构在各国的名称并非一致，但是工作实质却大体相似。因而，世界各国之间的机关事务管理工作就具备了很强的可比性。在实践过程中，世界各国采用各自独具特色的机关事务管理模式。但总体来看，各国的管理模式主要有集中管理模式、分散管理模式和混合管理模式。

第一节　集中管理模式：美、加、澳

所谓集中管理是指设立专门的机关事务管理部门统一行使政府机构的资产、经费、后勤服务等职能，通过"单一部门统一管理模式"实现机构统一、职能统一、制度统一，如图3-1所示。代表性的国家主要有美国、加拿大、澳大利亚等。

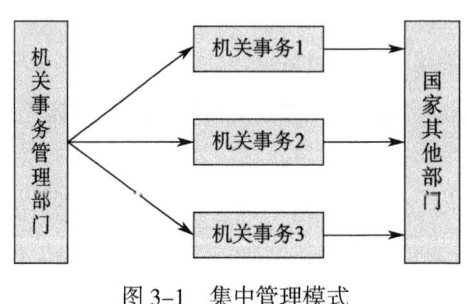

图3-1　集中管理模式

一、美国机关事务管理

美国现行的联邦政府机关事务管理体制在第二次世界大战之后确立并逐步发展完善，经过了由分散化管理向集中管理的转变过程。1949年，根据国会通过的《联邦资产与行政管理服务法》，美国将原来分别承担联邦政府机关事务管理职能的联邦工程署、财政部联邦供应局、战争物资管理局和国家档案中心等机构合并，成立联邦总务署统一管理机关事务。[1] 联邦总务署作为联邦政府的独立机构，署长由总统征求参议院意见并经参议院通过后任命，直接对总统负责。[2]

联邦总务署的机构主要有4类（见图3-2）：①服务中心，包括联邦采购服务中心和公共建筑服务中心，负责协调全国范围内的规划和管理，支持的联邦政府活动包括产品与服务、房地产、政策与法规、旅行、共享服务、科技等。②独立办公室，包括合同上诉委员会、监察长办公室、联邦许可改进指导委员会。③地区办公室，提供跨行政区域服务。④员工办公室，内设12个独立办公室，负责支持政府的日常运营和项目管理等。

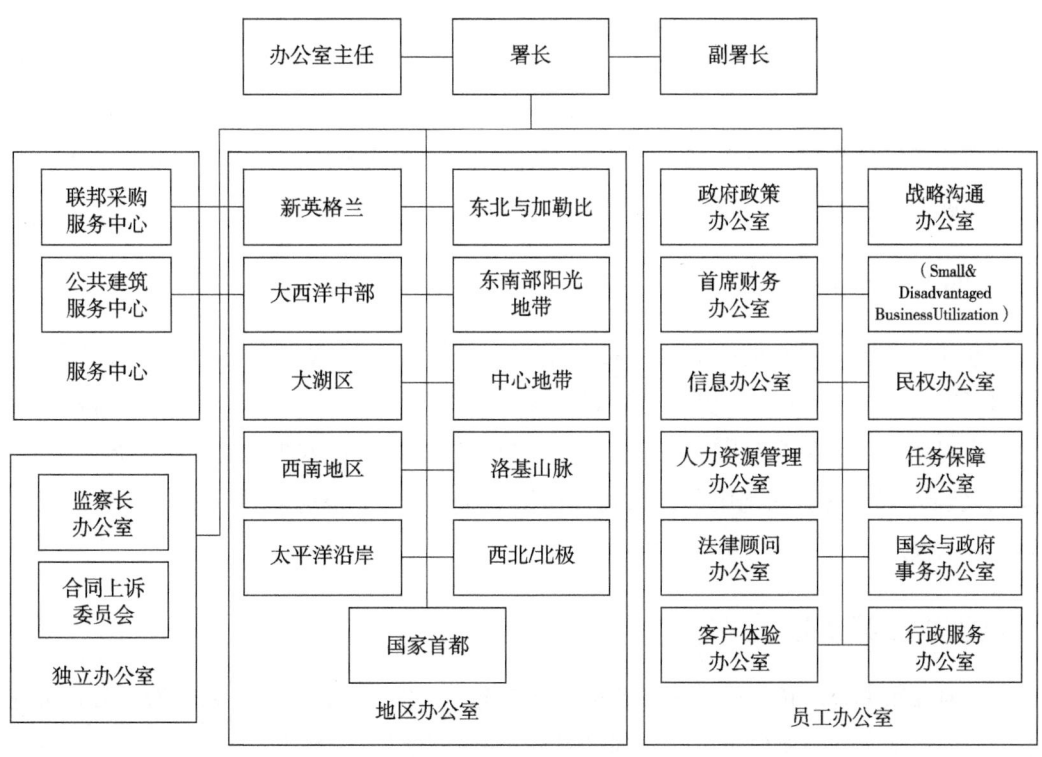

图3-2 美国总务署组织架构

从联邦总署承担的具体职责来看，主要包括以下几个方面：

（一）公车管理

行政服务办公室下设许多分支办公室掌管不同的事务，如出行、运输和后勤办公室

---

[1] 朱春奎,李玮.美国联邦总务署机关事务工作实践与启示[J].中国机关后勤,2019（3）：25-29.
[2] 吴田,张帆.机关事务管理与数字政府建设——美国联邦总务署（GSA）实践研究及启示[J].江苏师范大学学报（哲学社会科学版）,2020,46（3）：13.

负责购买、维修、租赁、处置车辆，为公务用车的使用制定标准和计划；车管办公室提供车辆的购置、维护、处置、事故处理等服务。

（二）公差管理

美国联邦总务署的公差管理主要涉及住宿与伙食、交通管理、会议用房和支付管理四个方面，具体包括为短期出差和长期出差的公职人员提供不同的酒店服务和公寓服务、交通优惠、购物折扣等，以及提供会议需求场地和会议管理服务，以低成本为会议顺利开展提供支持。

（三）不动产管理

美国联邦总务署公共建筑服务中心管理办公用房。总务署制定了办公设施的相关标准和目标，指导联邦机构爱护办公用房、节约空间、使用高质量设施。此外，总务署还能够对联邦政府的不动产进行捐赠、出售、划转。

（四）政府采购

联邦采购服务中心提供全面的采购服务，涉及范围广，供应渠道多、供应链完整，推出了周全的采购计划：联邦供应计划，与多家供应商签订稳定合同，以低廉价格为各级政府提供上千万种产品服务；全球供应计划，向全球开放购买渠道，满足客户需求；辅助采购计划，创新采购服务，为客户提供专业化、个性化采购服务；智能支付卡计划，评估供应商水平以确保供应质量。

（五）政策规范

政府政策办公室负责机关事务政策法规制定，合作主体涉及到各级政府、公私机构等，共同讨论、制定具体事务在管理过程中使用的标准，并为各主体提供指导服务，使其能够实现最优管理。这些政策为业务执行提供了方向和依据，为整体机关事务运行提供了保障。

二、加拿大机关事务管理

加拿大联邦政府中具有保障政府及所属机构日常运行职能的是公共服务与采购部（Public Services and Procurement Canada，PSPC）。1996年，加拿大通过了《公共工程和政府服务部法》并设立公共服务与采购部，规定公共工程和政府服务的法律授权，明确公共服务与采购部作为统一管理联邦政府机关事务的公共机构，为政府各部门、委员会和机构提供服务。其部长为联邦政府内阁成员，兼任联邦总出纳长。PSPC 的职能范围比较广，由加拿大国会管辖但未遵照法律委派给政府其他部门的事务均交由 PSPC 执行，具体包括政府采购、房地产管理、办公环境管理、公共工程管理、通信服务等。PSPC 在采购、房地产、账户、办公环境等方面实行集中管理，而其直属局和地区办公室则是分级管理。

从加拿大公共服务和采购部的具体职能来看，主要包括以下几个方面：

（一）政府采购

加拿大的政府采购首先是建立在相对完善的法治规范之上，约束政府采购的相关法律规范主要有《国际贸易采购规定》和《北美自由贸易协定》等。加拿大政府采购范围很广，一是采购种类多，加拿大统一管理国防采购和民用采购，从国家层面到政府机构、从大型工程到办公用品都包含在内；二是约束的采购部门范围广，在加拿大只要是涉及到动用纳税人的钱去购买相应的办公用品、公共工程以及公共服务的所有部门（包括联邦各级政府、军队、警察、公立医院和学校），都属于政府采购部门，都要受到上述法律的约束。加拿大政府的采购管理采用既集中统一又分散灵活的管理方式。"集中统一"是指 PSPC 制定统一的采购政策、制度和办法，监管各部门的采购，对大宗物品实施集中统一采购等；"分散灵活"主要是指采购权通过政府采购主管部门授权的方式适当下放给各部门，各部门有专门机构或人员配合公共服务部管理本部门的采购，在授权范围内根据政府采购要求自主采购所需物资、工程和服务。[①]

（二）房地产和办公楼物业管理

加拿大联邦政府的全部房地产都由 PSPC 下设的房地产服务司进行集中统一管理。在房地产管理中，PSPC 的职责主要是作为联邦政府办公楼的法定管理者，为联邦政府各部门提供现代化且成本较低的办公用房，保障各部门有良好的办公条件。PSPC 管理办公用房有两个重点方向：一是节约办公空间，提高使用率，节省相关费用；二是提出"工作场所 2.0"标准，不断做好办公用房更新、现代化和使用分配工作，并提供新的设计、信息技术和办公家具。[②] PSPC 集中统一管理联邦的办公用房，主要采用商品市场化的供应方式。PSPC 相当于最大的房主，政府各部门以租客的身份租用联邦的各类办公用房。租用部门租用 PSPC 管辖的联邦用房时，要付给 PSPC 相应的租金，PSPC 房地产服务司则在此基础上提供所租用住房的物业管理等基本服务，如果租用部门对房地产

---

① 王春林，喻立新．加拿大政府机关事务管理概略［J］．中国行政管理，2001（5）：35-42.
② 黄新宝．加拿大机关事务工作概况［J］．中国机关后勤，2018（8）：52-54.

服务司提供的服务不满意,则可以向相关的部门进行投诉。

在办公楼的物业管理服务上,加拿大基本采用社会化和市场化的方式进行管理和服务。各部门租用的政府办公场所所涉及的水、电、暖、保洁、保安及各种设备的运行、维护和维修等物业方面的工作,绝大多数都是以公开招标的方式承包给各类专业的物业企业,PSPC 主要是对各类承包物业管理的社会企业的服务合同进行监督。

(三)后勤保障

在公务用车方面,加拿大联邦政府的公务用车大体可分为三类:第一类是为联邦内阁部长、副部长以及其他符合条件的高官配备的专车;第二类是政府部门的业务用车,如警车、消防用车、司法部门用车等;第三类是联邦各部门日常执行公务的公务车。前两类车辆基本是由政府统一采购和管理,第三类公务车(除了各部门为应对特殊情况和紧急情况所配备的少量公务车之外)大多是从有资质的大型汽车公司租用,各部门在办理公务中需要用车,可以随时从这些公司调用车辆。

在公务出差管理方面,加拿大 PSPC 并没有自己经营的、用于内部接待的宾馆或酒店,公务员若有出差任务,都需要搭乘指定航班,到出差地的指定宾馆住宿。若在出差地需要用车,则租用出差地所指定的出租公司的汽车,同时,按照相应规定,在不同的出差地区会有相应的伙食补贴。出差需要涉及的航班、住宿、用车等服务,主要由 PSPC 下属的公共服务部负责,"该部以合同形式雇佣两个公司为联邦政府提供差旅服务:政府差旅服务公司为联邦公务员旅行提供交通和住宿的预订服务,美国运通信用卡加拿大公司操作旅行付账系统、代为管理差旅费用"[①]。

在经费管理和技能服务方面,PSPC 负责管理联邦政府账户和经费,统一各部门收支,为员工发放薪酬、奖金、福利、补贴、养老金等。同时,PSPC 为联邦政府活动提供技术支持,不仅能够提供笔译、口译、同声传译等翻译服务,还包括信息公示、广告、网络等信息服务。

在其他方面,如在餐饮方面,加拿大并没有福利性质的机关食堂,一般都是在各办公楼留出一定空间通过招标方式引入社会化企业经营餐厅,公务员日常就餐价格为市场价格。同时,由于加拿大具备较为发达的社会福利政策,并且公务员拥有相对较高的收入水平,所以加拿大政府机关并不需要专门为机关公务员提供医疗、幼儿园、住房等保障。

---

① 王春林,喻立新.加拿大政府机关事务管理概略[J].中国行政管理,2001(5):37-42.

三、澳大利亚机关事务管理

澳大利亚机关事务部成立于1987年，之后在机构和职能改革中机关事务工作逐渐转由财政部承担，由秘书长主持日常工作，下设四位副秘书长，分别管理预算和财务报告、治理与公务员转型、商业和政府服务、业务支持服务四个部门，主要负责财政预算执行，政府非国防部门物业及重要资产管理，政府部门以及下属公司资产管理框架拟定，就政府资产管理、信息通信技术管理以及联邦保险和退休金安排等提供战略咨询服务，对国有企业股东进行监督管理，向议员和前议员提供咨询支持等。

（一）政府采购

《联邦采购规则》规定了实体如何购买商品和服务，旨在确保物有所值。财务部门负责制定英联邦采购框架，并通过建议、支持和服务协助政府和企业。澳大利亚政府部门购买8万澳元以上的商品以及750万澳元以上的公共工程类服务采购，必须通过政府采购方式购买。财政部商业和政府服务部门统筹负责政府采购工作，各部门每年编制一次政府采购计划，经财政部预算部门审批后组织招标，最终由联邦储备银行统一支付货款和服务费用。

（二）办公用房和住房保障

办公用房方面。财务部负责管理整个澳大利亚政府对房地产相关服务的协调采购安排。所有非公司联邦实体都必须使用特定安排来满足其外包财产需求。根据《联邦财产管理框架资源管理指南》第500号、《土地收购框架资源管理指南》第501号，以及《1989年土地收购法》和《1969年公共工程委员会法》规定，财务部还负责管理财务拥有的房地产，并应政府要求交付主要基本工程和土地修复项目。

物业服务方面。2016—2017年度财政预算案公布了物业服务协调采购（PSCP）安排，旨在为联邦国内办公场所和店面提供租赁服务和设施管理服务，并推动全澳政府（WoAG）方法的应用。这些安排对所有非公司联邦实体（NCE）都是强制性的。联邦企业实体（CCE）可以选择加入这些安排，但须经财政部批准。这些安排旨在优化向澳大利亚联邦提供物业服务的效率，建立公平、公正和透明的流程，并通过巩固澳大利亚联邦的购买力实现物有所值。

住房保障方面。澳大利亚实施高福利政策，除保障总理住房外，无官邸制度以及相应住房标准，其他的政府官员均根据个人承受能力在市场购买私人住宅。

(三)车辆租赁和车队管理安排

财政部下属的澳大利亚政府车队(AGF)负责向联邦实体提供机动车队管理和租赁服务,所有非企业联邦实体必须通过AGF租赁车辆或者车队,企业型联邦实体可自主选择车辆租赁公司。根据《PGPA法案》(*Public Governance, Performance and Accountabilty*),联邦企业实体和联邦公司可以获得相关福利,包括提供一致的流程、定价和服务,并提高英联邦和参与实体的成本效益;通过确定的价格、车辆分配以及适当的租赁费率和剩余价值来支持实体的业务需求;推进有关船队服务业的市场技术创新和运营改进的安排;通过提供保险,降低符合条件的参与者的保险费用。部分议员和政府高级官员配备专车以及司机,但非工作日必须将车辆停回租赁公司或者公共部门停车场,严禁公车私用。

(四)旅行安排

澳大利亚政府旅行安排是由财政部建立和管理的协调采购,包括五个组成部分:差旅管理服务、国内和国际航空旅行服务、国内住宿计划、国内租车服务、差旅和采购支付服务。公务人员必须通过政府唯一授权的旅行管理公司,预定和购买国内旅行机票、陆地公共交通票证以及起始于澳大利亚的国际机票;住宿和租车,可通过旅行管理公司或者其他供应商进行预定,但更鼓励通过旅行管理公司预定涉及公务消费的所有内容。

(五)保险服务

Comcover是澳大利亚政府的自我管理保险基金,自1998年以来一直为澳大利亚政府实体提供保险和风险管理服务,这些实体被归类为一般政府部门(基金成员)。Comcover确保基金成员拥有全面的可保风险保险计划。Comcover通过为基金成员提供全面且响应迅速的风险管理和保险服务,帮助将风险管理整合到政府职能和运营中。Comcover与基金成员合作,在澳大利亚政府中推广积极的风险管理文化,以高效和有效地提供计划和服务。

(六)部长和议会事务

部长和议会服务处(MaPS)负责监督向议员及其各自雇员提供与旅行无关的费用和服务。MaPS还为一系列符合条件的客户提供高质量、安全和保密的汽车司机服务(COMCAR),包括总督、总理、联邦议员、联邦司法机构和联邦机构负责人。COMCAR还为澳大利亚政府访问和重大活动的客人提供交通服务。根据澳大利亚政府的要求,

MaPS 通过提供工作费用和津贴、权利、有针对性的计划和建设性的建议，为议员和其他人包括不同的客户提供服务。

（七）公共数据

根据 2022 年 6 月 23 日颁布的行政安排令，2022 年 7 月 1 日澳大利亚全部政府公共数据政策的职能从总理和内阁部转移到财政部。公共数据是宝贵的国家资产，是澳大利亚实现经济和社会目标的保障。公共数据是由澳大利亚政府收集或生成的信息，包括人口统计数据、地理位置数据、国民健康状况数据、教育数据、经济数据、商业数据和其他数据。有效使用和共享公共数据有助于改善政府决策的证据基础，支持更好的政府服务提供，并为澳大利亚人提供他们需要的数据。在最大化使用公共数据提升经济、社会和环境效益的同时，还要兼顾对数据隐私和安全的保护。

（八）退休金

澳大利亚政府雇员和法定公职人员有多种退休金安排可供选择，如公共部门养老金计划、联邦退休金计划、公共部门退休金计划等，雇员或公职人员的具体安排将取决于他们的个人情况。《2011 年澳大利亚政府退休金计划治理法》规定，联邦退休金公司（CSC）是澳大利亚联邦主要公共部门和军事退休金计划的公司受托人，其主要职责有管理退休金计划，管理和投资相关养老基金；根据退休金计划法例从雇主实体收取款项；向成员提供福利信息并支付退休金福利。

第二节　分散管理模式：英、日、芬兰

分散管理是指没有设立专门的机关事务管理部门统一行使管理职能，而是由一些专业部门分别负责涉及核心利益的基础设施建设、经费使用管理、资产管理等事务，由各政府部门自行管理本部门的后勤事务。各部门结合自身情况设立后勤机构或向社会购买服务，机关事务管理是分散而自主的，具有灵活性和可控性。实行分散管理模式的代表性国家主要有英国、日本、芬兰等。

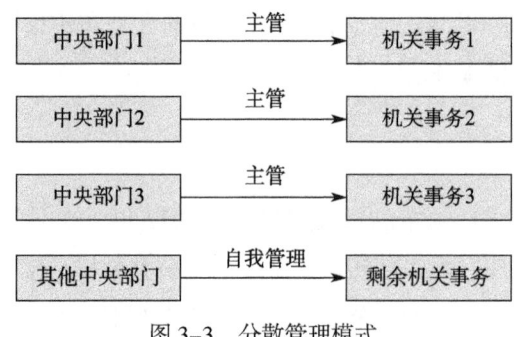

图 3-3 分散管理模式

一、英国机关事务管理

英国的机关事务管理职能由内阁办公室的几个部门承担，其中最主要的为英内阁办公室下设的政府财产办公室、政府采购署和皇家商业服务办公室。

（一）政府财产办公室：负责进行资产管理

英内阁办公室下设的政府产业署（Government Property Unit，GPU）成立于2010年，之后更名为政府产业办公室（Office of Government Property，OGP）。专门负责办公用房、公务用车、官员住房等资产管理。具体而言：

1. 统一制定政府占有、使用房地产的管理标准，集中审核各政府部门对办公用房的相关使用操作，监督各部门合理、合规、高效地管理使用房产。

2. 规定只有部长级官员可以享有专用公务车，一般公职人员不仅无法配备公务用车且没有交通补贴。

3. 规定公务人员没有住房保障，只为高级官员提供住房，但首相或政府主要领导住进官邸需要由个人支付房租，卸任后则搬出官邸。

（二）政府采购署：负责提供采购服务

"英内阁办公室下设的政府采购署（Government Procurement Service，GPS）成立于2010年，先隶属于英国政府内阁办公室的'效率和改革组'（Efficiency and Reform Group，ERG），主要任务是为中央政府各部门提供采购服务，并为英国公共机构提供采购节约服务。英国政府采购包括货物采购、建设和维修工程采购以及服务项目采购三类。按照规定，所有中央预算单位采购通用货物和服务，必须通过政府采购署实行强制集中采购，不得自行采购。"[①] 目前实行强制集中采购的通用货物和服务包括信息传

---

① 徐博峰，寇晓东.英国机关事务工作概览[J].中国机关后勤，2018（6）：46-48.

媒、能源、车辆、信息通信技术、培训和发展、办公解决方案、印刷、专业服务和资产解决方案。[①]现在，政府采购署是皇家商业服务办公室的一部分。

（三）皇家商业服务办公室

皇家商业服务办公室（Crown Commercial Service，CCS）隶属于英内阁办公室，具体工作职责有：制定政府采购标准、计划，为政府和公共部门提供采购策略和购买服务，监管采购活动和物资使用情况，为政府培养采购的技术人才，促进资金的高效合理配置，改善政府资产的经营。

（四）其他部门的职责范围

在机关事务管理方面，内阁办公室的所有部门会定期召开负责人会议，即执行委员会高级别联席会议，在会议上讨论采购、后勤服务、房产管理等相关事务。

在办公用房管理方面，内阁政府资产办公室以专业的水平指导各级政府部门工作，各部门需委派对接人员学习办公用房管理。

在日常后勤服务方面，英国没有专门的机关事务管理部门，一般性事务由各组成机构内部分散化管理。

二、日本机关事务管理

日本的机关事务管理作为分散管理模式的一个典型，有着自己独特的特点。日本机关事务的分散管理主要体现在三个方面：首先，从日本中央政府层面的机关事务管理情况来看，日本中央政府实行的是内阁制，内阁各部各自管理自己的机关事务，并没有设立专门集中统一管理的机关事务管理部门；其次，从日本中央和地方的机关事务管理的关系来看，由于日本地方政府是实行高度自治体制的地方自治团体，因此，在机关事务管理上，"中央的机关事务管理是指中央及其派驻地方机构的机关事务管理，地方的机关事务管理是指地方公共团体自己的机关事务管理，两者互不干涉，并没有上下级管理关系"[②]。最后，从日本地方政府层面的机关事务管理情况来看，日本施行"单一部门统一管理模式"，其机关事务主要由地方政府总务局下设的相关课室进行集中管理。具体来看，日本机关事务管理具有如下特点。

---

① 梁晋.英国政府采购特点及启示［J］.中国招标，2016（2）：19-21.
② 黄宇骁.日本机关事务管理情况初探［J］.中国机关后勤，2018（2）：51-53.

（一）中央各省厅自我管理

日本中央政府层面并不存在独立的机关事务统一管理机关。日本行政机关目前一共有1府11省2厅，各省厅的机关事务均由各省厅自行管理，各省厅都有自己的机关事务管理部门——大臣官房（即大臣直属办公室），当然各省厅大臣官房下属的课室数量、名称和具体管理的事务略有不同。

以经济产业省为例，该省内设机构是大臣官房和若干个局。经济产业省大臣官房下设若干个"课"，其中，会计课和情报系统厚生课两个部门与机关事务管理有关。会计课所管事项中的一条是"国有财产的管理、处分及其物品管理"，可见，会计课拥有管理本机关不动产和厅舍的权力。换句话说，整个经济产业省的资产管理、经费支给和资产使用、处分等财权管理事项全部属于会计课的范畴。而在情报系统厚生课所管事项中，有多个项目与机关事务管理有关，如"职员的卫生、医疗和其他福利保障事项""职员宿舍有关事项""经济产业省所管建筑物的经营修缮""厅内管理""为增进职员工作效率而必要的设施运用"等事项，这些很明确都是机关事务管理的范畴。[①]

（二）专业省厅的专项管理

1. 财务省管理资产和经费

财务省负责管理日本所有的国有资产、行政经费、货币制度、国债、财政投融资、国有控股企业、外汇、酒类、烟草、盐等。财务省掌握国家经费的最终拨付，同时掌握国有资产的产权，只有财务省许可的情况下各省厅大臣官房才能管理自身所属经费、实施资产交易。

2. 国土交通省

国土交通省参与机关事务管理的机构主要是其下设的政府机关运营修缮部。政府机关运营修缮部负责各省厅及地方办公大楼等国家公共建筑物（政府机关设施、博物馆、图书馆、博物馆等）的管理、整备相关业务；在设定标准的同时，还要对各省各厅进行指导和监督。各省各厅在需要新建或维修办公设施（不动产）时，依据《官公厅设施建设法》第九条之规定，需提前向国土交通省和财务省提交下年度对设施的管理及修缮计划书，国土交通省会从技术角度提出修改意见后，发还给提出省厅，同时也向财务省提交修改意见副本。

---

① 黄宇骁. 日本机关事务管理情况初探[J]. 中国机关后勤, 2018（2）: 51-53.

3. 人事院

根据国家公务员法，人事院作为负责确保人事行政的公正以及作为在涉及国家公务员利益等事务中处于中立的第三方机关而设立。人事院本身属于内阁的机构之一，但其权限可以独立于内阁行使。人事院设事务总局作为机关事务管理部门。事务总局设有事务总长，除了下设的内部部局的七课（总务课、企划法制课、人事课、会计课、国际课、档案管理课和信息管理课）、四局（职员福利局、人才局、薪资局、公平审查局）以外，还设有公务员研修所、8个地方事务局和冲绳事务所。其中，职员福利局与机关事务密切相关，其负责制定关于工作时间与休息的规则，向各府省厅职员传达工作和生活的支援政策（即平衡工作与生活的政策）及公务员的福利、生活服务等管理事项，并制定职员福利标准及监督标准的实施。

4. 环境省与公共机关的节能

环境省主要负责环境保护与整备、防止公害及制定原子能安全政策。环境省作为机关事务管理的大臣官房系统的下属机构，下设秘书、总务和会计3课，1个环境保健部，6个审议官和3个参事官，分别承担日常的管理事务工作。

日本统一管理公共机关节能工作，在地方上未设立机构专门管理节能工作。各部门通过引进中介机构作为推进力量，在节能情况调研、搜集分析信息、提出政策建议与推动节能管理中发挥重要作用。其中环境省和总务省分别承担了部分职能。

5. 总务省

总务省管辖着行政运营的改善、地方行政与财政、选举、消防防灾、信息通信、邮政行政等与国家基本结构、国民经济和社会活动紧密相关的工作，是担负着与国民生活基础相关的行政功能的省。总务省大臣官房负责本省机关事务管理，下辖总务课、秘书课、会计课、企划课等6课。

总务课负责省内综合性调整、公文资料的接收、发送和审查，与国会进行联络和协调，省内信息公开及个人信息的保护工作。秘书课负责省内职员的人事、工资待遇、研修培训、公章管理、荣誉的遴选、表彰仪式等工作。会计课负责省内预算、决算和经费管理，职员的医疗、福利和内部设施管理。

（三）地方自治体的机关事务管理

日本地方自治体（都道府县－市－町村）在机关事务的管理方面，不同于中央省厅的大臣官房组织和内设部门，地方自治体的机关事务管理一般统一归属总务局或总务部来管辖。

现以府县级别来分析日本地方自治体的机关事务管理情况。以广岛县为例，广岛县政府下设总局局，总务局进一步划分为不同的课。同时，广岛县政府下的其他局（部）

内也设有总务课，负责本局（部）内的人事、预算、企划和组织管理工作，同时在内部业务上接受总务局的指导，例如广岛县环境县民局、地域政策局、商工劳动局等。福利待遇、培训工作则是由总务局来统一负责。

广岛县总务局下设各科室，其中总务课负责局（部）内组织、人事、预算的汇总、文件管理、条例审查、来厅者的接待、厅内的监督、行政运营等事务，下设相应的工作小组具体承担。秘书课，一般作为县知事（县长）和副知事的助手，负责首长的日程安排及外出活动，职员以外的授勋、表彰等仪式的准备工作。人事课，一般负责职员的任免、服务、处分、工资、工作条件、差旅费、职员卫生及健康管理，内部人事的定额管理及综合性调整工作。福利课，负责职员福利、劳动保障和灾害补偿基金、地方职员共济组合事务。财产管理课，负责地方政府办公设施（不动产）管理、服务、其他公共财产（博物馆、图书馆、美术馆等）的管理和修缮工作。

三、芬兰机关事务管理

芬兰中央政府未设置专门的机关事务管理部门，由财政部依据《国家预算法》等相关法律统筹指导机关事务工作。财政部由三名部长和常务秘书领导，包括经济部、预算部、税务部、金融市场部、公共治理部、地方政府部门、行政治理与发展部、政府雇主办公室、公共部门信息通信技术部等，而财政部所管辖的部分机构和国有企业负责机关事务管理。

（一）财政部所属机构

瓦尔托里（Valtori）政府信息通信技术中心成立于2014年，为政府办公室提供和开发基本的信息网络系统服务以及电子政务支持。

财政和人力资源共享服务中心（Palkeet）是财政部行政部门的团体服务提供者，为中央政府机构、部门和基金以及为芬兰政府提供服务的国有企业和国有有限公司提供财务和人力资源服务，包括薪资、雇佣关系管理和招聘流程支持等。

（二）财政部所属国有企业

汉塞尔（Hansel）有限公司是中央和地方政府的中央采购机构，2003年成立，统一负责政府采购工作，并开展公共采购的开发工作，以及提供数字采购服务。所有中央政府组织、市政当局、福利服务县和法律规定的其他公共部门运营商都可以使用框架协议，而无需单独进行竞争性招标。

芬兰豪斯（HAUS）公共管理股份有限公司最早成立于1971年，在2002年成为国有企业，为政府部门、议会、国企等提供人员培训。

DigiFinland 公司成立于 2020 年 2 月 1 日，提供开发、维护国家数字服务，以提高医疗保健和社会福利服务、救援服务和其他部门的生产力和效率。该公司还支持公共部门的 ICT 集成和可操作性，以及推动基于知识管理、以客户为导向的具有成本效益的服务以及数字化服务的发展。

参议院集团（非法人）（Senate Group）由参议院地产公司（Senate Properties）及其子公司芬兰国防地产公司（Defence Properties）组成，还包括县设施和房地产管理服务中心、参议院车站物业有限公司。该集团的前身是国家固定资产局，直到 2001 年变更为国有固定资产公司，与客户合作开发现代工作环境并妥善管理政府的财产资产，处理建筑项目、物业收购、战略规划、土地使用问题。

（三）各部门自行管理

芬兰政府各部门下设机关事务管理机构，政府各部门在"办公用房、政府采购等机关事务统一管理方面需向相关单位提出需求，商谈解决方案并将所需经费列入部门年度预算"[①]。同时，政府各部门通过购买社会服务等形式自办后勤，以保障本单位正常运行。

第三节　混合管理模式：德、法

所谓的混合管理模式主要是指在机关事务管理体制和管理范围中，一部分部门或者部分后勤事项由机关事务管理部门统一保障，其他部门或事项由各部门自行保障。混合管理体制虽然存在统一的机关事务管理部门，但机关事务管理部门只承担宏观的规范建设（如法国）或共同事务的托底管理（如德国），而一些职能部门对某些重要领域的事务工作（如政府房地产产权、办公楼建设维修管理）由专业部门实行专业化管理。我们也可以把混合管理模式理解为集中管理和分散管理相结合的管理体制。在机关事务管理体制中，采用混合管理模式的典型国家有德国和法国。

---

① 王雅斐. 芬兰机关事务工作概况［J］. 中国机关后勤，2018（10）：63-65.

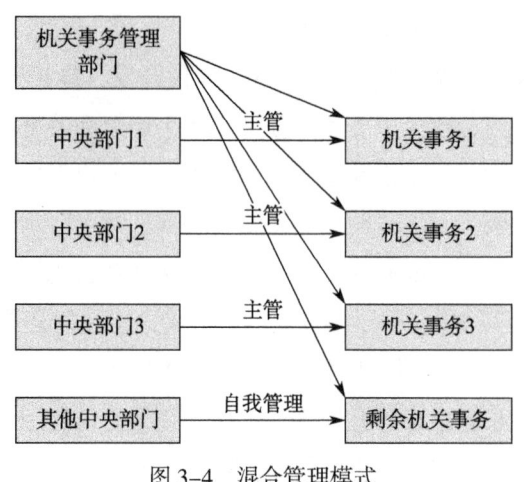

图 3-4 混合管理模式

一、德国机关事务管理

德国联邦政府实行集中与分散结合管理的机关事务体制。一方面，联邦行政管理局在其管辖范围内集中管理联邦各部门共同涉及的行政事务工作；另一方面，联邦政府各部门自我管理除房产外的资产、采购事项、经费资金、物业等。

（一）联邦政府机关事务工作集中管理的方面

德国的机关事务集中管理主要体现在两个方面：一是联邦行政管理局根据《联邦行政管理局建立法》统一管理各部共同事务，履行政府机关行政事务的职能，协调政府机关运转的综合性行政事务工作。二是表现在财政部负责经费管理、采购管理、公务用车管理、办公用房管理；交通和建设部管理办公用房修建；内政部管理政府部门服务项目集中采购。

1. 联邦行政管理局的机关事务统一管理

（1）财务管理。在财务管理方面，联邦行政管理局重点负责三方面工作：①工资结算。提供员工从入职到退休的工资结算与发放服务。②报销赔偿。为公务员提供医疗费用报销及补助发放服务，并协助处理工伤认定、治疗和赔偿事宜。③差旅服务。为国家机关人员提供公务旅行方面的管理服务。

（2）人员招聘与培训。在人员招聘与培训方面，联邦行政管理局承担了重要职责，为联邦机构提供人员招聘服务，包括岗位信息、招募信息、培训工作等。

（3）在其他服务管理方面，联邦政府委托行政管理局承担以下具体事务：①国籍事务；②领事证件服务；③海外学校，受外交部委托，为海外逾1 100所学校（包括140余所使领馆的"德国学校")提供资金、人员和教育等方面的支持；④社会事业，受其他部门委托，负责具体落实获国家资助的社会事业项目，如文化、体育、养老等；⑤造币，协助联邦财政部做好欧元流通货币、纪念币的设计、生产、管理等工作。①

2. 由财政部、交通和建设部、内政部各自统一负责的事项

（1）财政部。联邦政府掌管经费的部门是联邦财政部。财政部负责经费管理、公务用车管理、办公用房管理。"联邦各职能部门提出本部门年度预算计划和意见，提交议会审批，后立法执行。各部在得到经过立法批准的经费预算后，将经费分配到下属各部门，并规定统一的支出项目。"②

（2）交通和建设部（联邦建筑管理局）。联邦交通和建设部所属联邦建筑管理局负责修建联邦的办公设施并承担部分物业职能，依据政府对办公用房的规范标准对办公建筑做出合理预算，确保修建过程、修建质量符合标准，确认合格后再投入使用。

（3）内政部（采购局）。内政部（采购局）可以为各联邦机构采购大宗物资。凡采购量小、项目少的部门自行进行采购行为，大型项目或多部门的集中采购则由内政部（采购局）来承担。其采购服务范围广、供应渠道多、提供项目纷繁。

（二）联邦政府机关事务工作分散管理

依据有关法律规定，联邦各机构自行管理后勤，例如资产管理、采购管理、经费使用等。

经费与采购管理。在采购管理方面，联邦政府实行分散管理，各部门自设采购机关，执行采购招标法。联邦政府为采购管理提供了明确的法律依据，并在执行过程中做出了详细的制度规定。德国《采购招标法》规定：对于采购金额超过13万欧元的单项货物必须进行国际公开招标；对于采购金额超过2万欧元的项目由采购部门进行国内公开招标；对于采购金额在2万欧元以下的项目可通过议标、询价采购或直接采购来完成。在《采购招标法》的指导下，联邦政府各部门设立的采购机关经过多年的市场竞争和优胜劣汰，最终发展成为了高效的采购机关。

公务用车管理。德国公务用车分两种情况，一是公务专车，主要是为联邦政府内阁成员、国务秘书等联邦高级官员配备的专车，但是专车使用结束后要及时交回并对使用情况做出详细汇报；二是普通公务用车，普通公务用车为一般官员外出办公使用，车辆购置经费由各部门在经费预算中自行解决，因此各部门都尽量减少公车

---

① 齐鑫.德国联邦政府机关事务工作概要[J].中国机关后勤，2018（5）：44-46.
② 喻立新.德国联邦政府机关事务管理工作基本情况[J].中国行政管理，2002（9）：34-35.

数量。

在后勤服务和房地产管理方面，财政部下属联邦资产管理局（六司）统一管理联邦政府部门的办公用房及其他房地产的产权处置，联邦交通和建设部所属联邦建筑管理局统一管理联邦政府部门办公楼的建设维修。而办公用房的物业则由各部门自行管理，而且所需费用也都列入各部门预算，一般都是采用服务外包的方式将之承包给专业的服务公司。

二、法国机关事务管理

法国机关事务管理体制拥有"三位一体"的特色，具体表现为管理部门定标准、预算部门定经费、行政机构自行管理。

（一）国家公职与行政管理总局：负责制定统一标准

国家公职与行政管理总局原隶属于法国公职部，2017年后划归总理府。该局的主要职能涉及机关事务政策制定、调整和立法等。国家公职与行政管理总局内设信息传播局、薪酬和社会保障局、高级公务员管理局三个机构，同时还有若干咨询和协调机构，负责与其他相关部门进行沟通协调，如法国公职高级顾问机构（CSFPE）、公职普通顾问机构（CCFP）、社会行为部际委员会（CIAS）等。[①]

1. 办公用房标准

在办公用房方面，国家公职与行政管理总局作出了以下规定：法国政府部门房地产归属国家所有，并根据法律以及国家公职与行政管理总局划设的标准，将其分配到具体部门使用和管理。同时，法国政府机关不能随意出租、出售办公用房，即使是长期闲置的，通常也不允许随意出租、出借，对于闲置办公用房首先要用于统筹调剂。确需出租的要经主管部门批准，其出租所得的收入必须纳入国家总预算，实行收支两条线。对于不被需要的办公用房，经主管部门领导研究同意后，交由办公用房主管部门（财政部）负责，采用公开竞价销售和协议销售方式公开出售。

2. 公职人员住房标准

国家公职与行政管理总局根据适用对象的不同将保障住房分为以下三类：一是向收入较低的公务员个人和家庭提供的低租金住房，是法国政府补贴公务员的重要方式。但是为避免公职人员过多占据社会资源，要求低租金住房不得超过社会廉租房总量的5%，并根据承租人家庭人口的不同，给出了低租金住房面积选择方面的建议。二是向

---

① 梁玉萍，张敏.法国公职系统管理和改革启示[J].国家行政学院学报，2014（3）：112-116.

必须时刻坚守岗位行使职责的公务员提供的公务住房。公务住房按照具体的适用对象可划分为向需全天 24 小时时刻待命的人员提供的必需公务住房、需夜间住在工作地的人员提供的工作实用住房、向在异地工作的人员提供的国外职业住房。三是向各部部长提供的部长住房。国家公职与行政管理总局对部长住房不做强制性要求，由各部按实际情况而定，仅有外交、国防、经济、财政、工业等少数重要部门为部长提供住房，这些住房会收取部长租金，修缮等费用国家承担，部长离职时收回住房。

（二）行动和公共账目部：负责预算管理和政府采购

行动和公共账目部原为预算部，2017 年后更名并进行了职能扩充。行动和公共账目部下设司局中，与机关事务工作相关的有公共财政总司、政府采购司、政府部门预算和决算控制局、国家财政信息署，主要负责机关事务工作的经费资金、采购审批、信息化服务等。

法国政府采购范围较广，不仅涉及政府各部门的公共合同，还涉及到公共机构的服务、国有企业的采购执行。

法国建立了较为完善的政府采购制度。第一，法国制定并修订《政府机构、公共服务部门和类似团体用的打印表格和其他办公用品的纸张有关使用、质量和尺寸的要求》（NFZ10-001：1992）、《公共采购法》（2000 年修订）等相关法律规范、标准，就公共采购形式、办公用品的使用和购买标准等进行了规范。第二，对政府采购的程序做出严格规范。对于政府的采购工作，特别是公共工程和公共服务的采购，行动和公共账目部会每年提前编制政府采购计划，与议会等国家机构就政府采购的重要项目的主要内容共同论证并达成一致。在公共性政府采购计划确定并获得批准后，政府采购部门按计划定期发布采购公告进行招标。整个招标工作由一个专门委员会进行，委员会成员包括技术专家、政府官员、议会议员、法律专家和市民代表等，负责对竞争公司的企业标书进行收集、评估，直至确定中标的公司。同时，在此过程中法国的审计法院会对政府采购进行监督，确保绝对的公平。[①]

此外，法国政府还制定了描述性的采购目录、采购指南以及网上投标认证机制，旨在提供宽松的采购环境。第一，描述性的采购目录。为了确保信息的透明和公开，消除各成员国间的语言障碍，法国在采购时均使用《通用政府采购词汇目录》（Common Procurement Vocabulary，CPV）。第二，采购指南。法国经济部出台了分类的采购指南。第三，网上投标认证机制。法国在网上进行采购项目的招投标时会对文件加密，并出示第三方企业认证。

[①] 鲍芳修，岳林琳.英国、法国政府采购的运作及对我国的启示［J］.科技创业月刊，2005（3）：94-96.

（三）政府各部门下设的机关事务保障机构

1. 不动产管理机构

各部门不动产管理机构负责保障机关的房产工作：①办公用房管理。不动产管理机构每年都会做出房产修缮、改造、扩建预算规划，并在使用后进行年度审计。②保障住房管理。各部门不动产管理机构每年会分配廉租房，申请者可以低廉的租金获得住房保障。

2. 办公后勤保障机构

办公后勤保障机构的后勤服务包括公务用车管理、办公用品采购、物业管理等。各部门有需求时可向办公后勤保障机构提出申请，申请内容有目的、规格、使用规划等，得到审批后即可获得该项服务。

（四）国家行政行动咨询部际委员会

国家行政行动咨询部际委员会由总理领导的外交、财政、公职、预算、文化、教育、卫生与社会福利等9个部门共同组成，每年召开部际联席会议对机关事务的年度工作、面临问题、发展规划进行讨论处理。

第四节 国外机关事务管理的比较与借鉴

纵观上述国家机关事务管理的发展，机关事务管理起步较早，且多数国家都探索出与具体国情和社会经济发展水平相适应的管理模式，在管理主体、政府社会关系、管理手段、管理机制等方面形成各自独特的先进经验，有效保障了机关平稳运行，具体可以归纳为以下四方面共性。

一、机构网络化

管理机构间的纵向制衡主要通过机构分设、分责分权与构建监督机制三种路径实现。在实行集中管理模式的国家，通常一个总管理部门内部下设若干子管理机构，如澳大利亚联邦政府机关事务部分设三类职能机构：商业性机构、业务发展（非商业性）机构、政府联系的社会职能机构，通过部门分设方式实现职能分散。在集中管理的同时，形成分权制衡机制，在合作的基础上分责与分权，如美国总务署与联邦行政管理与预算局、人事管理局及其他部门将宏观政策制定与具体事务管理职能分开，使各部门既按事权划分、职责明确，又相互联系、相互制约。如国会、预算局、财政部、总务署等部门共同制定政府采购政策，而总务署则具体负责组织实施，由集体共同决策，并通过"共同行动"或"合作机制"发挥制衡的作用。加拿大联邦政府公共服务与采购部能够依法委派其他部门行使政府采购、办公场所和设备等相关权力，其部长可对相关事务进行授权。

在机关事务管理的横向推动上，各国采用机构合作的方式作为开发资源的有效途径。这种方式能够推动相关的多元主体参与合作管理，通过各机构之间的合作，充分利用机关内外资源，提供更加专业化的运行保障服务，并形成对机关事务管理部门的有效制衡，使机关事务管理部门能够充分履行机关运行保障服务的"组织者"与"管理者"职能。芬兰、德国、法国在机关后勤服务方面实行较为完善成熟的社会化服务与合同化管理，充分利用市场机制，普遍采取社会化保障，在食堂服务、公务用车租车服务、会务服务、信息平台建设、物业管理和公务旅行等方面引入企业与社会力量作为运行主体，由专业化机构承接机关运转保障服务项目；在机关资源开发、服务供给、技术研发、标准制定等方面，由外部专业化主体供给运行保障服务。

二、保障法治化

无论实行何种管理模式，各国都高度重视机关事务管理法治化。机关事务管理依据法治理念构建，表现为管理机构依法设立、服务依法提供、生活依法保障、管理依法运转。法治的规范化与健全化确保了机关事务管理能够按照相关法律制度开展工作，做到了有法可依。在此背景下，分散管理模式不会导致各自为政、标准不统一等问题，集中管理模式也不会导致权力集中而无所约束。具体而言：

采取集中管理模式的国家集中统一立法，针对机关事务管理的主体进行一系列法律制度约束。加拿大的法律制度的建设侧重于规范政府采购行为，如加拿大政府针对公共服务与采购部制定的相关法律规范多达 20 多部，出台了《公共工程和政府服务部法》《共享服务局法》《国防产品法》《关于轻型汽车车队管理的规定》《关于高档车辆车队管理的规定》等。

采取分散管理模式的国家，虽然不存在机关事务管理的统一立法，但在机关事务自我管理、自身建设上仍严格依据法律规定和制度标准展开，即在法治的轨道上进行，法律规范的完善确保了机关事务工作的连续性和一致性。英国、日本和芬兰的法律制度建设较为全面、循序渐进，随着社会经济发展，不断做出修改，使机关事务法律制度成为贯穿机关事务管理全过程的支柱。英国颁布《公共机构腐败行为法》《反腐败法》《公共合同法规》《公用事业合同法规》《公共合同与公用事业合同法规》《采购政策指南》《采购实施指南》等，使得政府采购工作有法可依。日本各省厅分别制定相关法律、行政法规、部门规章等，详细规定各部门的权限和职能范围，并且精细到各省内设部、局、司、办的具体权限。芬兰政府先后出台多项战略规划，囊括固定资产管理、政府采购等方面，促进机关事务工作创新发展。

实行混合管理模式的国家也拥有健全的法律保障体系。德国作为大陆法系的代表国家，其法学传统较为深厚，在机关事务管理中的一切行为都可以找到法律支撑，各项行为内容相对固定，权责清晰，过程规范，机关事务工作争议较少。法国机关事务工作以《公务总法》和《公职人员地位法》作为制度框架，以年度公共支出预算法案为日常工作指南，以《道德法案》为强化公职人员自我约束的制度补充。[1]

三、管理科学化

各国机关事务管理均建立在合理制度和规范流程的基础上，根据不同情况采取灵活管理方式，能够充分利用市场资源，运用科学方法和技术手段提升管理效果，并对管理过程进行优化，减少无效操作和资源浪费，以科学化的管理保障机关事务的正常运行。

一是采取多样化的管理方式。在上述关于集中管理模式、分散管理模式、混合管理模式的探讨中，我们发现：在机关事务运行保障的诸事务中，诸如宏观的规范建设（如法国）或共同事务的托底管理（如德国）等通用性事务，适合进行集中统一管理；而有些特殊性事务管理职能只有个别职能部门才拥有，例如需要专业化管理的政府房地产产权、办公楼建设维修管理，以及涉及领导人的保障、国家安全等保密性的特殊任务的保障等。

二是采取信息化的管理方式。机关事务管理工作的高度信息化能够提高服务效率、确保服务质量、方便工作流程、简化工作程序。表现为拓展信息技术应用，机关事务管理与大数据、云计算、移动互联网等技术领域相融合。芬兰政府在机关事务管理上较早进行信息技术的应用，信息化发展水平位居世界前列，通过成立政府信息通信技术中心，为政府各部门提供先进、高质、独立、安全的信息技术服务，以满足政府日益增长的数字化办公需求。加拿大政府在政府采购上，依托大数据构建了电子采购平台以使相关部门招标和供应商投标更加便利。同时，机关事务管理的信息化还体现在开发利用信息资源，将信息化普及与信息安全管理纳入机关事务管理。

三是市场化管理主体的融入。上述国家机关事务管理大多通过政府推进与引入市场

---

[1] 徐博峰.法国机关事务工作概貌[J].中国机关后勤，2018（3）：46-48.

机制相结合的方式展开。例如,澳大利亚的政府在资产管理上引进市场机制,达到了节约降耗、提高效益的成果。芬兰中央政府机关事务管理主要依托于财政部下设的五家国有企业和服务中心,通过任命相关机构董事会并以企业化模式管理运行机关事务。

四、服务社会化

一些国家经济发达、机关运作经费充裕、市场完善、供应充分,所需各项后勤服务主要从市场购买,政府、企业和社会之间形成成熟的互动模式。相应地,政府采购成为机关事务工作的主要方式,经济手段和法律手段成为管理后勤服务的主要手段,主要从机构建设、体制机制、绩效考核、监督管理等环节为社会力量参与机关事务管理提供有力保障。

一方面,完善机构建设,健全体制机制。美国、加拿大均以制度化管理、合同化管理、电子化管理为改革方向,走专业化、规模化、区域化发展的综合发展路径。机关事务管理工作实现了高度商品化和社会化,通过对外承包后勤服务、对内设置机构,在制度约束与立法监督中引入市场机制,既保证了机关事务中公共服务的供求平衡,又保证了机关事务工作的效率提升。澳大利亚引入市场竞争机制和私营部门管理方式,形成资产管理机构与政府机构的契约伙伴关系。

另一方面,培育市场主体,调动社会力量。政府只负责监管,执行交由社会服务主体。例如,英国政府集中采购时扶持中小企业。芬兰机关事务工作尤其是后勤服务主要依靠市场供给。芬兰机关自身并不供养服务队伍,其机关事务管理主要由财政部下属的五家国有企业和服务中心高度自主进行,既保证了政府机关能够购买到优质的社会服务,又推动了相关服务领域的快速发展。德国联邦政府机关后勤服务实行社会化服务与合同化管理。在法国各级行政机关在工作人员日常就餐方面,无论人员多少、规模大小,都不设置专门的内部餐厅供工作人员就餐,普遍采取社会化保障,由社会上的餐饮企业负责。

【拓展阅读】

[1] 朱春奎,李玮. 美国联邦总务署机关事务工作实践与启示 [J]. 中国机关后勤,2019(3):25-29.

[2] 吴田、张帆. 机关事务管理与数字政府建设——美国联邦总务署(GSA)实践研究及启示 [J]. 江苏师范大学学报(哲学社会科学版),2020(3):13.

[3] 黄新宝. 加拿大机关事务工作概况 [J]. 中国机关后勤,2018(8):52-54.

[4] 齐鑫. 德国联邦政府机关事务工作概要 [J]. 中国机关后勤,2018(5):44-46.

［5］王雅斐.芬兰机关事务工作概况［J］.中国机关后勤，2018（10）：63-65.

［6］梁晋.英国政府采购特点启示［J］.中国招标，2016（2）：19-21.

［7］苏滢.澳大利亚、新西兰机关事务工作概括［J］.中国机关后勤，2018（9）：52-54.

［8］孙维维.分散或集中：国外机关事务管理模式概括及经验借鉴［J］.领导科学，2022（12）：88-91.

［9］岳世平.西方发达国家政府机关事务管理的实践及其启示［J］.甘肃理论学刊，2009（3）：106-109.

［10］黄景驰.英国中央政府结构性成本削减与行政辅助思想共享改革的经济研究［J］.中国行政管理，2020（4）：49-55.

第四章 机关事务管理的法律基础

2012年6月28日国务院颁布的《机关事务管理条例》第二条对机关事务管理的解释特指"各级人民政府及其部门的机关事务管理活动"。而在2020年9月30日山西省人大常委会通过的《山西省机关运行保障条例》中提出一个新的概念，即机关运行保障的概念，该条例第三条明确规定："机关运行保障，是指对机关运行所需经费、资产、服务、能源、资源等进行统筹、配置、管理、监督等行政活动。"可见，机关事务管理概念在《机关事务管理条例》与《山西省机关运行保障条例》中存在明显区别，主要表现在两方面：一方面管理机构指称对象不同，前者仅指各级人民政府及其部门，后者指所有的党政机关（党的机关、立法机关、行政机关、监察机关、审判机关、检察机关、政协机关）以及参照公务员法管理的事业单位；另一方面管理行为指称不同，前者主要指各级政府机关及其部门内部行政管理行为，后者指所有的党政机关以及参照公务员法管理的事业单位对机关运行所需经费、资产、服务、能源、资源等进行统筹安排、优化配置、管理监督的活动。本章主要讨论并分析党政机关（或广义的政府机关）中的事务管理的法律基础。

第一节 机关事务管理法律基础概述

关于机关事务管理法律基础或机关运行保障法律基础，学术界没有讨论和界定。从法律渊源看，《机关事务管理条例》属于行政法规，《山西省机关运行保障条例》《上海市机关运行保障条例》和《河南省机关运行保障条例》属于地方法规。因此，相关的行政法规和地方法规自然成为机关事务管理的法律基础。张翔认为，机关运行保障法具有宪法上间接依据，可以在立法依据条款规定："根据宪法，制定本法"；同时指出机关运行保障法属于公法，即广义的国家机构组织法范畴。[①]湛中乐认为，机关运行保障立法

---

① 张翔，段沁.制定机关运行保障法的宪法依据[J].中国机关后勤，2020(6)：24-26.

很大程度上系内部行政法的范畴，机关运行保障行为属于内部行政行为。①因此，我国现行宪法有关原则、行政法基本原则也自然属于机关运行保障法律基础范畴。②另外，笔者认为，机关运行保障立法所依托的现行宪法精神也属于间接依据。所谓宪法精神是指统率宪法基本内容，贯穿宪法始终，并通过宪法规范、原则和制度集中体现出来的立宪与行宪的指导思想。③具体包括三方面：一是规范层面的宪法精神，如人民利益至上、依法治国、法律面前人人平等；二是功能层面的宪法精神，如规范国家权力，保障公民权利；三是制度层面的宪法精神，如社会主义制度、中国共产党领导、人民代表大会制度、中国共产党领导下的多党合作制度、民族区域自治制度、一国两制等。④因此，机关运行保障法律基础具有多元、多层次内涵，需要我们深入系统研究。

一、机关事务管理法律基础的概念与特征

（一）概念

机关事务管理法律基础是指可以为机关事务管理活动提供制度基础的，构成机关事务管理（保障、服务）行为依据的法律规范体系和法律价值体系以及据此形成的法律关系类型体系。因为，任何法律制度都具有最基本的三种形态：一是价值观念层面的法律形态，其通常以法律观念、法律意识、法律价值等形式表现；二是规范制度层面的法律形态，其通常以法律文本、法律要素、法律体系等形式表现；三是事实秩序层面的法律形态，其通常以法律关系、法律行为、法律事件等形式表现。所以，机关事务管理法律基础的内涵既揭示和体现法律存在三种形态，也展示机关事务管理法律基础多元的内涵。

（二）特征

1. 基础性

基础性即机关事务管理法律基础是指可以为机关事务管理活动提供制度基础的法律

---

① 湛中乐，李烁.机关运行保障立法：性质、思路与原则[J].北京大学学报（哲学社会科学版），2020（3）：139-146.
② 张翔教授认为，我国现行宪法中"人民主权原则""精简原则""民主集中制原则"属于机关运行保障立法间接依据；作者认为现行宪法"党的领导原则""法治原则"也属于机关运行保障法依据。
③ 范毅.论宪法精神的科学内涵[J].求索，2004（8）：57-58.
④ 2021年1月1日《山西省机关运行保障条例》实施，在全国机关运行保障立法线下线上培训会议上，笔者应邀做了"机关运行保障立法依据"主题讲座，提出宪法精神也属于机关运行保障立法的间接依据，并提出"树立法治意识，机关运行保障遵循和实现依法保障；强化平等意识，基本实现机关运行的平等保障和均衡保障；突出人民意识，机关运行保障坚持为人民服务根本理念；突出中国特色，机关运行保障立法应坚持党的领导、坚持社会主义制度、坚持民主集中制四方面理念。"

规范体系、法律价值体系、法律关系类型体系。法律规范体系包括宪法、法律、行政法规、部门规章、地方法规、地方规章、党内法规等规范性文件体系；法律价值体系包括法律目的价值体系、法律形式价值体系、法律评价标准体系；法律关系类型体系包括法律关系要素体系、法律关系类型体系、法律关系事实体系。

2. 国家性

国家性体现为机关事务管理法律基础是指构成机关事务管理、服务、保障行为依据的国家法律规范体系、法律价值体系以及据此形成的法律关系类型体系。法律关系类型体系主要包括管理法律关系（资产、经费、能源、资源）、服务法律关系（公务接待、公务用车、物业、餐饮、安保、绿化）、监督法律关系（纵向、横向、社会）。

3. 系统性

系统性即机关事务管理法律基础是具有多元性和多层次性的法律规范体系、法律关系类型体系、法律价值体系。机关事务管理法律基础不仅包括法律规范体系、法律价值体系、法律关系类型体系，而且包括宪法、法律、行政法规、部门规章、地方法规、地方规章、党内法规多层次法律规范体系；秩序、效率、效益、自由、公平、理性多层次法律价值体系；资产、经费、能源、资源多层次法律关系，公务接待、公务用车、物业、餐饮、安保、绿化服务多层次法律关系，纵向、横向、社会多层次监督法律关系。

二、机关事务管理法律基础的构成

机关事务管理法律基础的构成是指机关事务管理法律活动或法律行为不可或缺的基本要素，主要包括机关事务管理的法律理念、法律规范、法律行为、法律关系、法律责任。

（一）机关事务管理的法律理念

机关事务管理的法律理念是指基于特定法律价值观，机关事务管理主体对管理事务（或对象）理想范型及其基本实现途径的理性预设。它既是机关事务管理的理想目标，也是机关事务管理价值追求。根据现行机关事务管理法规，机关事务管理的法律理念包括：集中统一管理理念、服务为本理念、提高效能理念、绿色节能理念、公开透明理念。

（二）机关事务管理的法律规范

机关事务管理的法律规范是指其管理活动或管理行为所依据的行为准则。它既是机关事务管理活动或行为的依据，也是机关事务管理活动或行为合法性的评价标准。目前我国初步形成了以《党政机关厉行节约反对浪费条例》《机关事务管理条例》《公共机构节能条例》《行政事业性国有资产管理条例》四个条例为主干，《党政机关办公用房管理办法》《党政机关公务用车管理办法》《党政机关国内公务接待管理规定》等一系列专项法规、党内法规为支柱，涵盖经费、资产、服务等领域的规范性文件、制度标准为主体架构的"四梁八柱"法规制度体系。除此之外，山西省、上海市、河南省等出台的相关地方法规也是机关事务管理法规组成部分。

（三）机关事务管理的法律行为

机关事务管理的法律行为是指依据机关事务管理法律规范，引起法律关系变动的有目的行为。它既是引起机关事务法律关系变动的主要原因，也是依据机关事务管理法律规范所实施的具体行为。主要包括保障计划行为、经费管理行为、资产管理行为、政府采购行为、运行服务行为、信息化管理行为、标准化管理行为、社会化管理行为、监督检查行为等。

（四）机关事务管理的法律关系

机关事务管理的法律关系是指被机关事务管理法律规范所调整的具有权利义务、权力责任内容的特殊社会关系。它既是机关事务管理法律规范和法律理念的现实化，也是机关事务法律行为实施的结果。如保障计划关系、社会服务关系，实体法律关系、程序法律关系，标准化保障关系、权利救济关系、经费预算关系，经费划拨关系、服务合同关系、保障监督关系等。

（五）机关事务管理的法律责任

机关事务管理的法律责任是指主体违反机关事务管理法律规范所引起的不利法律后果。它既是机关事务管理法律规范被违反的消极后果，也是机关事务法律保障基本方式。如行政法律责任、侵权法律责任、违约法律责任、刑事法律责任等。

第二节　机关事务管理法律规范体系

法律规范是一种特殊的社会规范和技术规范，它是构成法的整体或系统的基本要素或单位。法律规范既调整人与人之间的关系，也调整人与自然的关系；它不只是社会规范的一种，也是技术规范的一种。不同类型的法律规范共同构成了法律规范体系。古罗马法学家乌尔比安将法律规范划分为公法规范与私法规范两大系统，近代德国法学家由此提出社会法规范体系；第二次世界大战后，随着国际法的诞生，法律规范体系形成国内法规范与国际法规范两大体系。机关事务管理法律规范作为法律规范体系中一种特殊的规范体系，大体上属于国内法规范与公法规范体系下行政法律规范体系范畴。

一、机关事务管理法律规范体系的概念与特征

（一）概念

机关事务管理法律规范体系是归属于行政法律规范体系下，调整各级政府机关以及政府管理机构（广义）经费、资产、服务、能源、资源保障关系的法律规范的总称。机关事务管理法律规范体系具有两方面基本内涵：一方面它表征机关事务管理法律规范所调整的具体关系，根据调整关系的不同形成不同法律规范体系；另一方面它还表征机关事务管理法律规范调整具体关系的机制或方法，根据调整关系的机制和方法不同形成的法律规范体系也不同。

（二）特征

机关事务管理法律规范体系具有下列三个基本特征。

1. 调整对象的特殊性

机关事务管理法律规范体系是专门调整各级政府机关以及政府管理机构（广义）经费、资产、服务、能源、资源保障关系的。

2. 调整机制的独特性

机关事务管理法律规范体系调整机制既包括计划统筹保障机制、管理服务机制，也包括社会化、信息化、标准化服务管理保障机制。

3. 调控范围的特殊性

机关事务管理法律规范体系调整对象范围主要是各级政府机关以及使用公共财政经费的事业单位等。非国家机关或使用非公用财政经费的单位不属于机关事务管理法律规范调控范围。

二、机关事务管理法律规范体系的层次和效力

法律规范是具有效力位阶的行为规范，在一国法律规范体系中不同渊源形式的法律规范在效力等级方面存在差别，法规范体系既具有不同层次，也呈现不同效力位阶。在中国享有立法权的主体具体包括全国人民代表大会及其常务委员会，国务院，省、自治区、直辖市的人民代表大会及其常务委员会，设区的市的人民代表大会及其常务委员

会，经济特区所在地的省、市的人民代表大会及其常务委员会，民族自治地方的人民代表大会，国务院各部、委员会、中国人民银行、审计署和具有行政管理职能的直属机构，省、自治区、直辖市和设区的市、自治州的人民政府等均享有立法权，都可以制定法律规范。这些不同立法机构制定的法律规范包括宪法、法律、行政法规、地方法规、自治条例和单行条例、规章等。

机关事务管理法律规范体系作为这个法律体系的一个子系统也是一个多元和多层次系统。所谓机关事务管理法律规范体系的多元和多层次是指其包括法律（如《机关运行保障法》）、行政法规（如《机关事务管理条例》）、政府规章（如《党政机关办公用房管理办法》）、地方法规（如《山西省机关运行保障条例》）、地方规章（如《山东省机关事务管理条例实施办法》）不同层次和不同效力等级的机关事务管理法律规范。宪法具有最高法律效力，法律的效力高于行政法规、地方法规、规章，行政法规的效力高于地方法规、规章，地方法规的效力高于本级和下级地方政府规章。根据《中华人民共和国立法法》，并结合机关事务管理法律体系实际情况，机关事务管理法律规范体系效力层级共分为六级。

（一）宪法中关于机关事务管理的规定

所谓宪法中关于机关事务管理规定是指现行《中华人民共和国宪法》（以下简称《宪法》）中关于机关事务管理应当遵循的基本原则和具体规定。如《宪法》关于社会主义国家性质（国体）、党的领导、人民主权原则、民主集中制原则等规定[①]，以及《宪法》关于国家机构组织活动的具体规定[②]，均属于此效力位阶或层级。

（二）法律中关于机关事务管理的规定

所谓法律规定就是指全国人民代表大会及其常务委员会制定的机关事务管理法律文件。如目前正在制定的《中华人民共和国机关运行保障法》（草案），一旦颁布实施即属于此效力位阶层次。

---

① 关于《宪法》原则性规定，如第一条："中华人民共和国是工人阶级领导的、以工农联盟为基础的人民民主专政的社会主义国家。社会主义制度是中华人民共和国的根本制度。中国共产党领导是中国特色社会主义最本质的特征。禁止任何组织或者个人破坏社会主义制度。"第二条："中华人民共和国的一切权力属于人民。人民行使国家权力的机关是全国人民代表大会和地方各级人民代表大会。人民依照法律规定，通过各种途径和形式，管理国家事务，管理经济和文化事业，管理社会事务。"第三条："中华人民共和国的国家机构实行民主集中制的原则。"

② 关于《宪法》具体规定，如《宪法》第二十七条："一切国家机关实行精简的原则，实行工作责任制，实行工作人员的培训和考核制度，不断提高工作质量和工作效率，反对官僚主义。一切国家机关和国家工作人员必须依靠人民的支持，经常保持同人民的密切联系，倾听人民的意见和建议，接受人民的监督，努力为人民服务。国家工作人员就职时应当依照法律规定公开进行宪法宣誓。"

(三)行政法规中关于机关事务管理的规定

所谓行政法规中关于机关事务管理的规定是指国务院关于机关事务管理的立法规定。如国务院颁布的《机关事务管理条例》、中共中央和国务院颁布的《党政机关厉行节约反对浪费条例》、国务院颁布的《公共机构节能条例》、国务院颁布的《行政事业性国有资产管理条例》。

(四)政府规章中关于机关事务管理的规定

所谓政府规章中关于机关事务管理规定是指国务院各部、委员会、中国人民银行、审计署等所制定的关于机关事务管理的文件。如中共中央办公厅、国务院办公厅印发的《党政机关办公用房管理办法》《党政机关公务用车管理办法》《党政机关国内公务接待管理规定》等。

(五)地方法规中关于机关事务管理的规定

所谓地方法规中关于机关事务管理的规定是指省、自治区、直辖市人民代表大会及其常务委员会制定的关于机关事务管理的文件。如山西省人大常委会颁行的《山西省机关运行保障条例》、上海市人大常委会颁行的《上海市机关运行保障条例》、河南省人大常委会颁行的《河南省机关运行保障条例》。

(六)地方规章中关于机关事务管理的规定

所谓地方规章中关于机关事务管理的规定是指省、自治区、直辖市人民政府制定的关于机关事务管理的文件。如山东省人民政府颁行的《山东省机关事务管理办法》、山西省人民政府颁行的《山西省机关事务管理办法》等。

三、机关事务管理法律规范体系内容

机关事务管理法律规范体系内容通常是指构成机关事务管理法律规范体系的子系统或要素，即概念体系、原则体系、规则体系、技术性规范体系。它们分别是机关事务管理法律规范体系的基础要素、核心要素、主体要素、补充要素。

(一)机关事务管理法律规范概念

法律规范概念即有法律规范意义的概念，是指对各种法律规范事实和法律规范现象的理性概括和抽象表达而形成的权威性术语。机关事务管理法律规范概念就是对机关事务管理各种法律规范事实和法律规范现象的理性概括和抽象表达而形成的权威性术语。例如,《党政机关厉行节约反对浪费条例》第三条:"本条例所称浪费,是指党政机关及其工作人员违反规定进行不必要的公务活动,或者在履行公务中超出规定范围、标准和要求,不当使用公共资金、资产和资源,给国家和社会造成损失的行为。"《河南省机关运行保障条例》第三条:"本条例所称机关运行保障,是指对机关运行所需经费、资产、服务、能源、资源等进行统筹配置和监督管理,为机关履行职责提供保障的活动。"

(二)机关事务管理法律规范原则

法律规范原则就是构成法律规范规则的思想基础或政治基础,为其他法的要素提供本源的综合性、稳定性的原理,并对法律规范规则的创制、适用、解释、推理起统率作用的基本准则。机关事务管理法律规范原则就是对机关事务管理法律规范制定、实施具有普遍指导意义的基本准则。例如,《山西省机关运行保障条例》第四条:"机关运行保障应当遵循资产集中管理、事权财权匹配、标准规范健全、资源集约共享的集中统一管理原则,坚持统筹规划、优化配置、均衡保障,提升保障效能。"《河南省机关运行保障条例》第四条:"机关运行保障工作应当坚持服务为本、依法保障、厉行节约、安全有序、务实高效、公开透明的原则。"《上海市机关运行保障条例》第三条:"本市机关运行保障工作坚持中国共产党的领导,遵循依法保障、规范供给、厉行节约、安全有序、务实高效、公开透明的原则,实行统一项目、统一标准、归口管理、资源共享,构建集中统一、权责明晰、协同高效的机关运行保障体制。"

(三)机关事务管理法律规范规则

所谓法律规范规则,从形式上讲,就是采取一定的结构形式,具体规定人们法律权利和法律义务及法律后果的行为规范。也有学者认为,法律规范规则是国家制定或认可的,由国家强制力保证实施的、以权利义务为内容的行为规则。机关事务管理法律规范规则就是具有一定逻辑结构形式,具体规定机关事务管理法律规范主体职责职权以及法律规范后果的行为规则。《机关事务管理条例》第十条规定:"县级以上人民政府机关事务主管部门应当根据机关运行的基本需求,结合机关事务管理实际,制定实物定额和服务标准。县级以上人民政府财政部门应当根据实物定额和服务标准,参考有关货物和服务的市场价格,组织制定机关运行经费预算支出定额标准和有关开支标准。"《上海市机关运行保障条例》第五条规定:"市机关事务管理部门负责制定本市机关运行保障有关政策、制度和标准,主管本级机关运行保障工作,统筹指导和监督管理全市机关运行保障工作。区机关事务管理部门主管本级机关运行保障工作,指导下级机关运行保障工作。发展改革、财政、规划资源、绿化市容、生态环境等部门按照职责分工,依法履行机关运行保障相关职责。

各级机关应当执行机关运行保障制度和标准,承担本机关运行保障职能。"

(四)机关事务管理法律规范技术性规定

所谓法律技术性规定,是指规范性法律文件中关于该法的生效及失效的时间、范围,以及因本法的实施引起的其他相关规范性法律文件失效或继续有效等问题的规定。如《中华人民共和国国家赔偿法》第三十五条规定:"本法自1995年1月1日起施行。"《上海市机关运行保障条例》第四十五条规定:"本条例自2022年11月1日起施行。"

第三节 机关事务管理法律价值体系与法律关系

从系统论的视角,任何事物都是以系统方式存在运行。宏观上法律规范是一个完整体系,它由不同的子系统有机构成,发挥系统整体功能作用;而微观上法律规范是由多元、多层次要素有机组成,它发挥局部要素功能作用。法律价值也是一个体系或系统,法律价值体系通常表征多元、多层次的价值成分。法律价值体系的构成逻辑一般包括三部分,一是法律目的价值,主要解决"法为什么存在""法存在的根本意义"等问题。按照西方思想家理解,法律乃正义与非正义的学问,是善良公平的艺术,法律应当维护自由和秩序、保障人权和平等、提高效率和效益、促进公平和正义、增进安全和福祉。二是法律形式价值,主要解决"法以什么样结构形式存在""法应当具有什么样的优良品质"等问题。法律应当是公开的、不相互矛盾的、简洁明了的。三是法律评价标准,主要解决法的多元、多层次价值名目发生冲突时应如何协调,以及协调的依据或标准。如在自由和秩序之间,秩序是前提,自由是目的;两者冲突后,自由一般要服从秩序;而在法律没有明确规定时或某种秩序严重侵害自由背离保护自由的目的时,秩序服从自由。也就是法律内自由需要以秩序为限度,法律外自由以自由为目的。由此可见,法律价值体系由目的价值体系、形式价值体系、评价标准体系构成。机关事务管理法律价值体系,既具有法律价值体系一般属性,也具有其自身特殊属性。

一、机关事务管理法律价值体系

(一)机关事务管理法律价值体系的概念与特征

机关事务管理法律价值体系是指以机关事务管理法律价值目标为导引,以机关事务管理法律之目的价值体系、形式价值体系、评价标准体系为系统要素或载体的多元、多层次的法律价值系统。法律价值作为一种特殊形态的事务价值，在内容和形式上表现出区别于其他事务价值的三个特点[①]：一是法律价值的主体性，即法律价值虽然与一般事务价值一样，是主体与客体相统一的产物，但法律价值属性功能是价值主体赋予的，而非客体事物（法律）本身所固有的。而这一点恰恰是人类实践理性和建构理性（主体性）的体现。二是法律价值的主观性，即法律价值虽然与一般事务价值一样，是主观性与客观性的统一，但法律价值主体需求内容具有主观倾向性和价值取向选择偏好性。而这一点恰恰是人类实践能动性和主观性的体现。三是法律价值形式规范性或独特性，即法律价值虽然与一般事务价值一样，是价值内容与价值形式的统一物，但法律价值表达形式具有独特性，相对于其他事务价值表述形式更加规范。由此，基于法律价值体系的一般性，机关事务管理法律价值体系的特殊性具体表现在三个方面：

1. 机关事务管理法律价值目标特殊性

所谓机关事务管理法律价值目标特殊性主要是指通过机关事务管理法律规范体系所表现出来的具体价值目标。如《机关事务管理条例》第一条规定："为了加强机关事务管理，规范机关事务工作，保障机关运行，降低机关运行成本，建设节约型机关，制定本条例。"《山西省机关运行保障条例》第一条规定："为了规范机关运行保障工作，节约机关运行成本，促进机关高效有序运行，根据有关法律、行政法规，结合本省实际，制定本条例。"透过这两个条例的立法目的，我们可以看到强化管理、规范工作、保障运行、降低成本等多方面的价值追求，共同承载了规范、保障、效率、效益的价值目标。

2. 机关事务管理法律价值内容特殊性

所谓机关事务管理法律价值内容特殊性主要是指通过机关事务管理法律规范体系所体现出来的具体价值内容。法律价值体系内容包含自由、秩序、效率、人权、正义、公平、效益、理性等多元、多层次的价值名目或内容，但机关事务管理法律价值体系具有特殊的立法价值选择。如《上海市机关运行保障条例》第三条规定"本市机关运行保障工作坚持中国共产党的领导，遵循依法保障、规范供给、厉行节约、安全有序、务实

---

① 关于法律价值的特殊性是相对于价值一般性而言的。按照马克思主义价值理论，价值表征价值主体与价值客体的关系，价值主体及其价值需求与价值客体及其价值性状功能相互关系构成价值。由此事务价值一般呈现出主观性与客观性相统一、主体性与客体性相结合、普遍性与特殊性相互参照的特点。而关于法律价值的特殊性，张志铭教授的观点：一是法律服务于人类的法律价值需求的功能和属性，是人类赋予的而非法律价值所固有的；二是法律满足于人类需求的内容有自己的偏重和独到之处，不同于科学实践、伦理实践、审美实践、宗教信仰实践；三是法律价值表达形式上也有自己的独特性，人们经常把法律价值目标在整体上表达为正义或公共幸福。笔者认为，此乃法律价值的主体性、主观性、表达形式独特性或规范性。

高效、公开透明的原则，实行统一项目、统一标准、归口管理、资源共享，构建集中统一、权责明晰、协同高效的机关运行保障体制。"该条例的机关运行保障的基本原则与保障体制，体现机关运行保障特殊的价值内容，彰显了机关运行保障条例服务为本、提升效能、绿色节约、创新发展的独特价值理念。①

3. 机关事务管理法律价值形式特殊性

所谓机关事务管理法律价值形式特殊性主要是指通过机关事务管理法律规范体系所体现出来的具体价值形式。法律价值体系不仅价值内容是多元、多层次的，价值表达方式也是多元和多层次的。而机关事务管理法律价值体系在价值表达方式上也会根据其独特的价值需求，选择特殊的表达方式。根据目前机关运行保障立法目的、保障体制机制转型实践，机关事务管理法律价值体系中价值表达方式主要为集中统一、规范标准、公平均衡的价值表达方式。所以，价值表达方式更趋向于非自主、自由的价值表达方式。但在党的十八大之前，机关事务管理法律价值体系中价值表达方式为分散差别、非严格、非均衡的价值表达方式。价值表达方式比较趋向于自主、自由。而最近几年机关事务管理法律价值体系形式，很少选择以自由价值为核心、以管理型目的为导引的任意性法律规则，而较多选择以秩序价值为核心、以保障服务型目的为导引的强行性法律规则。如《上海市机关运行保障条例》第八条第一款规定："各级机关应当根据预算支出定额标准，结合本部门的工作职责、性质和特点，按照总额控制、从严从紧的原则，编制本部门机关运行经费预算。"第十条规定："机关事务管理部门应当会同财政、统计等部门建立健全本级机关运行成本统计调查制度，定期组织开展运行成本统计、分析和评价。"这些都充分体现机关事务管理法律价值形式的特殊性。

（二）机关事务管理法律价值体系构成与层次

前文所述，机关事务管理法律价值体系既是由多元、多层次相关价值构成的系统，也是具有多样性和位阶性的体系。② 目的价值体系、形式价值体系、评价标准体系三个子系统共同构成价值体系。目的价值体系在整个价值体系中具有突出基础地位，它是机关事务管理法律规范体系所要达到的目的，反映和体现着该法律制度追求的社会理想；形式价值体系是保障目的价值能够有效实现的必要条件，对机关事务管理法律的目的价值体系具有支撑作用；评价标准体系既是用来证成机关事务管理法律目的价值准则，也是评价机关事务管理法律形式价值的尺度。③

---

① 史凤林，张志远.山西省机关运行保障立法的理念探析［J］.晋中学院学报，2021，38（2）：72-74，89.
②③ 张文显.法理学［M］.北京：高等教育出版社，2018.

1. 机关事务管理法律价值体系中目的价值体系

机关事务管理法律目的价值体系是构成机关事务管理法律制度所追求的社会目的，反映该法律制度制定与实施宗旨的，表征机关事务管理法律制度理想状态的，体现机关事务法律权益配置正当格局的法律价值系统。该价值体现具有两方面属性：一方面是多元性属性，即机关事务管理法律目的价值具有多样性，它既体现机关事务管理法律规范调整关系的多样性，也反映价值主体价值需求的多样性；另一方面是时代性，即机关事务管理法律目的价值在继承传统社会文明基础上，产生具有时代特征的新的价值需求和新的价值功能。自由、平等、公正、效率、秩序、人权、效益、正义等都属于法律的共同目的价值。机关事务管理法律目的价值体系主要包括：效率价值、平等价值、效益价值、秩序价值等。效率价值主要立足于机关事务管理法律制度公法属性和行政效率价值取向，通过提高机关事务管理、服务、保障的效率，促进机关事务工作规范、高效运行；平等价值主要立足于新时期机关事务管理活动统筹规划、均衡保障、优化服务、提升满意度的价值需求，促进机关运行保障服务资源和标准平等配置；效益价值主要立足于新时期机关事务管理活动集约节约、提升效能之目的，促进机关事务工作以最小成本创造最大收益；秩序价值主要立足于机关事务管理法律制度维护权力运行合法性、正当性之要求，促进机关事务管理、服务、保障活动或行为规范有序进行。

2. 机关事务管理法律价值体系中形式价值体系

机关事务管理法律价值体系的形式价值体系是机关事务管理法律制度在形式上或表层上所具有的优良品质。它既是"良法"或"善法"在形式上所必须具备的特殊品质，也是间接反映机关事务管理法律制度理想目的的要素。法律的公开性、稳定性、连续性、严谨性、明确性、实用性、简练性都是法律的形式价值。机关事务管理法律形式价值体系主要包括：权威性价值、规范性价值、统一性价值、完备性价值等。权威性价值既是所有法律共同的形式价值，也是机关事务管理法律制度的特殊需求，其主要立足于新时期机关事务管理活动改革转型需求，机关运行保障在经费、资产、服务、能源、资源等方面从分散差别保障向集中统一保障、均衡保障、平等保障转变；规范性价值主要立足于新时期机关事务工作高效有序运行、规范标准服务保障的立法目的，以实现机关事务工作的转型升级；统一性价值主要立足于机关事务管理法律规范体系实现文本和谐一致、服务标准内容和形式规范可行、服务保障标准统一科学之目的；完备性价值主要关注机关事务管理法律规范的法律位阶不高、机关事务管理服务质量不均衡、机关运行保障的信息化和标准化程度较低等问题，通过强化立法提高优化机关事务管理法律规范体系的整体质量水平。

3. 机关事务管理法律价值体系中评价标准体系

机关事务管理法律价值体系中评价标准体系是指机关事务法律价值的确认和评价、选择和权衡以及协调价值冲突时所应当遵循的准则。评价标准体系功能有三：一是价值确认和评价功能，即在多元的法律价值体系中依据价值标准确认符合法律理想和目的之价值，批判否认法律理想和目的之价值；二是价值选择和权衡功能，即在多元的法律价值体系中依据价值标准甄别选取有利于促进法律理想实现之价值和有利于推动法律目的达成之价值；三是价值冲突协调功能，即在多元、多层次法律价值发生冲突和矛盾时，依据价值标准促成法律价值协调。通常法律价值评价标准体系包括两个层次标准：一是法律价值评价的基本标准或原则，如生产力标准、人道主义标准、现实主义原则、历史主义原则等；二是法律价值冲突协调的具体原则，如法律价值位阶原则、个案价值权衡原则、比例原则。机关事务管理法律价值体系中的评价标准体系主要包括生产力标准、人道主义标准、以人民为中心原则、比例平衡原则等。生产力标准既是法律价值体系的基本标准，也是新时期机关事务管理法律价值体系完善优化的基本价值导向。只有机关事务服务保障有利于促进生产力提高、有利于综合国力提升、有利于改善人民生活水平，机关事务管理法律价值体系才具有正当性。人道主义标准核心含义是坚持以人为本，一切有助于促进人类解放和全面自由发展的政治、法律制度和社会生活，才有真正价值[1]，才能够彻底体现社会主义制度优越性，真正凸显中国特色社会主义法律体系正当性。机关事务管理法律价值体系，虽然并不直接满足人民价值需求，但却能够提升机关运行保障工作质量效益水平，间接影响人民利益或权利配置格局，整体上通过公共资源节约增进人民福祉。以人民为中心价值原则既是社会主义法治的核心价值，也是中国特色社会主义法治价值的基石。只有坚持人民的主体地位，机关事务管理法律价值才能找到出发点和归属感，才能真正发现机关事务管理法律价值体系的坐标，彻底实现机关事务管理法律价值体系终极价值。比例平衡原则是指当法律价值体系发生冲突时，面对复杂价值选择和情形时权衡出最有效价值的原则。法律价值体系中任何价值都是正义价值的有机组成部分，均有其存在的合理性。由此，当发生价值冲突时，价值取舍标准是相对的，只有当选择保护价值所承载的法益明显优越于舍弃限制价值所承载的法益时，我们才能做出取舍决定并证成其正当性。机关事务管理法律价值标准体系，之所以需要坚守比例平衡原则，不仅仅是因为其是法律价值冲突解决的正确方法，还因为其可以避免机关事务管理法律规范体系所保护法益遭受非正当侵害，从而实现机关事务管理法律制度所保障法益的最大化。

---

[1] 张文显主编.法理学[M].北京：高等教育出版社，2018.

二、机关事务管理法律关系

（一）法律关系的概念与特征

法律关系的概念最初是由古罗马法学家提出的，它是从"法锁"发展演变而来的一个法学基本范畴。法律关系既是法律规范的现实化，也是法律价值的实现形式，同时也是法律秩序的形成前提或基础。法律关系既是表征社会生活关系的法律形式，也表征基于特定法律事实所形成的法律上的权利义务、权力责任关系。由此，法律关系是被法律规范所调整的具有权利义务、权力责任内容的特殊的社会关系。法律关系具有以下四个特征。

1. 存在的条件性

存在的条件性即法律关系是以法律规范的存在为前提条件，法律规范是法律关系的抽象形式，法律关系是法律规范的实现形式，无法律规范就无法律关系，只有纳入法律规范调整范围的社会关系才会存在法律关系。

2. 体现意志的双重性

体现意志的双重性即法律关系是体现国家和参与者双重意志性的特殊社会关系。

3. 内容的特定性

内容的特定性即法律关系是以法律关系主体间的权利义务、权力责任为内容而形成的社会关系。一方面是法律关系主体之间存在着权利和义务关系（如私法上的物权、公法上的受教育权）；另一方面是法律关系主体之间存在着权力和责任关系（如行政法律关系）。

4. 合法性、强制性

合法性、强制性即法律关系是由国家强制力保障的社会关系。法律关系不同于社会关系本身，社会关系分为三种：合法的社会关系，即法律关系，受国家法律保护；非法的社会关系，即违法而形成的社会关系，法律禁止或取缔；法律无涉的社会关系，即法律不加过问的社会关系，如恋爱关系、同事关系。

（二）机关事务管理法律关系的概念和性质

机关事务管理法律关系既具有法律关系共同形式属性，也具有其特殊内容属性。机关事务管理法律关系是由机关事务管理法律规范所调整的，具有法律上权利义务、权力责任内容的特殊社会关系。机关事务管理法律关系除了具备法律关系四个共同特征外，还具有两个独特特征。

1. 机关事务管理法律关系属于公法法律关系中的内部行政法律关系

机关事务管理法律关系是由公法体系中的内部行政法——机关事务管理法或机关运行保障法所调整，进而形成的特殊法律关系。其既区别于私法体系下的民商法律关系，也区别于公法体系下的外部行政法律关系。相对于前者，它是调整国家和社会公共利益，并主要通过强制性法律规范形成法律关系；相对于后者，它是调整国家机构及其工作人员内部行政关系，不直接与行政相对人发生关系，法律关系主体为公权力机关。

2. 机关事务管理法律关系客体的特殊性和综合性

机关事务管理法律关系客体涉及机关运行保障的经费、资产、服务、能源、资源多方面，它不同于一般法律关系以物、行为、智力成果、人身利益为客体，其法律关系客体往往具有综合性。如机关经费管理法律关系的客体包括作为物的经费、作为经费管理的行为、作为身份利益表征的经费（如公务接待费、公务差旅费、交通补助费往往根据国家工作人员职务身份不同而区别享有和使用）；同样，如机关服务法律关系的客体包括办公住房提供修缮更新服务、办公用品提供维修更新服务、公务用车保障服务、公务接待食宿服务、办公环境维护服务等。

（三）机关事务管理法律关系要素

法律关系的构成要素通常包括法律关系主体、客体、内容三个要素。这三个要素相互联系、相互制约，缺少任何一个要素都不能构成法律关系。法律关系主体，指法律关系的参加者，即在法律关系中权利或权力的享受者、义务或责任的承担者；法律关系客体是主体内容共同指向的对象；法律关系内容是法律关系主体、法律关系客体的核心要素，既是主体、客体之所以成立的内容依托，也是法律事实发挥作用的结果或目的。法律关系主体是权力责任、权利义务之所属，法律关系客体是权力责任、权利义务之所附，法律关系内容是权力责任、权利义务之所成。法律关系主体、客体、内容不仅是法律关系的构成要件，也是从学理上分析和把握法律关系的要点[1]，同时还是培育法律思维的基点。机关事务法律关系同样需要具备主体、客体、内容三个要素。

1. 机关事务管理法律关系主体

（1）主体概念。机关事务管理法律关系主体是机关事务法律关系参加者，权利和权力享有者、义务和责任承担者。机关法律关系具有根本性、必要性，多元性、对应性，法律性、社会历史性三个基本特征。机关事务管理法律关系主体通常包括两种，一是自然人，即生物学意义上的人，一般包括公民与非公民（外国人和无国籍人）两种；二是法人，通过法律拟制的具有法律人格的社会组织或团体；一般包括公法人与私法人两种。

---

[1] 张志铭主编. 法学导论［M］. 北京：中国人民大学出版社，2023.

（2）主体类型。相对一般法律关系主体，机关事务管理法律关系主体主要是公法人，其中包括保障主体与被保障主体两类。前者包括国家、省、自治区、直辖市、设区的市、县（市）、区机关事务管理部门与县级以上发展改革、财政、自然资源、住房城乡建设、应急管理等部门；后者包括各级党的机关、人大机关、行政机关、政协机关、监察机关、审判机关、检察机关、民主党派机关、人民团体机关以及参照公务员法管理的事业单位。当然，特殊情形下，私法人也会成为机关事务管理法律关系主体。如办公用车保障、办公住房保障、机关后勤服务中按照机关运行保障社会化机制，由私法人与机关主体签订服务协议进行社会化保障。

（3）主体资格。自然人或法人进入某种法律关系，成为法律关系主体，必须具备一定条件，这就是法律关系主体的两种资格——权利能力和行为能力。权利能力或称法律人格是指法律赋予法律关系主体依法享受权利和承担义务的资格，通常分为自然人的权利能力与法人的权利能力。自然人的权利能力又分为一般的权利能力（主体终生享有、平等享有，如民事权利能力）与特殊的权利能力（有条件享有如选举、劳动、婚姻权利能力）。行为能力是法律所确认的，法律关系主体根据自己的意志，通过自己的行为实际取得权利和承担义务的能力，通常分为自然人的行为能力（以认识能力和控制能力为依据）与法人的权利能力（成立享有，破产、撤销、解散丧失）。行为能力还可分为行使权利、履行义务、承担责任能力。

2. 机关事务管理法律关系客体

（1）客体概念。机关事务法律关系客体是机关事务法律关系主体之间建立起一定法律关系所指向的具体目标，是人们通过自己的意志欲改变和影响的对象，是连接权利与义务、权力和义务并使其具有实际内容的现实载体。机关事务法律关系客体具有四方面特征：必要性、指向的同一性、法律关系内容的现实载体、法律利益的表现形式。

（2）客体类型。机关事务法律关系客体通常包括物、行为、人身利益、智力成果。其中，法律意义上的物，是指能够满足法律关系主体需要，并能够被主体控制、支配的各种物质资料。法律意义上的物须具备下列特征：一是为法律所承认，具有合法性；二是能独立存在（如从物）；三是可为人所控制；四是包含为人所重视的利益。机关事务法律关系客体的物主要包括资产、经费、能源、资源、信息等。法律上行为，是法律关系主体的作为和不作为。机关事务法律关系客体的行为主要包括管理行为、服务行为、保障行为、监督行为等。人身利益是指法律关系主体的人格利益和身份利益，机关事务法律关系客体的人身利益主要是身份利益。智力成果或非物质财富，多数学者或传统观点认为，它仅指人们从事智力活动所取得的通过某种物体，如书本、砖石、纸张、胶片、磁盘或大脑记载下来并加以流传的、可以获得知识产权的精神财富或思维成果。机关事务法律关系客体中的智力成果主要是机关运行保障专利技术、发明创造、著作权成果等。

3. 机关事务管理法律关系内容

机关事务管理法律关系内容就是机关事务法律关系主体所享有的权力和权利，所承担的义务和责任。因为机关事务管理法律规范属于公法范畴，因此，其法律关系内容以权力和责任为主，以权利和义务为辅。

（1）权利。权利是法律许可法律关系主体以自由的意志和行为获得正当利益的资格。相对而言，机关事务管理法律权利是依据机关事务管理法律规范，权利人通过自由意志和行为获得正当利益的资格。如《山西省机关运行保障条例》第四十一条规定，任何社会组织或个人（社会主体）对违反本条例的行为，有权向有关部门投诉、举报，行使监督权利。

（2）权力。权力是国家或社会为了一定的公共利益，基于事实和法律上的优势，而拥有使公民、法人或其他组织服从其意志的一种特殊影响力或支配力。相对而言，机关事务管理法律权力是依据机关事务管理法律规范，机关事务管理机构人员在其权限范围内依照法定程序进行机关事务管理、保障、服务的资格。如根据《机关事务管理条例》第十条规定，县级以上人民政府机关事务主管部门具有制定实物定额和服务标准的权力。

（3）义务。义务是法律规定义务主体为了保障权利人获得利益而必须为或不为一定行为的约束机制。相对而言，机关事务管理法律义务是依据机关事务管理法律规范，机关事务管理机构人员必须履行的机关事务管理、保障、服务的义务。如《山西省机关运行保障条例》第八条规定，各级机关应当执行机关运行保障制度和标准，规范使用经费、资产、服务、能源、资源等，厉行勤俭节约，反对铺张浪费，建设节约型机关。

（4）法律责任。法律义务通常是指主体根据法律的规定或合法的约定必须为或不为的行为约束，而法律责任是由于违法、违约即违反第一性义务而应承担的第二性义务或不利法律后果。具体而言，机关事务管理法律责任是指机关事务主管部门人员违反机关事务管理法律规范，而应当承担的不利法律后果。如《机关事务管理条例》第三十三条规定，机关事务管理人员在机关事务管理活动中滥用职权、玩忽职守、徇私舞弊或贪污受贿的，依法给予处分；构成犯罪的，依法追究刑事责任。

4. 机关事务管理法律关系运行

（1）概念。机关事务管理法律关系运行是指机关事务法律关系形成、变更、消灭的动态运行过程。形成是机关事务法律关系主体权利和权力、义务和责任的产生；变更是机关事务法律关系主体、客体和内容的改变；消灭是机关事务法律关系主体权利和权力、义务和责任的终止。但是，与所有法律关系一样，机关事务法律关系形成、变更、消灭均基于一定法律事实。

（2）法律事实。所谓法律事实是指法律所规定的，能够引起法律关系的产生、变更和消灭的现象。具体而言，机关事务管理法律事实是指根据机关事务管理法律规范，能够引起机关事务管理法律关系形成、变更、消灭的客观情况。如《山西省机关运行保障条例》第三十五条规定，因突发事件或者政策变化等特殊情况，需要对机关运行保障年度计划进行调整的，各级机关可以先行调整，并在调整后十五个工作日内向同级机关事务管理部门备案。突发事件、政策变化就是机关运行保障计划调整的法律事实。

（3）法律事实的分类。法律事实的内容与表现形式非常丰富，按照不同的标准可以作不同的分类，但通常主要有机关事务管理法律事件与机关事务管理法律行为。其中，机关事务管理法律事件又可以分为自然事件（地震、水灾、火灾）和社会事件（机关事务政策变化、进入紧急状态）；机关事务法律行为包括机关事务管理机关管理行为、保障行为、服务行为等。

（四）机关事务管理法律关系类型

1. 机关事务管理法律关系基本类型

机关事务管理法律关系基本类型是指由机关事务管理法律规范所调整的，具有权力责任、权利义务内容的，机关事务管理中普遍化的法律关系类型。

（1）根据机关事务管理主体不同，机关事务管理法律关系分为机关事务管理主导法律关系和机关事务管理协同法律关系。机关事务管理主导法律关系是指县级以上各级机关事务管理部门基于机关事务管理法律规范授权，负责组织实施机关运行保障所形成的法律关系；机关事务管理协同法律关系是指县级以上机关事务管理部门以外的发展改革、财政、自然资源、住房城乡建设等部门根据机关事务管理法律规范授权，配合机关事务管理部门开展机关运行保障所形成的法律关系。

（2）根据机关事务管理权限不同，机关事务管理法律关系分为机关运行保障计划法律关系、机关运行保障实施法律关系、机关运行保障监督法律关系、机关运行保障法律责任关系。机关运行保障计划法律关系是指根据机关事务管理法律规范授权，机关事务管理部门制订保障计划所形成的法律关系；机关运行保障实施法律关系是指根据机关事务管理法律规范授权，机关事务管理部门组织实施机关运行保障活动所形成的法律关系；机关运行保障监督法律关系是指根据机关事务管理法律规范授权，机关事务管理部门自身以及发展改革、财政、自然资源、住房城乡建设等部门，任何社会组织或个人依法履行机关运行保障监督活动所形成的法律关系；机关运行保障法律责任关系是指根据机关运行保障法律规范规定，归责主体依法处罚与违法组织和个人接受处罚所形成的法律关系。

（3）根据机关事务管理客体不同，机关事务管理法律关系分为机关事务经费保障法律关系、资产保障法律关系、服务保障法律关系、能源保障法律关系、资源保障法律关系。机关事务经费保障法律关系是指以机关运行保障经费为载体所形成的法律关系；资产保障法律关系是指以机关运行保障资产为载体所形成的法律关系；能源保障法律关系是指以机关运行保障能源为载体所形成的法律关系；资源保障法律关系是指以机关运行保障资源为载体所形成的法律关系。

（4）根据机关事务管理方式不同，机关事务管理法律关系分为直接保障法律关系与间接保障法律关系。直接保障法律关系是指根据机关运行保障法律规范授权，由机关事务管理部门通过制订保障计划、组织实施、监督保障等行为所形成的法律关系；间接保障法律关系是指根据机关运行保障法律规范规定，可以通过保障合同或协议由其他社会组织或个人通过社会服务等方式实施保障行为所形成的法律关系。

2. 机关事务管理法律关系其他类型

机关事务管理法律关系其他类型是指由机关事务管理法律规范所调整的，具有权力责任、权利义务内容的，机关事务管理中非普遍化的法律关系类型。

（1）根据机关运行保障机制不同，机关运行保障法律关系可分为激励保障法律关系与约束保障法律关系。激励保障法律关系是指机关运行保障通过任意性规则，授权保障主体通过法定方式实现保障目标所形成的法律关系；约束保障法律关系是指机关运行保障通过强制性规则，规定保证主体必须通过法定方式实现保障目标所形成的法律关系。

（2）根据运行保障范围不同，机关事务管理法律关系可分为强制保障法律关系与参照保障法律关系。强制保障法律关系是指根据机关事务管理法律规范规定，保障范围和内容由法律直接确定所形成的法律关系；参照保障法律关系是指根据机关事务管理法律规范规定，保障范围和内容由法律规定参照适用所形成的法律关系。

【参考文献】

[1] 湛中乐.机关运行保障的立法逻辑[J].中国法学，2020（1）：49-66.

[2] 张翔，段沁.制定机关运行保障法的宪法依据[J].中国机关后勤，2020（6）：24-26.

[3] 湛中乐，李烁.机关运行保障立法：性质、思路与原则[J].北京大学学报（哲学社会科学版），2020（3）：139-146.

[4] 邢坤.从抽象命题到具体情境：我国政府运行保障管理法律体系的设想与构建[J].中国行政管理，2022（7）：152-154.

第五章　机关事务管理方式的变革

各国的机关事务管理体制虽然略有差异，但都经过市场化与社会化改革建立了符合其国情的机关事务管理模式。如果说传统机关事务管理的市场化和社会化改革是"去行政化"，那么从"一家一户式"分散化管理向集中统一管理的转化就是"再行政化"。机关事务管理模式既有从传统管理到市场化与社会化、由分散化到集中统一的实践突破，也在不断探索创新标准化与信息化的"两化融合"等方式。

第一节　由传统管理模式向市场化与社会化管理模式变革

一、机关事务管理的传统模式

传统模式主要指自新中国成立至党的十一届三中全会间的机关事务管理。1950年，政务院决定将机关事务从政务中脱离，并于次年正式成立了机关事务管理局。机关事务管理局下设总务、财务、生产、人事、供给、交际、警卫等职能机构与生产实体。[①]1954年，政务院更名为国务院，随之，政务院机关事务管理局也更名为国务院机关事务管理局，为国务院直属机构，主管中央国家机关事务。此后，从中央到地方，机关事务管理局成为普遍的常设机构，负责机关事务管理。

机关事务管理的传统模式主要有以下几个特点。

（一）政治性

在传统机关事务管理模式下，机关事务既涵盖一般性的行政杂务，也囊括特殊情境下事关全局的政治事务，如革命战争时期的大后勤保障事务，具有很强的紧迫性与重要性。

[①] 丁煌，李雪松.新中国70年机关事务治理的制度变迁：一项历史制度主义的考察[J].理论与改革，2020(1)：88-89.

（二）封闭性

传统机关事务管理模式认为机关事务是纯粹的机关内部事务，活动的主体与资源统筹囿于体制内，不与外部的市场和社会发生直接联系。实践考量的标准是保障结果与服务效益，较少关注成本和投入，忽略了经济效益。

（三）保障性与福利性并存

传统的机关事务管理，尤其是自新中国成立至党的十一届三中全会召开前，主张在保障机关的有效运行、实现保障性功能的同时，也注重为公职人员提供优渥的条件，以体现其福利性。这是由于新中国成立之初，国家财政困难，难以建立普遍性的社会福利体系，各单位基本自行解决福利问题，而机关单位的福利职能则交由机关事务管理部门负责。

（四）被动性

传统的机关事务管理总体呈现为一种被动式管理，即机关提出服务需求，机关事务管理部门提供服务供给。在这种"需求侧"导向下的管理实践中，"供给侧"建设与监督的主体责任缺失，缺少了自我成长的内生动力。

二、市场化与社会化管理改革

党的十一届三中全会后，中央政府提出了机关事务管理市场化与社会化改革方针，强调管理职能与服务职能分离，鼓励服务供给引入市场竞争机制。改革有其历史的必然性与逻辑的合理性，但在实践中也面临诸多待解决的难题。

（一）市场化与社会化改革的内涵

机关事务管理市场化与社会化改革的目标是改变机关事务管理部门既是生产者又是供给者的局面，打破单一供给模式，引入社会服务业，全面放开并盘活政府后勤类公共资源市场，推进行政系统服务资源配置的市场化，形成公共资源配置的社会化、市场化的制度安排。[1] 因此，机关事务管理的市场化与社会化，一方面是要求机关自身模拟市场运作，另一方面是与社会市场接轨，纳入社会主体，实行市场化。

---

[1] 陈庆修.机关后勤服务社会化探析[J].秘书工作，2018（10）：23-25.

（二）市场化与社会化改革的必然性

机关事务管理市场化与社会化改革是破解传统模式弊病，适应我国政府职能转变与市场经济建设要求，完善机关事务管理部门自身建设的必然选择。

第一，传统管理模式弊端凸显，促使机关事务管理向市场化与社会化改革。经过多年的发展，传统机关事务管理模式的弊端逐渐凸显，例如，供给保障上不讲究成本效益核算使机关运转经费快速增长；平均主义诱发福利攀比与膨胀；单纯封闭式管理方式致使组织活力缺失，发展停滞；巨大机关运行保障压力导致机构臃肿，编制超员。机关事务管理迫切需要突破传统的行政化边界，通过开放服务市场，引入竞争机制，强化绩效管理理念，倒逼机关精简结构，提高工作效率，降低运行成本。

第二，政府职能转变与市场经济建设要求机关事务管理改革。党的十八届三中全会一方面要求进一步转变政府职能，加快事业单位分类改革，完善政府购买服务机制；另一方面指出，社会主义市场经济建设与经济体制改革的核心议题是处理好政府与市场的关系，在更好发挥政府作用的同时使市场在资源配置中起决定性作用。对于机关事务管理而言，把市场与社会可以做得更高效、更经济的后勤服务事项交予市场与社会，用"社会办""企业办"取代"官办"，是践行政府职能转变，遵循市场经济规律办事的必然要求。[①] 此外，将机关事务工作市场化与社会化，有助于营造公平公正的政商关系，推动社会各方力量积极参与政府项目，客观上促进了社会经济发展。[②]

第三，机关事务管理部门完善自身建设的需求倒逼市场化与社会化改革。传统机关事务管理模式运行时期，机关事务工作并未引起社会公众的广泛关注。然而，从2006年新闻媒体对"三公"经费的持续关注，到近年来中央对效能型政府、公共财政体制建设的高度重视，加之政府信息公开的深化与公民权利意识的觉醒，机关事务管理工作从幕后逐步走到了台前，成为关系机关形象的重要影响因素之一。

（三）市场化与社会化的改革逻辑：管办分离

管理与服务是机关事务工作的两大职能。伴随我国社会主义市场经济体制的逐步完善，机关事务工作可以实行管办分离的供给机制，即将"服务"交由社会中更具效率的公司或机构来提供；经营性的资产通过成立国有独资或控股公司来按照市场规律经营；而机关事务管理部门的主要精力就可以从烦琐的具体服务事项中抽离，更多地投身到对服务事项与资产保值增值的监管中来。

[①] 吴文博. 机关后勤服务社会化改革与发展的思考[J]. 中国机关后勤, 2016 (4): 18-20.
[②] 侯赢. 新加坡机关事务工作概况[J]. 中国机关后勤, 2018 (11): 53-55.

管办分离的关键步骤是对机关事务管理部门职能进行调整，在管理上做好政策规划、标准制定、制度建设、资源配置、流程优化与评估考核等工作；在服务上坚持市场的决定性作用，使机关事务管理部门与社会专业服务机构拥有同等的市场地位，与企业、机构建立平等公正的合同关系，明晰交易的内容、标准、质量、时限、金额等核心数据，用数据规范服务的供给。

需要强调的是，市场化与社会化是机关事务管理的改革方向，但改革也是有尺度的，对于市场化与社会化后更具效率优势的后勤服务应该交予专业化服务企业，但一些涉密、不易或无法量化评估的服务供给还应该"政府办"。此外，制度建设、资产监管、服务督查等管理职责是机关事务工作的核心职责，是行政管理的重要组成部分，不属于市场化与社会化改革的范畴。

（四）市场化与社会化改革的地方实践

1983年，中共中央书记处明确要求"服务社会化问题，要逐步解决"。1998年，国务院机关事务管理局、中央机构编制委员会办公室联合发布《关于深化国务院各部门机关后勤体制改革的意见》，明确提出要"坚持管理科学化、服务社会化的方向""转换服务机制，推进后勤服务商品化、市场化"。在中央政策的引导下，各地拉开了机关事务管理市场化与社会化改革序幕。

在地方机关事务管理改革实践中，杭州市是市场化与社会化改革的先行者。杭州市机关事务市场化与社会化改革起步于1994年，按照"改封闭式服务为开放式服务，变无偿自我服务为有偿外包服务，变直接管理为间接管理，让专业的人来做专业的事"的行动逻辑，有序开展社会化改革。改革的第一步是物业服务外包，先试点探索，后在总结经验的基础上出台《市级机关事业单位办公楼物业服务外包实施意见》，进而全面铺开物业服务外包。餐饮和会议服务市场化与社会化紧随其后，余杭区从2003年开始陆续将机关集中办公区域的餐饮、会议服务外包给专业社会机构承担；下城区于2004年就将机关食堂外包给专业餐饮企业管理等。之后，设备维护、房屋维修、车辆保障等服务项目也逐步走向了市场。

近年来，杭州市在总结多年实践经验的基础上，探索出了一些市场化与社会化改革的新举措：一是采用自主管理，以部分购买服务的方式外包餐饮、会议、安保等事项，即杭州市机关事务管理局委派少量人员担任管理岗位，具体服务工作则交给社会专业服务机构；二是针对服务标准相对成熟、专业性较强、机关技术到位的绿化保洁、前台接待、设施维护等事项，采取项目外包方式，机关事务管理局主要负责日常监管考核；三是采取保障与经营相结合的方式运行，如成立公车服务中心，对车改单位实行车改价用车服务，对非车改单位实行市场价用车服务；四是通过合作方式引进社会服务企业提供相关服务,如通过政企合作方式实施集中办公区光伏发电,前期设备全部由企业提供,发电上网后政府按用电量支付电费作为企业回报。

此外,杭州市机关事务管理局还建立了相对完善的竞争机制来保障改革成效。如将同一服务事项分别外包给两家或多家社会机构,让其相互竞争,形成择优汰劣之势;而对于暂时难以引进多家服务机构的服务事项,则采用"部分自办、部分外包"的内外竞争方式。

经过不断的改革创新,杭州市机关事务管理市场化与社会化改革取得了良好的成效。首先是有效降低了服务供给成本,市场化与社会化改革促进了资源的合理配置与资金的充分使用,也为机关节约了人力成本;其次是提高了服务保障能力,将机关后勤置于社会服务这一大市场中,破除了资源要素制约,由专业的社会机构提供更高效的服务;再次是提升了服务质量,将社会上的先进技术、先进管理方式引入机关服务供给,使服务手段与方式更加多元,服务水平得到了整体提升;最后是规范了服务行为,在购买服务过程中,输入、运行、输出等各环节均面向社会,费用额度和服务标准都透明化,强化了对服务过程与结果的监管,进一步规范了服务行为。

(五)市场化与社会化改革面临的现实困境

1. 思想认识不统一

有些观念认为,机关后勤服务市场化与社会化之后,原有的福利性质就会消失,干部职工的优越性将不复存在。部分人员对市场化与社会化服务的安全、保密、时效等制度及技术保障措施存疑。还有人提出目前各类服务缺乏权威标准与质量评价体系,很多具体标准又难以在合同中穷尽,所以服务质量难以把握。

2. 管理监督不规范

一方面,从事机关后勤服务的人员,大多文化层次偏低,专业技能不强,在由"办"到"管"的角色转换中,管理职能未能得到有效发挥;另一方面,个别地方没有建立有效的服务项目竞争机制、日常监管机制与服务质量评价标准,致使合同履行缺少规范约束,服务单位放松质量把控,服务外包的制度优势难以体现。

3. 职责混乱不明晰

管理与服务相互交错,管办分离不彻底,管理部门提供服务及服务部门从事管理等现象未彻底清除;管理与经营明显冲突,经营性资产管理转企改制中,部分转制企业仅拥有资产的使用权,未获得真正的经营主体身份,有限的经营自主权限制了企业的发展;服务与经营相制衡,在竞争环境中,服务的成本核算方式、质量把控尺度与费用设定原则直接影响企业经营资本的积累进度及扩大再生产的能力。

(六)市场化与社会化改革的优化策略

1. 解放思想,转变观念

在改革之前,通过政策宣传,提高思想认识,让干部职工了解到,改革是经济社会发展的必然要求,要站在国家机构改革与机关事务管理科学发展的全局高度,正确认识改革与利益的关系。改革阵痛是必然的,我们不能因噎废食,而是应该探索更先进的技术手段与更严密的制度设计来解难止痛。

2. 完善体制,强化监管

适应"办"转"管"的实践需求,机关事务管理部门在新的人员招聘中应该向拥有高学历、高技能、丰富的管理经验方面的人才倾斜,以优化成员结构,满足管理需求。完善服务项目竞争机制、日常监管机制与服务质量评价标准建设与执行,确保监管有依据、有力度、有成效。

3. 明确分工,理顺职责

优化机关事务管理部门机构设置与职能配置,建立分工合理、职责明确的组织体系,既要保证事事有人管,也要保证责任无交叉;既要保护国有资产不流失,也要给予改制企业足够的经营空间;既要在市场规则范围内设置质量标准,也要做好经营资本的积累与扩大再生产。

第二节 由分散化管理模式向集中统一管理模式变革

一、分散化的机关事务管理解析

机关事务分散化管理模式在我国的存续时间较长,为保证特定时期机关的有效运转作出了重要贡献,但其潜在的问题伴随实践的深入也不断显现,呈现出很多负面效应。

(一)分散化机关事务管理的长期实践

受计划经济的影响,长期以来,我们对机关事务管理的认知存在偏差,将其职能与后勤、福利相挂钩,过度强调服务保障。实践中,机关的下设机构均各自设立后勤服务机构。以中央层面为例,中直机关设中直管理局,中央国家机关设有国务院机关事务管理局(2013年更名为国家机关事务管理局),全国人民代表大会及其常务委员会、中国人民政治协商会议全国委员会、中央各部委等也均成立了自己的机关事务管理部门。这些部门的名称有的是机关事务管理局，有的是服务中心，不尽一致。这些后勤服务机构有行政编制、事业编制，还有混合使用的。尽管在编制和名称上存在诸多差异，但在服务保障上却有一个共性，即服务保障对象只限于所属单位。各机关事务管理部门彼此之间相互独立，各为其所属单位提供服务。由此，中央层面的机关事务管理在横向上就呈现出断裂之势。与中央层面类似，地方各级单位也都有自己的机关事务管理部门，但设置方式及名称则更为复杂。有的是由政府组建的独立机构，有的是由党委成立的内设机构，还有的甚至是"四套班子"分而设之。名称则囊括了政府接待办公室、机关事务管理委员会、机关后勤服务中心等。这些名称各异的组织在性质、规格、隶属关系、人员编制、职责权限上都存在差异，但在只为所属单位服务这一特征上却极为统一，横向断裂之势与中央层面一致。在纵向上，中央与地方、地方各级的机关事务管理部门之间基本不存在行政隶属关系，也无业务指导一说，各自执行不同的政策标准与制度规则，纵向分割之势明显。整体而言，我国的机关事务管理在很长的一段时期内横向断裂、纵向分割，以分散化方式运行。

（二）分散化机关事务管理存在的问题

1. 职能定位不清晰

长期以来，我国机关事务管理部门的职能定位不清晰、权责不明确、制度不规范，直到 2012 年才出台《机关事务管理条例》这一专门调整机关事务的法律规范。实践中，机关中没人管、不愿管的事项就划归给机关事务管理部门，致使机关事务管理部门之间的职能差异较大。不仅国管局与省级机关事务管理局职能不对应，而且不同省、同一省的不同市县的机关事务管理部门的职能也各不相同。此外，除国管局和少数省级机关事务管理局经较早职能改革后，机构与职能设置相对合理外，多数地方机关事务管理局都始终处于边缘性、从属性位置，真正的管理职能很少，有些甚至都没有实质性管理职能，只做一些辅助性工作。各地机关事务管理局缺少的管理职能也不一样，有的缺少国有资产管理职能，有的缺少办公用房管理职能，还有的缺少公务接待职能等。

2. "三定"规定未落实

"三定"规定是指规范部门（单位）职能配置、内设机构和人员编制的方案。1998 年，国务院办公厅印发了《国务院机关事务管理局职能配置、内设机构和人员编制规定》，从整体上划定了国务院机关事务管理局的职能职责。2008 年，国务院办公厅印发了《国务院机关事务管理局主要职责内设机构和人员编制规定》，进一步明确了国务院机关事务管理局对中央国家机关事务的管理、保障和服务职责。随着国管局"三定"规定的出台，地方机关事务管理的"三定"规定也陆续颁布。尽管"三定"规定明确赋予了机关事务管理部门相应的管理职能，但在实际执行中，不少职能的原单位不愿"放权"，机关事务管理部门又无力"收权"，尤其是在涉及核心的资产管理时，"有名无实"式职能移交的现象众多。个别单位为保护部门利益，甚至将机关事务管理当作谋求小团体利益的"合法"手段，想方设法维持原有利益格局。

机关事务分散化管理存在的上述问题在实践中逐渐引致诸多负面效应。首先，"三定"规定出台前，只为所属单位提供服务保障的机关事务管理部门的组织结构"大而全""小而全"，机构设置的重叠冗余程度严重；横向断裂、纵向分割的机关事务管理无法进行科学有效的公共资源余缺调剂，造成资源严重浪费；职责不清、标准不一的管理规范导致各级政府间、同级政府不同地区间、同级政府不同部门间资源配额不均衡。其次，在"三定"规定出台后，政策落实不到位的地方，机关事务管理部门与其他职能部门间存在不同程度多头管理现象，尤其是与财政、自然资源、住房城乡建设等部门的职能重叠较多。

二、地方机关事务集中统一改革探索

（一）重庆市机关事务集中统一改革探索

重庆市成为直辖市之前，没有集中统一的市级机关事务工作机构，机关事务管理职能分散在多个部门，权责不明确，管理不规范，标准不统一。[①] 1997年，重庆市成为直辖市，重庆市市级机关事务管理局也随之设立。

为满足直辖市政府的管理服务需要，2000年重庆市机构改革将机关事务集中统一管理作为突破口，将原市级机关事务管理局与市接待办两个副厅级行政单位合并，新的市级机关事务管理局（市接待办）成为重庆市主管市级机关后勤事务和政务接待工作的正厅级行政机构。在机构改革的基础上，市级机关事务管理局强化工作职能，统一负责市委、市人大、市政府、市政协的公务接待工作。此后，重庆市机关办公用房统筹、公务用车监察等事项也相继被纳入市级机关事务管理局职能范围之内。2002年，重庆市机关事务管理局出台《关于改进和加强市级机关办公用房管理的意见》，开启了对市级机关、事业单位办公用房面积与环境的统筹管理工作，其中，对市级机关综合办公大楼、百业兴大厦、科创大厦三个市级机关集中办公区实行集中统一管理。同年，为强化

---

① 重庆市市级机关事务管理局.与时俱进 开拓进取 全面推进机关事务工作改革与发展[J].中国机关后勤，2009（2）：23-24.

公务用车管理，减少机关车辆超编、超标、违规使用现象，重庆市机关事务管理局还承接了会同市纪委、市财政局等部门开展公务用车专项检查之责。2018年，重庆市委、市政府联合印发《重庆市党政机关公务用车管理实施办法》，明确党政机关公务用车实行统一制度规范，市、区县机关事务主管部门为本级党政机关公务用车主管部门，实行统一编制、统一标准、统一购置经费、统一采购配备的管理方式。

2021年，重庆市机关事务管理局编制了《重庆市机关事务工作"十四五"规划》，"集中统一管理"成为深化机关事务管理体制机制改革的方向。具体而言，一是要推进机构职能集中统一，逐步厘清机关事务管理部门与其他职能部门的职能边界，明确机关事务管理部门运行经费管理、国有资产管理、公务用车管理、办公用房管理、公务接待服务、公共机构节能和机关后勤服务等基本职能；二是要推动资源配置集中统一，实施以资产管理为基础的集中统一管理，建立健全统一项目、统一标准、经费归口、资源共享的机关运行保障体制机制。

（二）山西省机关事务集中统一改革探索

山西省机关事务集中统一改革探索始于省直机关房地产管理。21世纪以来，山西省人民政府机关事务管理局把对省直机关房地产集中统一管理作为工作重点，于2004年调查摸底了省直机关房地产情况；于2007年完成了对150个省直机关、904个省直事业单位及省政府驻外办事处房地产的清理规范；[①]还会同有关部门联合印发了《关于严格控制省直机关房屋建设审批审核管理的通知》《关于省直机关房屋所有权证及土地使用证变更登记的通知》，将省直单位房产、地产权属全部变更到省政府机关事务管理局名下，按照"严格限制、从严管理、公开交易、收益调节"的原则实行集中统一管理。

2018年省级党政机构改革将省委、省人大、省政府和省政协办公厅中的接待职能划归给了省政府的机关事务管理局，组建了山西省直属机关事务管理局（省委工作机关，正厅级），实现了管理机构的统一。2019年3月，国管局决定在山西省开展机关事务集中统一管理专项试点工作。具体做法为，推动办公用房实现"五个一"管理，即归属一个机构、听从一支队伍、遵循一个办法、共享一个平台、汇聚一个账本；推进公务用车统一编制、规范配备、统筹使用、集中更新与处置、严格监督与检查；探索推动固定资产、通用资产、省级干部住房保障、公共机构节能等集中统一管理；明确政务接待工作标准。山西省委、省政府对此高度重视，研究通过了《关于开展机关事务集中统一管理专项试点实施方案》，提出"要以健全集中统一管理机制为目标，着力构建办公用

---

① 山西省人民政府机关事务管理局.科学管理 强化服务 深化改革 开创机关后勤工作新局面[J].中国机关后勤，2009（4）：26-27.

房、公务用车、政务接待、公共机构节能等方面集中统一管理新格局",核心为"九化九统"。"九化"即推进机关事务治理法治化、服务规范化、保障标准化、管理精细化、机构职能化、手段信息化、评价绩效化、资源集约化、队伍专业化建设;"九统"即推进办公用房、公务用车、不动产、市级干部住房、政务接待、通用资产、公共机构能源、市直机关干部职工住房和后勤服务集中统一管理。

经过一年的试点工作,山西省初步构建形成了上下联动、步调一致的体制机制。在办公用房方面,完成28个省直机关、72个事业单位、4 800余名干部职工搬迁入驻,实现集中办公;公务用车方面,全面完成"全省一张网"建设,积极推行跨地区、跨部门"省域畅通行",节支率达到50%以上;公共机构节能方面,把公共机构节能工作纳入全省目标责任考核和文明单位考核验收指标体系;机关运行专项经费管理方面,优化财政资金使用效益,实行统一申报、集约支付的措施,仅房租物业支出即可节支20%以上;资产基建方面,采用BOT模式建成全省最大的智能停车楼,完成专家公寓、厅级干部周转住房建设。[①]

2021年6月,根据《中央编办关于山西省直属机关事务管理局更名的批复》,经报省委批准,山西省直属机关事务管理局更名为山西省机关事务管理局。山西省机关事务管理局成为了省内机关事务集中统一管理的"根节点",整体覆盖省委办公厅、省人大常委会办公厅、省政府办公厅、省政协办公厅、省直党政机关集中办公区以及新组建部门(单位)办公区的机关事务工作。

三、整体构建集中统一管理新格局

在机关事务集中统一管理改革方面,重庆市、山西省等地是实践的先行者,但并非独行者,事实上,全国机关事务管理整体均在朝着集中统一管理方向转变。

(一)机关事务向集中统一管理转变

首先,从政策文本来看,《机关事务管理条例》的总则主张,"县级以上人民政府应当推进本级政府机关事务的统一管理,建立健全管理制度和标准,统筹配置资源。政府各部门应当对本部门的机关事务实行集中管理,执行机关事务管理制度和标准",该条例虽未直接提出集中统一管理概念,但已暗含了集中统一管理思想。2018年党的十九届三中全会审议通过的《中共中央关于深化党和国家机构改革的决定》明确要求机关事

---

① 省机关事务管理局.争先进位助力全省转型高质量发展[EB/OL].(2021-05-18)[2021-05-18].https://www.shanxi.gov.cn/ywdt/sxyw/202105/t20210518_6065780.shtml.

务须遵循"一类事项原则上由一个部门统筹、一件事情原则上由一个部门负责"的原则实行集中统一管理。两个月后，国管局发布《关于推进新时代机关事务工作的指导意见》，强调系统推进机关事务管理体制改革，着力集中统一管理。"集中统一管理"正式写入有关机关事务管理改革的政策文本中。

其次，就实践导向而言，2019年7月的新一轮党和国家机构改革总结会议对机关事务集中化与统一化探索实践给予了高度认可，认为这次机构改革，对机关后勤服务保障方式作了一些探索创新，对新组建的退役军人事务部、国家医疗保障局、国家国际发展合作署等部门，没有设立单独的后勤服务机构，而是由国管局按照统一项目、统一标准、经费归口、资源共享的原则，统一提供后勤服务，包括办公用房维修、物业管理、公务用车服务、办公设备配备等4大类16个事项，既精简了机构人员、节约了行政资源，又规范了服务类型，提高了工作效能。[①] 同年，国管局局长办公会议研究确定山西省直属机关事务管理局为机关事务集中统一管理专项试点单位。至此，机关事务集中统一管理改革拉开了序幕。

（二）机关事务集中统一管理的内涵与作用

1. 机关事务集中统一管理的内涵

思想是行动的指南，理论是实践的先导。对机关事务集中统一管理的理解需要将集中和统一分开。就"集中"而言，有两层含义：一是职能集中，即将机关分散掌控的机关事务管理职能剥离出来，集中到同级机关事务管理部门；二是机构集中，即建立机关集中办公区，实现人、财、物等管理要素在物理空间上的集中。[②] 所谓"统一"则是指对机关事务实行政策统一、职能统一、机构统一、标准统一等。值得一提的是，"统一"并不必然要求"机构集中"，单纯的职能集中也能实现机关事务的多维统一。[③] 此外，"统一"亦不意味着机关事务管理部门对所有管理、服务、保障事项都事必躬亲，相反，集中统一管理体制机制的真正落地离不开其他职能部门、社会机构的协同配合与合作共治。

2. 机关事务集中统一管理的作用

职能集中、机构集中与多维统一指向的是分散化管理的不同"病症"。与职能集中相对的是政出多门与权责交叉；机构集中可以让群众少跑路，部门间好协调，将机关工作置于阳光之下；多维统一是为了夯实组织基础，纵向上畅通政策传导与监管，横向上

---

① 霍小光，张晓松，罗争光等.扬帆破浪再启航——以习近平同志为核心的党中央推进党和国家机构改革纪实[N].人民日报，2019-07-07（1）.
② 孙维维.机关事务集中统一管理体制改革透视[J].理论探索，2021（5）：83-89.
③ 余少祥.机关事务集中统一管理：理论与实践[J].北京大学学报（哲学社会科学版），2021（4）：141-150.

理顺"块块"关系，优化资源配置，有效减少部门间的攀比、重复建设、苦乐不均等现象。

（三）机关事务集中统一管理策略

机关事务集中统一管理，首先是统一机构。在2018年开始的机构改革中，中央和省级层面的机关事务管理机构建设与统一工作取得了很大进展；但市、县的情况仍较为复杂，改革路径也是千差万别，一些机构地位甚至被进一步弱化，从行政机构变更为了事业单位。集中统一管理政策的纵向畅通要求各级、各地负责机关事务管理的机构在名称、性质及规格上必须统一。机关事务在本质上是内部行政事务，因此机构名称以"局"为宜，为政府直属机构，甚至可适当提升机构规格。

其次是明确机关事务管理部门的职责权限。分散化"小而全"的政府各部门后勤主要负责"吃、喝、拉、撒、睡"等琐事，依从"等靠要"的管理模式，即被动地等着部门要服务，靠着财政拨款过日子。集中统一管理改革要求机关事务管理部门实现从"被动保障者"到"主动建设者"身份转变，主动承担起优化资源配置、提升服务效能、保障机关运行等职能。为此需要从制度上明确机关事务管理部门在办公用房、公务用车、公务接待、公共机构节能、机关运行专项经费、后勤服务保障等事项上的职责权限，厘清其与各职能部门、原管理单位的权责边界。

再次是强化政策执行，保障事权集中到位。长期的分散化管理使政府各部门存在利益固化的症结。单纯的政策制定并不能轻易打破已固化的利益格局。真正的政策落地还需要中央的高位推动和来自上级、外部、专业部门的多维严密监管。此外，相较于强制性的政策推动，柔性化的宣传动员也不可或缺。职能部门出现消极观望现象除出于利益考虑之外，还可能会存在诸如改革后会不会使审批程序复杂化等顾虑。因此，各级政府要做好政策解释工作，言明改革目的是简化工作流程、提高工作效率，消除错误认知，鼓励职能部门主动"放权"。

最后要捋顺条块关系，实现多维统一。各级机关事务管理部门在完成集权之后，还需捋顺条块关系，在横向上处理好与各职能部门的工作分工与业务协调，在纵向上保证政策畅通与监管到位。在此基础上，机关事务管理还需推进立法进程，强化制度建设，丰富行业规范，统一各地标准，以法治思维保障机关事务管理规划统一、管理统一、处置统一。

需要说明的是，早在20世纪80年代，沿海地区一些政府为提升对投资企业的审批服务，就已开始探索在一个场地完成所有审批手续的服务模式。伴随行政审批制度改革、"放管服"改革、服务型政府建设、一体化政务平台建设等改革实践，政府部门在集中办公方面已取得明显成效，所以机关事务集中统一管理中的"机构集中"要结合各地的实际情况有序推进,切勿盲目冒进或者"一刀切"。

(四)机关事务集中统一管理的风险及防范

机关需求持续增长与机关事务管理部门服务供给保障职能有限之间可能存在冲突。[1]伴随经济社会的发展,很多政府职能部门都面临任务增多与职责扩大等情况,需要更多的资源配额与更好的技术支持,但这可能会突破机关事务管理部门的资源供给边界与能力水平上限。这就要求机关事务管理部门一方面要充分发挥规模效应,进一步降低办公用品与后勤服务的采购费用,节约机关运行成本;另一方面,要强化机关事务管理队伍建设,提升管理人员的整体素质与工作技能,提高管理效能与服务水平。

机关个性化需求与统一服务保障之间可能会存在矛盾。政府各部门受职能差异影响,其在安全性、数字化程度、办公环境等方面的要求上均可能存在差异,以致与统一服务保障冲突。因此,机关事务管理部门在制定统一的制度标准与行为规范时,应该考虑到部门间的不同需求,不能强行要求各部门的需求完全一致。

第三节 机关事务管理方式改革的新方向:标准化与信息化

一、机关事务标准化

(一)机关事务标准化的政策演进

标准是推进国家治理体系和治理能力现代化的基础性制度。[2]"标准化是推进机关事务科学化的重要条件。在现代机关事务治理过程中,要以精细严格的标准贯穿服务供给的全过程,为提升治理效能提供必要的规范和制度保障。"[3]一直以来,我国都高度重视标准化工作,早于1988年就审议通过了《中华人民共和国标准化法》,2001年成立的

---

[1] 彭宗超,曾学华,曹峰.我国机关事务集中统一管理改革的理论与实践分析[J].理论与改革,2020(1):110-119.

[2] 国务院办公厅.关于印发国家标准化体系建设发展规划(2016-2020年)的通知:国办发[2015]89号[A/OL].(2015-12-30)[2023-12-28].https://www.gov.cn/zhengce/content/2015-12/30/content_10523.htm.

[3] 任晓春,牛亚泽.以机关事务治理推动节约型政府建设——基于"主体-客体-环境"视角[J].中国机关后勤,2022(6):24-27.

国家标准化管理委员会进一步强化了标准化工作的统一管理。① 在各地方、各部门的共同努力下，我国标准化事业取得了快速发展。但直到2015年，标准缺失老化滞后、交叉重复矛盾、体系不够合理、协调推进机制不完善等问题仍旧凸显。为有效解决这些问题，国务院于2015年3月印发《深化标准化工作改革方案》，方案的总体目标是建立政府主导制定的标准与市场自主制定的标准协同发展、协调配套的新型标准体系，健全统一协调、运行高效、政府与市场共治的标准化管理体制。

2016年9月，国管局研究制定了第一个面向全国机关事务系统的五年规划，即《机关事务工作"十三五"规划》，提出建立健全机关运行经费实物定额和服务标准体系、实现办公用房管理资源统筹和标准统一、推动公共机构新建项目全面执行工程建设节能强制性标准和绿色建筑标准等要求。2016年11月召开的中央军委后勤工作会议强调要努力建设强大的现代化后勤，提出完善科学标准体系等要求。这一对军队后勤改革发展的方向要求，同样适用于机关事务工作改革的创新发展。

2018年3月16日，国管局与国家标准化管理委员会联合印发《关于加快推进机关事务标准化工作的通知》，明确提出标准化是促进质量全面提升的有效手段，在机关运行保障中发挥着重要的规范、调节、约束、控制功能。推进机关事务标准化是实现机关事务保障高质量发展的有力抓手，也是适应国家治理体系和治理能力现代化的现实需求。同年3月28日，国管局办公室发布《机关事务标准化发展规划（2018—2020年）》提出，新时代机关事务工作需要大力推进机关事务标准化，实现标准和机关事务的深度融合，完善机关事务标准体系，强化机关事务标准实施，构建机关事务标准监督评估体系，推进地方机关事务标准化工作，夯实机关事务标准化工作基础。

2021年6月，国管局印发《机关事务工作"十四五"规划》强调，要聚焦标准实施以深化标准化建设，持续优化机关事务标准体系并健全机关事务标准与法规制度的协同机制，注重机关事务标准实施效果并建立标准实施的监督反馈机制，实现机关事务标准化等，明确了机关事务标准化重点工作。同年9月，国管局办公室与国家市场监督管理总局办公室联合印发《机关事务标准化工作"十四五"规划》，要求落实党中央、国务院关于标准化工作的战略部署，以提升保障水平和管理效能为目标，坚持统筹设计与基层探索相结合，坚持试点带动与整体提升相结合，坚持标准制定与标准实施相结合，坚持自主创新与开放合作相结合，健全机关事务标准体系，加快重点领域标准供给，着力推进标准实施，实现标准化与业务工作深度融合，打造机关事务标准化升级版，助力机关事务工作高质量发展。同年10月，中共中央、国务院联合印发《国家标准化发展

---

① 刘智洋.加快推进标准化推升治理现代化水平——专访中国行政体制改革研究会会长魏礼群[J].中国标准化，2016（3）：18-23.

纲要》，为未来一段时间机关事务标准化工作提供了遵循和指引。2022年7月，国家市场监督管理总局、中央网络安全和信息化委员办公室等部门为有序推进任务落实，联合印发了《贯彻实施〈国家标准化发展纲要〉行动计划》，进一步细化分解了各级各部门的标准化建设任务，机关事务标准化工作也更加清晰明确。

（二）机关事务标准化的内涵与作用

根据《中华人民共和国标准化法》，标准是指农业、工业、服务业以及社会事业等领域需要统一的技术要求；标准化工作的任务是制定标准、组织实施标准以及对标准的制定、实施进行监督。《标准化工作指南》对"标准化"的定义为：为了在既定范围内获得最佳秩序，促进共同效益，对现实问题或潜在问题确定共同使用和重复使用的条款以及编制、发布和应用文件的活动。"标准"则是通过标准化活动，按照规定的程序经协商一致制定，为各种活动或其结果提供规则、指南或特性，供共同使用或重复使用的文件。

《机关事务标准化发展规划（2018—2020年）》沿用了《中华人民共和国标准化法》对标准的定义。还有学者综合了上述两种概念，将"机关事务标准"定义为：为了实现机关事务管理工作的最佳秩序，由有关机构制定或批准的统一技术要求，包括国家标准、地方标准，还可以拓展到标准类规范性文件、组织内部标准。[1]相应的，机关事务标准化是指将标准化原理、方法运用到机关事务管理、保障和服务领域，通过制定、实施标准和监督标准实施，提升管理规范、保障效能和服务水平的过程。

有关机关事务管理的法律规范制度很多，但都较为原则化，主要回答是否"可为"这一问题；标准则更为细致，操作性更强，围绕"如何为"这一主题，是法律规范制度的重要补充。建立健全标准体系，发挥标准在机关事务工作中的规范、调节、约束和控制作用，有利于推动机关事务管理现代化。深入推进标准实施、标准优化工作流程，提升管理水平与保障效能，是实现机关事务管理工作高质量发展的重要保证。建立标准实施的监督反馈机制，更加规范高效地管理运行经费、国有资产、办公用房、公共机构节能、后勤服务等事项，有助于节约型机关的建设。

（三）机关事务标准化的实践探索

为切实推进机关事务标准化工作，国管局与国家标准化管理委员会于2018年3月和2019年4月先后确定22个机关事务标准化试点。试点地区均将标准化工作摆在了突出地位，如江苏省将其作为"一把手工程"重点督办，浙江省委、省政府领导对其作出

---

[1] 李宝荣.机关事务管理概论[M].北京：北京大学出版社，2020.

重要指示批示，湖南省将其纳入年度绩效考核内容，山东省将其列为2020年全省重点任务公开承诺事项。

具体而言，地方机关事务管理部门在坚持标准化共性的基础上，结合各自实际情况探索出了一些一般性与特色兼备的实践路径。如江苏省常州市机关事务标准化工作始终贯穿"机关事务高质量发展"一条主线，牢牢把握"急用先行、先主后次、先易后难"原则，紧扣"标准的标准化、高标准的标准化、开放的标准化、动态的标准化"四个要义，正确处理"高与低、点与面、量与质、建与用、上与下"五种关系，持续推进"标准化+"职能科学化、治理法治化、手段信息化、服务市场化，较好地形成了"一化带五化、五化促一化"的建设格局。再如浙江省杭州市机关事务管理局成立了杭州市机关事务标准化工作领导小组，小组内有机关事务标准化工作负责人和联络员，形成了机关事务标准化网点，进而通过宣传培训、组织立项、编制审批等流程，促进《机关事务管理会议服务规范》《党政机关办公用房管理规范》等多项杭州市地方性标准的出台。又如山东省东营市机关事务管理局以"试"为先，依托试点建设推动标准化工作，营造出了领导重视、全员参与、实施有效的标准化工作氛围，相继发布了《绿色机关建设指南》《绿色机关食堂建设指南》等多项标准。

（四）机关事务标准化的成效与不足

在刚刚过去的"十三五"期间，机关事务标准化工作取得了长足发展。一是在标准体系建设方面，出台了2项国家标准、立项3项国家标准，出台地方标准数量已达到190项，初步构建了涵盖基础通用、经费管理、资产管理、服务管理、公共机构节能、机关事务信息化等重点领域的标准体系。二是在实施应用方面，国管局每年面向省市县三级开展标准化培训。三是在工作机制方面，全国机关事务管理标准化工作组获批成立，9个省级机关事务管理部门成为当地标准化联席会议或领导小组成员单位，建立起"3专、2报、1会"工作机制。[①]

尽管机关事务标准化已初步实现了从局部到整体的突破性发展，但也存在一定不足。一是横向地区之间、纵向层级之间机关事务标准化发展不均衡。机关事务的标准化需要主管领导的高度重视与有关部门的密切配合，部分地区受客观条件限制与主观能动性影响，标准化制定的力度和实施的深度还远远不够。二是机关事务标准化整体建设还不充分。标准化体系还没有完全建立起来，全国机关事务标准数据库尚未建成，公务用车、办公用房、公共机构节能、后勤服务等重点领域的国家标准过少。三是各地因地制

---

① 唐棣.发挥好标准在机关事务改革创新发展中的支撑作用——国管局政策法规司主要负责同志答记者问[J].中国机关后勤，2021（10）：11-13.

宜制定机关事务管理标准，致使标准多样化、碎片化、重复冗余等问题严重。

（五）进一步优化机关事务标准化的原则

首先是突出重点。结合机关事务工作改革创新发展需要，重点研究制定基础的、通用的、行业发展急需的和重点领域的标准项目。其次是统筹兼顾。把握标准化工作规律，统筹安排各类标准布局与优先次序，做好国家标准、行业标准和地方标准的衔接，做好机关事务标准与相关法律规范的衔接，确保机关事务标准和其他行业、部门间标准的协调一致，注重不同区域、层级间标准的统一。[①]最后是注重实效。着力提升机关事务标准的适用性，去除无效冗余标准，强化普及应用，遵循有关技术规范和操作规范，加强信息反馈、绩效评估和监督管理，不断调整优化标准结构、内容与要求，确保标准质量，提高标准应用推广水平。

二、机关事务信息化

在信息技术迅猛发展的今天，移动互联网、物联网、云计算、大数据等新一代信息技术已广泛运用于各行各业，与人们的工作生活密不可分。新时代的信息化建设是国家治理体系与治理能力现代化建设的重要组成部分，"信息化是实现机关事务管理科学化的必然要求。在机关事务管理现代化中，同样需要释放技术力量在提升效率方面的驱动作用"。[②]

（一）机关事务信息化的政策演进

2002年，中共中央办公厅、国务院办公厅联合下发《国家信息化领导小组关于我国电子政务建设指导意见》，提出了"两网、一站、四库、十二金"的总体框架。2006年，中共中央办公厅、国务院办公厅印发《2006—2020年国家信息化发展战略》，明确了我国信息化发展的九大战略重点，推行电子政务即为其中一项。2015年，国务院印发《关于积极推进"互联网+"行动的指导意见》，强调加快推进"互联网+"发展，有利于创新公共服务模式，增加公共产品与公共服务供给。

尽管我国政府信息化建设起步较早，但专门针对机关事务信息化的政策出台较晚。2016年，《机关事务工作"十三五"规划》强调要加快推进信息化建设，推进"互联网+机关事务"建设，利用信息技术及互联网平台促进互联网与机关事务工作深度融合；

[①] 白静.新发展理念下机关事务标准化推进路径探析[J].标准科学，2019（12）：106-108.
[②] 任晓春，牛亚泽.以机关事务治理推动节约型政府建设——基于"主体-客体-环境"视角[J].中国机关后勤，2022（6）：24-27.

统筹规划机关事务管理信息系统建设，有计划、分步骤推进机关财务、资产、房地产、公务用车、公共机构节能等业务信息系统建设，推动形成统一的业务协同管理、信息资源共享平台。2021年，《机关事务工作"十四五"规划》要求全面推进机关运行保障方式、业务流程和服务模式数字化、智能化，建立集中统一的机关事务管理与服务数字化平台，推动传统保障方式的升级转型，实现办公用房、公务用车、公共机构节能、机关运行成本等业务数据纵向直报、横向打通。

（二）机关事务信息化的内涵与作用

1967年，日本政府的一个研究小组正式提出了"信息化"概念，认为信息化是向信息产业高度发达且在产业结构中占优势地位的社会——信息社会前进的动态过程。[1] 国内学者主张信息化有狭义与广义之分：狭义的信息化是指推广计算机的应用与联网；广义的信息化则是人类社会从工业社会向信息社会发展演变的过程。[2]《2006—2020年国家信息化发展战略》提出，信息化是充分利用信息技术，开发利用信息资源，促进信息交流和知识共享，提高经济增长质量，推动经济社会发展转型的历史进程。新时代机关事务信息化则是指机关事务管理部门借助先进的现代信息技术，搭建集中统一的机关事务管理与服务数字化平台，以实现对人、财、物的精细化、规范化、高效化的管理。

从机关事务信息化的概念界定可以看出其作用。首先，信息化建设可推动机关事务管理手段创新，将机关事务管理人员从传统纸质、人工作业中解脱出来，进而专注于精细化管理和规范化服务。其次，信息化建设可以摆脱时空限制，实现机关事务工作的即时化与动态化，保障管理的快速响应与服务的无障碍沟通。再次，信息化平台具有全程留痕、刚性执行与自动化监管等优势，可尽量减少工作的随意性，激励工作人员履职尽责。最后，现代大数据等技术应用能够实现全时空、全要素的数据积累，相关数据分析可为管理层进行决策、监督层实施评估提供证据支持。

（三）机关事务信息化的建设策略

伴随我国电子政务建设的深入推进，各级政府部门几乎均已一定程度实现了信息技术的应用，县级及以上主要职能部门基本已完成内部业务系统与对外网络平台的建设。对机关事务信息化而言，可从政策角度了解其实践进程与要求，《机关事务工作"十三五"规划》的目标是建设各类管理事项独立的业务信息系统并在此基础上逐步向业务协

---

[1] 谢阳群.信息化的兴起与内涵[J].图书情报工作，1996（2）：36-40.
[2] 施鸿宝.信息化社会与计算机科学技术的发展[M].北京：社会科学文献出版社，1994.

同与资源共享平台发展；《机关事务工作"十四五"规划》则提出建设集中统一的机关事务管理与服务数字化平台。

为了顺应实践发展与政策要求，未来一段时间内机关事务信息化的建设可以分三步走。第一步是全面建成各类管理事项独立的业务信息系统。无论从技术角度，还是从机构意愿来看，各类管理事项独立的业务信息系统建设都没有太多问题，只是需要巨额的经费保障。第二步是实现业务信息系统间的资源共享与业务协同。要实现多个独立的业务信息系统间资源共享与业务协同，首先需要打破各个单项业务信息系统的数据壁垒以整合与共享信息，这在技术上可以通过数据库的建设实现，但可能会面临来自各系统所属机构的阻力；其次，业务协同不仅要求信息系统间的联通，还涉及业务衔接过程中的权责重新划分与流程简化优化重组，所以破除结构性与体制性障碍是实践的重点与难点。第三步是探索建设集中统一的机关事务管理与服务数字化平台。随着机关事务管理逐步从分散化向集中统一发展，办公用房、公务用车、公共机构节能等事项，首先要在体制上实现权责关系与原管理单位的剥离，并向机关事务管理部门集中；其次要从结构上通过适度调整机关事务管理部门的机构规格，理顺其与同级其他职能机关的关系。如果这两点都能完成，那么就意味着机关事务管理实现了向集中统一模式的转型升级，而集中统一的机关事务管理与服务数字化平台的建设就单纯是技术角度的信息化与数字化，以目前的信息技术水平来说，这并不是难题。换言之，集中统一的机关事务管理与服务数字化平台建设的核心约束条件不在于技术，而在于机关事务集中统一管理的改革深度。

（四）机关事务信息化的实践探索

2019年，国管局下发《关于开展机关事务信息化建设专项试点工作的通知》，选取贵州省作为全国机关事务信息化建设专项试点。贵州省机关事务管理局对承担国家级信息化试点任务高度重视，围绕机关事务高质量发展"一体两翼"工作部署，全力推动试点工作有序开展，贵州省机关事务云于当年年底正式建成并且上线运行。其遵照"一云一网一平台"的总体规划原则，采用了"1+1+1+N"模式，即建立1套机关事务云标准规范体系、1个机关事务大数据中心、1个机关事务云一体化平台，接入N个机关事务管理业务应用系统。云系统的建设一方面汇聚了人社、财政、税务、编办、市场监管、应急、公安、信访等多部门数据信息，消除了部门间的数据壁垒和信息孤岛；另一方面推动了机关事务工作业务流程再造，如将调配、维修业务办理流程从过去10余个环节精简为4个环节，逐步解决了传统业务流程海量繁杂的问题，横向实现了信息系统之间跨地域、跨部门互联互通，纵向完成了省、市、县三级机关事务审批流畅高效与监管完整精确。① 隐匿于数据共建共用共享与流程简化优化再造背后的则是集中统一管理改革的深入,其也为云系统未来向智慧化的发展奠定了制度基础。

三、机关事务"两化融合"

(一)机关事务"两化融合"的含义与作用

机关事务的"两化融合"是指标准化与信息化的融合,即"标准的信息化、信息的标准化"②,实质是将机关事务的静态管理与动态管理相结合,把管理者视角的工作内容知识化与服务对象的软件系统使用信息化相联系,进而合成新的知识元素,以保证机关事务管理部门内外管理者与使用者对于机关事务知识的同步更新与调整。③ 简言之,"两化融合"是以标准化推动信息化,深化协同共享;以信息化助力标准化,推动标准运用和效能提升。④

标准是治理的基础性制度,信息是治理的关键性依据,信息技术为治理提供必要支撑,"两化融合"是新时代治理创新的重要方向,也是机关事务治理体系和治理能力现代化的重要突破口。⑤ 以标准化推动信息化,有助于打破信息化自建中出现的信息壁垒,发挥标准对数据整合、技术兼容、业务集成的引领作用,最终可建起纵横一体化的机关事务通用信息化体系;以信息化助力标准化,可将量化标准以参数配置等信息化手段进行固化,进而推广标准运用,验证标准的科学性与合理性,优化标准决策。

(二)机关事务"两化融合"的实践探索

近年来,四川省积极推动机关事务"两化融合"方面的先试先行,究其原因,与其基本省情与现实需求脱不开关系。四川省幅员广阔,机关数量多,机关事务点多、面广、线长,资源分散;加之地区间发展不平衡、不充分,机关事务存在标准不一、质量不均等现实问题。为突破现实藩篱,四川省机关事务管理局以开展机关事务标准化试点(2018年被国管局、国家市场监督管理总局确定为全国首批机关事务管理标准化省级试

---

① 吴志攀,陶雪良,燕继荣.机关事务蓝皮书:政府运行保障改革发展报告(2021)[M].北京:人民出版社,2022.
② 丁婵,杨玲,唐海辉.机关事务标准化信息化"两化融合"发展现状及方法路径研究[J].中国标准化,2022(12):11-15.
③ 衡霞.机关事务标准化信息化"两化融合"路径创新研究[J].中国行政管理,2022(11):118-124.
④ 四川省机关事务管理局.以"两化融合"推动高质量发展[J].中国机关后勤,2019(5):15-17.
⑤ 罗文.坚持标准化信息化"两化融合"推动机关事务治理体系和治理能力现代化[J].中国机关后勤,2020(12):18-20.

点省份）建设为契机，统筹推进机关事务标准化与信息化建设。

首先是坚持标准化、信息化整体规划。《四川省机关事务工作"十三五"规划》将"两化"建设作为创新工程，统筹制定实施方案，以省级地方标准的形式固化信息化建设指南，以信息技术为支撑，推进标准制定、修订与实施。

其次是坚持标准化、信息化同步推进。由于机关事务"两化"目标高度一致、内容深度契合，因此可在需求调研、业务梳理与优化、流程再造等阶段同步实施。据此，四川省机关事务管理局围绕重点业务，以"标准化+信息化"工作模式，努力构建履职全域标准体系和四大业务平台（综合办公、业务办理、一体化服务、大数据平台）。具体而言，一方面以标准化推动信息化，通过建立机关事务基础数据标准、信息交换与共享标准等，推动数据资源集成、交换和共享。如2018年在成都市、绵阳市等地开展标准化软件应用试点，探索机关事务通用软件系统建设。另一方面，以信息化助力标准化，围绕核心业务，对标量化标准配置参数，将标准固化于系统平台之中，推动标准执行；在执行中自动生成各种标准统计报表和分析报告，可用于检验标准的科学性与合理性，倒逼标准优化。

（三）机关事务"两化融合"面临的挑战

四川省是较早开始机关事务"两化融合"实践探索的省份之一。随着先行者们实践的顺利开展，目前全国很多省、市都加入了探索者行列，如山东省、河南省、重庆市、辽宁省盘锦市、江苏省常州市等，但各地制定的政策、实施的重点、融合的深度、标准的尺度、信息平台的通用度等千差万别，未来想要在更大范围内实现统一标准的纵横融通的难度很大。此外，还有很大一部分省市仍延续着"两化"的独立建设。有些是囿于传统"分而治之"的思维；有些是受到组织、人才、资金等客观条件的限制；还有些面临实际工作与标准、信息系统脱节，标准化与信息化融合困难等现状。因此，机关事务"两化融合"的顶层设计显得尤为重要。中央层面要统一基础性的标准、共享通用软件体系，并在规范工作流程的同时为各地的特色业务留出自建空间。只有将中央统领与地方统建相结合，才有可能实现信息通享通用。

【拓展阅读】

［1］刘会增.深化机关后勤服务社会化改革的实践与思考［J］.中国行政管理，2017（5）：6-9.

［2］朱萌.技术与制度的变奏：数字化驱动下的机关事务集中统一管理改革［J］.中国行政管理，2022（8）：37-42.

［3］王德.以建设现代政府为目标大力推进机关事务治理方式改革［J］.行政管理

改革，2017（4）：33-38.

［4］高鹏程.当前中国机关事务管理研究中的前沿问题——资产管理、层空关系和集中统一方式［J］.理论与改革，2020（1）：100-109.

［5］彭宗超，曾学华，曹峰.整体性治理视角下党政机关事务的整合与协同［J］.北京行政学院学报，2019（1）：44-51.

［6］李巧玲.机关事务保障的理论建构与治理现代化［J］.甘肃社会科学，2021（5）：178-184.

［7］陈建良.机关智慧后勤建设需要着重解决的几个问题［J］.中国机关后勤，2018（11）：17-19.

［8］周飞."互联网+"风起"云"涌机关事务工作如何对接？［J］.中国机关后勤，2016（4）：14-17.

［9］余少祥.机关事务集中统一管理：理论与实践［J］.北京大学学报（哲学社会科学版），2021（4）：141-150.

［10］孙维维.机关事务集中统一管理体制改革透视［J］.理论探索，2021（5）：83-89.

中篇
职能范围

综观各国的机关事务管理改革与实践，可以发现其管理范围基本包括资金管理、资产管理、节能管理、服务管理四大类。我国《机关事务管理条例》和各地出台的地方性法规或规章都将机关事务管理范围界定为上述四个方面。对于资金管理，有的国家机关事务管理部门的名称中含有"预算"或"采购"等词以强调其资金管理职能，如加拿大的"公共服务与采购部"。资产管理是机关事务管理中"物之保障"的基础，我国《机关事务工作"十四五"规划》中对"深化机关事务管理体制机制改革，持续加强以资产管理为基础的集中统一管理"的明确指示，凸显了资产管理在机关事务管理工作中的重要地位。在全社会倡导节能降耗绿色低碳发展的大背景下，加强节能管理是机关事务管理的应有之义。服务管理是机关事务管理的传统职能，但随着市场化体制的推进，后勤服务领域开始变革并逐步分化为基于办公场所的办公环境服务管理、基于生活保障的人员福利管理两大方面。故本书将机关事务管理的范围界定为：资金（经费）管理、资产管理、节能管理、办公环境服务、人员福利管理等五大方面。

第六章　机关资金管理

机关的资金管理是通过资金收支管理与日常运营管理，规范机关日常运行各种措施的集合，为保障政府各部门正常运行提供资金支持。机关资金管理对保证机关正常运转、促进机关勤俭节约、提高机关资金的运行效率起着重要的作用。机关资金主要来源于预算拨款，而预算收入与经济形势密切相关。近几年经济下行压力加大，各地区、各部门深入贯彻党中央关于"过紧日子"的精神，各级机关事务管理部门也进行了相应的改革，如制定了机关运行经费集中统一管理、严格控制"三公"经费支出、能源费用托管等政策措施，进一步压缩日常支出，提升资金管理的标准化水平，促进了机关资金的节约、高效使用。

第一节　机关资金管理概述

一、机关资金管理的概念与特征

（一）机关资金管理的概念

机关资金管理是指机关事务管理部门与政府其他部门为保障机关单位职能的正常运行，对于涉及的资金在申报、划拨、使用等方面进行的组织、协调、控制、监督等一系列活动。政府其他部门是指涉及资金管理的行政机关、事业单位或团体组织。

由于机关资金基本来源于财政拨款，所以机关资金管理的核心在于支出，资金支出管理水平的高低直接体现为机关运行成本的增加与减少。广义的机关运行成本，指机关为维系自身生存发展需要所发生的各种费用和开支，是直接或间接用于机关产出所投入、占用、使用、消耗以及损失的全部资源价值的总和。[1] 狭义的机关运行成本，主要

---

[1] 陈嘉.政府采购：管控机关运行成本的关键环节[J].中国机关后勤，2022（5）：17-18.

指机关运行经费支出。机关运行经费是指为保障机关运行,用于购买货物和服务的各项资金。从性质看主要分为资本性支出和费用性支出两类,资本性支出指购买货物的支出,如公务用车、办公设备购置费等,是保障机关正常运行的物质基础;费用性支出是广义的购买服务的支出,如会议费、公务用车运行维护费等,是保障机关正常运行的必要条件。

(二)机关资金管理的特征

机关资金管理与企业资金管理有明显的不同,尤其是在资金管理的方式、资金来源渠道及资金支出方向与性质方面有本质的不同。

1. 预算管理的规范性、公开性

机关资金管理的全过程都是通过预算来实现的,预算经过一系列审定并通过后就必须严格执行,预算科目所填金额原则上不得随意调整。当追加、追减预算时,需要通过一系列规范程序依法调整。此外,预算资金应及时公开,接受人大与社会公众的监督,以促进依法合理使用资金。

2. 资金来源的单一性

机关用于后勤的资金主要来源于财政拨款,用于满足消费性支出。由于这些资金并不用于投资活动,也就没有投资收益方面的资金来源。此外,由于财政需要遵循收支两条线的原则,即使某些单位拥有经营性收益,也需要全部上缴,而不能自行支配。

3. 资金支出的持续性、消费性与集体性

①机关资金具有持续支出的特点。机关事务管理部门负责为职能部门提供后勤服务,由于后勤服务是机关日常运转的保障,因此在收支方面具有一定的稳定性,在预算科目与支出项目方面较为固定,如物业费、水电费等。②机关资金属于消费性支出,不具有显著的投资收益性。机关资金大多用于购买商品和服务,主要是为了满足机关各单位日常运转的需要和职能的实现,资金最终流向消费终端领域,而非进行投资以盈利,所以,机关资金支出具有消费性特点。③机关资金属于集体性支出,受益对象具有差异性。机关资金支出大部分用于某个集体项目,如房屋修缮、设备更新等满足单位公共需要,在这个过程中可能只有部分群体受益,所以,受益对象有明显的差异性。

二、机关资金管理的主体

机关资金管理的主体主要包括涉及机关资金业务的各行政主体,如涉及预算编制、执行及资金支出的机关事务管理部门,涉及会计标准与财务规范的财政部门,涉及使用机关资金的各个行政事业单位,及对机关资金使用是否规范进行检查与审计的审计部门等。

（一）机关事务管理部门

国务院下设有机关事务管理局，地方各级政府均设有机关事务管理局（机关事务服务中心）。机关资金管理主要目的是确保机关资金使用的依法依规与高效节约。具体来说，机关资金管理职能包括以下几个方面：①预算管理。制订和执行机关预算计划，包括收入和支出的预测、分配和监督，确保机关资金使用符合预算计划，同时及时调整预算计划以适应机关事务的实际需要。②财务管理。对机关的财务状况进行监督和分析，确保合理、有效、准确地管理与使用机关资金。财务管理包括会计、财务报告、审计等方面的工作，旨在增强机关资金状况的透明度和保证资金的稳健运行。③采购管理。负责机关及各职能部门的采购活动，包括物品和服务的采购与供应商的管理。采购管理需要遵守相关法律规范和采购程序，确保采购的公正、高效和经济性。④绩效管理。负责对机关资金的使用效率进行全面评估，一般来说，将绩效管理与预算管理结合，可以较好地评估机关资金使用的规模、成本及效率。

（二）财政部门

财政部门是财政经费预算的主管部门，也是规范机关资金管理的主体，负责制定各种条例与标准。在机关资金管理实践中，应当由财政部门会同机关事务管理部门等共同制定相关的资金标准，如服务标准、定额标准等。

（三）行政事业单位

各行政事业单位是资金使用的主体，在分散资金管理体制下，资金的预算、拨款、执行、决算等都是由各行政事业单位具体实施。由于资金由财政拨款，并且主要用于消费性支出，对各行政事业单位的约束性较小，容易导致机关资金浪费严重，并且分散的管理体制不利于资源整合与统筹使用。当前，保证职能部门正常运转的各项资金正逐渐收归机关事务管理部门统一管理和使用，职能部门所需要的商品与服务也由机关事务管理部门统一提供。但是，个别资金与经费仍由行政事业单位进行管理，如办公用品，通常是按照定员定额的方式申请预算，即确定每位在职员工的经费标准，根据编制数计算出总额，然后编制预算。

（四）审计部门

一般是指国家及地方各级审计机关，通过对被审计单位进行审计，即通过凭证、账目及相关资料的检查与审核对被审计单位履行职能、遵守法律规范、贯彻和落实党和国家的经济方针政策等事项进行监督。相比于单位内部控制，审计监督属于外部监督，通过审计可以及时发现机关资金使用与管理中存在的问题，同时可以督促资金使用单位依法依规使用资金，保证财政资金廉洁高效地使用。

三、机关资金管理的意义

（一）机关资金管理是保证资金收支管理规范性、提高机关事务管理部门与政府其他部门内控管理水平的基础。机关资金管理作为财务内控的重要方式，直接关系到机关单位的财务状况以及财务管理水平。只有依法依规对机关资金进行有效管理，才能确保机关资金的合理、规范使用以及有效分配。

（二）机关资金管理是加强机关廉政建设、建设廉洁政府的需要。机关资金按照《中华人民共和国预算法》《中华人民共和国政府采购法》（简称《政府采购法》）等法律规范严格管理，遵循公平公正、公开透明的原则，可以最大程度减少由于信息不对称导致的各种道德风险，以及"设租""寻租"等不合理现象。通过依法依规使用机关资金，加强机关资金在分配与使用中的监督，可以增强财务人员廉政意识，还可以防范和打击各类财经犯罪行为，保障国家各项支出都能够得到合理运用和监督。

（三）机关资金管理是保障国有资产安全、规避财务风险的有效路径。机关资金管理能够在事前、事中、事后全过程保障资金安全，既能增强资金使用透明度和安全性，又能有效防范资金风险，保障国有资产安全，减少或者避免对于国有资产的非法占用和不当使用。此外，机关资金管理还可以有效规避、控制机关财务风险，为防治违规问题、防范财务风险提供保障与支持，从而形成良好的内控环境。①

（四）机关资金管理是履行机关职能、提升资金应用效率、推动机关可持续发展的有力保障。机关资金合理有效配置，一方面能够保证机关正常运转，保障各职能部门实现目标；另一方面，通过对机关日常资金进行集中统一管理，可以最大限度提高资金的使用效率，使资金在各个单位之间统筹使用，减少浪费，降低成本，推动节约型机关的建设。机关资金的重要来源是财政资金，强化机关资金管理工作，有利于我国公共财政体系进一步完善，保证机关资金应用的科学性，避免机关资金浪费，以节省更多资金投入其他公共事业建设工作之中，降低财政负担，也有利于改善财政收支不平衡问题。

（五）机关资金管理是提高机关公共服务效率和水平的重要举措。机关资金除了能够保障机关日常运转外，还有一部分资金需要用于公共服务，通过公共服务来满足社会

---

① 常乐.行政事业单位内部控制风险评估研究——以货币资金管理为例［J］.行政事业资产与财务，2023（15）：58-60.

公共需要。通过对公共服务资金进行管理，可以帮助机关更好地实现职能，提高整个社会的公共服务水平。

（六）机关资金管理是实现资金社会效益与经济效益最大化、促进机关持续健康发展的必然要求。加强机关资金管理不仅对于充分发挥财政资金作用、推动各项民生工程的开展及维护广大人民群众的切身利益具有重要意义，也是提升政府公信力的有效途径。

第二节　机关资金管理的原则与方法

一、机关资金管理的原则

机关资金管理的原则是机关开展财务活动、处理财务关系的准则。机关的公共性决定了其资金管理的基本原则与企业资金管理基本原则有所不同，主要体现在以下几个方面。

（一）依法理财

依法理财是机关资金管理的最基本原则。它要求机关执行国家有关法律、法规和规章制度，制定的各项具体规章制度要遵循国家的方针、政策和客观实际情况的需要。各单位在资金管理中，既要认真贯彻、执行各项财务制度，做到有法必依，又要加强财务制度执行情况的监督检查，做到执法必严、违法必究。

（二）量入为出

机关资金基本用于消费性支出，且均需通过单位预算安排，应贯彻量入为出的原则，厉行节约、勤俭办事。《中华人民共和国预算法》第三十七条规定："各级预算支出应当依照本法规定，按其功能和经济性质分类编制。各级预算支出的编制，应当贯彻勤俭节约的原则，严格控制各部门、各单位的机关运行经费和楼堂馆所等基本建设支出。"

（三）社会效益和经济效益相统一

经济效益反映机关资金使用的效率，即运用尽可能少的费用取得尽可能大的收益；社会效益反映机关资金使用的结果，即机关工作是否有利于促进社会发展和人民生活水平提升、是否有利于社会整体利益的改进。机关资金管理应将社会效益和经济效益有机结合起来，互相补充。

（四）公开透明

信息公开是建设廉洁机关、提高机关公信力的有效途径。机关应当依照国家有关政府信息公开的规定建立健全资金管理公开制度，明确资金公开的程序、内容、方式、时限等事项，定期公布"三公"经费的预算和决算情况。对于需要进行政府采购的商品或服务，要按照《政府采购法》的相关内容公开进行招标，要公开招标的内容、时间、投标条件、质量标准等，每个程序与步骤都要及时详细公开，接受社会监督。此外各单位要进一步细化机关运行经费公开科目的内容，加强数据分析，完善解释说明，提高公开质量，同时，要充分发挥政府网站信息公开第一平台的作用，方便公众查询和监督。

（五）统筹安排、定员定额

在机关资金宏观管理方面，要统筹兼顾、合理安排，要坚持综合预算、全面预算的原则，统筹考虑安排各类预算资金。在预算资金支出方面，要优先保障单位的日常工作正常运转。在机关资金微观管理方面，要全面推进标准化建设，坚持定员定额的原则。定额管理，要求通过建立实物费用定额标准，实现资产管理与定额管理相结合。定员管理，要求机关资金管理实行专人专管：一是在进行机关资金管理工作时需要明确每个人的工作内容和权限，禁止超越自身权限开展工作，尽可能提升机关资金使用的透明度；二是每个项目都要明确项目负责人，以便在结算时清晰有序，加快机关资金执行进度，同时减少不必要支出，提高机关资金使用效率。[①]

二、机关资金管理的过程

从机关资金运动过程来分析，机关资金主要来源于财政划拨，机关资金划拨是通过财政预算来完成的，划拨管理也是通过预算管理进行控制；机关资金支出主要通过政府采购方式来实现。除机关资金划拨管理与机关资金支出管理，还要重视机关资金运动过程中的内部控制与外部监督，如对机关资金的审批管理、会计管理、财务报告管理、绩效管理、审计管理等。

（一）机关资金划拨与预算管理

所谓预算，常规意义上来讲，是指政府各部门的年度财政收支计划，具体规定了国

---

① 史红红. 加强行政事业单位资金管理的对策探讨［J］. 纳税，2020，14（15）：187，189.

家财政收入的来源和数量、财政支出的各项用途和数量，反映了国家政策、政府活动的范围和方向，具有完整性、可靠性、公开性、法治性和年度性的特点。通过编制预算，可以总体了解政府各部门的收入来源与支出方向，强化资金的宏观管理，提高资金的使用效率。

预算管理是机关资金管理最为核心的内容之一，原因在于机关事务管理部门收入来源于财政拨款，机关事务管理部门的所有职责最终都将体现在资金的使用与支出方面，所以，机关事务事权与资金支出紧密联系，而资金支出都要通过预算来实现。因此，通过预算管理，可以有效地了解机关资金的各项用途，进而了解机关事务职权与责任，并从整体上推进机关事务事权与财权的各项改革。

机关事务预算管理主要包括预算编制、预算执行与调整、财政决算等几个方面。

1. 预算编制

（1）预算编制的内容。机关事务的财政预算首先从单位预算编起。机关事务管理局（机关事务服务中心）作为政府的一个组成部门，事务繁杂，一般都会有较多的下设单位。各个单位每年要按照财政部门的要求编制年度预算。各预算科目的填报基于以下几个标准：一是零基预算，基于标准化的方式进行核算，即不考虑之前年度的预算收支情况，只通过当年的工作职责或人员情况来确定填报数额，如办公经费科目，一般是通过当年的编制调整情况确定人员数量，每个人员的办公经费标准已事先确定，通过每个人员的核定标准与人员总数最终核算出总的办公经费。二是增量预算，即在之前历年的预算情况基础之上进行增减变动，如一些持续性、稳定性的预算支出，在编制时可以参考之前年度的支出数额加以确定。三是对于办公用房、职工住房等一些基础设施建设，由于之前年度没有进行修建或修缮，无法进行参考，可以通过工程项目进度及工程预算情况进行评估，最终确定预算数额。

在各单位编制完单位预算后，所有单位汇总到机关事务管理局（机关事务服务中心），加上机关事务管理局本部门的预算后，汇总形成机关事务的部门预算，最终与其他部门预算汇总形成政府本级预算。

需要指出的是，随着各个部门各项任务标准化进程的推进，机关事务的标准化建设也不断完善。机关事务管理部门下属各单位在编制单位预算时，可以通过标准化的流程来确定预算支出的数额，进而确定预算拨款的数额。标准化流程可以细化为实物定额标准与服务定额标准。实物定额标准除办公经费外，还包括办公用房、公务用车等经费。服务定额标准包括会议、差旅、培训等经费，根据不同的规模、等级确定支出标准，进而可以较为容易地核算出预算支出数额。机关事务管理部门标准化建设的推进，一方面可以促进资金管理更加规范化，避免资金使用的灵活性与预算拨款的随意性；另一方面有利于增强资金预算的绩效管理，强化预算资金的内部控制与外部监督。

（2）预算编制的流程。预算编制采取"自下而上、自上而下、二上二下、上下结合"的方式进行。

自下而上，是由机关事务管理部门及其各下属单位提出预算建议数，由机关事务管理部门下属单位、机关事务管理部门自下而上向财政部门上报预算建议数额。机关事务管理部门下属单位根据年度预算计划、任务和收支增减因素，按财政部门规定的预算报表格式，提出由各项收支组成的概算，逐级汇总后，按规定的时间由机关事务管理局报送同级财政部门。

自上而下，是由财政部门审核建议数后下达预算控制数。财政部门根据政策法规、经济社会发展规划和各项收支测算所确定的预算数额，自上而下按预算级次下达预算控制数或预算指标。

二上，汇编预算草案。机关事务下属单位根据财政部门所下达的预算控制数，调整本单位各项收支，按照预算编报的要求，正式编制本单位年度预算草案。完成后，逐级报送机关事务管理部门，机关事务管理部门审核汇总形成部门预算，报送财政部门。财政部门审核汇总后形成本级预算草案。

二下，批复预算。财政部门将同级人民代表大会批准的本级预算草案在规定期限内向各部门批复下达。机关事务管理部门再在部门预算范围内批复所属各单位预算。批复下达的预算成为预算执行的依据。

2. 预算执行与调整

预算一经编制，不能擅自改动，机关事务管理部门及其下属单位应严格按立法审批的预算执行。预算资金支出也必须按照相应的预算科目严格执行，不能超标支出。一般情况下，机关事务管理部门作为各公共机构的"总后勤"，事务烦琐，不可预测与未经计划的资金支出也会时有发生，由于预算在年初已经制定且不得修改，这时，就需要对更多的支出进行预算的追加，追加预算要严格按照法定程序编制执行。

3. 财政决算

在当年预算执行完成后，机关事务管理部门及其下属单位要编制财政决算。编制财政决算的意义在于，一是了解当年财政预算的执行情况，掌握财政预算与财政决算之间的差异及其原因，从而进一步分析资金支出的动向，为预算绩效管理提供依据；二是为第二年财政预算的编制提供依据。

（二）机关资金支出与政府采购管理

政府采购是机关资金支出的主要方式，政府采购应秉承公开透明、公平竞争、公正和诚实守信的原则。

1. 政府采购的概念

政府采购是指各级国家机关、事业单位和团体组织，使用财政性资金采购依法制定的集中采购目录以内或采购限额标准以下的货物、工程和服务的行为。2003年1月，我国颁布《政府采购法》；2015年3月，《中华人民共和国政府采购法实施条例》实施。此后，政府采购规模逐年扩大，如2021年全国政府采购规模为36399亿元，占全国财政支出和GDP比重的10.1%和3.2%。

2. 政府采购的形式

政府采购的形式可以分为集中采购与零星采购。集中采购是采购单位将纳入集中采购目录的政府采购项目委托集中采购机构进行代理采购，或者进行部门集中采购的行为。其中，属于政府集中采购目录的项目，必须委托集中采购机构执行；属于部门集中采购目录的项目，可以选择委托集中采购机构，也可以选择部门统一组织采购。

（1）集中采购方式

1）公开招标。公开招标是指采购人依法以招标公告的方式邀请非特定的供应商参加投标的采购方式。公开招标是政府采购的主要方式，其程序主要是：确定采购需求——编制采购文件——发布招标公告——开标——评标——定标——发布中标公告——签订采购合同——履约验收。

2）邀请性招标。邀请性招标是指采购人从符合相应资格条件的供应商中随机抽取3家以上供应商，并以投标邀请书的方式邀请其参加投标的采购方式。

3）竞争性谈判，也称协商招标，是指谈判小组与符合资格条件的供应商就采购货物、工程和服务事宜进行谈判，供应商按照谈判文件的要求提交最后报价，采购人从谈判小组选出的成交候选人中确定成交供应商。

4）单一来源采购。单一来源采购是指采购人从某一特定供应商处采购货物、工程和服务的采购方式。

5）询价。在询价中，询价小组向符合资格条件的供应商发出询价通知书，要求供应商一次报出不得更改的价格，采购人从询价小组提出的成交候选人中确定成交供应商。

（2）零星采购方式

1）定点采购。定点采购是指采购人从指定的供应商采购货物、服务的方式。

2）协议采购。协议采购是指采购人与供应商签订采购协议，根据协议的内容采购货物、服务的行为。

3）网上商城采购。网上商城采购是指采购人在政府指定或自办的网上商城零星采购小额商品的方式。

政府采购的整个过程应按照相关法律、法规并依据一定的程序进行，遵循公开透明、公平竞争、诚实守信等原则，有效地维护法律的权威与尊严，提升行政透明度，强化社会公众对政府行为的监督，促进政府信用的提高。而且，政府采购能够为国家施政提供保障，有效维护国家机关的日常办公运转。同时，通过政府采购建设大型民生项目，购置救灾物资、灾备物资，对于维系社会稳定、保障民生发挥了重要的作用。

（三）机关资金日常管理

1. 会计管理

会计管理主要针对日常财务行为进行规范，包括会计机构负责人和会计主管人员的任职条件、会计人员应具备的职业道德、会计核算的一般要求、会计凭证管理、会计账簿管理、会计档案管理等方面。

机关事务管理部门及下属各单位应根据会计业务的需要设置会计机构，不具备单独设置会计机构条件的，应当在有关机构中配备专职会计人员。会计工作岗位可以一人一岗、一人多岗或者一岗多人，但出纳人员不得兼管稽核、会计档案保管以及收入、费用、债权债务账目的登记工作。会计人员应当符合国家行政事业单位会计制度的规定，具有执业资格与职业道德。各单位应当按照《中华人民共和国会计法》和国家统一会计制度的规定建立会计账册，进行会计核算，及时提供合法、真实、准确、完整的会计信息。会计凭证、会计账簿、会计报表和其他会计资料的内容和要求必须符合国家统一会计制度的规定，不得伪造、变造会计凭证和会计账簿，不得设置账外账，不得报送虚假会计报表。各单位的会计凭证、会计账簿、会计报表和其他会计资料，应当建立档案，妥善保管，会计档案建档要求、保管期限、销毁办法等依据《会计档案管理办法》的规定进行。

会计管理要体现经济效率，全面准确反映机关运行成本。中共中央、国务院印发的《党政机关厉行节约反对浪费条例》第九条规定："推进政府会计改革，进一步健全会计制度，准确核算机关运行经费，全面反映行政成本。"涉及机关运行经费支出和机关运行费用方面的措施具体包括：①在预算会计方面，要优化部门经济支出科目，如取消所谓"委托业务费""其他商品和服务支出"等"万金油"式科目，明确款级经济支出科目与机关运行经费支出的对应归集关系；②在财务会计方面，要配合定员定额管理，设置"固定消耗费"（如水费、电费、取暖费等）、"可估量消耗费"（如办公费、差旅费、印刷费、邮电费等）、"摊销性费用"（如固定资产折旧、无形资产摊销等）等明细科目进行确认计量；③在优化财务会计辅助核算方面，将各类费用对象化，按照部门、项目、活动等内容进行归集，进而确认机关行政运行成本。

2. 财务报告管理

机关事务管理部门的财务报告以权责发生制为基础，反映本部门财务状况、运行情况等，主要为加强政府部门资产负债管理、预算管理、绩效管理等提供信息支撑。政府部门财务报表之间、财务报表各项目之间，凡有对应关系的数字，应当相互一致，不同时期的数据应互有衔接。

机关事务管理部门财务报告包括会计报表、报表附注与财务分析等。

会计报表主要包括资产负债表、收入费用表及当期盈余与预算结余差异表等。资产负债表重点反映政府部门年末财务状况；收入费用表重点反映政府部门年度运行情况；当期盈余与预算结余差异表是以当期预算结余（收付实现制下的结余）为起点，通过对预算会计核算的各类收入支出与财务会计核算的各类收入费用之间的差异进行调增或调减，得到当期盈余（权责发生制下的盈余），即将预算会计的当期预算收支差额调整为财务会计的当期收入与费用的差额。

报表附注重点对财务报表作进一步解释说明，一般应当按照下列顺序披露：①报表的编制基础、遵循政府会计准则和会计制度的声明；②报表涵盖的主体范围；③重要的会计政策和会计估计；④报表中重要项目的明细资料和进一步说明；⑤承诺事项、资产负债表日后重大事项的说明；⑥部门及所属单位代表政府管理的有关经济业务或事项的说明，包括政府储备资产、公共基础设施、保障性住房等；⑦需要说明的其他事项。

财务分析主要指标有资产负债率（负债总额与资产总额之比）、现金比率（货币资金包括财政应返还额度与流动负债之比）、流动比率（流动资产与流动负债之比）、固定资产成新率（固定资产净值与固定资产原值之比）、公共基础设施成新率（公共基础设施净值与公共基础设施原值之比）、收入费用率（年度总费用与年度总收入之比）。财务分析的主要内容包括政府部门基本情况介绍、政府部门资产负债情况分析、政府部门运行情况分析、政府部门财务管理状况等。

3. 成本统计与预算绩效管理

（1）成本统计。机关运行成本统计工作是机关运行成本管理的一项重要内容和关键环节。机关运行成本统计工作主要是按照《机关事务管理条例》和《机关运行成本统计调查制度》等法规制度的要求开展。2010年，中央国家机关范围内正式开展机关运行经费统计工作。2016年，国管局会同国家统计局建立了机关运行成本统计调查制度，面向各地区、各部门开展机关运行成本统计调查。2017年以来，国管局、国家统计局施行《机关运行成本调查统计报表制度》，以摸清机关运行成本结构和规模，加强机关绩效考评，取得了良好成效。以北京市为例，北京市已按照要求开展了2015年至2020年的机关运行成本统计调查工作。6年间，统计调查工作逐年细化完善，2015年至2018年按要求仅统计市级部门数据；从2019年起，细分区域，按照市、区两级开展统计工作，同时启用"机关运行成本统计信息系统"，实现数据直报功能，夯实了数据采集、汇总、分析以及应用的基础。通过统计，各地区、各部门摸清了自身的运行成本总量、规模与结构,把握了成本增减变化的主要规律,明确了管控目标和主要内容,增强了成本和节约意识,降低了机关运行成本,提升了机关运行效能。

成本统计内容一般包括单位基本信息和统计年度机关运行成本,向社会购买机关运行服务支出以及固定资产、办公用房、公务用车等情况。具体包括单位人数、财政拨款总额、机关运行成本功能分类科目支出(行政运行、一般行政管理事务等科目支出)、机关运行成本经济分类科目支出(办公费、劳务费、水电费、取暖费、物业管理费、交通费等科目支出)、向社会购买机关运行服务支出以及固定资产、办公用房、公务用车占有使用情况。

实现降低机关运行成本、创建节约型机关这一目标,推进机关运行成本统计制度的实施是关键。实现机关运行成本统计报告的标准化和科学化,需要建立良好的机关运行成本统计机制,严格控制机关运行成本统计数据质量。机关运行成本统计机制的完善,应从全过程统计质量控制机制、数据共享机制和运行保障机制三个方面进行重点建设。[①]

(2)预算绩效管理。预算绩效管理是资金管理中针对资金使用成本、资金使用效率进行衡量的相关规范与办法。在进行预算管理的同时强化绩效管理,可以使机关事务管理部门或行政事业单位在使用财政资金时强化目标管理,自觉规范使用资金,并约束资金的使用范围与使用方式,通过一定的绩效考核办法来提高资金的使用效率。

预算绩效管理是政府绩效管理的重要组成部分,是以某一层级政府的全部预算收支为对象开展的绩效管理。通过构建政府部门战略绩效管理模式,使政府部门的职能和战略与绩效管理相连接,促进政府部门绩效的持续改进和提升。预算绩效管理的实施过程,即建立全过程预算绩效管理链条。要逐步建立"预算编制有目标、预算执行有监控、预算完成有评价、评价结果有反馈、反馈结果有应用"的预算绩效管理机制,实现预算绩效一体化。推进预算绩效管理,是提高政府行政效能、坚持厉行节约的重要举措,可以提高政府财政资金的使用效率、减少不必要的政府支出、更好地塑造政府形象、推动政府经济的高效运行。

预算绩效管理内容包括以下几个方面:①事前绩效评估,加强预算项目绩效预审,对年度新增重大项目开展事前绩效评估,重点围绕项目立项必要情况、项目绩效合理情况、配套制度支撑情况及实施方案可行情况等进行事前绩效评估;②编制绩效目标,聚焦年度中心工作,科学设置预算项目绩效目标,围绕产出指标、效益指标、满意度指标等合理设置目标值,确保绩效目标可操作、可完成;③跟踪绩效运行,完善财务管理制度,严格落实绩效运行跟踪监控机制,根据年度预算执行情况,定期采集绩效运行信息并汇总分析,全程对绩效目标运行情况进行跟踪管理和监控;④绩效评价总结与应用,

---

① 黄静,徐兴琼.推进机关运行成本统计机制建设[J].中国机关后勤,2020(11):32-35.

及时对预算资金的产出和结果进行绩效评价，认真分析原因，制定改进措施，并将预算绩效评价情况纳入部门内部绩效考核。

（四）机关资金的监督管理

除资金运动过程中日常的内部控制管理外，外部监督也是资金管理的重要内容。外部监督包括人大监督、审计监督、社会监督等。人大监督主要是人大常委会通过审议财政预算与决算对财政资金进行管理，并对预算的调整（即预算的追加追减）进行审查和批准。审计监督是审计部门针对机关事务管理部门及相关行政事业单位财务收支活动、经济效益和遵纪守法活动进行审核检查，通过资金审计的监管可以保障机关资金的使用效率，完善资金的监管制度以及资金的监管模式，提高机关事务资金管理的效率。社会监督是通过信息公开的方式使社会及时了解机关事务资金的使用情况及使用过程，如机关事务管理部门每年的财政预算与财政决算要及时向社会公开，政府采购项目超过一定限额与标准需要公开招标时，应根据《政府采购法》的规定及时发布招标公告，公开采购内容、采购形式、竞标条件、中标信息等，接受社会的监督。

三、机关资金管理的方法

（一）经济方法

机关资金管理的经济方法是指按照客观经济规律的要求，利用经济杠杆调节经济利益关系，对行政事业单位的各项财务活动及相关经济活动进行管理的方法，重在通过市场手段实现资金高效合理使用。当前，我国机关事务管理部门及各类行政事业单位的资金管理在较多领域内采取了经济方法，经济方法的特殊功能主要表现在以下几点。

1. 激励劳动者的积极性

经济手段一般都体现了奖勤罚懒，积极工作的同志能得到较多的收入，干劲更大；后进的同志也受到一定的鞭策，吸取教训，迎头赶上。[1]

2. 引导商品生产，体现国家的产业政策

如机关资金管理中的经费支出，一般采用政府采购方式，而政府采购在很大程度上体现着国家的产业政策，如政府采购可以倾向于采购民族品牌以支持民族产业，或倾向于中西部地区的企业以体现地区政策，或倾向于采购高新技术企业的商品以引导产业方向。

---

[1] 李子云，李子义. 运用"三种手段"管理信贷资金 [J]. 金融理论与实践，2001（9）：34-36.

3. 灵活机动适应性强

机关事务的服务对象数量大、种类多，且各单位的特点和要求存在一定差异，客观上要求机关事务采取灵活的服务方式，以尽可能结合实际需求保障机关运转，提高服务效率。

4. 提高资金使用效率

机关事务管理部门对职能机构设定的各种服务标准，可以通过经济方法进行测算，再根据各地不同的实际情况进行设计与制定，使资金使用更有针对性。对某些商品和劳务实行统一采购，通过规模化的采购来降低成本；对于超过一定额度的购买，实行政府采购、招标竞价的办法，即通过引入市场竞争以获取质优价廉的商品或服务。

5. 实现多元主体共赢

当前，机关事务管理部门在各地正在试点能源费用托管模式，即机关事务管理部门将电、气、煤、水等能源系统的运行、管理、维护和改造交给市场法人主体管理（法人主体可以是能源企业，也可以是拥有节能技术的高科技企业）。这种模式的应用可以使机关事务管理部门进一步降低能源管理费用，并引进技术达到节能降耗的目的，而市场法人主体可以获取订单赢得利润，通过合同管理的方式实现多元主体的共赢。

经济方法作为一种间接的管理方法，将有关各方的利益与资金管理挂钩，能充分调动相关方的积极性和主动性，促进工作效率的提高和资金管理目标的实现。此外，信息不对称理论为资金支付提供了新的视角。信息不对称是指市场主体双方所拥有的信息有所差异，市场主体双方可以是买卖双方、借贷双方等。在市场竞争中，如果一方拥有完备的信息，而另一方掌握的信息不全面，就会导致其中一方利用信息差异而做出有损于另一方的事情，这种行为在经济学上称为"道德风险"。所谓"道德风险"，是市场主体交易过程中在道德方面存在的风险，或者可以说存在不道德的可能或风险。机关资金管理经常涉及到多个主体，由于各个主体职责、权限不同，各主体之间易产生信息不对称，因而容易产生道德风险。如，在当前资金管理逐渐集中统一管理的趋势下，为各职能机构提供相关服务的主体可能是市场上的其他经济主体，服务的受益主体是职能机构，但资金通常是由机关事务管理部门来进行统一支付，即"第三方付费"，受益主体与资金支付主体不相关，因而会导致由于交易主体之间信息不对称而产生的各种道德风险，诸如以次充好、质次价高、交易双方合谋骗取资金等现象。这个问题有效解决的方法为服务全过程的信息公开，最大程度地解决信息不对称的问题，使各主体享有的信息是完全的、对称的，并辅之以健全的内部控制制度与完善的外部社会监督。

（二）行政方法

机关资金管理的行政方法是指通过依法利用行政权力，按照规定的权限和程序，采取命令、指示、布置任务、指令性计划等形式，对各项财务活动及相关经济活动进行组织、协调、控制和监督的办法。行政方法具有较强的权威性、强制性和服从性，是进行机关资金管理的基础方法。该方法的特殊功能主要表现在以下三个方面：①适用范围广，大到方针政策的公布、业务计划的下达、各级领导的任命，小到某项计划的实施、某项会议的通知、某项工作的安排、某个职工的调动等均适用；②动员力量大，是完成某种统一任务的重要方法；③纠错速度快，能及时有效地解决工作中已经出现的重大问题，迅速清除工作失误对经济工作产生的不良影响。

行政方法可以直接体现国家意志或上级机关的意志，保证国家统一的方针、政策以及统一的规章制度和财经规划得以贯彻实施。但是，该方法也有明显的缺点，即管理过于直接，缺乏灵活性，限制了各单位的自主性和主观能动性。因此，在运用行政方法时，要注意以下几点：一是要依法合理运用公共权力；二是要尊重客观经济规律；三是要克服形式主义；四是要加强权力监督，防止权力的滥用。此外，在精细化管理理论视角下行政方法可以通过一系列的策略和措施，实现资金管理的降本增效。精细化管理理论来源于企业经营管理，基于社会分工理论，主张对企业管理进行精细化分工，通过精细化管理提高服务质量、最大程度上降低管理成本，从而提高管理效率。在政府管理过程中，精细化管理同样适用。机关资金管理内容繁多，程序复杂，运用精细化管理可以把众多任务分解细化，使机关资金管理目标可以在众多环节一一实现。精细化管理的目标从不同角度可以分解为"精、准、细、严"四个层次。"精"要求机关资金管理在制度层面要完善建设，各项政策、条例、法规要逻辑严密、精益求精，保证机关资金在划拨、支出等方面流程流畅、程序简便；"准"要求机关资金在支出过程中讲究效率，一般来说，机关事务职责众多、任务繁重，而每年划拨的资金有限，这就要求资金支出要分清轻重缓急，要将有限的资金使用到当年亟须的任务与项目中去，提高资金的支出效益；"细"要求资金管理不仅要从大处着眼，而且要从小处着手，把工作做细，如果机关资金管理工作稍有疏忽，就可能导致部分机关单位运转失灵，进而影响各单位本职工作的顺利完成；"严"要求机关资金在编制预算、资金划拨、日常管理等方面要严格遵守《中华人民共和国预算法》《政府采购法》以及财务管理与财务会计等相关的各项条例，严格资金管理，保证财政资金的管理在各个环节、各个部门、各个层面合法合规。

（三）法律方法

资金管理的法律方法是通过制定、实施有关法律法规和财务制度，对各项财务活动及相关的经济活动进行组织、协调、控制和监督的方法，具有权威性、稳定性、规范性和强制性的特点。该方法的特殊功能主要体现在以下三个方面：①有利于提高工作效率和质量。详尽的法律、法规是党的方针、政策的条文化、具体化，为贯彻党的方针、政策指明了方向，能够提高工作效率和质量。②有利于保证相关政策、原则的执行，能够为行政管理活动提供规范和程序，提高行政管理效率。③有利于减少领导干部和管理人员滥用职权的行为。法律法规不但规定了对一些违法违规现象如"资金挪用""公款私用"等的处理方式，也规定了对干部滥用职权、以权谋私的处理条款，有助于机关事务管理部门及各行政事业单位人员遵守法律规范，管好用好资金。

机关事务管理部门与各行政事业单位作为国家职能的承担者，各项活动都围绕贯彻政府方针、政策来进行，具有极强的政策性。所以，机关事务管理部门与各行政事业单位更应严格执行体现国家意志的各项法律法规及规章，严格依法办事。《中华人民共和国预算法》《中华人民共和国会计法》《政府会计制度》以及其他有关财务管理、资产管理和财务监督方面的法规、规章为实现资金管理目标及各项社会事业发展奠定了法律基础。

除上述经济方法、行政方法与法律方法外，随着数字技术的普遍应用，技术方法在机关资金管理中发挥越来越重要的作用。典型的技术方法包括：①数据库设置，对资金管理相关的数据信息进行存储，借助大数据对单位预算资金管理的规律、趋势以及现状等进行分析，有利于提升预算资金管理的水平，同时利于防范和应对各类风险；②构建财务共享平台，可以借助自动化管理规避操作不到位引发的资金风险，如通过 ERP 系统，构建资金管理预警模块，设定好相应的预警参数，确定好预算风险的范围，确保在预算资金管理偏离原本轨道时，能够及时启动预警模块，为单位进行风险防控提供参考依据。①

第三节　机关资金管理的中国实践

一、机关资金管理的体制变迁

（一）经费分散管理时期（改革开放—1999 年）

这一时期机关资金管理呈现出"经营创收，分散管理"的特点。为缓解机关行政经费不足，20 世纪 80 年代开始的后勤服务社会化改革实施"多种形式的经济责任制和岗位责任制"和"广开财源，积极组织预算外收入"等措施，开展对外经营活动。同时，制定了一系列财务管理办法，对服务相关的预算及财务作出规定。国管局印发的《中央

---

① 槐亚利.行政事业单位预算资金管理的优化途径[J].财会学习，2022（30）：59-61.

国家机关食堂财务管理办法》（1986年实施，1991年废止）和《中央国家机关食堂管理办法（试行）》（1991年实施）确定了食堂实行核定管理费收支、定额补助、结余留用、超支不补的内部核算办法。《中央国家机关行政后勤服务费管理办法》（1991年实施）促进后勤管理和服务部门之间逐步建立核算关系。《中央国家机关机关后勤经费预算管理的暂行规定》确定："机关后勤经费由两部分组成：国家财政核拨给机关服务中心的定额补贴和机关服务中心为机关提供后勤服务而收取的费用。同时，改革机关后勤经费的管理方式，由原来的非经济核算方式，逐步转变为以成本消耗为补偿依据，按服务项目和服务质量计费的经济核算方式。"

这一时期的经费管理的特点主要体现为理顺"管理、服务、经营"不同主体之间的财务关系。此外，政府机关运行的经费预算主要在"行政管理费"功能预算中编列，能在一定程度上反映政府机关运行支出的整体情况。

（二）实行部门预算改革，强化经费的统计与公开（1999年–2012年）

1999年我国开始公共预算体制改革，机关资金管理也随之改革。这一时期行政经费管理模式为"部门预算、分散执行、集中控制"，即各部门分别编制预算，财政部门负责预算管理，国务院机关事务管理局组织实施中央国家机关政府采购、公务用车购置和更新经费管理、中央国家机关职工住房补贴经费管理等（这些专业职能在1998年政府改革时增加）。这一时期经费管理主要体现在三个方面。

1. 设置"机关运行经费"科目

1998年国管局和中编办出台的《关于深化国务院各部门机关后勤体制改革的意见》提出，要建立和完善结算制度以及建立政府采购制度。2000年，国管局印发《关于建立机关后勤服务费用结算制度的意见》，对结算的项目、方法和资金等进行规范；结合部门预算、国库集中收付等财政改革对科目体系的要求，形成了《政府收支分类改革方案》。2007年《政府收支分类科目》中设置"机关运行经费"项级科目。

2. 建立机关运行经费统计报告制度

2009年5月，国管局印发《中央国家机关贯彻落实中共中央办公厅、国务院办公厅〈关于党政机关厉行节约若干问题的通知〉的措施》，明确提出了"建立机关运行经费支出统计报告制度"的要求。按照这一文件要求，2009年下半年，国管局组织10家有代表性的中央国家机关部委，首次开展机关运行经费统计试填报工作。2010年起，在中央国家机关范围内正式开展机关运行经费统计工作，中央部门需从基层单位逐级汇总编报"三公"经费预算，细化"三公"经费的预算编制方式、规范编报口径。

3. 建立机关运行经费使用公开制度

自2007年《中华人民共和国政府信息公开条例》实施以来，各级政府及其部门推进财政预决算和机关运行经费公开工作。2009年以来,向社会公开的中央财政预算表的数量逐年增加。① 2011年,经全国人大审查批准的中央财政预算表及预算编制说明全部向社会公开,92个中央部门公开了部门预算,98个中央部门公开了"三公"经费的年度预算和决算支出;27个省(自治区、直辖市)公开了本地区公共财政预算和政府性基金预算,其中20个省(自治区、直辖市)公开了省直部门的部门预算,部分地区还向社会专项公开了"三公"经费的预决算情况。2012年7月19日,90多家中央部门集中在本部门官方网站公开了2011年部门决算及"三公"经费使用情况,并首次公开了机关运行经费。

(三)细化费用管理,编制机关运行经费预算(2012年至今)

2012年党的十八大以来,《机关事务管理条例》的颁布使得机关事务管理主管部门的职能进一步集中,这时期的经费集中管理体现在三个方面。

1. 外包服务费用管理

党的十八届三中全会要求"推广政府购买服务,凡属事务性管理服务,原则上都要引入竞争机制,通过合同、委托等方式向社会购买",此后,机关事务外包服务扎实推进。2014年,财政部等部门印发《政府购买服务管理办法(暂行)》,在"政府履职所需辅助性事项"中提到"后勤管理作为政府履职所需辅助性事项的主要内容之一,适宜由社会力量承担的服务事项,应当纳入政府购买服务指导性目录",同时也规定了对购买服务的预算和财务管理,绩效和监督管理。2019年《中央国家机关购买后勤服务管理办法(试行)》中提出"后勤服务指导性目录内各类后勤服务购买费用实行定额管理。各部门应在定额标准以内购买各项后勤服务。单个购买合同涉及目录内多个服务事项的,各项服务费用之间可以调剂使用"。

2. 加强会议费用管理

2016年出台的《中央和国家机关会议费管理办法》对会议费规定了管理措施。包括:将会议分为四类,分级审批;严格控制会议的人数、天数,加强会议地点和会议召开方式的管理。2023年出台的《关于〈中央和国家机关会议费管理办法〉的补充通知》要求,机关各单位应在该办法及本通知规定的开支范围和开支标准内从严从紧核定会议经费预算,节约会议经费开支。

3. 编制专门机关运行经费预算

在部门预算改革之前,政府机关运行的经费预算主要在"行政管理费"功能预算中编列,能在一定程度上反映政府机关运行支出的整体情况。部门预算改革后,实行"一

---

① 2009年,经全国人大审查批准的中央财政收入、中央财政支出、中央本级支出、中央对地方税收返还和转移支付等4张中央财政预算表向社会公开。2010年,经全国人大审查批准的中央财政预算12张表全部公开,75个中央部门公开了部门预算;17个省(自治区、直辖市)公开了本地区公共财政预算和政府性基金预算。

个部门一本预算",机关运行经费分散在各个部门预算的诸多科目中,甚至一些项目支出也可以列支机关运行经费,导致难以完整清晰地掌握一个部门的机关运行经费支出总额、具体结构和支出效果,也无法反映机关运行经费支出的总额和结构。[1] 2012年《机关事务管理条例》出台后,规定由县级以上人民政府财政部门负责组织编制机关运行经费预算,机关运行经费预算的编制应当以机关运行经费预算支出定额标准为依据。机关运行经费预算中的基本支出预算采用定员定额、增量预算的方式,机关事务主管部门统一组织实施的机关运行项目支出预算可采用项目管理、零基预算的方式。2014年《国务院关于深化预算管理制度改革的决定》提出,各部门各单位上一年预算的结转结余资金,按照财政部的规定办理。2015年《国务院关于印发推进财政资金统筹使用方案的通知》规定,对结余资金和连续两年未用完的结转资金一律收回统筹使用。2016年《中央部门结转和结余资金管理办法》第十六条规定,部门机动经费在批复当年未动用的部分作为项目支出结余资金管理。

二、机关资金管理中存在的问题

(一)政府采购制度与管理有待完善

1. 政府采购各主体之间信息不对称

政府采购涉及机关事务管理部门、供应商、评估专家、招标代理机构等,在多元主体参与前提下容易产生各主体之间的信息不对称,并且由于信息不对称而容易产生各种道德风险问题,如内外合谋、选定中标;供应商销售质次价高的商品;政府采购过程中采购方可能存在暗收回扣的现象;在公开招标中存在低价抢标的问题;通过采购代理机构进行招投标时,采购代理机构的独立性与倾向性可能存在问题,以及由此产生的评审专家的独立性与客观性问题。

2. 政府采购相关法律、法规存在冲突

首先,和政府采购业务相关的部门较多,管理主体模糊,政出多门,在政府采购法律规范及相关解释方面存在冲突,最主要体现在《政府采购法》与《中华人民共和国招标投标法》两部法律的内容冲突方面。如对于工程的表述,《政府采购法》定义的工程只包括新建、改建、扩建等项目施工方面,而《中华人民共和国招标投标法》对于工程的界定不仅包括上述施工过程,还包括前期的项目勘察、设计及施工过程中的监理等;对于采购代理人方面的规定,《政府采购法》要求纳入政府采购范围之内的采购活动,

---

[1] 李宝荣. 机关事务管理概论[M]. 北京:北京大学出版社,2020.

必须委托采购代理机构进行代理采购，而《中华人民共和国招标投标法》没有对此做出规定，只要主体具有编制招标文件和组织评标能力的，均可以自行采购，不需要委托采购代理机构。此外，对于供应商的选择方式与救济制度的设计方面，两法也存在显著差异。上述各种差异导致市场主体所依据的法律重叠，缺乏唯一标准，在进行采购业务时无所适从。

3. 评审专家相关问题突出

首先，总体上来说评审专家数量偏少、规模偏小。虽然各地都组建了评审专家库，从总体上来说数量不小，但由于行业众多，学科差异较大，细分到具体行业与学科的专家数量不多。特别是如果部分专家因各种原因不能到场时，那么专家库中的可用成员就更加少之又少，可选择的余地不大。其次，专家来源偏窄。多数专家来源于高校或者科研院所，在涉及偏理论性的论证时，这些专家可以发挥他们的优势，但涉及实操性比较强的项目时可能会存在局限性，在评估过程中也会导致结果失真。所以，需在各个专业领域较多补充实践性、操作性比较强的业内专家或实践能手，以保证评标的科学性与规范性。

（二）预算绩效管理程度不高

1. 预算绩效观念不深入，业务部门参与不足

实施预算绩效管理过程中依旧存在"不重视、不了解、不懂做"的情况，预算绩效观念不深入。财务部门受传统预案编制思想的影响，重视财政预算资金的审批，而忽视财政预算资金的后续使用效果。此外，主体责任划分不清，业务部门参与度低，信息沟通困难。预算绩效目标的制定基本由财务部门"闭门造车"，项目目标书里只有概数目标，没有详细计划内容，背离了"谁支出谁负责""谁管理谁负责"的原则，弱化了实施预算绩效管理的最基本的环节。

2. 绩效指标设置不科学，且缺乏量化标准

绩效目标编制方面存在填报不规范、指标细化量化程度不够、指标设置不全等问题。指标设置缺乏针对性和个性化，未能结合项目实际情况对指标进行完善。此外，定性目标过多，定量目标偏少，例如指标值设定为"显著""有效""改善"等模糊描述时，难以进行后续计量考核、评价。

3. 对绩效目标的监控偏弱，绩效目标反馈机制不完善

从现状来看，各家重视项目申请和立项，但对预算绩效检查、评价、反馈不够，未建立动态评价调整机制及绩效跟踪机制，缺乏运行监控，不利于及时发现问题。绩效评价结果形成以后，由于缺乏有效的激励和约束机制，没有将绩效评价结果与预算安排和政策调整挂钩。绩效结果反馈制度和绩效问题整改责任没有落到实处，导致绩效评价结果不能发挥出真正的作用。

（三）机关资金管理全过程监督不到位

1. 部分机关单位内控执行不到位

（1）财务管理缺乏规范性。机关财务人员在主观层面为满足单位需求，常开展一些缺乏规范性的往来核算。此外，财务部门存在未定期对账，未进行资金盘点，往来账款不及时进行清理，而导致资金被侵占挪用的情况。财务人员发生岗位调动时，由于交接不彻底或者交接人员责任心不强，造成资金处理缺乏顺畅衔接，加上缺乏完善的移交制度，导致往来款项以及相关资料交接手续不完整。部分机关单位在日常资金管理工作时，资金明细设置缺乏规范性和科学性，不够细致和具体，致使核算内容比较混乱，影响财务信息质量。

（2）会计核算缺乏规范性。一些机关单位由于会计工作人员缺乏责任心或者操作失误，一味地见票列支，将一些不符合规定的收入或者支出对应冲减或直接列为正常支出，最终形成错账。

2. 部分机关单位对内部监督不够重视[①]

资金检查对时效性要求较强，但资金检查及内部审计更侧重的事后检查及审计往往具有滞后性，当发现问题时，错误已经持续一段时间，整改措施的实施相对滞后。甚至部分单位为应付检查审计虚构事项，提供的材料真实性及完整性较差，部分单位内部监督职责由财务部门担任，监督效果不明显。

3. 部分机关单位全员监督不够[②]

部分机关单位不重视财务公示，未进行全口径的预算收支公示，比如只公示其中一部分收支；未进行重要事项及大额支出公示，比如"三公"经费、基建支出、大宗设备物品采购；未定期对全体工作人员进行财务收支公示，比如缺少季度财务公示、半年度公示、全年公示，监督效果差。

（四）机关资金使用主体节约资源能源意识不强

各行政机关、事业单位与团体组织是机关事务资金的主要使用者和服务受益者，在使用资金时会存在节能降碳意识不强、资金使用效率不高等问题。

1. 政府各部门较多专注本部门业务与职责，易忽视对机关资金的管理。政府各部门都有各自的职责与业务，承担政府与社会某个方面的具体职能。对于他们来说，部门业务才是真正要关注的重点与焦点，每年的考核任务也主要来自单位内部的业绩与职责，而后勤服务对他们来说是完成部门主要业绩的必要环境与必备条件，是保持单位内

---

①② 吴晶晶. 行政事业单位资金管理的困境及对策探讨[J]. 行政事业资产与财务，2022（4）：46-48.

部各部门正常运转的必备设施,资源能源使用过程中存在的问题容易被忽略。

2. 在预算安排方面,地方公共机构的节约意识不强。从部门负责人角度来看,他们一般认为花费更多的资金能够带来更好的效果;从预算安排角度来看,传统的基数预算并不是根据日常用度和实际需求进行考虑,而是基于上一年度的收支情况进行统筹。在经济发展情况较好的前提下,预算支出一般基于上一年度有所增长,而这也可能导致公共机构为增加第二年度的预算收入而盲目开支、突击花钱。当然,当前部分科目支出实行零基预算,如办公经费每年按人头核定额度,但部分科目支出依然是没用基数预算,这就导致公共机构支出总是参照上一年度的数额,使预算与实际需求脱节,难以反映公共机构的真实支出需求。

3. 必须构建多元考核体系,对地方的考核指标涉及经济、社会、安全、党建、社会保障等多个层面和多个维度,如考核过程中相关指标如经济发展、就业与节能减排之间存在冲突,如果要解决经济发展或就业,可能能耗方面就无法兼顾,如果硬性节能减排,可能会影响经济发展及就业问题,波及社会稳定。当然,在众多的考核指标中,节能降碳所受到的关注程度与重视程度在不断提高,但在考评过程中的全面性与标准化方面仍有待于进一步提高。对于部分地区来说,相对其他指标,节能降碳的约束较软、压力较小,如果地方主要负责人对节能重视程度不够,则地方各公共机构也就不会过多重视。

三、机关资金管理的完善对策

(一)进一步完善政府采购制度与管理

1. 实行信息公开,强化社会监督

政府采购过程中由于信息不对称产生的各种风险,可以通过信息公开的方式加以防范,在信息公开的同时,要接受和反馈各方面的质疑,确保政府采购过程的公开、透明。此外,还要进一步增强社会监督。首先是政府采购相关主体要互相监督,如供应商监督采购人员是否和其他供应商有利害关系、供应商和专家监督采购人员和代理机构编制采购文件、评标委员会对于供应商违法行为进行监督、评标委员会对于招标文件合法性进行监督等,只有增强相互监督,才能保证采购程序公开透明、公平公正,提升政府在经济活动中的社会信用。

2. 修订相关法律规范,保证政府采购依法执行

一方面,部委之间的条例与办法存在矛盾的,可以通过部际联席会议协商解决。财

政部门在协商解决的基础上,不断修订行政单位财务规则,明确机关运行经费财务管理的具体内容,最终实现经费管理的目标。另一方面,针对《政府采购法》与《中华人民共和国招标投标法》之间的冲突,可以通过司法解释加以说明,或者通过法律的修订使两法之间可以衔接,也可以在一定程度上促进"两法统一"。

3. 扩大评审专家的来源渠道,提高评审质量

应不断吸纳各高校、科研院所人才充实专家库。对于专家库人才数量的结构性矛盾,应重点补充与吸收稀缺领域专家,做到各个专业及其细分专业人才充裕,保证涉及各类专业时政府采购都能够顺利进行。此外,还应在实践领域广挖人才,做到理论与实践相结合,提升评审的质量和政府采购的效率。

(二)强化绩效管理考核,将预算管理与绩效考核有机结合起来

1. 转变预算管理观念,落实绩效目标管理主体责任

首先要强化财政预算绩效评价意识。加强全面推进预算绩效管理宣传,单位领导特别是主要领导要增强绩效意识,把绩效管理放在更加重要的位置,自上而下重视起来,同步建立完善绩效管理的领导体制和工作机制。其次,落实绩效目标管理主体,在单位内部通过会议召开等方式达成共识,明确业务部门和财务部门的角色地位。业务部门是绩效目标管理的第一责任主体,应做好项目情况和绩效目标设定;财务部门应积极起到辅助支撑作用,使财务部门与业务部门间形成管理合力,完善绩效管理工作机制。

2. 狠抓预算源头管控,强化绩效目标管理

优化部门预算编制流程,把绩效目标作为预算编制前置条件,围绕绩效目标安排预算。建立事前绩效评估机制,在预算编制之初就严格要求填写项目详细资料,例如立项依据、项目内容、计划成本等,明确投入、产出和效果,充分说明项目实施的必要性。加强业务培训,特别强化具体项目负责人的培训,帮助他们学会编制绩效目标,科学确定绩效指标及指标值。绩效目标不仅要明确清晰,还必须分解为可考核的量化指标。

3. 重视绩效目标跟踪,完善预算绩效目标管理反馈机制

突出目标引领,把绩效目标与本部门及下属单位年度工作目标结合起来,把用钱与办事有机统一,细化支出预算安排。"每一项工作都要以预算作为保障,每一笔预算都要对应相关工作",把绩效管理作为提升总体工作的重要抓手。强化各单位项目预算执行监控,强化绩效目标完成情况的考核,确保实现绩效目标。项目实行全过程中,业务部门按时报送项目执行情况,财务部门做实绩效运行监控,动态跟踪掌握财政资金使用、项目情况,纠正绩效运行偏差。项目完成后则对项目实施的质量、项目指标的完成情况进行评价,并加强绩效目标的结果反馈。

4. 建立科学合理的机关运行成本绩效考核体系

考核体系应该包含两个方面：一是对各部门的机关运行成本开展绩效考核，考核内容包括各部门机关运行经费预算使用情况、政府资产负债情况、运行经费支出效率、运行成本节约率、运行经费制度建设情况、定额标准完善情况、机关运行效能情况、职员对后勤的满意度等；二是对机关事务管理部门集中管理的职能事项进行成本绩效考核，如对公务用车的购置成本、运行维护成本与行业水平进行对标考核，对采购的成本节约率进行指标考核，对办公用房的闲置率、修缮成本进行对标考核，对集中办公区的后勤服务成本与行业水平进行对标考核等。与此同时，通过开展各地区、各部门机关运行成本统计数据的深度比较分析，研究建立机关运行成本绩效评价指标体系，为各地区各部门开展政府运行绩效考核提供参考。

（三）加强资金全过程管理的监督

1. 加强内部控制的执行力

加强会计核算内部控制，要求财政部门基于预算会计科目体系和财务会计科目体系，依托预算会计和财务会计适度分离并相互衔接，以收付实现制核算机关运行经费的资金流动，以权责发生制核算机关运行成本，全面反映机关运行耗费资源情况。加强日常资金管理的内部控制，如机关事务管理部门和行政事业单位要遵循"不相容职务相分离"原则，明确各岗位职责，定期进行资金盘点，日清月结，确保账实相符；对往来账款定期与业务部门对账，了解往来账款形成原因、款项收回时间，特别是对不同账龄的往来账款进行分类管理，对于账龄较长的款项及时清理，防止形成账外账、小金库；定期梳理单位对外投资的投资时限，加强短期投资管理，防止出现资金投资收益被侵占情况；利用目标考核工具，细化考核指标，形成标准化考核方案，从而将内部控制的每个规定动作执行到位。①

2. 重视上级单位及内部审计机构检查审计

一方面，要建立人大与政府、财政部门、其他机关部门协调的信息反馈与磋商机制，建立政府基本支出定期向人大备案的机制。加快完善预算立法，建立人大预算监督动态控制机制，规范预算编制时间等细节。强化对预算调整的监督，所有预算调整都需经过严格的审批程序。另一方面，增强审计对经费运行的监督，加强审计工作的独立性。建立政府运行成本绩效预算审计制度平台，采用"全程式预算跟踪"动态审计。改进审计报告制度，对政府运行经费实行合规性导向和绩效导向"双审计"。②具体来说，

---

① 吴晶晶.行政事业单位资金管理的困境及对策探讨[J].行政事业资产与财务，2022（4）：46-48.
② 樊燕，邢天添.机关运行经费绩效管理：目标设定、经验借鉴与路径选择[J].中国行政管理，2020（4）：153-154.

上级部门可以利用信息化手段如联网监控平台，对每一笔资金流向、大额资金支出、需特别关注资金进行监控，疑点提醒，分级预警，必要时可以要求下级单位提供相关原始凭据；上级单位、内部审计机构可以进行专项及非专项资金检查审计，加大检查审计频次，扩大检查审计范围，为资金安全性提供更多保障。①

3. 加大信息公开的力度，强化全员监督

机关事务管理部门和行政事业单位要重视财务公示工作，定期进行预算收支公示，在预算过程的各个阶段进行不同信息内容的公开，如在预算编制阶段，公开机关运行支出绩效目标和评价指标；在预算执行阶段，公开机关运行相关数据指标，让社会公众了解预算执行进度和绩效指标完成进度；在预算决算阶段，及时公布机关运行支出决算数据信息和审计报告。此外，定期进行财务收支公示，如季度、半年度、全年度公示。部分单位将财务公示纳入目标考核内容，或者聘请专业机构进行监督，每季度对公示内容是否完整、规范进行打分，以此加强全员监督效果。②

（四）加快实施能源费用托管的试点与推广，从最终使用环节上提高资金使用效率与管理水平

《关于鼓励和支持公共机构采用能源费用托管服务的意见》中对公共机构实行能源费用托管这种模式提出了具体要求，明确了能源费用托管的概念、形式、适用条件与优先对象，并对服务的操作流程进行了规范，明确了采购方式应为政府采购，服务期限应为5~10年，并可以将托管费用列入单位预算，为能源费用托管模式在全国的开展提供了政策支持，同时也为能源费用托管模式制定了技术规范和实施标准，明确了能源费用托管的路径与方向。能源费用托管作为一种合同能源管理形式，可以实现相关主体各方多赢。

首先，可以促进政府节能技术的优化和各部门节约意识的形成。从政府各部门来说，经过多年的经济社会发展，许多机构的相关设施已经逐步出现老化问题，建筑物与设备年久失修与跑冒滴漏的问题时有发生，能源资源浪费严重，迫切需要优化办公生活环境，保证日常办公的正常运行，同时促进能源资源的节约利用。能源费用社会化托管是一种新的能源管理模式，中标公司引入新的技术设备和管理模式，为政府各部门提供专业的运营管理服务。这种模式的实施可以降低政府日常运行成本，在达到节能降碳的同时，优化办公空间，使政府各部门能够更加专注于本职工作。另外，受托公司可以通过针对各个部门的信息公示及能耗排名等各种软约束手段，及时提醒各个部门的能源资源耗用情况，促进公共机构节能意识的形成。

---

①② 吴晶晶.行政事业单位资金管理的困境及对策探讨［J］.行政事业资产与财务，2022（4）：46-48.

其次，对于机关事务管理部门来说，可以节约资源能源和日常费用。如多数公共机构面临着办公机构更新改造、升级系统的资金紧缺，机关事务管理部门日常预算安排难以满足其升级改造要求。并且，更新改造与设备购置等对财力要求较大，相应的投资风险也会加大，而来自于政府预算安排的资金很难承担较大的风险，部门负责人基于风险也无动力对此类项目进行推动。此外，更新改造后，需要有素质较高、技术过硬的运维人员进行日常保养与维护，无论是公共机构，还是机关事务管理部门，都缺乏相应的部门与人员进行新设备的管理运维。而能源费用社会化托管模式不仅减少了项目资产资金的投入，降低了项目投资风险，也不需要配备相应的部门和人员负责改造后的日常管理与维护。而且，通过合同管理对费用进行最高限价，还可以达到能源资源与日常费用的"双节约"。

最后，对于受托节能公司来说，管理政府能源费用可以获取一定的利润。政府各公共部门体量巨大，国管局相关统计数据显示，我国公共机构总数约为167万家，在服务社会多年之后，相当一部分公共机构都要面临维修改造与设备更新的问题。对于节能公司来说，市场空间巨大。而且《关于鼓励和支持公共机构采用能源费用托管服务的意见》明确规定可以将托管费用列入单位预算，托管节能公司可以有长期稳定的现金流，避免由于拖欠费用或应收账款不能到期收回而形成的财务风险，保证公司长期盈利能力。总之，受托节能公司在为公共机构提供新技术、新产品的同时，还可以为社会节约能源资源，为公共机构节约资金减少预算，同时自身又可以维持一定的现金流，保持一定的盈利能力，促进了公司可持续的技术产品研发，为可持续的节能降碳提供了长期的资金储备与技术储备。

（五）积极推进效能政府建设，实现资金管理与其他业务管理的紧密配合

一是要改革分散的政府机关事务管理体制，积极推进机关事务集中管理体制改革，将涉及到机关后勤的业务统一归并到机关事务管理部门，一方面可以促进资源的有效整合与优化利用，另一方面可以实现资金业务的统一管理，避免资金的低效重复使用。二是加强机关事务标准化建设，形成系统标准化体系。通过"全过程、各环节"的标准化体系建设，以标准化促进机关运行规范化。标准化的建设，可以更好地推进资金的高效利用与有效管理，根据标准进行资金的定员定额管理及各预算科目的填报与调整，同时也有利于成本统计，推动资金绩效管理考核目标的清晰化。三是加强业务平台建设，在此基础上构建机关运行经费数字化平台，助力机关运行经费智能化决策管理。考虑宏观层面与微观层面行政机关运行经费的主要需求，寻找与云计算、大数据、人工智能、区块链等数字科技的结合点，全方位构建行政机关运行经费数字化平台的逻辑模型、功能框架和应用场景，提高机关运行经费数字化、智能化管理和决策水平。

【拓展阅读】

［1］蒋震.机关运行经费管理职责重塑研究［J］.中国行政管理，2020（4）：35-39.

［2］樊燕，邢天添.机关运行经费绩效管理：目标设定、经验借鉴与路径选择［J］.中国行政管理，2020（4）：153-154.

［3］解广茹.内控视角下行政事业单位专项资金管理问题与对策分析［J］.财经界，2021（14）：51-52.

［4］李俊.行政事业单位专项资金管理问题及对策研究［J］.纳税，2021，15（12）：133-134.

［5］李开伟.行政事业单位专项资金管理优化对策研究［J］.行政事业资产与财务，2021（4）：33-34.

［6］冯霞.行政事业单位专项资金绩效管理探析［J］.行政事业资产与财务，2020（2）：16-17.

［7］吴晶晶.行政事业单位资金管理的困境及对策探讨［J］.行政事业资产与财务，2022（4）：46-48.

［8］黄丽荣，吕万英.事业单位资金管理的困境及对策探讨［J］.中国集体经济，2019（5）：134-135.

第七章 机关资产管理

我国行政事业单位主要负责建造公共设施、维护公共安全,并承担着公共行政、公共教育及公共保障等多项职责。其履行相关责任依赖于良好的物质基础,这就要求行政事业单位需加强资产管理,并规范资产管理各项行为。然而,不少行政事业单位在资产管理工作中仍存在较多问题,管理成效未达到预期目标和效果,因此需要了解和理解行政事业单位资产管理的基础理论、过程与方法及我国实践现状,进而发现资产管理工作中存在的问题,积极探索优化途径和改进方法。本章主要以行政事业单位的资产管理为例加以阐述。

第一节 机关资产管理概述

一、资产管理的内涵及特征

(一)资产及资产管理的内涵

行政事业单位在我国社会经济发展中扮演着重要角色,其对资产的合理使用、优化配置、处置监管都是履行行政管理和社会服务职能的重要内容。行政事业单位资产是国有资产的关键组成部分,是进行社会管理并提供公共服务的基本物质保证。[①] 行政事业单位国有资产可以看作国家的所有财产、物资、债权和其他效益,是其占有、使用的流动资产、固定资产、无形资产、在建工程、公共基础设施、政府储备物资和对外投资等。[②] 行政事业单位国有资产的来源有多种渠道,包括使用财政资金形成的资产,接受调拨或划转、置换形成的资产,接受捐赠并确认为国有的资产及其他国有资产。

资产管理是指在资产运行的整个生命周期中对其价值实现的一种系统方法,是对不

---

① 杨春玲.行政事业单位资产管理与会计核算现状及改善策略[J].行政事业资产与财务,2021(7):15-16.
② 李倩.行政事业单位资产管理的现状及建议[J].交通财会,2023(5):48-51.

同类型资产使用及处置的系统过程。行政事业单位资产管理是在一定管理机制的作用下对资产进行登记、配置、使用和处置的规范过程，是加强资产管理和监督，并防范资产流失、浪费和闲置的重要途径，有利于实现资产价值最大化和健全资产管理体制，进而有效推进国家治理体系和治理能力现代化建设。行政事业单位国有资产属国家所有，采用分级监管和分类管理的管理体制，具体包括资产配置、使用、报废处置、资产评估、产权界定、产权纠纷调解、产权备案登记、资产清查及和内外部监察等内容。[①]

（二）行政事业单位资产的基本特征

1. 配置领域的非生产性[②]

行政事业单位资产主要分布在社会非生产领域的各种组织中，如各级党政机关，科学、文化、教育等事业单位，各种人民团体等。但需要指出的是并非所有的行政事业单位资产都分布在这些单位中，也并非所有的资产都是非生产性质的，即这些单位中的部分资产也可能成为经营性资产。

2. 使用目的具有公共服务性

行政事业单位资产的公共服务性是由其非生产性决定的，即不以营利为目的，主要用于保障履行公共职能、提供公共服务及保证社会正常运转，由此行政事业单位非经营性资产较多，一般缺乏自偿能力。

3. 具有资金补偿和扩充的非直接性

这是指行政事业单位资产的规模和增量应当适度并适应行政事业单位的发展需求。在使用中应注重提升效率；在管理中应尽可能强化资产使用者的节约意识和经济核算意识以维护各个行政事业单位的正常运转和职责履行。

4. 资产来源广，但主要以财政拨款为主

当前我国行政事业单位资产来源较广，其中上级主管部门的下拨款及营利性创收占比较大，且财政拨款占比最大，是行政事业单位资产的主要来源。

二、行政事业单位资产的主要类型

（一）按存在形态可分为有形资产和无形资产

有形资产指有一定实物形态的资产，广义上讲，主要包括行政事业单位的资金、

---

① 胡忠玲.现阶段行政事业单位资产管理存在的问题与对策研究［J］.质量与市场，2022（7）：172-174.
② 李梦莹.浅析行政事业性国有资产的管理［J］.中国管理信息化，2016，19（6）：41.

资源、产品、设备、装置、厂房、人才信息等一切要素；狭义上讲，通常指行政事业单位的固定资产和流动资金。有形资产一般呈现以下特征：①具有实体性和明确性，即有实体物质、有明确的生产设备和产品、有产品数量及产品价格；②具有价值明晰性，即有形资产与它的物质特征相关联，虽然其财产权利属于无形的，但价值在于其物质特性，可以鉴定有形资产的价值和存在，且为单位创造的价值基本保持在相对平衡的水平。①

无形资产与有形资产相对应，指没有实物形态但具备可辨认性的非货币性资产，可为使用者提供某种权利，包括专利权、非专利技术、商标权、著作权、土地使用权、特许权等。广义上，无形资产是单位有形资产之外的资产和资源总和；狭义上，指被一定主体拥有或控制的、长期使用但没有实物形态的、可辨认的但在会计上需要计价反映的，并能带来预期效益的非货币资源。②相比有形资产，无形资产一般呈现以下特征：①无实体性和附着性，即其不具有物质实体，而是附着于特定的物件。②长期性，即其不具有流动性、变现能力差，但能在较长时间内（至少超过一年以上）使单位受益。③排他性，有些无形资产受法律保护，禁止非持有人无偿取得；排斥他人的非法竞争，如专利权、商标权等；有些无形资产只要能确保秘密不泄露于外界，也可私自占有，如专有技术等；有些无形资产不能与单位整体分离，如商誉等。③④高效性，无形资产能给行政事业单位运行带来远高于其成本的绩效，一般来讲单位无形资产越丰富，其创造绩效的能力越强。⑤不确定性，无形资产的有效期受技术进步和市场变化的影响很难准确确定，且其给单位带来效用的能力与水平也具有一定程度的不确定性。⑥来源丰富性，行政事业单位无形资产的获得渠道较为丰富，包括政府购置、上级主管部门授权及配发、行业系统内部调配、自创研发等。④

（二）按其运用动态可分为动产和不动产

动产指行政事业单位的可移动资产，不因其移动而造成价值损害，可分为有形资产与无形资产、现有的资产或未来获取的资产等，如各类设备、存货、待砍伐的树木、应收账款、物权凭证等。

不动产是行政事业单位更好履职的关键基础，物理上包括不能移动的有体物，如土地、房屋及附着于土地、房屋上不可分离的部分（如树木、水暖设备等），也包括移动

---

① 郑锦凤.无形资产与有形资产的异同探析[J].财经界，2020（36）：36-37.
② 中华人民共和国财政部.企业会计准则第6号——无形资产[EB/OL].（2006-10-30）[2006-10-30].http://www.asc.net.cn/Learning/RegulationContent.aspx?RegulationID=fe3a0a6b-c861-4f7d-81a2-f5177398be59.
③ 黄艳霞.行政事业单位无形资产管理探析[J].广西财经学院学报，2013（26）：113-115，124.
④ 于晓镭.新企业会计准则实务指南与讲解[M].北京：机械工业出版社，2006.

后会影响其经济价值的有体物。一般来说，行政事业单位不动产包括办公用房（含附属用房及基本用房）、技术业务用房和土地三种类型，其中，办公用房是不动产的关键构成，是行政事业单位为更好地实现管理职能而设置的工作场所。[①]

（三）按其运用方向分为经营性资产和非经营性资产

经营性资产指在保证本单位正常履行管理及社会服务职能的前提下，按政策规定用于从事生产经营活动、并能创造财富的资产，具有增值性特征。具体包括单位通过收费、捐助等方式自建的、购置的以营利或创收为目的形成的资产，如可以对外出租、出借及股份经营的资产。[②]长期以来，我国行政事业单位经营性资产的管理模式经历了两个阶段，大体为由预算外管理向非税收入管理变化。①将经营性资产取得的收入作为预算外资金，按照收支两条线原则进入预算外账户管理，财政部门负责账户管理和监督，并将缴纳金额按一定比例返还给相应单位，各单位可自行管理。此阶段经营性资产取得的收入与本单位相关性较高，各单位对此也较为重视。②将经营性资产取得的收入作为非税收入，缴入国库，纳入财政预算管理，之后按比例返还至本地财政部门，财政部门按预算进行开支，此阶段各单位的经营性资产收入与实际可获得收入的相关性降低，一定程度上造成各单位对经营性资产管理的重视度减弱。

非经营性资产不直接参与行政事业单位的生产经营过程，也不直接创造物质财富，不具有资产增值性特征，但能产生较大的社会效益。非经营性资产管理要求保障资产安全与完整、推动资产合理有效使用，以保证占用的单位、机构履行职责并产生良好的社会效益。非经营性资产基于管理现状，大致可以划分为三种管理模式：资源型、资产型和资本型。[③]资源型管理模式注重各项资产的使用价值，管理相对分散，处置随意，容易导致资产分配和占有不公，甚至造成资产闲置浪费和流失。资产型管理模式已考虑到单位资产具有商品的价值属性，将价值管理与实物管理相结合，有利于及时记录和跟踪资产的变化情况，进而有助于保障资产的安全与完整，避免资产流失，同时提高资产合理、高效地配置和使用。资本型管理模式得益于市场经济的发展，即市场化经营要求单位考虑资产的优化配置，以实现资产的保值与增值。

此外，行政事业单位国有资产也可以分成其他类型，如按照单位性质可分为行政单位资产、事业单位资产、社团等其他资产；按照地域分布，可分为境内资产和境外资产；按照行业性质，可分为教育、科研、文化、卫生等不同行业资产。

---

① 李荣辉.行政事业单位不动产管理问题研究［J］.大众商务，2022（8）：180-182.
② 林梁鑫.新时代下行政事业单位经营性资产管理模式的思考［J］.投资与创业，2021，32（15）：135-137.
③ 方惠，方虹.行政事业单位非经营性国有资产管理模式探索［J］.宁波职业技术学院学报，2006（3）：7-10.

三、机关资产管理的意义

第一,有利于保障行政事业单位各项资产的安全和合理配置,以最大化发挥资产效用并落实行政事业单位资产的管理职能。当前,各类行政事业单位对资产管理的认知度偏弱,管理较为松懈,且管理人员水平参差不齐,各单位和部门之间沟通不畅,资产调配难度较大,利用效率低下。加强资产管理、规范资产管理流程及强化资产在配置、使用和处置等环节中的内部控制,有利于加强各部门之间的沟通与合作,推动资产管理方式逐步科学化、规范化和制度化,保障各项资产的安全和优化配置,进而提高资产利用效率,推动各项资产管理职能的顺利落实。

第二,有利于提升行政事业单位的服务水平与效率。我国行政事业单位直接服务社会大众,资产配置的合理程度影响到单位工作人员的服务水平和效率。若资产管理不到位则容易造成资源配置失衡、窗口拥挤、群众满意度低等问题。加强资产管理有利于提升资产利用效率和单位工作人员的业务水平与综合素养,进而提升人民群众的幸福感和对政府公共服务的满意度。

第三,有利于降低行政事业单位的运行与管理成本,树立节约型和服务型政府形象。若资产管理效果不佳,经常发生资产重购、闲置等情况,则会增加资产投入和相应的管理费用,造成财政浪费,有损政府形象。强化资产管理,有利于及时了解资产底数,减少管理盲区和不确定性,进而促进账实相符,推动资产有效整合和合理配置,实现资产的保值与增值,同时有利于单位工作人员增强红线意识和底线思维,树立节约型和服务型政府形象,提高政府公信力,促进治理体系和治理能力现代化建设。

第二节 机关资产管理的过程与方法

一、机关资产管理的原则

(一)坚持资产管理与预算管理相结合的原则

行政事业单位预算管理是资产管理的基础,有效的预算管理有利于提高资产管理的水平和效率,预算管理缺失将会影响资产的优化配置和合理使用。具体来说,预算管理将直接影响单位预算费用的支出,进而影响资产的规模与数量,预算不科学将会造成资产浪费，不利于提高整体资源的优化配置水平。只有在科学的预算体系内，才有可能制定合理的资产配置标准，防范债务风险，维持资产的合理存量，进而提升资产利用效率、保障单位的高效运行。①

（二）坚持共享共用与自主支配相结合的原则

行政事业单位占有和使用的资产通常属于国家所有，其根本目标是提高单位运行效率，满足广大人民群众的差异化需求，但处置和调配等权利归属于各部门及所属单位，即在明确资产权属的前提下，各单位可按需直接自主支配。因而应建立和完善资产管理机制，优化管理手段，减少资产浪费与流失。

（三）坚持分级监管与分类管理相结合的原则

行政事业单位资产坚持分级监管、各部门直接支配的管理方式，国务院财政部门主要负责制定规章制度和管理办法、组织实施和监督检查等工作。各部门及其所属单位应明确管理职责，在开展资产管理工作中，根据各类资产特性，区分不同资产类型，如有形资产与无形资产、动产与不动产、经营性资产与非经营性资产、办公设备和非办公设备等类别，进而在划分资产不同形式的基础上，按照相关规定开展分类管理工作，推动资产管理流程安全规范、管理过程公开透明、管理结果节约高效。

（四）坚持实物管理与价值管理相结合的原则

行政事业单位资产管理涉及到实物管理和价值管理两方面内容，实际管理中两者密不可分。其中，实物管理是对实物形态的资产进行管理，涉及资产配置、使用及处置等管理环节；资金管理是对价值形态的资产进行管理，侧重于以货币形式记录资产的流动情况，体现经费的收支状况。在资产配置环节，实物管理需要做到经济、节约与高效，满足单位履行管理职能；在资产使用环节，既要考虑实物的运行和正常维护，又要考虑其价值链条；在资产处置环节，实物资产的处理过程要手续齐全，价值资产需要按照财务制度规定及时进行账务处理，做到账实相符。②

二、机关资产管理的过程

资产管理过程，即资产全生命周期管理，其实质是围绕资产的产权登记、配置、使

---

① 徐秀清.资产管理应遵循的原则与具体运用 [J].学子（教育新理念），2014（19）：72-73.
② 朱振明，张涛，吴凤桐.加强行政事业单位资产管理的原则与措施 [J].现代营销（学苑版），2012（3）：46.

用和处置等全过程展开的,在满足资产经济性、效率性和效益性的基础上,实现资产全生命周期管理的成本最优化。[①] 当前,全生命周期管理模式已受到行政事业单位的重视,将其逐步引入资产管理过程中,有效提高了资产管理效率。

(一)资产产权登记环节:明晰权属,保障合法地位

1995年国家国有资产管理局、财政部联合印发的《行政事业单位国有资产管理办法》明确指出,行政事业资产产权登记是国有资产管理部门对行政事业资产进行登记,依法确认国家对国有资产的所有权和行政事业单位占有、使用国有资产的法律行为。国有资产管理部门核发的国有资产产权登记证是国家对行政事业单位占用国有资产享有所有权的法律凭证。

占有、使用国有资产的行政事业单位,不论采取何种资产管理方式,都必须向国有资产管理部门申报、办理产权登记手续。产权登记的主管机关是国家国有资产管理局和地方各级国有资产管理部门。各级国有资产管理部门负责本级行政事业单位资产产权登记。必要时,可委托主管部门进行登记。登记的主要内容包括:单位名称、住所、单位负责人、预算管理形式、主管部门、单位资产总额、国有资产总额、财政部门规定的其他事项等。产权登记分为设立产权登记、变动产权登记和撤销产权登记三种类型。产权登记实行年度检查制度,每年进行一次。办理产权登记后,行政事业单位应妥善保管产权登记表,并建立产权登记档案,及时了解资产存量的变化。

(二)资产配置环节:明确部门职责,实现归口管理

行政事业单位资产配置包括调剂、购置、建设、租用、接受捐赠等方式。尽管《行政单位国有资产管理暂行办法》《事业单位国有资产管理暂行办法》等规定对行政事业单位资产的内涵进行了界定,但并未涉及其中的计量等问题。

《行政事业性国有资产管理条例》明确指出,行政事业单位应根据履职和事业发展需要,综合考虑资产存量、配置标准、目标和财政情况等配置资产,并选取合理的资产配置方式,重大资产应进行可行性研究,通过集体决策完成配置,价值较高时应履行审批程序。县级以上人民政府应建立和完善资产配置标准体系,配置标准应做到勤俭节约、注重绩效和环保,并根据社会经济发展、市场改革、科技进步、政策变化等进行适时调整。具体操作中应优先通过调剂方式进行资产配置,不能调剂时,可采用其他方式。

[①] 凌华,李佳林,潘俊.政府会计与行政事业单位内部控制的协同机理研究——以行政事业单位资产管理为例[J].财会通讯,2021(1):163-167.

在此基础上，政府会计改革进一步推动了行政事业单位内部控制建设，并提升了信息披露水平，明确了资产的定义和计量方式。在资产配置过程中，应做到以下两点，一是可将政府会计中的资产定义引入单位资产管理中，进而明确资产的分类和使用范围，有针对性地加强内控建设，完善信息化管理制度，做好资产的归口管理，落实好资产使用人、保管人的责任；二是内控建设中各单位应基于实际情况，明确资产的归属问题，将资产纳入会计核算的范围，为资产后续管理奠定基础。

（三）资产使用环节：制度交相融合，全流程业务跟踪

《行政事业性国有资产管理条例》指出，行政事业单位对其占有或使用的资产具有监督和管理职能，应保证其用于单位日常工作和开展相应的社会服务，不得随意将其用于担保或对外投资；若在法律允许的范围内将其用于担保或投资的，必须在保证单位职能履行不受影响的前提下，向有关部门进行报告，经审核、批准后执行。若资产通过捐赠方式获取，应按照捐赠约定使用和管理，捐赠人意愿不明或没有约定用途时，应当统筹安排使用。同时规定行政事业单位在资产使用中，应明确责任归属、规范使用流程并强化产权保护，进而提高资产管理绩效，发挥资产效能。此外，县级以上人民政府及其有关部门应建立健全资产共享共用机制，统筹推进资产共享共用工作，在确保本单位资产安全的前提下，尤其应重视单位大型设备的共享共用，并给予提供方合理的补偿。

为实现资产使用的规范化和标准化，保证行政事业单位更好地履行职能，还应根据不同的要求开展工作。第一，明确规定资产使用范围。不同行政事业单位需要根据单位性质与资产使用情况，明确不同类型资产使用的具体范围，通过各项规定规范资产使用流程。第二，定期清查盘点资产并了解其使用情况。行政事业单位需要定期清查盘点现有资产，了解各类资产的使用现状，保证账实相符；若出现账实不符，需及时展开调查，规范管理流程，预防资产流失。第三，将资产向外租借时必须申请上报。若行政事业单位将资产向外租借时，必须提前向财政部门上报，经过材料填写、主管部门审核及财政部门审批等环节后，财政部门认为符合要求的，方可向外租借。向外租借的资产所有权不变，通过租借获取的收入，应按照非税收入管理办法执行。[①]

此外，行政事业单位的"权责发生制与收付实现"双基础模式，即将财务会计和预算会计相结合的会计制度，有效解决了资产使用中的记录跟踪问题，明晰了资产使用边界，规定了固定资产折旧等实际问题。单位内控过程中的授权审批控制、会计控制、预算控制等方法有力推动了资产使用"相互制约、相互监督"工作机制的形成，进一步强化了会计人员的责任意识，有利于规范会计工作，保证资产使用过程的真实与完整。此

[①] 李延鹏.浅谈行政事业单位资产管理的问题和对策[J].商业观察，2023，9（7）:81-84.

外，行政事业单位会计要求披露资产折旧采用的会计政策和会计方法，即资产从配置到最终处置等各环节的信息均应如实记录，这样能够促进财务数据更加贴近现实，有利于加强对资产领用、调配、维修、出租出借、清查盘点等各流程的严格监管，提高资产使用效率。

（四）资产处置环节：明晰资产去向，提升管理效率

资产处置包括出售、调拨、捐赠、报废、出让、转让及货币性资产损失核销等方式。其中，资产出售被视为无须增加居民税收负担却能够解决财政困境问题的重要方式。因此，资产处置作为全生命周期管理中的尾环，仍需要引起重视。《行政事业性国有资产管理条例》对此进行了详细规定，各部门及其所属单位应根据职能履行、事业发展需要和资产使用状况，经集体决策和履行审批程序，依据处置事项批复等文件及时处置相关资产。各部门及其所属单位应当对因技术原因确需淘汰或者无法维修、无维修价值的资产，涉及盘亏、坏账以及非正常损失的资产，已超过使用年限且无法满足现有工作需要的资产，因自然灾害等不可抗力造成毁损、灭失的资产，及时予以报废、报损。当各单位发生职能变化、业务调整时，应按规定办理资产划转和交接手续。

此外，行政事业单位会计制度中双基础模式的权责发生制，规定应将资产处置账面价值转销进入"资产处置费用"，并将净收益上缴财政，按规定纳入单位预算管理的收益转入当期收入，从而有利于明晰资产去向，实现资产去向"有本可查"，严格管控与把握资产的"归处"，提高管理效率，做好资产全生命周期管理的最后一环。

三、机关资产管理的方法

（一）市场管理方法

一是积极组建内部市场，在同一空间区域的不同类型、不同单位之间建立内部市场的集中统一管理方式，使各单位通过内部市场交易来调剂所需要的各项资源和资产，解决各自储备的资源冗余、设备空间闲置和服务人员工作量不足等问题，提高资产管理效能。[①]

二是探索行政事业单位国有资产统一管理、市场化运营的盘活方式。2022年，财政部发布了《关于盘活行政事业单位国有资产的指导意见》，针对行政事业单位资产规模大、但管理水平与使用效益不高等问题提出盘活资产的相关建议，即通过共享共用、

---

① 高鹏程. 当前中国机关事务管理研究中的前沿问题——资产管理、层空关系和集中统一方式 [J]. 理论与改革, 2020（1）: 100-109.

出租、处置等多种方式提高资产利用效率。其中明确提出了行政事业单位国有资产的六种盘活方式，包括优化在用资产管理、推进资产共享共用、加强资产调剂、实施公物仓管理、开展资产出租或处置及实现资产集中运营管理。优化在用资产，强调最大限度发挥在用资产的价值，适当减少资产配置量，切实保证物尽其用。资产共享共用，强调仪器设备、文体设施、数据资源等资产通过各类平台向社会开放，做到共享共用，提高资产利用率。资产调剂，强调对价值大、利用率低的闲置资产进行跨部门、跨区域调剂，全面激发资产效能。公物仓管理，强调建立对行政事业单位资产统一管理、调配、处置的"公物仓"运作平台，"公物仓"运作体系坚持资产管理和预算管理相结合，将预算编制、执行和决算的全流程与资产的配置、使用和处置等各个环节结合，全面控制资产的增量和存量。建立"公物仓"运作平台的关键在于创立资产的共享平台和相应的调配制度，前者有利于帮助实现资产的统一规划、集中管理和信息共享，后者有利于提高资产使用效率、平衡资产配置不足，是推动资源优化配置的有益探索。[①]资产出租或处置，强调在规定范围内可以对难以调剂的各类资产通过市场化方式进行对外出租或处置。资产集中运用管理，强调资产的统一管理，可有效整合和管理低效与闲置资产，提高单位对各类资产的统筹管理能力。

（二）行政监管方法

一是不断完善资产的管理制度，颁布多项规章条例。2009年，国管局出台《中央行政事业单位国有资产管理暂行办法》，随后又陆续出台了《中央国家机关通用资产配置管理暂行办法》和《中央行政事业单位国有资产处置管理办法》两个基础法规，《关于中央和国家机关公务用车配备使用管理有关问题的通知》《中央国家机关通用办公软件配置标准》和《中央行政单位通用办公设备家具配置标准》三个配置标准，并建立了由资产配置计划管理制度、资产年度决算报告制度、资产管理绩效评价制度及资产处置平台制度四项工作制度组成的制度体系，初步构建了中央行政事业单位资产管理制度框架。2021年，国务院颁布《行政事业性国有资产管理条例》，对资产配置、使用和处置，预算管理，基础管理，资产报告，监督及法律责任等内容进行了说明和规定，有利于加强行政事业单位国有资产管理与监督，健全国有资产管理体制，推进国家治理体系和治理能力现代化。

二是采用信息化手段，积极推进资产管理各项事宜网上办理，强化对产权转让、资产出租出借、资产报废等流程的监督管理。

---

① 李俊林，王晓辉．面向流程管理的公物仓管理制度建设研究——以内蒙古自治区为例[J]．行政事业资产与财务，2019（1）：7-9．

三是建立健全资产损失排查机制，严格责任追究，坚持管资产与管人、管事相结合。

四是建立和完善资产报告制度，加强了解各部门、各单位上一年度资产存量、增减变动情况，办公用房、土地、公务用车和对外投资等重点资产使用和管理情况，及资产配置、处置等管理制度和标准的执行情况。

五是不断推动行政事业单位会计制度改革，完善行政事业单位资产管理体系，提高资产管理绩效。①在行政事业单位会计制度改革背景下逐渐建立健全法律规范、制定统一的政府会计准则、编制政府综合财务报告、修订完善政府预算会计制度、建立政府会计信息系统等，提高了会计制度的适用性和实用性，完善了行政事业单位资产管理核算工作内容，规范了资产管理核算工作流程，有利于统一各行政事业单位的会计核算方法，完善财务管理体系，提高资产核算的准确率和科学性，以便更好地制定财务报表，更准确地反映资产和财务预算情况，提高管理水平。②③

（三）绩效管理方法

行政事业单位资产管理绩效评价是财政部门财政资金支出绩效评价的一项重要内容，也是资产是否有效配置的主要依据。2015年，财政部发布的《关于进一步规范和加强行政事业单位国有资产管理的指导意见》提出，应加强行政事业单位资产管理的绩效评价，构建科学的评价指标体系，并将评价结果应用于资产管理工作中。一是不断树立绩效管理理念，将绩效管理嵌入到资产管理的全过程，包括明确管理对象、建立绩效评估制度及强化绩效评价结果的应用。二是积极探索绩效评价体系并开展绩效评价工作。评价指标的合理设置是绩效管理的基础，建立科学合理的绩效评价指标体系是一项系统工程。绩效评价指标体系构建中要明确资产管理绩效评价的目标，要体现资产科学化、规范化、精细化和专业化管理，要满足预算绩效改革和内部控制建设的要求。譬如，江苏省在行政事业单位资产绩效指标体系构建方面进行了有益探索和实践④，其设置了4个一级指标和26个二级指标，通过综合评分法进行绩效评价，指标包含基础管理、日常管理、资产效率和附加指标4个维度。江苏省的实践取得了良好效果，也为其他地区、其他部门绩效评价指标体系的构建提供了现实经验，即注重

---

① 杨尚映.政府会计制度改革对行政事业单位资产管理和核算的影响[J].行政事业资产与财务，2018（23）：91-92.
② 赵桂珍.浅析实施新政府会计制度对事业单位工作的影响[J].财会学习，2019（18）：121，123.
③ 陈燕.政府会计制度改革对行政事业单位资产管理和核算的影响[J].中国乡镇企业会计，2019（8）：148-149.
④ 林冬梅.构建行政事业单位资产管理绩效评价指标体系研究[J].财经界，2021（13）：41-44.

指标分类和整合，体现指标的层次性和全面性；基于评价目标对各维度指标进行细化；指标选取尽可能科学合理、可表征、可量化。三是充分利用好评价结果，及时进行绩效改进，对绩效评价中发现的部门低效率问题开展绩效分析，找出原因，提出改进建议。

（四）全流程管理方法

《机关事务工作"十三五"规划》指出，为提升行政事业单位资产管理绩效，应全面实行全流程管理方法。一是健全相应的制度体系。如制定资产配置标准，加强资产配置管理；实施资产统计报告、盘查和绩效管理制度，促进闲置资产有效、统一调配；完善资产处置流程、建立资产处置运行平台及创新资产处置方式。二是实行全流程管理。如建立资产配置、使用及处置管理的全过程追溯体系，可随时追踪各项资产的来源、使用状态及最终去向；完善资产信息码、卡片、台账等工作，并改进其信息承载能力，鼓励使用电子标签技术提高资产管理绩效；建立健全资产从配置、入库、使用、处置的全流程管理机制，落实主体责任，强化资产变动的科学化管理，推进资产管理与财务管理和政府采购相结合。三是创新资产监管方式。如优化管理流程，推进资产管理网络化与信息化，加强对资产转让、出租出借及报废等流程的监管，切实提高管理效率；引入竞争与制衡机制，建立和完善资产处置平台，促进资产评估与处置分离，提高处置绩效；定期对资产配置、使用及处置等事宜及相关机制的运行情况进行抽查，严格追究责任。[①]

（五）基于内控视角的管理方法

内部控制是行政事业单位资产管理的有效方法，加强内部控制有利于优化组织结构、科学分配各项资源、提高资产使用效率和资产管理水平。一是在资产管理中不断强化风险管理和风险防范意识。行政事业单位应逐渐提高风险管理意识和风险预警水平，结合单位实际运营情况，全面识别并分析可能存在的潜在风险，系统梳理单位资产现状，加强对相关资金、资产等的审核工作，积极采取有效措施规避风险，减少损失；逐渐构建风险预警模型，不断学习和借鉴其他单位的先进经验，有效识别、防范、控制和评估业务活动中的各项风险，保证管理人员及时了解和掌握资产管理情况，及时处理可能出现的风险问题；针对部分可能遗漏的风险问题，构建事后应急机制，有效应对各类突发意外风险，尽力将资产损失控制到最低。二是不断完善内部控制体系。明确部门职

[①] 国家机关事务管理局.机关事务工作"十三五"规划[EB/OL].（2016-09-12）[2023-12-28].https://www.ggj.gov.cn/ztzl/jgswgzsswgh/xcjd/201609/t20160909_12759.htm.

责，创建良好的内部控制环境。各行政事业单位逐渐认识到加强内控管理的重要性，积极落实资产的各项管理策略，明确管理职责、强化内控监管，增强管理人员的内控意识和能力，推动各项管理制度的顺利实施。积极推动资产管理与财务管理相结合，逐渐规范财务管理流程，加强财务风险管理，做好收入账户和发票管理工作，积极盘活各项资产，提高资产管理水平。加强内控监管，不断引进高素质人才，提高资产管理的专业性，并制定监督管理计划，提高资产管理的规范性。[①] 三是建立和完善资产管理考核机制。完善规章制度，加强对单位内部工作人员的考核，强化各项管理制度对管理者的责任约束；强化社会参与，充分利用外部资源和群众监督，形成公开、透明的资产管理方式。

第三节　机关资产管理的中国实践

一、机关资产管理的体制变迁

（一）1988年以前

从新中国成立到20世纪80年代，行政事业单位资产管理体制的基本框架是在第一个五年计划时期逐步形成的，资产的所有权、占有权和支配权都集中在政府手中，政府高度集权管理是当时资产管理的鲜明特征，与国家的赶超战略与高度集中的计划经济体制相适应。此时，资产管理不设专门机构，基本上按照行政隶属关系开展工作。具体来说，行政单位经费预算由财政部门核定，行政单位财务管理工作在财政部门统一领导下实行分级管理，行政单位国有资产管理作为财务管理工作的一部分，也是在财政部门统一领导下实行分级管理。

（二）1988年到1998年

1988年，国务院机构改革，成立了国家国有资产管理局。1990年，国务院发布《关于加强国有资产管理工作的通知》，其中第七条指出，资产管理应坚持统一领导、分级管理的原则，逐步建立和健全国有资产管理机构，即由财政部和国家国有资产管理局行使国有资产所有者的管理职能，国家国有资产管理局专职进行相应工作，并由财政部归口管理。此外，各地区可结合本地实际情况，设立专门的资产管理机构，机构设置需按

---

① 赵长庚.基于内部控制的行政事业单位资产管理模式构建[J].中国管理信息化，2021，24（20）：8-9.

照规定程序汇报审批；同时各单位可暂时指定资产管理机构和人员，人员可由各地区和各部门调剂解决。1993年11月，中共中央十四届三中全会做出《中共中央关于建立社会主义市场经济体制若干问题的决定》，明确了对国有资产实行国家统一所有、政府分级监管、企业自主经营的体制，这是政企分开之后，首次提出了政资分开的概念。1993年以后，深圳、上海等地开始进行国有资产管理体制的进一步探索。

（三）1998年以后

1998年，根据第九届全国人民代表大会第一次会议批准的国务院机构改革方案，国家国有资产管理局撤销并入财政部。经国务院批准，国务院办公厅印发了《财政部职能配置、内设机构和人员编制规定》，明确将国家国有资产管理局承担的制定政府公共财产管理规章制度的职能划入财政部。在财政部"三定"方案中，具体表述为：拟定政府公共财产管理的规章制度并对执行情况进行监督。进而，中央行政事业单位资产管理由财政部行使管理职能，地方行政事业单位资产管理由财政部门、机关事务管理局及国资委等行使管理职能。2002年11月，党的十六大宣布"在坚持国家所有制的前提下，充分发挥中央和地方两个积极性。国家要制定法律规范，建立中央政府和地方政府分别代表国家履行出资人职责，享有所有者权益，权利、义务和责任相统一，管资产和管人、管事相结合的国有资产管理体制"。2004年，财政部行政政法司成立行政资产处，科教文司成立事业资产处。近些年，行政事业单位资产管理工作实现了新的突破，陆续出台了一系列相关政策（见表7-1-1）。

表7-1-1　近年来我国行政事业单位资产管理改革的相关政策汇总

年份	政策
2006年7月	《行政单位国有资产管理暂行办法》
2006年7月	《事业单位国有资产管理暂行办法》
2011年3月	《中共中央、国务院关于分类推进事业单位改革的指导意见》
2012年11月	《行政事业单位内部控制规范（试行）》
2014年10月	《中共中央关于全面推进依法治国若干重大问题的决定》
2015年12月	《关于全面推进行政事业单位内部控制建设的指导意见》
2015年12月	《关于进一步规范和加强行政事业单位国有资产管理的指导意见》
2016年1月	《财政部关于进一步规范和加强行政事业单位国有资产管理的指导意见》
2017年1月	《关于开展2016年度行政事业单位内部控制报告编报工作的通知》
2017年5月	《行政事业性国有资产管理条例（征求意见稿）》
2021年3月	《行政事业性国有资产管理条例》

二、机关资产管理取得的成效与存在的问题

(一)取得的成效

第一,各地陆续开展了行政事业单位资产清查,逐步摸清了家底,为制度建设、信息化管理、提升资产报告质量等奠定了坚实基础。譬如,河南省鹤壁市财政局突出"三个结合",开展资产清查摸清家底促发展。其具体做法为,一是资产清查与资产管理系统相结合。将资产清查数据作为完善资产管理系统的一项基础性工作,通过实物清查盘点,进一步核实市级行政事业单位国有资产底数和管理使用现状。二是资产清查与盘活闲置资产相结合。为盘活闲置和低效利用资产,发挥资产效能,对市级行政事业单位基本情况、资产情况及国有资产等进行全面"体检",力求真实完整反映各单位资产和财务状况。三是资产清查与健全管理制度相结合。建立健全市级行政事业单位资产管理制度,完善操作规程,切实巩固提升资产清查工作成效。

第二,理顺了管理体制,构建和完善了资产管理制度体系。一是法律规范不断完善,资产管理体制逐步健全,推进国家治理体系和治理能力现代化。二是不断创新资产管理方法,市场管理法、行政化监管法、绩效管理法、全流程管理法及基于内部视角的资产管理方法不断成熟和发展。譬如,武汉市财政局坚持把资产管理与资金管理置于同等重要位置,不断完善资产管理制度,加强重点资产的管理力度,构建涵盖资产从"入口"到"出口"的全生命周期管理框架;主动接受监督,健全资产报告工作机制,提高报告工作质量,积极协调其他相关部门,形成各司其职、各负其责、齐抓共管的资产管理机制,利于真实反映本地区资产的存量、结构、变化、收益等情况并积极推进资产管理改革进程;科学编制资产配置预算,推进资产管理与预算管理有机结合,形成资产的全链条管理机制,落实"无预算不配置"的制度要求;强化监管责任,按照清理核实、分类处理、应转尽转的原则,组织行政事业单位开展已使用在建工程转固专项整治工作,逐步明晰资产权属,建立资产管理台账,实现账实相符;积极盘活办公用房、住宅等闲置资产,规范资产管理程序,提高资产利用效率。

第三,逐步规范了资产配置、使用和处置管理。譬如,安徽省滁州市琅琊区财政局强抓资产"配置、使用、处置"关口以保障资产安全。一是加强制度建设,建立长效机制。按照补齐短板、堵塞漏洞要求,区财政部门印发了关于行政事业单位国有资产配置、使用、处置管理规范性文件,会同有关部门出台了党政机关办公用房、党政机关公务用车以及门面房出租等管理办法,基本形成了较为完备的行政事业单位资产管理制度体系。二是明确工作职责,推动责任落实。按照分级分类管理原则,进一步明确财政部

门的监管责任、部门单位的主体责任、机关事务管理中心的专管责任、街道开发区的自管责任,形成各司其职、各负其责、齐抓共管的工作格局。三是突出关键环节,加强日常监管。包括严控资产配置关,严格遵循资产功能、数量与单位职能相匹配,资产存量与增量相结合,厉行勤俭节约、讲求绩效和绿色环保的原则,推进资产配置与预算管理、非税收入、政府采购、财务管理相结合;严把资产使用关,遵循权属清晰、安全完整、风险控制、注重绩效的原则,要求各单位加强资产使用和维护管理,做好资产登记入账、计提折旧、账实核对等日常工作;严守资产处置关,遵循公开、公示和未经批准不得自行处置原则,加强处置审查,严格处置程序,督促主管部门加强处置初审,明确初审意见,要求主体单位完善资产处置内部决策程序和决策要件。

第四,建立资产管理信息平台,提高资产信息化管理水平。譬如,广东省横琴粤澳深度合作区为加快推进全省行政事业单位国有资产信息化建设实现跨越式发展,全面提升信息化服务能力,将合作区原行政事业单位资产管理信息系统数据迁移至广东省财政厅服务器统一管理,并于2021年11月正式上线运行省统一建设的"广东省行政事业单位国有资产管理系统"。新的资产管理系统实现"两转变",即从原来的报表系统向管理系统转变、从单一的业务系统向一体化转变;实现"三统一",即统一业务规范、统一资产编码、统一全省部署;实现"四个全",即业务办理全在线、业务系统全贯通、业务监控全过程、业务应用全自动,建立资产管理与预算管理、资产管理与财务管理、分级监管与分类管理、实物管理与价值管理相结合的运行机制,促进资产管理科学发展。

(二)存在问题

1. 资产管理认知不足、意识薄弱

(1)对资产管理的认知偏低。[①] 现阶段行政事业单位对资产管理的重视程度相对较低,管理理念较为滞后。部分行政事业单位在资产管理中过度注重经济利益,一定程度上缺乏整体利益观念,同时由于制度体系不完善,常常出现账实不符的情况,容易导致资产管理中出现资产流失及使用率较低的问题。

(2)资产管理意识淡薄。[②] 一般来说,行政事业单位经济来源稳定,财政压力和财务风险较小,因此一些单位并不重视提高资产效益,资产管理意识淡薄,资产管理不严谨、不周密,资产使用不规范,存在长期挂账、入账不及时、重资金轻资产等问题,不利于资产合理配置和优化利用。

---

① 李志猛.行政事业单位提高资产管理水平的措施[J].营销界,2021(Z2):103-105.
② 解广茹.提升行政事业单位资产管理能力的策略[J].财会学习,2021(9):170-171.

2. 资产管理制度与体制不完善

（1）资产配置标准体制不完善。[①]一是资产分配和使用中缺少标准化和科学化管理，造成利用率低下且行政运行成本较高，资产处置中闲置资产比例较大，造成资源浪费。二是固定资产占比较大，部分单位的交通工具、房屋等缺少统一登记管理，也未做国有资产评估，不经国有资产审批，私自变卖，导致资产流失严重。

（2）资产核算方式不完善。部分行政事业单位内部管理制度不完善，资产管理未按财务规定进行核算，资产的配置、使用、保管、处置、台账或档案不健全，没有定期开展清点工作。多数行政事业单位都是以书面形式进行固定资产核算，账实不符问题严重，无法反映资产的真实管理状况；资产管理中有时没有将固定资产折旧计入，造成资产收入成本下降，利润增加，不能反映出真实的资产管理绩效。

（3）管理体制不完善。部分行政事业单位较多关注资金管理，资产管理并没有形成完善的制度体系。一是单位领导对发展稳健性资产的关注度和积极性较高，而对提高整体资产管理绩效的意识较差。二是缺少系统性管理规范，资产管理没有清晰的流程与体系。三是大多数行政事业单位资产来源以政府财政拨款为主，但单位资产预算不合理，存在虚报、乱用专项资金的问题，导致资产大量闲置、利用率低下。四是由于单位对利润需求偏低，内部及外部审计压力不大，且部分单位对绩效评估的重视度不够，出现经费管理不到位、管理人员意识和能力不足及管理绩效偏低等问题。

3. 内部控制管理效果不佳

（1）风险管理意识薄弱。[②]一是行政事业单位资产管理的针对性较差，风险防范意识不足，容易导致资产流失。二是部分单位管理者没有意识到资产管理的重要价值，在实际工作中，通常安排财务人员负责，导致资产价值无法充分发挥。例如，部分管理人员认为，单位资金来源以财政拨款为主，无须对其进行管理，只需按照要求配置、使用和处置即可，这种观念直接阻碍了单位资产管理体制建设，影响了资产管理绩效。

（2）内部控制体系不完善。我国行政事业单位内部控制理念实践时间较短，多数建立在企业内部控制经验积累的基础上，但行政事业单位与企业在经营目标、风险管理、绩效管理等方面存在较大差异，因此企业的内部控制体系无法完全满足行政事业单位的发展要求，造成行政事业单位在内控体系上的完整性和科学性欠缺，内控管理效果不佳，且部分单位较多强调内部会计控制，忽视了资产内部控制，导致资产管理多凭经验

---

① 张佳玲.强化行政事业单位资产管理与降低行政运行成本的思考［J］.大陆桥视野，2023（6）：99-101.
② 季爱萍.基于内部控制的行政事业单位资产管理模式构建［J］.行政事业资产与财务，2021（16）：22-23.

进行，随意性较大，易造成资产流失。

（3）资产内控监管不严。行政事业单位在开展资产内部控制管理工作时，部分单位尚未成立独立的资产管理部门，资产管理中专业性和规范性较差，影响资产管理效率和质量。且部分单位没有形成良好的资产管理监管氛围，缺少专业的内控监管机制支持，部分员工缺乏内控监管意识，进而无法全面提升资产管理效率，阻碍资产的内控管理建设和资产的优化配置。

4. 资产管理具体措施落实不到位

（1）资产账实不相符。[①] 由于资产管理涉及的内容较多且对资产管理的重视度不足，常出现资产的账面数与实际使用数无法匹配的问题，进而导致摸不清资产家底。如调拨资产因缺少入账凭据，未能及时入账，造成账实不符；资产已报废，但并未进行账务核销，导致报废资产一直在账；资产入账不及时，出现盘盈现象等。这些问题的存在影响了资产管理进度和资产利用效率。

（2）资产管理的信息化程度略显滞后。多数行政事业单位的会计核算系统与资产管理系统之间相对独立，数据衔接和共享能力不足，影响资产的系统化管理；部分单位可能同时使用多个数据核算平台，如政府采购系统等，对及时掌握单位的资产数据形成信息障碍；此外，在资产管理中，不同管理部门的统计口径也不尽相同，在对同类资产进行统计、报告时，常会出现工作重复烦琐、效率低下、数据不一致等问题，影响资产管理的有效性。

（3）部门分工不明确，缺乏专业人员。多数行政事业单位资产管理主要依靠财务人员和资产管理人员，但分工不够明确，且其他部门人员对此不够重视，当资产管理出现问题时，责任不清晰，难以及时追责和补救，影响管理效率；且资产管理人员专业素质高低不齐，部分岗位人员流动频繁，不利于形成资产的长效管理，导致资产配置不均、使用效率低下。

（4）资产管理过程中财务监督不足。一是一些行政事业单位在完成资产采购工作后未能及时根据财务部门制定的规范化流程开展财务监督与管理。二是资产管理应与内部预算相一致，但现阶段部分单位未能严格按照相关规章制度合理编制预算，即预算编制的规范性较差，使得预算与实际资产管理存在一定的差距。

---

① 胡忠玲.现阶段行政事业单位资产管理存在的问题与对策研究［J］.质量与市场，2022（7）：172-174.

三、机关资产管理的完善对策

（一）提高管理认知并增强管理意识

1. 提高行政事业单位对资产管理的认知

为提高资产管理水平，行政事业单位及其管理人员应及时转变观念，强化资产管理的宣传工作，积极组织相关人员参与资产管理的知识和业务培训，使其真正了解资产管理的重要性，提高主观能动性。此外，单位所有成员应当明确职责，认真履职，主动参与到资产管理活动中，加强对单位资产管理的监管力度，实现资产合理分配和高效使用。

2. 树立资产管理意识

行政事业单位资产管理应形成全员参与的局面。一是应做好资产清查工作，将各类资产及时入账，准确掌握资产的数量、价值、处置情况等信息，减少死账，防范资产流失。二是积极建立资产数据库，运用信息技术等新媒体手段提升资产信息处理、分析和整合的效率，促进账实相符，减少管理盲区，降低资产管理难度和成本，进而全面提升资产管理效率和水平。三是举办宣传讲座，全方位讲解资产管理制度、规范，帮助单位人员树立正确的资产管理观念，自觉履行职责。

（二）完善资产管理制度与体制

1. 完善行政事业单位固定资产的管理制度

根据《国有资产管理条例》，并结合实际情况制定与之相适应的管理制度，需严格履行政府采购程序，日常采购、验收、登记、入库、使用、维护、保管、处置等工作需有专人负责，提升资产管理的规范性，以实现资产的保值增值。

2. 建立行政事业单位资产管理制度

一是强化行政事业单位资产内部控制与监督体系的建设，并依据内控建设的要求成立内部审计部门，对单位资产的获取、使用、收益、处置等管理流程提出内部审计建议，保证财务报表的真实性和完整性，切实提高单位资产管理水平。二是建立行政事业单位资产预算制度。预算管理是资产管理的基础，单位资产购置、分配和处置都应结合现有资产状况与实际工作中的作用做好预算，进而有效匹配资产管理工作。三是积极构建资产集中统一管理的"公物仓"运行平台。"公物仓"建设和发展是整合资源、降低行政成本的重要举措，利于提升资产管理水平。"公物仓"平台建设中应对入仓的资产严格把关、分类处理，提高资产保管的专业水平；采取多样化运作模式对"公物仓"资产进行集中调配；定期清点"公物仓"资产，通过多种处置方式提高综合效益；完善资产管理的信息系统建设，推动资产信息及相关业务活动的共享共建。

3. 设立行政事业单位资产的专门管理机构

一是设立资产的监管机构，主要负责对资产进行统一管理，避免资产流失，并确保资产安全性和真实性。二是设立资产的预算部门，并直接与财务部门进行对接，确保资产管理的统一、规范和资金平衡。

（三）构建基于内部控制的资产管理模式

1. 强化风险防范意识

资产管理中风险意识薄弱容易造成管理低效，因此应基于收入和支出两条线实施全面预算管理，使单位人员树立风险意识，加强资产管理。资产管理中应强化意识作用，转变传统管理理念，及时采取措施规避风险，减少损失。

2. 完善内部控制体系

一是创建良好的内部控制环境，明确各部门职责，营造宽松、高效和科学的管理环境，增强管理人员的控制意识，推动各项资产管理工作的顺利进行。二是加强内部控制体系建设。内控建设要对体系中各项要素进行分析，结合单位实际发展需求，切实加强财务监管，规范财务流程，明确财务管理职责，积极引导员工参与资产管理，提高资产管理水平。三是建立财务风险管理体系，并渗透到资产管理的各个环节中，促进资产管理与风险管理的有机融合。资产风险管理应从单位实际出发，建立风险识别、预警、评估和管理机制，有效整合资产管理和风险管理，提高单位内控效率和质量。

3. 加强资产内控监管

一是整合单位各项资源，加强内部控制监管，提高资产管理的专业性。如聘请高层次人才，成立高水平监督管理团队，提高服务水平；结合资产管理需求制定翔实的监管计划，以保证实施方案的可行性。二是完善绩效评价机制、提高员工积极性。资产管理中，应积极转变管理人员的思想意识，将激励体系和单位实际相结合，提高管理人员的自主权，并加强与其他部门的沟通与合作，进而基于资产的不同类型进行绩效评价。

（四）夯实资产管理基础性工作

1. 做好资产清查和评估

行政事业单位应在各部门配合下及时对各类资产做一次全面、彻底的清查，认真比对账面数据与实际是否一致。对因特殊原因未能及时入账的资产，应及时查找历史资料，了解原因并咨询上级资产管理部门，得到协调后，应对未入账的资产进行盘点和估价，为资产报告的形成和日后资产管理提供数据支撑。

2. 加强资产信息化动态监管

随着大数据时代的到来,要逐步实现资产的电子化、数字化和信息化管理,提升各类资产的配置和协调能力。一是加强对行政事业单位资产数据的动态化管理,使用二维码等信息技术提升资产的盘点效率,提高资产管理水平;二是增设网络审批权限,提高办公效率,降低资产的管理成本和时间成本;三是建立规范的资产管理信息系统,逐步实现资产管理的动态化发展。

3. 积极培养资产管理人才

一是单位管理人员须不断学习和提升资产管理的专业素养,根据资产管理的规范和要求及时转变工作思路和调整资产管理方式。二是单位应加强对资产管理人员的专业培训,定期组织相关调研活动,向其他优秀单位和个人学习,推动理论与实践的结合,不断提高管理人员专业能力、业务水平和综合素养。三是设置资产管理的专业岗位,明确管理人员岗位职责的具体内容,使其清晰了解应承担的责任和义务,增强公共责任意识,并按照绩效考核办法进行奖惩,提高管理人员的工作积极性,进而有助于达到令人满意的资产管理效果。

【拓展阅读】

[1] 省级机关经营性资产管理问题研究课题组.省级机关经营性资产管理问题研究[J].西部财会,2011(3):10-13.

[2] 高鹏程.当前中国机关事务管理研究中的前沿问题——资产管理、层空关系和集中统一方式[J].理论与改革,2020(1):100-109.

[3] 胡忠玲.现阶段行政事业单位资产管理存在的问题与对策研究[J].质量与市场,2022(7):172-174.

[4] 王佃利,王文婷.集中统一视角下的政府运行保障平台:政府公物仓建设的实践探索与逻辑[J].中国行政管理,2022(6):33-40.

[5] 林冬梅.构建行政事业单位资产管理绩效评价指标体系研究[J].财经界,2021(13):41-44.

[6] 李俊林,王晓辉.面向流程管理的公物仓管理制度建设研究——以内蒙古自治区为例[J].行政事业资产与财务,2019(1):7-9.

第八章 机关节能管理

当前世界的能源消耗和污染物的排放与日俱增,进行节能减排、持续推进资源节约利用的力度亟待提升,我国政府的职能定位与社会影响决定了其在节约能源与降低碳排放中的核心主体地位。一方面,政府机构具有数量多、节能潜力大、执行能力强的特点,通过科学合理的管理,能够有效避免和防止资源浪费;另一方面,其是引领环境友好型社会发展的重要力量,在节能减排方面起着示范性的作用,能够为实现可持续发展创造空间。

第一节 节能管理概述

从"生态文明"到"资源节约型、环境友好型社会",再到"美丽中国",党的多次全国代表大会突出强调了环境与能源的重要性。在此背景下,我国政府机构节能减排、控制碳排放已成为其工作内容的一个重要方面。政府机构为助力"双碳"目标达成,促进人与自然和谐共生,积极推进节能管理。同时,机关事务管理部门也在积极监督能源节约新技术在党政职能机构日常公务活动中的推广与使用。

一、节能管理的概念与目标

(一)节能管理的概念

节能在《中华人民共和国节约能源法》中被定义归纳为,加强用能管理,采取技术上可行、经济上合理以及环境和社会可以承受的措施,从能源生产到消费的各个环节,降低消耗、减少损失和污染物排放、制止浪费,有效、合理地利用能源。政府节能管理是针对政府日常运行中的能源消耗所进行的一系列管理活动。具体来讲,政府节能管理的内容主要包括节能管理制度的建设、能源消耗统计、相关业务培训、示范单位创建、激励机制和约束机制的建设和执行等各个方面。[①]

(二)节能管理的目标

习近平总书记在全国生态环境保护大会上强调,我国经济社会发展已进入加快绿色化、低碳化的高质量发展阶段,必须以更高站位、更宽视野、更大力度来谋划和推进新征程生态环境保护工作。[②]为响应中央的决策部署,完善节能和能源消耗总量控制工作体系,国管局与国家发展和改革委员会印发的《"十四五"公共机构节约能源资源工作规划》中提出,到2025年,全国公共机构用能结构持续优化,用能效率持续提升,公共机构年度能源消费总量控制在1.89亿吨标准煤以内,用水总量控制在124亿立方米以内,二氧化碳排放总量控制在4亿吨以内;以2020年能源、水资源消费以及二氧化碳排放为基数,2025年公共机构单位建筑面积能耗下降5%、人均综合能耗下降6%,人均用水量下降6%,单位建筑面积碳排放下降7%。

《"十四五"公共机构节约能源工作规划》提出的节能管理的主要目标是:聚焦绿色低碳发展的目标,实现绿色低碳转型行动推进有力,制度标准、目标管理、能力提升体系趋于完善,协同推进、资金保障、监督考核机制运行通畅,开创公共机构节约能源资源绿色低碳发展新局面。政府作为公共机构的重要组成部分,绿色低碳是其节能管理的主要目标。

绿色低碳是指以环保、可持续发展、人与自然和谐共生为核心指导思想,通过制度管控、技术提升与行为管理等方式,在生产、消费、生活领域中实现资源消耗方式转变、消耗量降低、碳排放量减少。其中,绿色是低碳的价值追求,低碳是绿色的主要表现形式之一。前者主要是为了应对环境危机,注重发展的"质",强调绿色机制、绿色体制、绿色行为以及绿色意识形态的打造,在节能管理的过程中表现为杜绝水、电、油的浪费,也表现在鼓励绿色交通出行方式、绿色建筑环保材料以及太阳能、风能、地热等清洁环保能源的使用。后者主要针对气候变暖问题,注重碳排放的"量",强调降低资源的消耗量以及污染物的产生与排放,主要表现在降低煤炭、石油、天然气等化石能源的使用,也表现在碳排放末端的碳收集、碳降解与碳中和等。

---

① 戴伟.济南市公共机构节能管理研究[D].上海:东华大学,2023.
② 王孟菲.2023年全国公共机构节能宣传周系列活动掠影[J].中国机关后勤,2023(8):6-8.

二、机关节能管理的主体与客体

（一）机关节能管理的主体

节能管理是一个上下贯通跨层级，左右联通跨部门的过程，其通过建立"国家、省市、区县"多层级的上下互动机制，运用网络信息技术整合社会、社区、家庭、个体各方资源，形成纵向联动的节能工作推进机制；发挥本系统内各职能部门间的多维能动作用，理顺同级发展改革、财政、建管、机关事务、教育、科技、文化、卫生、体育等部门的横向协同机制。[①]

从宏观的监管与推动角度看，节能管理的主体主要是指节能主管部门，在多数情况下是指发展改革、机关事务管理、财政部门等多元管理主体之间的协同。一方面，很多现行政策均为国管局和国家发展改革委牵头或联合制定发布。2008年，国管局在房地产管理司设立节能管理办公室，2010年该机构升格为节能管理司，并设四个职能处室。截至2017年年底，29个省（自治区、直辖市）和新疆生产建设兵团在机关事务管理部门设立了节能管理处，北京、西藏将节能管理职责落实到发展改革委，80%的地市成立了节能专职管理科室，中央国家机关各部门均明确负责公共机构节能管理的内设机构，节能管理部门与发展改革、财政、生态环境保护等部门以及教科文卫体等行业主管部门的合作更加密切。[②]另一方面，财政部门掌握着政府公共财政的分配权力，机关事务管理与发展改革部门等下发的规划建议需要经由财政部门制订详细的财务计划和安排相应专项资金。机关事务管理部门应结合财政安排，推进政府机构绿色低碳运行工作，将发展改革部门制定的目标和指标划分、分解到本级政府机构，制订绿色低碳发展计划并组织实施。

从具体的节能执行角度出发，作为用能单位的政府理应是节能管理的有效主体。一方面，政府需要执行国家有关节能法规和机关事务管理、发展改革部门、财政部门等主体制定的政策，明确权限与责任，增强机构的节能降碳能力。例如，政府积极践行《公共机构节能条例》《重点用能单位节能管理办法》等。另一方面，政府需要做好自身的节能管理工作，充分发挥自身的管理作用。政府在内部管理中，要设立专门的节能监管岗位，及时发现内部的节能问题和降碳难题，并针对存在的问题，定期为职员开展节能管理培训，加强节能管理的力度。在引入市场化机制的过程中，政府需要做好与相关物

[①] 张晓卯.构建公共机构节能管理理论体系 推进公共机构节能科学发展[J].上海节能，2015（7）：347-350.
[②] 国管局公共机构节能管理司.公共机构节约能源资源工作十年综述[J].秘书工作，2018（12）：42-43.

业公司、节能公司的配合，注重对其节能效果的监管。

（二）机关节能管理的客体——能耗

1. 根据能耗品种分类

政府的能耗按品种可分为电能、热能、水能、化石能等。

（1）用电管理。电力供应是政府开展日常性工作、为公众提供服务的前提，加强用电管理既是机构运行保障的需要，又是创建节电型机关的需要。首先，对用电设备进行管理，建立巡视检查制度，实行电耗分户和阶梯收费制度，减少空调、计算机、复印机等用电设备的待机能耗，对网络机房、食堂、开水间、锅炉房等区域的用能情况实行重点监测。① 其次，严格执行国家和本地区有关空调室内温度控制与电梯节能运行的规定，充分利用自然通风，改进空调运行管理，加强中央空调维修保养；对电梯系统实行智能化控制，合理设置电梯开启数量和时间，加强运行调节和维护保养。最后，充分利用自然采光，使用高效节能照明灯具，优化照明系统设计，改进电路控制方式，推广应用智能调控装置，严格控制建筑物外部泛光照明以及外部装饰用照明。②

（2）热能管理。热能消耗是政府基础消耗的构成部分，因此，热能管理作为政府节能管理的一个重要方面，在节能降碳中的作用不容忽视。热能管理涵盖供暖管理、热水供应管理以及水蒸气的供应管理三个层面，而三者热能的产生均涉及热源的消耗与转化，但是目前的供热能源消耗结构依然具有难以转变的长期性，所以应当以技术改进为着力点，以节能管理为抓手，通过集中式供热取代分散自主供热、拓展多种清洁能源供热、平衡系统流量分配降低热量散失、用热过程调节供热末端用能等方式，实现热源、热网、热用户组成的供热系统的低碳化以及热能管理的精细化，提升政府用热分配的效能。

（3）节水管理。政府节水管理主要从开源与节流两个方面着手。其一，拓宽水的来源。有条件的政府可以开发利用再生水，通过建立雨水收集系统与引进污水降解技术，促进水资源的循环利用，缓解能源压力与环境负担。其二，节约用水，杜绝浪费。政府针对用水部位，在建筑物内设置分质供水系统，有效利用市政管网余压等措施进行节流，采用节水器具与用水感应设备，提高节水器具使用率；积极对用水管道进行技改，开展用水设备日常维护和巡查，及时发现因设备损坏、设备老化等原因引起的耗能增大问题，杜绝"跑冒滴漏"现象发生。其三，将开源与节流理念在推进节水型单位建设时

---

① 国务院.公共机构节能条例：中华人民共和国国务院令第 531 号［A/OL］.（2008-08-01）［2023-12-30］. https://www.gov.cn/flfg/2008-08/11/content_1069579.htm.
② 天津市人民政府.天津市公共机构节能办法：天津市人民政府令第 44 号［A/OL］.（2011-12-02）［2023-12-30］. https://www.tj.gov.cn/zwgk/zfxxgkzl/zlzc/zlgz/202111/t20211118_5712264.html.

推广，发挥示范引领作用，推动中央国家机关直属在京公共机构、省直机关及60%以上的省属事业单位建成节水型单位。[①]

（4）化石能源管理。化石能源消耗在我国能源消耗结构中占有极大比重，政府对化石能源的消耗主要包括汽油、柴油、天然气等。政府对化石能源的管理内容涉及公务用车、建筑供暖以及食堂供餐等多个方面。如对公务用车加装定位系统，从预约、报备、使用实行全过程管理，保证车辆里程与油耗的基本一致；建筑供暖与食堂供餐在保持供暖量与供餐量恒定的基础上，积极引进节能设备，推动"煤改气"全覆盖，减少煤炭与天然气的消耗。

2. 根据能耗用途分类

从能耗用途或区域来看，政府能耗主要有交通、建筑和生活等的用能，也称分户能耗。交通能耗主要指公务用车的用能，涉及政府人均车辆数、单位里程能耗、车均行驶里程等方面；建筑能耗可以分为暖通能耗、办公能耗、照明能耗、服务能耗、服务设备能耗和特殊能耗等，其主要目标是节电；生活能耗包括食品浪费、生活垃圾不分类、塑料的过量消耗等。见表8-1-1。

表8-1-1 政府机构能耗

类型		用能载体	节能途径	用能目标
能耗	暖通能耗	建筑的围护结构；空调、采暖、电梯	太阳能、光伏、控温新材料	节电、减排
	办公能耗	办公设备、数据中心机房等	太阳能、光伏	节纸、节电
	照明能耗	用电智能控制；节能灯	太阳能、光伏	节电、减排
	服务能耗	生活热水、节水（龙头/便器）	再生水、污水回收利用	节水
交通能耗		燃油汽车	新能源汽车	节油、减排
生活能耗		生活垃圾、食品浪费	分类处理、反浪费、植树造林	节粮、扩绿

（1）交通节能。政府建立公务用车制度、推行绿色低能耗车辆的使用、鼓励用车改革与绿色出行是实现交通节能的重要途径。一是要加强公务用车编制、标准、油耗管理，用制度管人管车。建立健全公务用车管理制度，对公务用车录入编号，实现"一车一档"；严格控制车辆保有数量，按照规定标准配备公务用车，推进公务用车集中管理、统一调度，减少空驶，提高使用效率；制定公务用车节能驾驶规范，对公务车辆及用油进行管理，严格实行车辆单车油耗限额标准，定期统计并公布单车行驶里程和油耗

[①] 国家机关事务管理局，国家发展和改革委员会.关于印发"十四五"公共机构节约能源资源工作规划的通知：国管节能〔2021〕195号[A/OL].（2021-06-01）[2023-12-30]. https://www.gov.cn/zhengce/zhengceku/2021-06/04/content_5615536.htm.

状况，推行单车能耗核算和节约奖励制度。[①] 二是要增加节能车辆使用，鼓励采购小排量汽车、节油汽车，优先选用低能耗、低污染、使用清洁能源的车辆，推动政府带头使用新能源汽车，完善充电桩等基础设施建造，加快充电基础设施网点布局和建设，尽快实现新增及更新车辆中新能源汽车比例不低于30%的标准。三是要实施公务用车改革，推进公务用车制度改革和公务用车服务社会化，推行"一事一租""以租代购"，保障公务出行的同时收紧用车"闸口"。另外，采取措施鼓励工作人员利用公共交通工具、非机动交通工具出行，以绿色低碳的出行方式支持节能减排，做好激励机制与节能行动的结合。

（2）建筑节能。政府建筑作为特殊的建筑类别，其用能管理主要涉及暖通、办公、照明与服务。相关资料显示，截至2021年底，全国公共建筑能耗达3.46亿吨标准煤，占建筑能耗总量的33%，已然跃升为建筑能耗中首位，单位面积能耗从2001年的17千克标准煤增长到2020年的24.7千克标准煤以上，能耗强度呈粗放式增长。[②] 政府节能应在微观操作上引入"建筑全生命周期理论"和"价值工程理论"，不论是新建建筑，还是既有建筑，在规划设计、建造、运行使用、拆除回用等各阶段，都应按照上述理论推进节能工作，确保建筑全生命周期内的总能耗最低、碳排放最小、运营成本最省、节能投入产出的性价比最高。[③] 同时，推行建筑节能激励机制，明确节能激励目标，调动节能主体积极性；完善建筑节能评价指标体系，将建筑节能涉及的各方面细化为可供量化的数据，方便后期能源统计与能源审计；强化公共建筑节能监管，以用能定额制和用能公示审计制为终端能效管理保障，实现监管的精细化。

（3）生活节能。生活节能的涵盖面较为广泛，推动生活节能管理发展的标准化、专业化有助于降低各类日常运行能耗，在保证政府提供良好服务与进行公务活动的基础上，将节能理念渗透到反食品浪费、垃圾分类与积极扩绿等生活领域。

食品浪费不仅影响粮食安全观在公共机构的落实，还可能增加环境污染。因此，机关食堂在内部日常供餐时，应按需配备食材，杜绝配备过剩与过分供给造成的浪费；对于公务活动，应当按规定执行公务接待、会议、培训供餐标准。同时，对食堂内部进行绿色改造。在食堂中推进终端用能电气化，以电力替代煤、油、气等化石能源，提高用能清洁化水平；运用节能灶具、高效油烟净化等环保设备，提升食堂节能设备的整体覆盖率。

垃圾分类对于推进生活节能具有重要意义，在政府中进行垃圾分类，推行垃圾的绿

---

① 天津市人民政府.天津市公共机构节能办法：天津市人民政府令第44号［A/OL］.（2011-12-02）［2023-12-30］.https://www.tj.gov.cn/zwgk/zfxxgkzl/zlzc/zlgz/202111/t20211118_5712264.html.
② 杨宝泞,郭汉丁.既有公共建筑节能改造市场实践分析与策略研究［J］.科技和产业,2023,23（8）:162-167.
③ 张晓卯.构建公共机构节能管理理论体系 推进公共机构节能科学发展［J］.上海节能,2015（7）:347-350.

色处理与回收利用有助于节能降碳。政府的运转会产生较多种类的垃圾，其一为有害垃圾，即对人体健康与自然环境造成直接或间接危害的废弃物；其二为易腐垃圾，主要是指农副产品及厨余等湿垃圾；其三为可回收垃圾，即纸张、木材、塑料、玻璃、电子元器件等可重复利用的垃圾；其四为其他垃圾，主要包括不宜再生利用以及难以归类和无利用价值的干垃圾。政府通过对以上四类垃圾分类装配、集中打包、技术降解，对垃圾进行精细化处理，将能够循环利用的垃圾分拣再造，将无法二次利用的垃圾集中焚烧或者无害化处理，推行垃圾处理的低碳化。

积极扩绿是政府中和能耗排放的重要方式，政府通过规划建绿、拆旧添绿、见缝插绿等方式，将排放的碳和移除的碳相抵消，维持大气层中二氧化碳的相对稳定。同时，将"碳中和"目标划分为多个具体性指标，并作为政府的重要考核标准，不断推动植树造林等生态碳汇建设，从而推进绿色低碳社会的创建。

3. 政府能耗特点

政府能耗既具有一般机构能耗的普遍性，又具有其自身的特殊性，其中较为突出的特点为能耗体量大、涉及范围广、非营利性、膨胀性与相对稳定性等特征。

（1）能耗体量大。2022年，我国公共（包括政府机构）能源消费总量1.61亿吨标准煤，用水总量104.92亿立方米，单位建筑面积能耗18.03千克标准煤，人均综合能耗321.27千克标准煤，人均用水量20.99立方米。近年来，公共机构人均综合能耗虽有下降，但能耗体量巨大的特征仍然难以改变。

（2）涉及范围广。我国政府承担的工作种类较多，涉及的具体事务繁杂，为保证政府的稳定运转，需要保障基础性的办公用房、办公设施、供水供电供热等，以及特殊机构所需的专用场地、专用设施等。因此，政府能耗涉及的范围根据政府的不同功能实现了较强的延展，并呈现出开放性趋势。

（3）非营利性。相较于企业能耗的营利目的，政府能耗具有非营利性。政府以管理社会公共事务与提供公共服务为目的，其履行公共性职能的过程中伴随着必要的能耗来维持与保障机构正常运转，且资源的消耗是为了实现公共利益，再加之政府服务产品的公共性、排他性和强制性，进一步强化了其能耗的非营利性。

（4）膨胀性。长期以来，我国政府运转的行政经费来自于财政拨款，具体的耗能费用也由公共财政兜底，因此机构运转过程中产生的能耗费用不触及所在机构的利益。同时，由于政府的公共性以及能耗的非营利性，使得其工作投入和产出效率难以定量测量，加之机构内部节能监管的松懈，导致了公共机构在能耗方面具有膨胀性。

（5）相对稳定性。政府机构的能耗作为基础性保障投入，与企业能耗相比，受供需关系、流通渠道等市场因素的影响较小，其稳定性与计划性更强。此外，政府机构的能耗支出与其他支出相比具有稳定性。政府机构的职能、性质确定后，机构内部的能耗基本会稳定在一定范围内，相比于其他费用，涨跌幅度较小。

三、机关节能管理的意义

（一）环境意义

在经济发展的同时，资源环境保护成为重要的命题。从我国的整体情况来看，我国具有资源的相对短缺性与环境容量的有限性问题，需要我们贯彻落实保护环境、节约资源的国策，推进党中央、国务院做出的"实现人与自然和谐相处，建设环境友好型、资源节约型社会"重大战略部署。政府节能管理有助于解决资源紧缺困境与减轻环境压力。政府是能源消耗的重要主体，据测算，政府的平均消费水准要高出社会平均水平，是一个节约潜力巨大的资源消费群体，在建设环境友好型、资源节约型社会的进程中肩负着重要职责。为促进能源资源消耗和生态环境保护的协调统一，近年来，各级政府在电、水、暖、燃油、办公用品、公用经费等方面加强自我约束，降低资源消耗，开展节能管理，实现了从能源节约到能源资源节约和生态环境保护并行的转变，并新增了碳达峰和碳中和、反食品浪费、生活垃圾分类、节水护水、塑料污染治理等多项重点工作。能源消费结构持续优化，为政府机构绿色低碳转型打下坚实基础，对控制和降低资源消费增长，保护生态环境具有显著的正向外部性。

（二）经济意义

开展政府节能管理是其降低运行成本，减轻社会负担的必然要求。政府长期以来的能耗水平居高不下，不同程度地存在浪费现象，如用车用油缺之控制，办公用品使用不当，长流水、长明灯等现象时常可见，会议和文件过多过滥，公务接待讲排场、超标准等，这些方面的问题直接导致政府运行成本提高，因此，促进政府节能减排，统筹优化用能结构，提升能源资源效能，减少不必要的财政资金支出显得尤为重要。政府可以通过改变以往"大量消耗、大量排放"的运作模式，使资源、消费、生态等要素之间相适应，提升机构运转效率，减轻社会的整体负担。此外，推动政府节能管理是环保产业发展与经济结构转型的关键所在。政府在改变和优化能源利用模式的过程中，应坚持绿色化与低碳化的要求，不断推动技术进步，发展节能环保产业和促进经济结构升级。同时，政府可以通过加快构建废弃物循环利用体系，发展循环经济，推动各种废弃物集中处理和资源化利用，实现生产系统和生活系统循环链接，形成资源高效、排放较少、环境清洁的高质量发展格局，构建科技含量高、资源消耗低、环境污染少的资源消费结构，助推经济"绿色化"和节能服务产业壮大，为实现经济发展方式转变、加快经济结构调整、实现经济社会全面协调可持续发展作出表率。

（三）政治意义

政府节能管理是转变政府作风与践行节约宗旨的内在要求。节约型政府建设是当代政府自身改革创新的内在要求，政府节能管理是政府自身建设与发展的重要动力。推动政府开展节约能源资源工作，是我国生态文明建设的重要内容，更是政府加强自身管理、树立良好社会形象、提高公共财政资金效益、降低运营成本、示范引领全社会节能工作的必然要求。此外，政府节能管理不仅仅是简单地推进节能降耗、降低行政成本，更重要的是政府在切实履行各项职能的过程中满足人民对政府节约作风的期待。由于政府提供公共服务所消耗的资源与资金来自于纳税人，致使其使用有限社会资源产生最大服务效益成为了公众的期许。政府既是能源资源的使用者、消费者，同时也是节约能源资源工作的重要倡导者和管理者，其能耗的费用（水电气费、燃料费含在交通费中）一般在行政管理费中的公用费用中体现，能耗费用的升降能够直接表明政府是否在节能管理中发挥出较好的表率作用，同时也成为政府是否积极主动作为，是否贯彻勤俭务实工作作风的检验机制。

（四）社会意义

政府节能管理不仅关系到节约型社会的创建，更关系到人与社会的可持续发展。节能是创建绿色社会的重要方面，政府在新发展格局下，应坚持节约集约循环利用的资源观，以实现节能减排目标为己任，践行节约型社会的创建理念，推动形成绿色生产方式和发展方式，加快资源节约型社会的建设步伐，充分发挥示范引领作用。政府在实际中带头做好节能工作，贯彻落实可持续发展理念，将节能的理念扩展到社会领域，打造艰苦奋斗、厉行节约、节能环保、绿色低碳的社会环境，促使生产、流通、建设、消费、处置等领域科学地分配资源，引导全体公民参与到生态文明建设事业中，使大家自觉承袭勤俭节约的优秀传统文化，让节约行为在公民的生活中落实，让节能理念实现代际传承，将生态文明融入公民生活的各个方面，减少社会的整体消耗，最终加快推动节约型社会的创建，促进中华民族的延绵赓续。

第二节 机关节能管理的过程与方法

一、机关节能管理的原则

1. 坚持系统观念、重点推进，统筹谋划能源资源节约和生态环境保护各项工作，协调推进机关和教科文卫体系统的节约能源资源工作，围绕贯彻落实党中央决策部署，突出节能降碳。

2. 坚持绿色转型、创新驱动，完整、准确、全面贯彻新发展理念，促进政府事业发展绿色低碳转型，通过管理创新、技术创新提升效能。

3. 坚持分类施策、因地制宜，注重分区分类分级指导，区分地区差异和系统实际，制定更加合理的政策和目标，采取更有针对性的措施。

4. 坚持市场导向、多方协同，鼓励引入社会资本，推行合同能源管理、合同节水管理等市场化模式，形成政府引导、机构履责、企业支撑、全员参与的局面。[①]

二、机关节能管理的过程

节能管理是一个系统性的工程，其过程主要包括绿色节能计划的制订、绿色采购管理与节能控制等。

（一）绿色节能计划

1. 节能目标管理

制定科学的节能管理目标，对于加强标准制度建设，实施政府能源资源强度与总量双控，推动公共机构能源资源消耗持续下降、利用效率稳步提升尤为重要。各级政府节能管理部门应依据能耗定额标准和产品设备能效标准，针对节能重点环节和领域，向管辖范围内各部门下达年度节能目标。

2. 制订年度用能计划

机关事务管理部门应当理清各类型政府机构的特性，明确政府机构办公面积、办公

---

① 国家机关事务管理局，国家发展和改革委员会.关于印发"十四五"公共机构节约能源资源工作规划的通知：国管节能〔2021〕195号［A/OL］.（2021-06-01）［2023-12-30］.https://www.gov.cn/zhengce/zhengceku/2021-06/04/content_5615536.htm.

人数、用能结构（办公用能、非办公用能、特殊用能）等指标，开展用能的核算原则、主体、边界与范围的研究。各政府机构应结合本单位用能特点和上一年度用能状况，依据能耗定额标准和上级部门下达的节能目标，制订年度用能计划，按季（月）或按用能设施、区域管理用能。①

3. 能源费用预算管理

各级节能管理部门应充分调研政府机构能源资源消耗现状，加强与同级财政部门的沟通协调，依据能耗定额标准，出台能源消耗支出标准，确定能源支出预算。财政部门应安排节能减排专项资金，用于支持机关事务管理局表彰和支持政府机构开发节能技术，加强节能降碳资金保障。同时，各地区实行"量价"分离，制定"能耗定额、费用标准"，如对政府机构编制人均用能定额、单位建筑面积用能定额，根据用能定额编制能耗费用标准，并按照"定额包干，超费用自理"的预算管理方式，进行能耗、费用的定量管理，推进其主动节能。②

（二）绿色采购管理

对于节能环保产品及设备的采购，政府机构参照有关强制采购或者优先采购的规定，严格按照政府公布的"环境标志产品政府采购清单"和"节能产品政府采购清单"等相关政策进行物品的采购，禁止采购国家明令淘汰的用能产品、设备。采购流程具体包括以下内容。

1. 采购计划立项

政府采购部门应掌握足够的绿色产品和服务信息，在采购立项申请和评估中设置专门的环保绿色自评和专家评定内容，对立项的经济性、科学性、合理性以及环保性进行分析。

2. 采购招投标

政府采购部门根据自身财政预算、不同类型的需求、产品的环保信息等筛选合适的产品和服务供应商。政府招投标应该在允许范围内加大招投标的信息公开和透明，特别是采购产品的环保信息、运输流程、包装仓储的环保标准和途径，保证公众对绿色采购的全员监督，及时发现绿色采购中存在的问题并纠正和解决。③

3. 采购运输和仓储

运用节能型的运输方式，科学规划运输线路等，运用可重复利用或可降解的包装材

---

① 公共机构能耗定额标准及其应用[J].中国机关后勤，2019（3）：55-56.
② 张晓卯.构建公共机构节能管理理论体系 推进公共机构节能科学发展[J].上海节能，2015（7）：347-350.
③ 张亚欧.绿色经济背景下政府绿色采购研究——评《绿色采购管理》[J].生态经济，2020，36（9）：228-229.

料，最大程度降低运输与仓储过程中对环境的污染，降低运输与仓储的损耗率，提升运储的效能。

4. 采购评估

由于政府采购规模巨大、采购物品种类繁杂，缺乏专业采购知识的普通行政人员无法胜任采购合理性的评估工作。同时为保障采购过程中绿色环保标准的实施和完成，建立专门的绿色采购专家委员会或专家库较为必要。这些专家不仅可以对采购项目进行技术指导和技术监督，还能根据绿色采购效率（指政府财政资金所购买的绿色产品和服务的数量）等指标对政府绿色采购的效益进行评估（包括经济效益评估和工作效率评估）。

（三）节能控制

1. 能耗的核算标准

政府机构科学合理确定碳排放计算标准，根据自身用能实际情况，以及各类能源碳排放因子取值，分别计算各能源品种的碳排放量，进而计算出直接排放量、间接排放量和排放总量，各地区节能管理部门依据汇总数据计算出本地区政府机构的排放总量和分量。

2. 能耗的计量

各级机关事务管理部门要持续推进能源资源消费统计工作，组织各地区建立名录库，按照规定配备和使用经检定合格的能源计量器具，区分用能种类（电力、水等）、用能系统，实行能源消费分户、分类、分项（分区域、分楼栋）计量，并对能源消耗状况进行实时监测，及时发现、纠正用能浪费现象。同时，要探索、制定并实施《重点用能单位能源计量管理制度》，使政府机构能源消费计量有制度可依。

3. 能耗数据的监测

由专人负责能源消费统计，如实记录能源消费计量原始数据，建立统计台账，并按照国家和本地区的有关规定将政府机构基本信息、能源消费统计数据和分析报告报送本级节能工作主管部门。区县节能工作主管部门应当在规定时间内，将本辖区能源消费统计汇总情况和分析报告报送上级节能工作主管部门，建立节能在线计量与监管系统，实现能耗数据的在线计量和网上直报。

4. 能源审计管理

机关事务管理部门应对能耗使用情况进行常态化的审查，审查政府机构报送的能源利用状况，其中应当包括能源消费状况、能源利用效率、能耗总量控制和节能目标完成情况、节能效益分析和节能措施等内容。此外，管理部门应积极开展"上门实地考察、能源账单统计、能耗诊断分析、碳排放计算"等工作，落实国家发展和改革委员会、国管局于2015年发布的《公共机构能源审计管理暂行办法》，针对不同的能耗项目开展分项审计，做好组织、沟通、检查、记录工作，提升审计与管理水平。

5. 能效对标管理

政府应确定能耗定额约束值、基准值和引导值，在能耗定额约束值内使用能源。当政府的能源使用超过能耗定额时，应当向机关事务管理部门作出说明。评价考核政府节能工作应把节能目标完成情况作为重要指标，根据目标完成情况采取不同的管理策略：①实际能耗大于定额约束值的，给予整改期，督促其达到约束值目标；②实际能耗小于定额约束值但大于基准值的，参照基准值设定逐年提升目标；③实际能耗小于定额基准值但大于引导值的，鼓励达到引导值；④实际能耗小于定额引导值的，可结合实际情况设定节能目标。①

三、机关节能管理的方法

政府节能需要采取法律与政策、行政、经济与市场、技术等综合性措施，以提高能源的利用效率为导向，以最少的能源消耗获得最大的行政绩效为目标。

（一）法律与政策的方法

完善的法律建设与适配的政策引导是政府节能管理工作能够长期运行的基础。推进政府节能管理工作必须坚持法律先行，不断推进法律制度创新，强化法律制度执行，使法律制度成为刚性的约束；同时充分运用好政策的柔性引导，建立多维立体的标准体系架构，将"法律＋行政法规＋地方性法规＋政策＋标准"联合作为节能管理的依据；以《公共机构节能条例》为基础，逐步构建各项节能制度与节能标准，强化与完善地方性节能法规，为政府节能工作的开展提供法律保障与政策支持。

近年来，我国出台了一系列具体法规、配套制度办法以及标准体系来规范政府用能，通过严密的规范与要求实现了由中央到地方的节能体系建构，促进政府做到真正意义上的节能。首先，我国修订与完善了《中华人民共和国节约能源法》《中华人民共和国反食品浪费法》《政府采购法》《公共建筑节能条例》《党政机关厉行节约反对浪费条例》《党政机关公务用车管理办法》《公共机构能源资源消费统计调查制度》等法律规范，在法律层面对节能管理予以充分保障，明确了政府在节能方面的责任义务；从法规执行上，严肃刚性约束，加大违法成本，迫使政府严格执行用能标准，如公开环境评估、能耗公示、目标考核结果等。② 其次，我国通过税收减免以及金融扶持等节能减排

---

① 公共机构能耗定额标准及其应用[J].中国机关后勤，2019（3）：55-56.
② 张晓卯.构建公共机构节能管理理论体系 推进公共机构节能科学发展[J].上海节能，2015（7）：347-350.

财税政策，加强奖优罚懒的力度，实施优劣的差别化管理，逐步构建更加科学合理的节能奖惩政策体系。节能政策具有风向标的作用，国家强化节能预算资金管理，完善节能资金保障机制，加大对重点节能示范项目的支持和投入力度，必然会引导政府因势而动，调动其节能工作积极性。同时，政策施行的过程中，应当加强监督考核，对能耗在线监测、节能改造、定额管理等给予适当倾斜和保障，推动财政资金的使用方式由过去的"先资助后验收"逐步转变为"先建设后补贴"等[1]。此外，国管局会同有关部门制定了能源资源消费统计制度、能源审计管理暂行办法等，29个省（自治区、直辖市）和新疆生产建设兵团出台了节能的政府规章以及计量统计、监督考核、能源审计等地方性制度或通用节能标准[2]，例如《绿色建筑评价标准》《公共建筑节能设计标准》《行政机关能耗定额及计算方法》《国家机关人均综合能耗定额》《公共机构超低能耗建筑技术标准》《近零能耗建筑技术标准》《公共机构办公用房节能改造建设标准》《节约型公共机构评价标准》等，以上诸多标准的推行，加强了政府节能管理的标准化与精细化。

（二）行政方法

行政规章制度的实施是建立长效节能机制的重要途径，通过构建起完善的能耗计量统计、节能监督、能耗定额、节能绩效考评等管理机制，开展示范创建活动，充分运用好行政手段在政府节能中的特殊作用。

通过目标管理或绩效管理建立考核责任制，明确不同阶段、不同机构、不同人员的任务和工作是提升节能管理工作效率的关键所在。首先，机构自查与监管部门抽查、会审机制不断完善，根据实际情况对政府开展常态化的节能考核，对重点用能和耗能单位进行多方位、多角度、多层面的考核，根据实际情况形成综合报告，并将节能情况纳入到政府绩效考核或目标管理中，开展能源资源消耗数据、能效对标、能源利用信息公开以及节能目标完成情况公示等工作。其次，在进行政府机构节能考核时，将节能工作分离并做单独对比，加大生态文明建设考核的赋值与占比。对于达标单位及部门进行通报表扬，予以光荣称号、政策倾斜、资金支持等表彰或奖励。对未达标、踩红线的单位及部门进行单独约谈、通报批评，特别是要找到重点用能单位能耗居高不下的原因，解决能耗的非正常增长问题。

持续开展示范创建活动，试点树立一批先进典型，宣传优秀的节能举措和先进的管理技术，不仅能发挥试点先行区、优秀试点项目的示范引领作用，而且能带动节能工作水平的整体提高，对全社会节约能源资源发挥了较好的导向性作用。此外，国管局可

---

[1] 王跃，梁浩，高志明.广东省公共机构节能管理现状及对策研究[J].特区经济，2020（7）：45-47.
[2] 国管局公共机构节能管理司.公共机构节约能源资源工作十年综述[J].秘书工作，2018（12）：42-43.

会同国家发展改革委、财政部推进节约型公共机构示范单位创建工作，创建国家级、省级、市级示范单位，设立公共机构能效领跑者、节约型机关创建者、绿色低碳行动引领者等示范创建活动。到 2025 年，力争 80% 以上的县级及以上机关达到节约型机关创建要求，创建 2000 家节约型公共机构示范单位，遴选 200 家公共机构能效领跑者，创建 300 家公共机构绿色低碳示范单位。[①]

（三）经济与市场方法

政府机构节能不能仅仅靠政府唱"独角戏"，还应积极利用市场化机制，促进社会资本的融入与参与，加快合同能源管理模式推进、政府购买服务拓展、第三方节能监管融入，推动"三驾马车"并驾齐驱。

发挥市场化机制作用，鼓励社会资本参与。以政策为刺激源头，以市场机制的运转为核心驱动，健全政府节能降碳项目、资金管理等制度，充分发挥政策激励作用，推动节能改造市场有序运行。首先，政府通过引入社会资本，建立多元化、多渠道、深层次筹资新途径。政府机构完善绿色信贷，鼓励金融机构推出适应合同能源管理模式的金融产品，如小额贷款、绿色债券、绿色融资租赁等，鼓励保险机构推出能效保险产品来强化风险控制和履约保障，设立绿色融资担保基金、搭建投融资信息服务平台等为节能服务公司拓展资金支持的渠道[②]，能够有效减轻机构节能对财政资金的依赖，解决政府单一投入的瓶颈问题，促进政府节能的市场化、社会化发展。其次，政府通过调动社会资本参与用能系统节能改造和运行维护，推广能源托管等合同能源管理或 PPP（公私合营）模式，充分运用市场化的成熟节能模式及新业态来丰富自身节能管理的手段和方法，降低节能改造资金投入，提升节能专业化水平，优化节能专业化服务，提升管理专业化水平和管理实效。此外，鼓励公共机构采买绿色服务，并予以奖励性支持。在《政府采购品目分类目录》中对用能管理社会化作出明确细化的分类说明，制定合同能源管理项目的政府采购文件，编制合同能源管理项目招标采购标准，丰富合同能源管理项目类型，鼓励政府在明晰的政策环境中开展节能市场化。

能源费用托管是合同能源管理的一种形式，是指用能单位委托能够提供用能状况诊断、改造、运行管理等服务的专业化公司，进行电、气、煤、油、市政热力、水等能源资源系统的运行、管理、维护和改造，用能单位将根据能源基准确定的费用支付给节能服务公司作为托管费用，节能服务公司通过科学的管理运行和节能技术的应用，为用能

[①] 国家机关事务管理局，国家发展和改革委员会，财政部，生态环境部.关于印发深入开展公共机构绿色低碳引领行动促进碳达峰实施方案的通知[EB/OL].（2021-11-16）[2023-12-30].https://www.ggj.gov.cn/tzgg/202111/t20211119_33936.htm.

[②] 刘紫亮.推进公共机构节能应用市场化机制[J].中国机关后勤，2022（1）：55-57.

单位达到节约能源资源、减少费用支出等目的，获取合理的利润。[①]该托管服务机制一般是由机关事务管理、发展改革与财政部门负责建立，各级各类政府作为能源费用托管服务项目的实施主体，将托管费用列入单位预算，同时依照政府采购法按照服务类项目开展政府采购，托管费暂估价作为最高限额，托管期限一般为5～10年。在托管项目实施前，政府确保用能设施完整且正常运行；项目通关期内，政府做好对节能服务公司服务能力与服务质量的监督，加强对相关用能设备设施的管理，防止国有资产流失；项目托管期届满之前，政府委托第三方专业评估机构开展节能效果评估；项目执行完毕后，节能公司向政府移交相关档案与资料；项目托管期限届满，政府接收节能服务公司出资形成的资产，在进行会计处理后，按规定做好接收资产的后续管理。能源费用托管将市场化机制融入政府节能中，解决了传统能源支付体系中由于节能服务公司（供方）、公共机构（需方）与机关事务管理部门（第三方）的信息不对称而出现的资源和资金浪费的问题，使得机关事务管理部门具有了支付主体的选择性，不仅可以将资金直接支付给具有法人身份的供能企业，也可以将资金支付给相关绿色节能企业，在激发市场活力的同时，也达到了节能的目标。

（四）技术方法

技术的推广与运用是节约型社会发展的关键，政府节能管理离不开技术手段的支撑，因此，推进节能技术创新，加快构建基于信息化的节能管理新机制，实现节能资源共享共联显得尤为必要。

运用集成优化的节能改造创新技术，探寻科学合理的节能改造技术方案，驱动既有节能改造市场高效运行。从规划与设计、技术与材料以及设备层面入手，着力降低政府机构建筑能耗，严格审查新建建筑的节能设计、既有建筑的节能改造，对审核通过进行施工的建筑进行监督检查，实现节能投资和经济效益的统筹协调。同时，探索先进技术，重用新风机，以保证室内有足够多的氧气；做好开窗通风；定期清洗空调系统。

基于"互联网+"技术，加强用能数字化管理，实现全过程监管和全方位服务的现代化用能治理体系。一是加快推进动态感知网络建设，包括动态感知设备及配套的通信传输基础设施等，以技术代替人力，提供全域、动态、实时、泛在的综合性信息感知。二是建立智慧节能管理系统，以并不高昂的成本和实用的技术方案，进行高效率的能耗监测与管理，实现能耗统计数字化、图形化、显性化，使节能资金的经济效益可比、可

[①] 国家机关事务管理局，国家发展改革委员会，财政部．关于鼓励和支持公共机构采用能源费用托管服务的意见[EB/OL]．（2022-09-07）[2023-12-30]．https://www.gov.cn/zhengce/zhengceku/2022-09/23/content_5711348.htm．

分、可感知。三是建立健全能源"双控"数字管家平台,建立贯穿能源全消耗链的用能信息公共服务网络和数据库,细化各项用能预算管理,提升能源运行分析和动态监测能力,实现能源大数据在用能预算分配、用能管控、用能预警、用能监察等方面的治理。四是按照自愿原则,推动全国范围内的节能咨询、设计、施工、评估、检测、审计、认证等节能服务机构自主注册,建立"服务机构库",为有节能技改需求的单位提供节能一站式服务。将重点用能单位、大型公共建筑、政府节能管理岗位纳入统一管理,建立"管理岗位库",建立起及时精准的节能政策、节能宣传和培训等信息联络机制。完善既有"节能专家库",充实国家层面节能专家,为政策研究、节能评审、节能诊断、节能培训等提供高层次、高水平智力支持。[①]

第三节 机关节能管理的中国实践

一、机关节能管理的体制变迁

我国机关节能管理的发展并不是一蹴而就的,总体上经历了缓解能源供需矛盾、延伸节能领域、调整能源发展战略以及"双碳"目标四个阶段,不同阶段中我国面临的节能问题不同,致使节能的政策、制度、法规也各有侧重。

(一)1978—1997年:缓解能源供需矛盾

改革开放初期,指令性政策仍占据主导地位。1980年,第五届全国人大三次会议首次正式将节能工作纳入国家宏观管理,明确节能管理的战略地位,至此节能社会发展的目标开始确立。这一时期,国家施行能源低价战略,加之能源供给激励不足,能源消费不断扩大,导致供需矛盾加剧。因此,节能的目标重点在于鼓励企业节能技改,提高能源供应水平,通过行政强制措施控制能源消费,缓解能源供求矛盾。例如,1980—1982年国务院颁布节能指令对燃油、用电等五个方面提出要求,通过指令形式直接管理经济事务,并从无到有逐步建立起节能管理体制机制,包括全面将节能管理纳入发展规划,设立专门的节能管理机构,建立节能工作会议制度,研究节能法律规范与方针政策,成立节能技术服务中心以及建立节能责任人制度。[②] 1986年,我国颁布了第一部综

---

① 董巨威.加强"十四五"节能管理工作的几点建议[J].资源节约与环保,2020(10):134-135.
② 赵晓丽,洪东悦.中国节能政策演变与展望[J].软科学,2010,24(4):29-33.

合性节能法规《节约能源管理暂行条例》，这是全面指导我国节能工作的行政法规。

1. 节能标准化建设大幅推进

1995年我国启动并且开展了能源标准修订工作，拓展了能源标准管理的范围与界限，由原来的家用电器扩展到了照明器具及具有工业用途的设备。

2. 经济激励政策应用更为广泛

发挥财税政策的激励作用，加大节能资金投入，制定特定领域的节能奖励办法，出台减免增值税、消费税以及免征关税等税收优惠与补贴政策；丰富金融扶持的手段，包括对节能贷款给予低利率优惠、通过贷款支持节能技术研发等。[①]

3. 探索了专项节能工程

1996年国家经济贸易委员会（现为中华人民共和国商务部）启动了绿色照明工程，不仅节约了能源，也保护了环境。同时，自1991年，我国不断开展节能宣传活动，至2023年已举办33届，提升了全民的节能意识。

（二）1997—2007年：延伸节能领域

我国能源结构呈现多煤、少油、缺气等特点，粗放式的工业发展又使得环境污染问题日益凸显，能源总量不足、能源结构失衡的问题不断加重，第二产业在国民经济中比重较大的问题急需解决。该阶段，我国进行了能源政策调整，通过调整产业结构、优化能源消费结构，建立具有互补性的能源供给体系。以国务院1995年颁布的《1996—2010年新能源和可再生能源发展纲要》为开端，鼓励开发风能、太阳能和地热能等清洁能源，积极发展可再生能源事业，促进能源结构的优化。2005年国家正式发布《促进产业结构调整暂行规定》及其配套文件《产业结构调整指导目录》，提出了国家产业结构调整的目标、原则、方向与重点，揭示了国家产业结构优化升级的思想。

1997年《中华人民共和国节约能源法》颁布，各省市在能源法基础上，制定相关实施办法、配套实施方案。2001年发布《能源节约与资源综合利用"十五"规划》和2004年发布《节能中长期专项规划》就我国能源消费特点、用能状况、节能工作等提出了指导意见。以此为背景，工业、铁路行业、交通运输、建筑等领域的节能政策相继出台，节能工作在各行业全面推进和实施。1999年国家发展计划委员会颁布的《党政机关办公用房建设标准》规定，党政机关办公用房应采取直接采光、自然通风、优先采用集中供热等节能措施。2004年的《能源中长期发展规划纲要（2004—2020年）》（草案）是我国能源领域的第一个中长期规划，强调必须坚持把能源作为经济发展的战略重

---

① 吴滨，庄芹芹，张茜.我国节能政策的演进及趋势分析[J].重庆理工大学学报（社会科学），2018，32（9）：23-31.

点，以能源的可持续发展和有效利用支持我国经济社会的可持续发展。

同时，建立能效标识制度与节能产品认证管理办法。1999年，出台的《中国节能产品认证管理办法》确定了"节能产品"的定义。2004年发布的《能源效率标识管理办法》标志着能效标识制度的正式建立，并相继发布实行能源效率标识管理的产品目录。2004年年底，财政部、国家发展改革委下发《节能产品政府采购实施意见》，公布《节能产品政府采购清单》，要求优先采购节能产品，推行节能产品政府采购制度。

1999年，国家经济贸易委员会颁布《重点用能单位节能管理办法》。2001年全国节能宣传周时期，提出《政府机构节能行动倡议》。2002年和2003年，国家经济贸易委员会同建设部、国管局、中共中央直属机关事务管理局（中直管理局）等相关单位先后两次对全国政府机构进行了能耗现状抽样调查，了解政府机构能耗现状、管理水平以及存在的主要问题。2004年，国务院办公厅印发《关于开展资源节约活动的通知》，强调政府机构要制定节能实施方案和能耗水耗定额、支出标准，深化政府采购制度改革，降低费用支出。2005年印发《关于切实加强中央和国家机关资源节约工作的通知》，对中央和国家机关节电、节水、节油、节约办公用品开支、建筑节能、节能采购和建立资源消耗统计报告制度等提出具体措施和要求。

（三）2007—2016年：调整能源发展战略

2007年修订的《中华人民共和国节约能源法》增加了公共机构节能相关内容，将"公共机构"规定为能源消费的重要部门，并明确公共机构在节能方面的责任和义务，确保公共机构节能工作做到有法可依，推动了公共机构节能工作的规范化、法治化。2008年10月1日起施行《公共机构节能条例》明确了机关事务管理部门的管理职能，并针对节能规划、管理、相关措施以及整体保障工作作出了明确的安排和规划。2010年国务院机关事务管理局进一步增设了推进、指导、协调、监督全国公共机构节能工作的职能。2012年颁布的《机关事务管理条例》明确了国管局公共机构节约能源资源的职能。同年，国管局内设机构增加了节能管理司。

2007年，国家发展改革委员会同有关部门制定的《节能减排综合性工作方案》将节能减排指标完成情况纳入各地经济社会发展综合评价体系，遏制高耗能高污染行业过快增长、加快淘汰落后生产能力、加快能源结构调整成为节能减排的重要工作内容。2008年，《可再生能源发展"十一五"规划》指出要加强清洁可再生能源的研发和推广后，2014年，国务院颁布的《能源发展战略行动计划（2014—2020年）》提出以电力为中心的能源消费结构，降低煤炭消费比重，提高天然气消费比重，重视和大力发展风电、太阳能、地热能等可再生能源。2011年国务院印发《"十二五"节能减排综合性工作方案》，提出了50条政策措施，并确定了"十二五"各地区化学需氧量、氨氮、二氧化硫、氮氧化物排放总量控制目标。

该阶段，国家实行有利于节能降耗和环境保护的产业政策，沿着淘汰落后产能与发展节能环保等新兴产业两条路径展开。同时，积极应对碳排放问题，综合运用节能政策。

1. 淘汰落后产能的产业政策

设立节能约束指标，建立目标责任机制。《"十一五"规划纲要（2006-2010年）》中明确提出单位GDP能耗下降20%左右的约束性指标，第一次将节能的定量目标纳入国家最高层级的统筹规划。这段时期建立了目标责任机制，将单位GDP能耗下降指标纳入各地经济社会发展综合考核体系，创造性地将节能目标分解到省、市、县以及重点行业、企业，明确节能主体与责任人，建立节能统计、监测和考核系统，进行节能目标评价考核[1]。2013年国务院印发《大气污染防治行动计划》，提出了优化产业结构，推动产业转型等十个方面的措施。

2. 大力发展节能环保等新兴产业政策

我国不断加大对节能环保产业的培育力度，积极支持新能源产业的发展。2010年出台《关于加快培育和发展战略性新兴产业的决定》扶持新兴产业发展。《"十二五"国家战略性新兴产业发展规划》提出了发展节能环保产业的重点发展方向，《"十二五"节能环保产业发展规划》从节能技术和装备、节能产品、节能服务三个方面，明确提出了节能产业关键技术和政策措施。《节能与新能源汽车产业发展规划（2012—2020年）》提出，加快研发、普及节能汽车与新能源汽车。

3. 积极应对大气污染带来的日益严峻的碳排放问题

2007年国家发布《中国应对气候变化国家方案》，严格控制温室气体排放，低碳发展受到重视。2011年的《"十二五"控制温室气体排放工作方案》指出，研发并推广低碳技术和产品，探索低碳发展模式，研究制定支持试点的财税、金融、价格等方面的配套政策，形成低碳发展的政策体系，推动了我国的低碳化进程。2013年的《绿色节能建筑行动方案》提出了建筑节能十大任务。

4. 将价格、财税与金融政策融合运用

国家深化能源价格体制改革，实行有利于节能的价格政策，激励单位和个人节能。高耗能行业开始实行差别电价，不断提高限制类和淘汰类企业的电价加价标准，实施"惩罚性电价"。同时，在电价领域逐渐引入竞争机制，实施两部制电价以及峰谷分时电价，提高能源使用效率。此外，多种财政补贴和奖励资金带动社会投资大量投向节能技

---

[1] 吴滨，庄芹芹，张茜.我国节能政策的演进及趋势分析[J].重庆理工大学学报（社会科学），2018，32（9）：23-31.

术改造、节能产品推广等领域。如实施企业所得税减免、投资抵免等各类节能税收优惠；使用金融工具促进节能工作的开展，督促银行把调整和优化信贷结构与调整国家经济结构紧密结合，配合国家重点节能项目给予授信支持，加强金融创新，开发与节能减排有关的创新金融产品。[①]

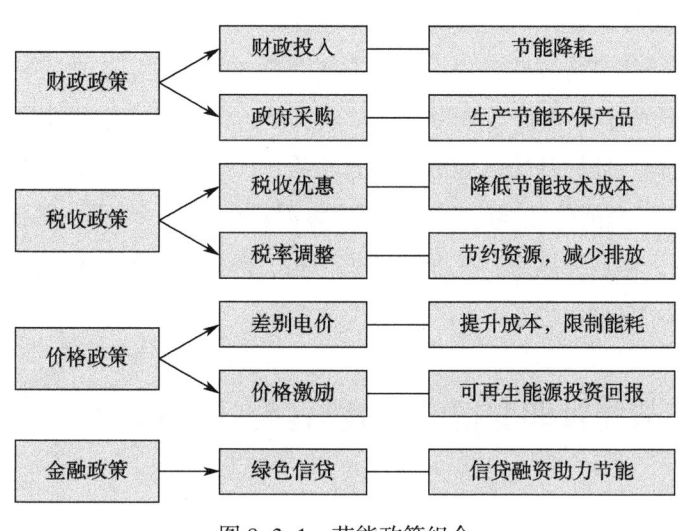

图 8-3-1　节能政策组合

（四）2016 至今：双控与"双碳"目标

2016 年与 2018 年《中华人民共和国节约能源法》先后两次修订。2016 年开始实行能源消费总量与能源消费强度"双控"行动。党的十八大把生态文明放在了突出地位；党的十九大报告对生态文明建设作了全面部署。2020 年 9 月 22 日，习近平在第七十五届联合国大会一般性辩论上发表重要讲话，首次提出我国碳达峰、碳中和目标，向国际社会作出了庄严承诺。

"十三五"时期（2016—2020 年），党中央、国务院印发《关于加快推进生态文明建设的意见》，对生态文明建设作了顶层设计，对公共机构节约能源资源提出新的指导。2016 年，国务院印发《"十三五"节能减排综合工作方案》，明确提出 2020 年公共机构单位建筑面积能耗和人均能耗分别比 2015 年降低 10% 和 11% 的目标。《公共机构节约能源资源"十三五"规划》就如何落实公共机构节能目标给出发展思路和行动指南。该文件指出，要强化公共机构配套制度标准，形成科学规范、管理严格、覆盖全面、监管统一的制度体系，以此支撑公共机构节能目标的全面实现[②]，提出开展"六项绿色行

---

① 吴滨，庄芹芹，张茜．我国节能政策的演进及趋势分析［J］．重庆理工大学学报（社会科学），2018，32（9）：23-31．

② 林翎，李燕．对公共机构节能标准化建设的思考［J］．中国机关后勤，2017（7）：7-10．

动",实施"六项节能工程"。

"十四五"时期(2021—2025年),国务院印发《"十四五"节能减排综合工作方案》和《"十四五"公共机构节约能源资源工作规划》,确立了"十四五"时期公共机构节约能源的主要目标,通过强化管理支撑体系建设、完善规划实施保障等措施实施绿色低碳转型行动。同时,部署十大重点工程,包括重点行业绿色升级工程、园区节能环保提升工程、城镇绿色节能改造工程、交通物流节能减排工程、农业农村节能减排工程、公共机构能效提升工程、重点区域污染物减排工程、煤炭清洁高效利用工程、挥发性有机物综合整治工程、环境基础设施水平提升工程。《"十四五"节能减排综合工作方案》明确,到2025年,全国单位国内生产总值能源消耗比2020年下降13.5%,能源消费总量得到合理控制,化学需氧量、氨氮、氮氧化物、挥发性有机物排放总量比2020年分别下降8%、8%、10%以上、10%以上。

二、机关节能管理取得的成效与存在的问题

(一)机关节能管理的成效

相关数据表明,2019年,全国公共机构人均综合能耗为333.81千克标准煤,单位建筑面积能耗为18.89千克标准煤,人均用水量为22.29吨,与2015年相比分别下降9.96%、8.08%、12.07%。除单位能耗降低之外,我国在节能改造投入、垃圾分类、节能企业发展、制度体系建设等方面也取得了一定成果。

1. 节能改造投入逐步加大,节能改造稳步实施

党的十八大至二十大这十年间,全国公共机构在节能改造方面累计投入资金200多亿元。"十三五"规划期间,全国公共机构开展建筑节能改造面积达2 200万平方米,改造供热系统面积达947万平方米,空调通风系统面积达1 000万平方米、数据中心338个、燃煤锅炉1万余台。

2. 绿色机构引领,能耗节约快速推进

努力推动政府机构按照减量化、资源化、无害化要求,完善垃圾分类基础设施,构建垃圾分类体系。截至2017年年底,中央国家机关和29个地区的省直机关率先实现生活垃圾强制分类,较好地发挥了政府机构的示范引领作用。同时,开展节水型单位创建,30个地区出台了节水型单位建设标准,共1 546家省直机关和2 486家省属事业单位建成节水型单位,中央国家机关本级有独立办公区的单位全部建成节水型单位。[①]

---

① 国管局公共机构节能管理司.公共机构节约能源资源工作十年综述[J].秘书工作,2018(12):42-43.

2012年至2022年，我国典型示范工作稳步推进，引领带动作用愈加明显，全国12.7万家县级及以上党政机关建成节约型机关，建成节约型公共机构示范单位5 114家，遴选公共机构能效领跑者376家、水效领跑者168家、生活垃圾分类示范点146个。[1]

3. 制度标准体系逐步完善，市场机制快速融入

我国节能管理的制度与标准化体系经历了从无到有，再到逐步规范的发展历程。这一体系不仅涵盖了由中央到地方的制度设计、制度实施与制度监管全链条，还加强了内部规制，促进了外部市场的进入和参与。当前在国家倡导节能环保的大环境下，落实双碳目标和节能减碳，已成为全社会广泛共识，节能企业的迅速发展以及其与公共机构之间的合作日益密切，凸显出了节能市场存在较大空缺与需求，市场机制的快速融入有效发挥了社会资金与节能技术的效能，协助公共机构探索碳排放权交易、SO_2排放权交易等。此外，能源费用托管模式的推行与实施，将公共机构的能源管理工作单独划分出来，运用市场资本解决对政府财政的依赖，运用节能技术减少能源消耗，解决能源浪费问题，推进了公共机构节能管理的市场化改革。

4. 指导监督考核得到强化，计量统计范围逐步拓展

公共机构节能的成效离不开精细化的数据统计与监督考核，截至2017年年底，我国7300余家公共机构已建设了节能监管系统，实现能耗数据的在线计量和监测。同时，建立起面向全国公共机构的能源资源消费统计制度，报送统计数据的公共机构数量达到70余万家，其中56万余家实现网上直报，使得综合有序的节能考核体系形成、用能监管水平不断提升，为规范推进我国公共机构节能管理奠定了良好的基础。

（二）节能管理存在的问题

我国节能管理工作在取得较大成效的同时，仍然面临着一系列的问题，其制约着节约型机关创建工作的持续推进。

1. 管理体制不健全，节能管理的作用难以发挥

其一，管理职位流于形式。虽然各级机关在组织架构上普遍成立了节能减排部门，并根据相关规定委派和任命了节能专员，但这些节能管理岗位仅在形式上存在，缺乏实际权力，导致节能工作在实际推行中受到严重阻碍，难以有效落实节能措施。其二，管理部门之间的主体权责不明晰。政府机构的节能管理工作涉及多个部门之间的协调合作，而当前的节能管理体制中存在各管理部门主体不明晰的情况，致使交叉管理、推诿扯皮的现象时常发生。同时，管理主体权责不明确，政府机构对节能服务公司、物业公

---

[1] 徐永胜.深入学习贯彻党的二十大精神 以公共机构绿色低碳转型助力碳达峰碳中和[J].中国行政管理，2022（12）：12-13.

司管理过多，严重影响其日常工作，不利于落实管理责任，削弱了节能工作的推进力度。其三，节能工作的奖惩力度弱。尽管政府机构的节能工作已纳入考核范围，但是节能工作考核的奖励与惩罚力度仍然不足、精神激励与物质性激励失衡。节能工作走在前列的部门有时仅会获得荣誉称号等表彰，而节能工作未达标的部门则仅得到警告、批评等软性处罚，只要部门的职能履行、作风建设以及社会满意度情况等考核达标，便不会影响到部门的整体利益。同时，政府机构节约能源资源的考核结果分为优秀、合格、基本合格和不合格四个等次，每个等次之间的标准较为模糊，难以把握奖惩的力度，不易实现有效奖惩。

2. 宏观机制不完善，节能管理工作难以推进

从宏观上来看，节能管理工作主要包含计划、执行与监督三个环节。首先，节能规划处于悬浮状态。上级部门推行的节能规划未能全面考虑政府机构的实际情况，或是规划与政府机构内部不科学、不详细的节能方案之间存在较大差距，使得既有规划无法落地，进而造成节能规划悬浮。其次，政府机构执行力较为薄弱。在节能管理实践中，普遍存在"上面热、中间温、下层冷"的现象，少数单位还存在着"说起来重要、做起来次要、忙起来不要"，不推不动，甚至推也不动的现象。同时，节能宣传未受到应有的重视。许多政府机构节能宣传力度不足、宣传内容单一、宣传效果欠佳，节能宣传工作都是走过场，成员参与度低，进一步导致政府机构内部人员在思想层面难以意识到节能的重要性，内部人员会在惯性思维的作用下，忽视节能的重要意义。最后，未建立严格的节能监督机制。在政府机构节能工作中，自主监督存在缺陷，尚未实现监督客体主体化，对自身节能数据准确性、真实性、节能总体目标达到与否的监督力度不足。同时，也没有形成与其他政府部门与社会组织的监管合力，尚未实现全方位监管。

3. 微观机制不完善，节能管理精度不足

根据有关统计，截至2020年年底全国公共机构（包括政府机构在内）总量为158.56万家，用能人数约4.97亿人，建筑面积约82.73亿平方米，能源消费总量1.63亿吨标准煤，约占全社会能源消费总量的3.29%；用水总量106.97亿立方米，约占全社会生活用水总量的12.39%。针对用能体量巨大的政府机构，需要在微观上实现节能的全链条管理，才能进一步有效提升节能管理的精度。当前，政府机构在节能的管理精度上也面临较大的困难。其一，政府机构的节能管理工作基础薄弱，节能数据系统不完善，没有及时对能耗进行测量，再加之不少机构对节能情况不明、底数不清，在一定程度上不利于节能管理工作实施。同时，政府机构缺乏收集年度能耗数据、对各类能耗进行分项、形成年度数据报表的习惯，因此无法通过数据对比发现用能的升降，难以解决高耗能部分。其二，用于测量节能工作的指标体系不健全。政府机构在节能方面的具体指标与参照数据缺乏统一标准，如若单纯以能源资源总量和强度来考核，则无法支撑节

能工作向精细化转变。[①] 其三，节能管理工作的重要一环是节能管理人员对数据的抄录与汇总，然而政府机构内部缺乏专职节能管理人员，大多数人员为节能管理的兼职者，不能实现节能工作的网格化与精细化管理，导致节能管理无法向精细化迈进。

4. 管理方式不成熟，节能改造范围窄

一方面，管理方式不合理阻塞了市场进入的通道。长期以来，政府机构的能源供给与消耗被视为内部事务，使得节能管理工作具有一定的排他性，市场主体难以进入。随着政府机构的发展需求与国家政策的指引，市场机制被逐渐引入政府机构的节能领域，但是由于引入时间较短，节能管理的方式不合理，市场资本的投入显得较为谨慎，致使市场化节能改造方式未能在政府机构中大范围推广，限制了节能改造的拓展。另一方面，在财政资金投入不足的情况下，管理方式不当加剧了专项经费的损耗。自政府机构节能减排工作得到重视以来，政府投入了大量的专项资金，虽然在节能建设方面取得了一定的成效，但是仍然显现出了总体数额大、均数投入少的特点。"十三五"时期政府机构累计节能投入资金总量为145亿元，平均每个单位不到1万元。[②] 节能投入的资金来源主要为财政资金，但管理方式不当致使用于节能的专项经费进一步损耗。同时，由于许多政府机构的节能项目缺乏专业机构及专业人士的检验与论证，最终造成了资金的无效耗费，进一步制约了新技术、新能源、新产品的推广和应用，致使政府机构只能进行基本的节能改造。

三、机关节能管理的影响因素

政府节能涉及的方面较为宽泛，因此制约其节能管理与成效的因素也具有非单一性，根据当前节能工作现状分析，影响政府节能的因素主要包括以下几个方面。

（一）传统体制的缺陷

政府节能管理工作的开展需要重视传统体制因素的影响，较长时间的历史积淀使得传统体制在政府中的影响根深蒂固。一是传统体制的管理结构存在欠缺、管理结构较为松散、节能管理的环境宽松，导致了节能制度在管理结构的影响下无法发挥原有的作用，甚至沦为摆设。二是传统体制下，各级领导对节能管理重视程度不够，存在"上头重视，下头无视；检查前重视，检查后松弛"以及会议内容充实而落实程度较低的现象。三是管理制度在具体的实施与操作过程中无法贴合实际，管理方案的推行不顺畅，

[①] 宁夏回族自治区机关事务管理局公共机构节能处.能耗定额预算制度打通节能降耗堵点[J].中国机关后勤，2023（8）：24-25.
[②] 刘紫亮.推进公共机构节能应用市场化机制[J].中国机关后勤，2022（1）：55-57.

导致方案无法有效实施。四是管理体制存在缺陷，监督机制与激励机制不健全，内部监督与外部监督的规范性有待加强，给予的物质奖励与精神奖励在力度上有待提升。

（二）财政经费约束较大

从实际情况来看，我国政府作为使用财政资金的组织实体，其节能改造与投入主要依靠上层制度与政策推动，对于财政资金的依赖较为明显。由于中央与地方的财政资金总量有限，且地方财政资金的使用与安排主要集中在急需解决的经济、民生问题方面，加之政府机构的数量庞大，节能改造工作的周期性强，需要稳定且充足的现金流进行支持，最终导致用于节能改造的专项资金在使用过程中呈现出重要性弱、重视程度差、预算碎片化的特征，致使政府的节能投入十分有限。

（三）学习能力不足

社会的快速发展对政府节能提出了高标准与高层次的要求，需要政府工作人员不断学习新知识。但是，当前公共机构的学习能力不足，学习的积极性不高致使其无法更好地解决新问题、处理新状况、适应新局面。一是政府中依然存在人员年龄偏大、学历较低的现象，对于新兴节能知识的学习较为缓慢，适应性较弱。二是学习型组织的建设较弱。政府在节能方面尚未实现工作学习化与学习工作化，场域中的学习氛围不浓厚，滞缓了新知识的进入。三是学习意识较为薄弱，学习进步意识欠佳。政府工作人员存在着思想固化的现象，对于前沿节能知识的捕捉不够精准，甚至排斥新型节能设备、节能方式、节能技术、节能服务，严重阻碍着政府的节能发展。

（四）外部约束无力

政府节能的外部约束是相对于其内部监督与管理而言，主要包括第三方的节能审计、社会团体组织的节能监督等。虽然我国出台了诸多的节能法规、政策、通知、意见，但是政府能源消耗与结算的非外部性使得外部监督较为困难。一是政府的节能审计主要是单位针对自身的能源消耗开展，缺少第三方专业机构的介入，极其容易引发"运动员"与"裁判员"兼任的现象，也会削弱审计的专业性与可信度。二是缺乏具有监督职能的团体组织的介入，比如民间环保组织、独立节能审计机构、新闻媒体等。这些团体组织有较强的分析、宣传、监督、评估能力，可以更好地监督政府的节能减排工作，增加政府进行节能建设的外部压力，最终促使政府不断提升节能管理水平。[①]

---

① 肖国安.我国节能型机关建设研究［J］.中共云南省委党校学报，2010，11（3）：147-149.

四、机关节能管理的完善对策

政府在新的发展阶段应该以率先实现碳达峰与碳中和为目标导向，精准研判碳达峰与碳中和的发展趋势，坚持战略定力，集成系统合力，激发创新动力，强化法治效力[①]，综合研究节能管理的各个维度，在管理的过程中从节能理念、节能制度与节能技术三方面发力。

（一）加强理念引领

节能理念作为政府开展节能工作的向导，既在思想层面予以了明确的指引，又在实践层面鼓励着行动的落实。政府节能理念指导机构的节能方向，在节能管理的过程中，应当充分发挥理念先行优势，将节能理念进行广泛推广，让人们在思想上充分意识到节能的重要性，为节能行动的落实以及实际工作的开展打下良好的基础，提供坚实的心理建设。同时，理念的落地需要专项会议和切实载体共同推进，政府可以定期开展节能专题讲座，拓展节能理念的宽度与深度，加深人们对于节能的认识程度；将节能理念融入日常会议中，以节能为聚焦点，进行集中讨论与反复强调，并将节能理念长期贯穿于日常工作中，使工作人员养成良好的节能习惯；在公共区域张贴节能海报与标语，突出节水、节电、禁塑等的重要意义，让警示性字符与道德约束共同制约浪费行为。

（二）强化制度保障

节能制度建设是我国节能领域的重点工作，节能管理需要依靠健全的制度。我国的节能制度应依据能源形式与能源消耗情况而转变，使制度的具体内涵与包含范围逐步得到丰富与发展、制度逻辑逐步严密与完善，相关的节能专项统计制度、节能审查制度、节能监察制度以及节能奖励制度充分发挥保障性作用。节能统计制度事关能耗的数据与参数，统计分析的报表直观体现着能耗的升降与节能的成效，并且能够与其他制度交错融合；节能审查制度在较大程度上控制节能降碳的"源头关"，该制度以相关法规和标准为基础，针对节能项目的合规性、科学性、成效性等开展审查；节能监察制度在追求行政效率与执法效率的同时，与节能奖励制度相衔接，两者在约束与激励层面具有良好的适配性。政府在多重制度的保障下推进节能工作，不仅能够实现节能减排，也能够进

---

① 张晓卯.合同能源管理：公共机构碳达峰与碳中和的解决之道——以上海市公共机构合同能源管理为例[J].中国行政管理，2021（11）：157-159.

一步检验和完善相关制度法规。

（三）增进技术支撑

节能管理的最终目的是实现节能减排的目标，而节能减排需要以技术作为驱动与支撑。政府解决节能问题，一是要通过市场引入节能技术，利用市场化机制解决资金不足与技术滞后的困境；二是要用新技术淘汰落后产品，促进节能产品的安装使用，对能源使用进行集约化管理；三是要建立节能信息平台，推进节能资源共享共联。政府应当以财政资金的拨付为基础，积极开拓资金来源渠道，大力推广合同能源管理中的托管模式并与各地特点相结合，重点编制托管类型的案例集和指导手册，指导各地方开展相关工作，将社会资本与节能技术结合，为资本与技术的流入开拓道路。同时，机构加快使用引进的技术，落实节能设备的安装，用自动化、数字化、智能化的产品替换老旧的节能设施，促进节能产品的更新迭代。此外，机构应在较高层面上实现节能信息平台搭建，集合不同部门、不同行业、不同地域的节能信息，建立政策信息库，促进信息与资源的共享。

【拓展阅读】

［1］李泫. 国（境）外节约型机关的做法及借鉴［J］. 中国行政管理，2012（8）：100-104.

［2］肖国安. 我国节能型机关建设研究［J］. 中共云南省委党校学报，2010，11（3）：147-149.

［3］王培红. 低碳经济背景下公共机构的节能管理［J］. 能源研究与利用，2011（3）：28-32.

［4］张晓卯. 合同能源管理：公共机构碳达峰与碳中和的解决之道——以上海市公共机构合同能源管理为例［J］. 中国行政管理，2021（11）：157-159.

［5］张晓卯. 构建公共机构节能管理理论体系 推进公共机构节能科学发展［J］. 上海节能，2015（7）：347-350.

［6］刘险峰. 从政府规制到多元治理：节能管理模式的发展与变革［J］. 求索，2019（2）：81-88.

［7］王衍行，汪海波，樊柳言. 中国能源政策的演变及趋势［J］. 理论学刊，2012（9）：70-73.

［8］赵晓丽，洪东悦. 中国节能政策演变与展望［J］. 软科学，2010，24（4）：29-33.

［9］刘紫亮.推进公共机构节能应用市场化机制［J］.中国机关后勤，2022（1）：55-57.

［10］林翎，李燕.对公共机构节能标准化建设的思考［J］.中国机关后勤，2017（7）：7-10.

第九章　机关办公环境管理

机关事务服务的对象之一是为了保障机关办公活动所固定的办公场所、地点或设施。固定的机关办公场所是公权力部门的象征、物质表象和经常性工作的物理空间，正因为机关有了固定的办公场所，日常的活动才能例行，公共政策才能保持连续性，人们的社会经济生活才能稳定有序。①机关事务管理具有供给机关工作条件、完善机关环境的职能。

第一节　机关办公环境管理概述

一、机关办公环境管理的概念与特征

（一）机关办公环境管理的概念

机关办公环境有广义和狭义之分。从广义上来说，办公环境是指直接或者间接作用和影响机关管理活动和机关管理成效的各种因素的总和，由近及远可划分为工作环境、职能环境、社会环境三个层次。

从中观意义上讲，机关办公环境指工作环境，指具体办公活动的场所及使用的设备等，同时包括办公人员的状况。具体而言，可分为"硬"环境和"软"环境。办公"软"环境主要体现为人文环境，包括办公室内人员的素质以及人员间的和谐程度。

从狭义上说，机关办公环境是指机关人员办公所处的"硬"环境——"物之环境"，即由一定的物理空间和物质表象（建筑设施等）构建组合而成的经常性工作的场所或地点。硬环境是影响机关人员工作效率的外在因素，因此，硬环境的设置要符合办公人员的心理需求和工作要求，使办公人员获得最佳的工作状态。本章关注的是狭

---

① 张国庆.公共行政学（第四版）[M].北京：北京大学出版社，2017.

义上的办公环境。

一般来说，健康、安全、高效的办公硬环境主要构成因素有：①自然环境，包括人对自然的感知或需求。空气环境常以温度、湿度、清洁度、流通速度等"四度"来衡量，即有适宜的体感温度、清爽的湿度、洁净新鲜的空气、良好的通风。光线环境要有充足的照明效果、足够的自然光吸纳、清澈明亮的光源色、缓解疲劳的亮度分布。声音环境要有吸音、静音的门窗、墙壁、装置。②空间环境，主要包括办公人员所处的建筑办公空间及辅助空间的环境。直接办公环境包括合适的办公位置及面积、美观的装潢修饰、清洁的办公区域、高效通畅的工作走道；辅助空间包括标识组合、休息区、卫生设施区、人行通道、车行道、停车区等。③设备环境，即办公设备、办公家具，包括舒适的工作桌椅、布局合理的办公设备、配备齐全的事务用品、充足的办公耗材、保障行政的事务设备、管线区的公用设施设备（煤电气、供排水等）等。④绿化环境，包括湿润调温的植物、装点修饰的花木、绿化带、办公室绿植等。⑤安全环境，主要涉及人身安全、财产安全、防火安全等，具体有坚固安全的办公建筑、安全的资料储备环境、安全的工作设施、安全的空间布局、合适的围墙与门禁设施等。

综上，办公环境管理是机关后勤管理中的经常性工作，包含办公空间的规划和布置、办公家具的选择与安放，办公设备的保养与维修、办公环境的清洁与控制、办公秩序的维持和管理等具体内容。

（二）机关办公环境管理的特征

1. 服务保密性

服务保密性是机关办公环境管理与其他类型物业管理活动的根本区别。机关的日常工作中难免涉及需要保密的内容，关系着党和国家的重大利益。机关管理人员可能在工作中会接触到这些保密内容，这就需要管理人员具备一定的保密意识和保密素质。[①] 因此，物业服务企业需要对服务人员进行严格筛选和审查，定期对服务人员进行安全保密意识的宣传教育和培训，使服务人员尤其是重点岗位服务人员充分认识到保密工作的重要性，使他们树牢"保密无小事"的理念，时刻绷紧保密之弦。在服务工作中，要建立完善的管理制度和流程，全方位有效地进行保密性服务。比如，禁止泄露党政重要领导干部个人信息、日程安排，禁止泄露机关单位重要会议相关内容，禁止翻阅重要文件等。

2. 功能多样化

机关作为公务活动的载体，具有多种服务功能。在物质方面，机关环境管理首先是

---

① 陈益翀.论政府机关办公楼物业管理的市场化[J].城市建设理论研究，2013（4）：1-3.

对场所及其配套设施的管理、维修和看护，为机关正常开展活动创造基本条件。在秩序方面，良好的秩序是机关有效提供各类服务的前提，也是机关对外形象的重要体现。机关办公环境管理的一项重要任务是保障机关的正常运行，维护办公场所的秩序，同时对突发事件和干扰活动等能够及时处置。比如，对于服务窗口集中的场所，当短时间内有大量访客涌入时，物业部门必须有应对预案，并确保良好的秩序。此外，办公环境管理根据其工作的特点还延伸出许多服务项目，如重大活动保障、接待会务服务、后勤保障辅助性事务及领导或重要客人的个性化服务等，这些非常规工作的服务能力和工作质量将直接影响机关的社会形象。[1]

3. 管理专业化

办公环境管理涉及多方面的复杂管理工作，需要相关管理人员具备较高的管理水平。主要表现为能够运用一定的管理制度、原则、规范和方法，通过有效的管理行为，对办公环境和管理服务范围进行合理的计划、组织、协调、指挥、控制，能够做到"人尽其才""物尽其用""财尽其利"，发挥更大的物业管理效应，使公共财产保值、增值。对于物业服务企业来说，必须适应机关服务工作政治性、临时性、突发性的特点与高效率、高品质的要求，深入机关的日常工作，精准把握不同机关的性质、特点、习惯和要求等，培育研究、策划、资源配置、应急处置等能力，不断增强服务质量，将服务工作做得更加高效、精细，提升办公环境管理专业化水平。

4. 技术要求高

当前，机关管理进入智能化时代，机关办公楼通常是大型智能化写字楼，建筑规模大、配套设施全，配备有中央空调系统、高档电梯、楼宇自控系统、保安监控系统、火灾报警系统、大型停车库（场）、通信和互联网集成系统以及办公自动化系统等。[2]这些设备、设施、信息系统涉及机械、电子、计算机、信息网络等众多专业领域，技术水平高，大幅延伸了办公环境管理的业务链条。传统的机关办公环境管理认为办公室是单一、孤立、有边界的区域，而科学技术的广泛应用对办公环境管理提出了新的要求，管理人员应树立新的统筹思维、平台思维、数据思维和网格思维。总之，"机关物业管理服务，脱离了智能化的发展，将无法具备现代化后勤保障服务能力"[3]。

5. 管理社会化

管理社会化指办公环境的物业管理规划按照市场的要求进行市场化运作。有偿服务是市场化的基本原则，而机关办公环境管理也应实现有偿服务，以服务对象和具体要求

---

[1] 沈宏庆.政府机关物业管理的服务探索[J].城市开发，2019（5）：76-77.
[2] 李超良.政府机关办公楼物业管理市场化问题研究[D].苏州：苏州大学，2010.
[3] 沈宏庆.新形势下如何升级政府机关物业服务[J].中国物业管理，2019（3）：55-57.

为出发点，决定自身的服务方式和具体内容。① 随着经济体制改革的深入推进，办公环境管理需要从过去的"政府办后勤"向"社会办后勤"转变，对办公环境进行社会化管理。首先，管理社会化意味着主体多样化，由更多的主体参与办公环境管理，当然主要是市场主体，使办公环境管理由封闭走向开放。其次，管理社会化意味着方式市场化，按照市场运行的方式，遵从市场调节规律，开展办公环境管理工作，比如服务主体挑选要按照物业管理的准入条件进行公开招标。最后，管理社会化意味着服务个性化，物业服务主体根据机关的不同特征和要求，提供灵活多样的差异化服务，使服务更有针对性。

二、机关办公环境管理的内容以及与物业管理的关系

（一）机关办公环境管理的内容

1. 保安

保安指保卫治安，即全面负责办公区域内的安全管理工作，严格落实安保措施，发现并解决问题，确保办公区域安全，主要涉及消防安全管理、治安管理、突发事件管理三个方面，具体包括区域内的人身安全和突发事件的组织指挥，防火防盗和维护办公区域秩序。机关保安不同于一般的保安，具有特殊性，保护的范围广、安全要求高，通过保安工作来保障办公区域内安全，保障机关人员工作安全和财产不受损失，维护正常工作秩序、治安秩序，做到防患于未然。此外，还需对进出人员进行登记和监控，杜绝外来人员在机关内部乱窜乱闯现象发生；有的还需进行交通秩序疏导，引导车辆有序停放等。

2. 保洁

保洁主要是维护办公区域内外部卫生环境，目的是创造干净、整洁、舒适、优美的办公环境，便利公众办事，促进机关人员身心健康，具体包括：机关办公室、楼梯、走廊、厕所等定期打扫；办公区域内各类用具干净整洁、摆放有序，桌椅、书报刊等归类放置整齐；会议室使用前后及时清洁，卫生间干净、无异味；办公区域内的纸屑、烟头、乱涂乱画、乱钉乱挂等及时清理；车棚、车位等定期打扫，车辆停放整齐，无杂物堆放。

3. 保绿

机关的室外环境主要依靠植物进行美化。机关越来越重视办公环境的绿化建设，因

---

① 胡连民. 对机关办公用房物业管理社会化、专业化、规范化的探讨[J]. 现代经济信息，2016（16）：56-57.

为保绿和保洁一样关乎机关的外在形象。机关办公环境的保绿可以分为内部绿化和外部绿化，内部绿化主要包含办公场地、楼道、办事大厅等场所的植被点缀，外部绿化主要包含机关单位院子、走廊、天台等露天场所的植被。保绿工作应坚持实用、经济、美观、科学的原则，建立绿化管理制度，严格执行绿化管理工作规范。在实务工作中，物业公司大多数都会和专业的绿植公司合作，定期对机关办公环境内外部的植被进行维护，如浇水、修剪、更换等。

4. 保修

保修指针对机关办公环境内出现的故障设施提供维修及保养的服务，这是确保机关顺利开展工作的一项重要基础工作。机关办公环境的保修服务主要分为两大类，一是对公共区域服务设备设施的保养和维修，比如办公区域的照明灯、监控、门禁系统、消防、电梯等方面的设备；二是解决机关人员提出的各种保养维修需求，最常见的就是提供各种办公电器设备报修、家具保养等服务。办公环境的保修工作需要遵循严格的程序，坚持保障办公业务正常开展、经常维护与故障维修相结合、经济节约安全高效等原则，确保办公设施维护及保养服务有序开展。

（二）机关办公环境管理与机关物业管理的联系

办公环境管理属于物业管理的部分内容。宏观物业管理是指对整个社会或地区的物业开发、环境建设规划、物业权属关系、物业管理活动等进行统筹性和指导性的管理和监督。微观物业管理则是指物业管理区域内的业主及业主自治机构选聘物业服务企业，并要求其按照物业服务合同约定，对房屋及配套的设施设备和相关场地进行维修、养护、管理，维护物业管理区域内的环境卫生和相关秩序的活动。

当前，机关办公环境的维护通常由物业公司承担，办公环境管理和机关物业管理相互影响、相互依存。良好办公环境的获得依赖有效的机关物业管理，而机关物业管理的目的则是通过后勤保障服务优化办公环境，二者紧密相关，因此有必要了解机关物业管理的内涵。作为机关后勤的延伸，机关物业管理是一种市场行为，是指受政府相关部门委托的物业管理公司，根据合同约定对机关的大院和住宅区的全部物业实行统一管理并收取物业管理综合服务费的行为。具体包括对机关办公楼（区）的房屋及配套设施、设备进行管理和维修，对机关办公场所内水电暖、绿化、清洁、秩序等进行管理和维护的活动，为机关提供良好的办公、生活环境。机关物业管理相较于一般性的物业管理，在运作模式、服务需求和管理方式等方面具有很大的特殊性，对物业服务承接主体的保密安全、技术需求、时效保障、统筹协调、服务延伸等方面有更高要求。在服务内容上，机关物业管理除了办公、住宅等基本物业服务内容外，还涉及会议接待、客房住宿、餐饮招待、特约保洁等多方面的综合类物业服务。

三、机关办公环境管理的意义

(一) 有助于创造良好的工作环境

办公环境管理是机关正常开展工作的基础和前提。机关各项工作的正常开展，要求必须有基本的办公条件，包括硬件条件和软件条件。机关办公楼人员聚集、流动性较大，易出现脏、乱和建筑及配套设施损坏等问题。[①] 通过对保卫治安、卫生清洁、植物绿化、故障设施的检修及保养等要素进行有效管理，能够创造一个干净、整洁、舒适的工作场所和工作环境。

(二) 有助于提高工作效率

办公环境的好坏会直接影响机关人员的工作态度和工作效率。干净明亮整洁的办公环境，可以使机关人员心情舒畅，工作效率提高；杂乱无章的办公环境，容易给机关人员带来负能量，危害身心健康，进而影响工作热情和质量。因此，在"机关后勤"向"运行保障"转变的大趋势下，更凸显了办公环境管理的重要性。同时，办公环境管理有助于培养机关人员的专业素养与积极主动精神。比如，在"双碳"时代，节约、环保、绿色成为办公环境管理的主题。机关作为公共机构，必然要在节能减排等事务中积极带头，通过新技术和新模式，对全社会的低碳发展起到引领和示范作用。因此，办公环境管理也是加快节约型机关建设的重要举措，"在机关运行中着力实现对资源的优化使用和成本效益管理，有利于提升党政职能机构的履职能力和效率"[②]。

(三) 有助于优化公共服务质量

机关办公的场所，也是人民群众办事的场所。人民群众到机关办事，不仅希望获得便利的服务，更希望拥有舒适的办事体验。而办公环境管理直接关乎人民群众的服务体验，在某种程度上是机关服务意识和服务态度的直接体现。人民群众来到干净、整洁、舒适的办公空间，一定会对机关产生良好的印象，反之亦然。在媒体报道中，个别机关出现的"丁义珍式窗口"等[③]，不仅让办事群众感到不舒服，也引起了网络上的热议，

---

① 李超良.政府机关办公楼物业管理市场化问题研究 [D].苏州：苏州大学，2010.
② 任晓春，牛亚泽.以机关事务治理推动节约型政府建设——基于"主体—客体—环境"视角 [J].中国机关后勤，2022（6）：24-27.
③ 该词出自反腐电视剧《人民的名义》，前区委书记丁义珍设计的光明区信访局窗口，该窗口低矮没有椅子，来访群众只能站着弯腰低头和窗内工作人员交谈。

群众反响强烈。因此,通过办公环境管理,把办事群众的"心上事"办成机关的"上心事",营造出一个低碳、绿色、健康的办公和服务环境,提升服务质量和效果,可以不断增强人民群众的获得感、幸福感、安全感。

(四)有助于建设平安机关

平安建设是近年来党中央提出的由各级党委政府组织全民参与维护社会稳定的一项创建活动,其目的在于维护社会治安稳定,保障人民群众生命财产安全,巩固国家政权,促进经济社会持续健康发展。而机关办公场所不仅是机关人员的办公场所,也是为民办事的重要平台,一旦发生安全事故,不仅会严重威胁到机关人员和办事群众的生命财产安全,还会损坏机关的形象与信誉。办公区域内的安全管理工作属于办公环境管理的重要内容,因此做好办公环境管理对于平安机关建设至关重要。这就要求办公环境管理除了要做好日常的保洁和设施设备的保养维修服务外,还必须建立起强力、高效的物业安保体系,建立完善、科学、合理的应急方案。具体来看:①完善远红外监防系统,加强对机关大楼和院内、宿舍楼的安全防范,及时掌握和处理不安定因素;②对办公楼和宿舍楼电力设施及时进行更新改造,确保用电安全;③对办公楼和宿舍楼消防设施及时维修更换,开展消防知识培训及演练,确保用火安全;④办公区域安装车辆管理系统,规范车辆行驶和停放秩序管理;⑤办公楼安装门禁系统,聘请专职保安;⑥加强门卫管理和重大节假日值班管理,认真落实来访人员登记制度,加大对进出的陌生人员和车辆的询查;⑦对要害科室、重点部位落实人防、物防、技防措施;⑧做好集访、群访、个访人员的说服教育和疏导工作,配合有关部门防范重大政治性事件、非法聚集事件、大规模群体性事件、暴力恐怖事件在办公区发生。

第二节 机关办公环境管理的过程与方法

一、机关办公环境管理的原则

在主要通过物业服务企业提供办公环境服务的背景下,办公环境管理的基本原则,从属于物业管理的基本原则。

(一)权责分明原则

权责分明是现代管理的基本原则之一,是有效进行管理的前提和基础。所谓权责分明，通常意义上讲，指权利与责任必须明确界定，二者的界限清晰，不存在不清或混淆的状况。机关是物业管理的执行机构。在物业管理区域内，机关与物业服务企业的权利与责任应当非常明确，同时物业服务企业之间、物业服务企业内部各部门之间的权利与职责要分明。对于机关来说，"权"包括决策权、管理权和监督权等，"责"是严格履行物业合同、为物业服务企业提供必要的支持、对物业服务企业的工作进行监督和反馈等，这样才能确保机关发挥好遴选者、管理者和监督者的角色，做到角色均衡。对于物业服务企业来说，"权"是按照物业合同开展工作的权利、要求机关予以支持和配合的权利、依法依规进行管理服务的权利等，"责"主要是按照机关单位的要求落实好服务职能。这样才能确保物业服务企业既有权利可以行使，能够正常开展工作；又能够承担起相应的责任，便于监督、检查和问责。因此，权和责不仅要分明，更要对等，只有对等的权责才能确保管理服务工作高效进行。

（二）政府主导原则

机关办公环境管理的目标是为机关运行保驾护航。受此影响，机关物业服务工作也带有显著的行政性。"而机关业主单位通常会把为其服务的物业服务企业当作自己的部门对待，以行政命令的形式对物业服务企业提出要求，更加注重任务完成的效率和结果。"[①]在机关主导之下，物业服务企业根据机关要求进行办公环境管理，这种管理和服务也带有一定的行政性。需要指出的是，机关是办公环境服务的供给者，但不是服务的生产者。机关主导不等于机关主办，不等于机关亲自动手办。换句话说，机关在办公环境服务中的角色定位是清晰的，机关办公环境管理本质上提供一种公共产品，即在其主导下通过市场化方式提供作为公共产品的办公环境服务。因此，根据机关主导原则，机关应该是办公环境服务规则与制度的制定者和执行的监管者，而不是直接的执行者，不应过多干预物业服务企业的具体工作。

（三）竞争择优原则

从一般意义上讲，机关与物业服务企业之间是市场关系。双方通过签订物业合同，建立合作关系。办公环境管理属于物业管理的部分内容，而物业管理是社会主义市场经济的产物，应当遵循公开、公平、公正的竞争机制。只有公开竞争，才能让符合条件的物业服务企业都参与进来，扩大机关的选择面；同时，能够确保被选中的物业服务企业在服务提供过程中保持活力，提高服务供给的质量和效益。在选聘物业服务企业时，应该坚持招投标制度，要从备选物业服务企业中择优选用。这里的"优"，首先应是成本

---

① 沈宏庆.政府机关物业管理的服务探索［J］.城市开发，2019（9）：76-77.

优,要能以相对低廉的成本获得同等的物业服务;其次是服务优,要避免只考虑成本而忽视服务质量;最后是结构优,有些机关可能同时选择一家以上的物业服务企业共同承担办公环境管理服务,这时就要考虑不同企业的兼容问题,避免出现企业之间不匹配、服务无法衔接等问题。

(四)依法守约原则

依法守约是市场经济的基本原则之一,也是现代机关工作的基石。机关和其所选择的物业服务企业之间是一种法律关系,双方要严格履行合同约定。对于机关来说,就要严格按照合同约定,履行相应的责任和义务,兑现约定的承诺和保障。对于物业服务企业来说,首先要保证业主即机关的权益,确保不损害机关的合法权益;其次是按照约定提供优质的服务。物业服务企业要全方位融入机关服务工作中,"对未能包含在合同约定的服务内容,仍要尽可能地满足业主的需求,把物业的'服务'和业主单位的'需求'有机地融合在一起,与业主单位成为一个统一体"[1]。

(五)有偿服务、经济合理原则

良好办公环境的获得离不开资金和人力、物力等的投入,这些投入就是办公环境管理的成本或者说代价。机关需要向物业服务企业支付相应的费用才能获得服务,这就是有偿服务原则。物业服务企业作为市场经济主体,收取相应的服务费用,但是这里的费用要低于机关自我提供服务的费用,否则就不符合经济理性,交易也就无从谈起。经济合理原则主要是就效益与成本的关系而言的。办公环境管理既要追求效益,也要兼顾成本,达到二者的最佳结合。办公环境管理的物业服务收费应当遵循合理、公平以及费用与服务水平相适应的原则,收取的相关费用要让机关能够接受并感到质价相符、物有所值。同时,物业服务企业在提供服务过程中,要时刻以业主的利益为先,既要管理好办公环境,又要确保资产保值增值,避免业主权益受损。比如,物业管理的专项维修资金要依法管理和使用,不能随意使用和浪费,要确保用得对、用得好。

(六)安全原则

办公环境管理不同于一般物业管理之处是其对安全的要求极高。办公环境管理需要在安全原则的指导下,充分认识安全工作的重要性,构建健全严格的保密制度和措施。机关安全除了包含常规的办公安全,还包括维稳安全、保密安全、人员管控安全、办事群众(或当事人)安全、消防安全、重大接待安全、特殊政治节点安全、节假日安

---

[1] 沈宏庆.政府机关物业管理的服务探索[J].城市开发,2019(9):76-77.

全、突发事件处置等。可以看到，这些安全工作多数与物业管理相关。因此，物业管理中，安全管理必须贯穿全部环节。此外，机关安全工作最大的特点是保密安全。机关物业管理会不可避免地涉及内部信息、领导的行程、业务相关保密信息、行政机密等，保密工作必须周密可靠。物业服务企业不但要确保管理人员的政治素质，还要注重服务人员行为规范、道德操守教育，以及外来人员管控、施工人员教育、突发事件的处置口径等。[①]

二、机关办公环境管理的过程

（一）提出办公环境需求

办公环境包括办公场所安排、办公设备的保养与维修、办公环境的保洁与绿化、安保体系的管理等。现今机关多把这些需求交给物业服务企业处理。办公环境需求方案通常以书面形式提出，物业服务企业则根据需求方案制定服务供给方案。在现实中，机关人员往往对于办公环境管理的具体内容了解不够，无法提出针对性的需求和意见，对于办公环境管理的具体情况把握不准确，因而需要与物业服务企业人员进行具体沟通，再制定完整的办公环境需求方案。同时，办公环境需求的提出不是一次性的，需求也是动态的，需要根据工作需要、服务供给需要等进行及时调整或提出新需要，而机关对动态需求的把握情况和规划能力也是影响办公环境需求提出的重要因素。

（二）制定管理方案

物业服务企业要根据机关自身的特点，即要了解和掌握机关的日常工作特点和要求，进一步制定管理方案。在日常物业管理服务过程中，机关物业服务水平取决于物业服务企业对机关管理职能、日常运营流程的了解程度。物业服务企业必须全方位地深入到机关的日常工作，精准把握服务定位，了解服务需求，研究制定个性化、精细化的管理方案。比如，政府大院、党校、法院、检察院、公安局等部门虽同是机关，但各自的管理职能不同。机关的安保人员，要熟悉机关各科室、部门的行政职能，才能更好地为来访者提供及时有效的指引服务；会议接待服务人员，要掌握服务对象相关的行政职能、级别，才能提供周全、得体的服务；领导办公楼层的服务人员应了解领导的个人习惯，并建立相关的服务档案。[②] 制定管理方案前要进行充分的调研、评估，要符合国家

[①] 沈宏庆.新形势下如何升级政府机关物业服务[J].中国物业管理，2019（3）：55-57.
[②] 沈宏庆.政府机关物业管理的服务探索[J].城市开发，2019（9）：76-77.

法律规范和相关政策规定；方案制定出来后，要与相关机关进行充分沟通交流，深入讨论管理方案是否合理、全面。一般而言，管理方案应涵盖物业项目的整体设计与构思、管理方式与运作程序、早期介入及前期物业管理服务内容、费用测算与成本控制、管理指标与管理措施等内容。

（三）相关部门通过审批

机关就物业服务企业反馈的人员、资金等方案做出相应的审核批准。机关对于物业服务企业反馈的方案需要进行进一步核实，包括服务人员数量、具体资金数额、维修管理的机器等，工作量较大，涉及的资金也没有明确的金额可以进行参考，很容易造成服务人员冗杂、维修机器费用与市场价格不一样等问题。这就需要机关核实后，报相关部门审批，如机关事务管理部门、财务部门等，有关部门对照服务范围、费用标准进行审核，进而列入预算，划拨经费，购买服务等。这些过程受到机关工作程序、相关政策要求等因素的制约，有着严格的制度要求，都会影响到审批工作的开展。待审批通过后，机关通过多种形式开展物业招标工作，物业公司参与竞标。中标公司产生后，经审核把关，服务双方签订物业服务合同，合同中应明确服务内容、服务要求、考核方式、服务期限等。

（四）机关办公环境工作规划

物业服务企业应根据机关的具体需求安排各个工作区域的管理办法。物业服务企业在除了需要定时定期维护卫生环境以外，还需要对机关有可能产生的后勤管理问题提前做好周密安排和规划设计，防止因考虑不周出现问题而影响到机关工作效率。尤其是当两个及以上物业服务企业合作提供物业服务时，办公环境工作规划就显得更为重要，特别需要充分考虑管理流程和操作规范的衔接和统一问题。物业服务企业的谋划能力、规范化程度、责任心、对机关物业服务的认知等，都会对办公环境工作规划产生影响。如，能否将机关物业服务的广泛性、保密性等特征考虑在内，是影响办公环境规划工作质量的重要因素。

（五）机关办公环境责任区域划分

机关各个工作区域的具体后勤工作要做到划分明确、责任到人，防止因责任不清出现互相扯皮、推卸责任等情况。机关不同工作区域的环境管理要求不同，需要根据区域差异明确服务职责和要求。责任区域划分，可以是空间区域，也可以是工作领域，需要结合具体工作情况综合考虑。机关需要加强对物业服务企业的服务监管，及时提出意见和要求，确保各个工作区域的服务到位。物业服务企业需要制定完善的责任机制，做好日常监督，及时解决管理中出现的问题。此外，责任区域的划分还涉及考核的问题，物业服务企业应以便于考核为原则，将责任划分与有效考核结合起来，这样才能真正达到责任区域划分的目的。

（六）定期检查反馈

机关后勤部门以及物业服务企业应定期对办公环境管理成果进行检查，并将检查情况反馈给物业服务企业，要求其及时进行整改。检查监督是机关办公环境管理的重要环节。在机关办公环境管理工作中，检查监督甚至和日常管理服务同样重要。没有科学、规范、有效的检查监督，办公环境管理的目的是无法实现的。机关人员需要对服务合同进行系统的监督，按照合同约定的服务质量和标准衡量物业服务企业合同履行的情况。[1]物业服务企业作为服务主体，主要是对物业服务人员履职情况进行检查、对物业设备设施是否正常运转进行日常检视、对机关办公环境的服务质量进行把关。机关作为物业业主，应该检查物业资产的保值情况，对物业服务情况进行反馈，及时纠正工作中存在的不足并要求其进行整改，从而促进物业服务企业提高物业服务的质量。

三、机关办公环境管理的方法

（一）法律方法

法律方法是管理机关办公环境最基础、最重要的方法之一。前文提到，机关和物业服务企业签订了合同后，双方产生了法律关系，自然要通过法律调节双方的行为。首先，机关应该以物业业主的身份与物业服务企业签订合同，对办公环境管理工作进行具体的明确和界定。这是有效开展物业服务的基础和前提，也是确保办公环境管理质量的保障。其次，机关应该根据国家颁布的《物业管理条例》，对物业服务企业进行管理监督，针对物业服务企业在日常管理中出现的问题及时提出建议。这是机关作为业主的权利，也是应当履行的法律责任。引入物业服务企业后，机关不能当起"甩手掌柜"，而应该做好管理和监督工作，同物业服务企业一起努力搞好工作、改进服务。此外，物业管理行政主管部门要加强对物业行业行为、各方关系的研究，政府部门要加强机关物业管理服务标准化体系研究，并出台标准实施效果评估办法。比如，要结合机关办公环境管理的具体特点，加快完善相关的政策法规，制定具体可行的管理办法，解决目前《机关事务管理条例》太笼统、不便操作等问题，促进机关办公环境的依法

---

[1] 李超良.政府机关办公楼物业管理市场化问题研究［D］.苏州：苏州大学，2010.

管理。

（二）经济方法

所谓经济方法，就是通过经济利益的调节、成本收益的衡量，以利益方式为杠杆，调动物业服务企业的积极性，从而提高物业服务的质量和效益。计划经济条件下的机关办公环境服务经费完全依靠财政拨付，通过行政命令的方式执行和推进工作运转，不考虑成本，没有竞争压力，服务效率低下。而在市场经济条件下，机关办公环境管理要积极推动市场化改革，以市场经济的规律、要求为基点，以市场竞争、专业化分工为其重要特征，通过物业管理外包，以市场化、社会化的方式购买物业服务，降低运行成本，提升服务效率，为办公环境提供多元的服务、多样的选择。经济方法的引入是适应机关办公环境服务社会化的必然选择，并随着社会化的发展而不断演变。比如，引入市场竞争机制来为机关提供服务，通过物业服务企业的互相竞争从中选择能够提供最好服务的企业，达到降低机关投入和提高机关工作效率的目的；倡导管理人员要有企业家的精神，以企业家的标准来衡量管理能力，要求管理人员要有应对市场变化的能力，能够合理规避外部风险，具有创新意识和创新能力，打破后勤服务管理惯性思维、定势模式的局限，发现、创造新的管理服务方式；重视服务对象的体验，以市场商品交换的原则实行等价交换等。并且，在办公环境管理过程中，机关和物业服务企业都要注重运用经济方法调节物业服务企业和工作人员的行为，将服务质量与物业服务企业和个人收益挂钩，从而更好地调动服务的积极性。

（三）行政方法

办公环境管理作为机关管理的一部分，带有较强的行政性。机关通常会以行政命令的方式对物业服务企业提出要求，要求物业服务企业高效、高质完成工作。因此行政方法也是办公环境管理的重要方法之一。首先，机关要完善办公环境管理制度，建立物业管理组织机构，以管理为根本，在制度层面上，从严从高提出要求。通过完善的物业管理制度，对物业工作人员的工作态度、工作作风、工作效率等进行制度上的管理和约束。其次，机关要按照有关法规和政策标准，对土地、建筑物、公共设施、办公设备等进行规范化管理。再次，机关对于机关单位使用的各项资源进行制度化管理，有效提高资源的利用率，避免资源的浪费，从而推动机关工作顺利进行。最后，机关对于临时性会议、突发事件、接待任务等会要求物业服务企业具有应对措施和安排，这种要求通常以行政命令的方式发出，而这些事务通常无法在合同中约定，但却是机关物业管理中经常遇到的情况。

（四）信息技术方法

随着信息技术的快速发展，信息技术方法日益成为现代管理和服务的重要方法之一。当前机关办公环境管理进入信息化、智能化时代，要求全面运用信息技术方法，将数字化、网络化、智能化应用到管理和服务全过程中，提高服务水平和服务效率。目前，门禁技术、监控系统、安防系统、智能停车、互联网+技术等信息技术已经广泛运用于机关物业管理中[①]。更重要的是，信息技术方法的运用使得机关物业管理服务更加灵活高效，物业服务企业与机关通过共同构建信息平台，建立定期和临时的协调沟通机制，一方面，可以加强业主对物业服务工作的了解；另一方面，企业也能及时掌握业主服务需求动向，及时做出针对性的服务改善，快速响应临时性、突发性的任务[②]。

此外，随着管理科学的发展，越来越多的管理方法应用到办公环境管理实践中。其中，应用较为广泛的是"6S管理方法"。6S管理方法是一种提升企业基础管理的管理体系和管理方法，起源于20世纪50年代的日本。该方法以提升员工素质和企业形象为目的，致力于通过整顿物品、规范工作现场秩序来创造一个整洁、高效的工作环境，对日常办公的每一位员工提出具体要求，以期达到员工行为规范化的目的，塑造整洁有序、奋发向上的企业形象。[③]作为现场管理的重要方法，6S管理主要是指对现场的生产要素进行整理、整顿、清扫、清洁、素养、安全的活动（见表9-1）。在机关单位物业管理中，通过上述6个方面的努力，可以减少资源的浪费、降低管理服务成本、加强工作纪律、提高员工工作执行力，营造整洁有序的工作环境。

表9-1 6S管理的内涵

项目	内容
整理（SEIRI）	将办公室内的物品进行分类，分为必要物品与非必要物品
整顿（SEITION）	将办公室必要物品按照一定的规划、标准进行排列，并且确定数量、内容，进行标识
清扫（SEISO）	将办公室内看得见、看不见的区域进行清理，创造一个干净、明亮的办公环境
清洁（SEIKETSU）	维持上述3S的管理成果

---

① 沈宏庆.新形势下如何升级政府机关物业服务[J].中国物业管理，2019（3）：55-57.
② 沈宏庆.政府机关物业管理的服务探索[J].城市开发，2019（9）：76-77.
③ 张家胜.浅析大型国有企业推进6S管理的重大意义[J].现代营销（下旬刊），2019（5）：151.

续表

项目	内容
素养（SH TSUKDE）	目的是要提升办公室工作人员的素质，培养文明礼貌的习惯，养成良好的工作习惯
安全（SAFETY）	安全是 6S 管理的目的之一，办公室安全关系着办公室的物品安全，所有的工作都应以安全为前提

注：田峥.6S 管理在办公楼内部适用性的思考与实践［J］.企业改革与管理，2019（3）.

第三节 机关办公环境管理的中国实践

一、机关办公环境管理的体制变迁

（一）传统的后勤体制（改革开放前）：供给型服务

传统的后勤体制是计划经济体制下的产物，将办公环境管理工作纳入到政府机关事务的行政管理之中。这种后勤体制发端于革命战争时期，在产生之初就是以计划的方式运行，服务于革命政权和民主革命斗争的需要。新中国成立后，这种以计划为主的后勤体制通过国家政策成为正式的制度。20 世纪 50 年代，新中国刚刚成立，国家百废待兴，办公条件非常简陋，一张木桌、几条板凳、有堵挡风的墙，就构成一个办公室，办公环境最大的特点是"各式各样"。到了 20 世纪 70 年代，筒子楼办公室大面积出现，"围桌式"办公较为普遍，办公空间得到改善，但存在楼宇采光不好等问题。这时的机关办公环境管理在计划经济体制下，完全服从政府的计划安排，行政色彩较为浓厚，经费依靠财政拨付，不存在服务竞争压力，也不考虑成本。

传统的办公环境管理模式具有资源配置的供给性、消费方式的福利性和运行模式封闭性的特点，在管理上过度依赖行政手段，服务上过分强调保障供给，即采用行政手段直接实施行政福利型封闭管理[①]，办公环境管理依托机关主业，受主业的行政管理，资产、人员完全属于主业，扮演着政府工作的"配角"。这种服务方式效率低下、资源浪费严重，违背市场竞争规律，只能在有资金保障的较小范围内运转。"由于机关事务始终依赖于行政力量对资源的配置与保障，无法单独存在，所以即便是在不断深化改革进

---

① 李超良.政府机关办公楼物业管理市场化问题研究［D］.苏州：苏州大学，2010.

程的当下，其固有的计划属性从未得到彻底剥离。"[1]作为机关后勤，办公环境管理体制呈现出三个方面的特征[2]：其一是组织机构行政化，办公环境管理作为后勤管理的一部分，其组织机构具有与其他职能机构一样的行政编制；其二是管理工作后勤化，机关事务工作以后勤福利化为主要任务，机关职工的福利待遇来源于机关通过机关事务管理机构提供的服务和所办经济实体的产出；其三是事务内容社会化，办公环境管理分属各个部门，各个机关都进行各自的办公环境管理，彼此的职能和规模各异。

（二）机关办公环境管理市场化（改革开放之后）：经营型服务

改革开放以后，随着经济社会的快速发展，政府办公环境也随之改善。政府机关楼院逐渐翻新，独立办公空间开始出现，相对独立的办公家具与设备也开始变成了主流。随着机关事务社会化改革的提出，办公环境管理开始了社会化改革的步伐。倡导后勤保障能力和市场竞争意识，作为先期导入专业化物业管理的有益尝试。具有两个标志性的时间节点。一是1989年出台实施《关于中央国家机关后勤体制改革的意见》，标志着机关事务工作被逐渐纳入到政府机构改革的总体框架之中。此后，部分政府机关对后勤编制实施改革，后勤服务人员编制与行政编制分离；机关后勤引入企业化管理，实行承包经营责任制，并可以向社会提供服务。1993年，《国务院各部门后勤机构改革实施意见》标志着机关事务领域的社会化制度建构的开始。此后，国管局进一步理顺机关事务管理局与其所属的服务中心、经营企业的体制关系。二是1998年国管局和中编办出台《关于深化国务院各部门机关后勤体制改革的意见》，提出加强资产和财务管理，推动后勤服务经营单位建立现代企业制度，实行劳动、人事、分配制度的改革，推进后勤单位自负盈亏。机关办公环境服务的商品化、生产的产业化、经营的市场化，制定责任目标和检验标准，使后勤服务工作向规范化、标准化迈进，为办公环境提供多元的服务、多样的选择。但由于改革不够彻底，实践中仍然存在成本效益冲突、所有权与使用权冲突和维修养护短板等问题。总的来看，这一时期，一方面包括办公环境管理在内的机关事务管理开始从"后勤服务"向"运行保障"转型；另一方面这些改革还是初步的、浅层的，还受到诸多的制约，因而无法解决既有体制固有的问题。这一时期行政部门管理办公环境的模式，是把原有的后勤部门与服务主体相分离，使之转化为第三产业，物业公共部分的基建、水电、绿化等开支纳入单位行政开支。此外，20世纪90年代，办公环境开始信息化，办公室配备计算机、电话、打印机等，办公效率激增。

---

[1] 王佃利，于棋.治理现代化视野下机关事务管理创新：从制度优势到治理效能[J].理论与改革，2020（2）：122-130.
[2] 丁煌，李雪松.新中国70年机关事务治理的制度变迁：一项历史制度主义的考察[J].理论与改革，2020（1）：88-89.

（三）机关办公环境合同管理阶段（党的十八大以来）：外包型服务

2020年，财政部等部门印发《政府购买服务管理办法》指出，政府购买服务的内容包括政府向社会公众提供的公共服务，以及政府履职所需辅助性服务。在社会主义市场经济条件下，政府通过购买物业服务来进行物业管理的模式，是一种按服务质量、服务内容、服务深度计价的商品化、专业化、社会化的经营管理活动。由政府机关全权委托物业服务企业管理政府机关物业的模式，通过竞争机制引入社会化服务，打破了传统机关后勤的封闭性和"小而全""大而全"等自我服务的旧格局。在这种模式下，物业服务企业针对政府机关楼宇及相关物业的实际情况，量体裁衣地制定物业管理实施方案，通过合理议价、财务公开，为机关办公用房提供维修、保洁、保安、绿化、综合服务的一体化物业管理。在该模式中，物业服务企业以独立法人的角色完成合作协议、有偿服务等任务。这一办公环境管理模式"以充分利用社会资源为机关服务为基本方向，以期达到现机关事务品质最优和成本最低的政策目标"。[①]

2018年国管局颁布的《关于推进新时代机关事务工作的指导意见》，标志着我国机关事务工作在治理能力现代化背景下进入新的发展阶段。2018年以来，机关物业管理更加规范化和标准化。例如，四川省《机关办公区物业管理服务规范》规定了机关办公区物业管理服务的术语和定义、基本要求、监督与考核，对涉及的房屋维护、公用设施设备运行维护、公共秩序、环境维护、会务服务等机关后勤服务内容进行明确规范，提出具体的指标要求；山西省以组建"一中心两集团"（即山西省省直机关后勤保障中心、山西晋勤服务集团有限责任公司和山西会议服务集团有限责任公司）为抓手，建立法人治理结构，实现市场化运营和管理，完成了机关后勤机构重塑性改革，办公环境管理体制焕然一新，不仅在全国范围内首先实现省级层面后勤机构的集中统一管理，而且做到改革范围最广、力度最大、程度最深，实现了机关事务管理体系的重塑；厦门等地将"机关办公区物业管理服务"等作为主要项目，围绕"通用基础标准""物业服务保障标准""物业服务提供标准"等进行试点探索，提高机关集中办公区物业的服务保障水平。国家和地方层面的这些探索，有力推动了机关事务管理改革实践，推动了办公环境管理体制的不断完善。

外包型服务模式下，办公环境管理和服务的质量大幅提升。物业服务双方整合各自优势资源，合作进行办公环境管理，不断适应时代和政府机构改革的要求。物业服务企业通过引入新技术、新产品、新服务，匹配机关在办公环境、空间服务、办公设备、安

[①] 丁煌，李雪松. 新中国70年机关事务治理的制度变迁：一项历史制度主义的考察[J]. 理论与改革，2020（1）：88-99.

全健康、绿色节能、人文关怀等方面日益变化的全新需求。在自由办公、全球化的新时代，办公楼宇逐渐向全域化、智能化、生态化、人性化方向发展。模仿国际标准的办公楼在国内开始盛行，这些办公楼重视审美性和地标性，开始有电梯和中央空调以及保安、保洁、会议、餐饮与商务中心等配套服务。办公环境在智能化水平和综合服务等方面有所提升，这种提升不仅体现在硬件设施的升级上，更体现在以客户的深层次需求为导向，融入相对完善的配套设施和优质的服务管理上。

二、机关办公环境管理中存在的问题

（一）机关办公环境管理机制不健全

完善的管理机制是良好办公环境管理的重要保障。在现代经济市场背景下，与办公环境相关的各种服务需要与市场进行接轨并拥有完善的规章制度，而目前机关物业管理双方都面临管理机制上的问题。一方面，物业服务企业缺少清晰统一的制度规定。现有的各项制度措施不够完善，如未能明确规定物业管理费收缴标准等。同时，现有的制度存在偏差，无法解决物业管理中真正需要解决的问题；一些物业管理的角色也偏离实际职能，更多行使管理者的角色，服务方面的职能有待强化。另一方面，机关缺乏相应的制度措施。我国从制度层面未能对机关后期管理领域形成规范，影响了办公环境管理服务购买的相关工作。当前，机关办公环境管理领域的标准化工作仍处于起步阶段，部分地方制定的标准不够完整、全面、精确。如一些地方部门进行服务购买时，存在招投标过程不充分公开的问题。同时，"政府的合同管理能力是政府购买能否成功的关键因素"[1]，由于机制不健全，机关单位无法进行有效的合同管理，不能较好与物业服务企业形成工作合力，因而难以达到预期的目的。

（二）物业管理服务经费投入缺保障、使用不规范

充足的经费是物业管理的有效保障，但当前经费投入和使用面临不少现实挑战。在经费投入方面，第一，机关单位物业管理服务费用来源渠道单一，且不够稳定。物业服务费用主要依靠政府投入，造成不同地区、不同部门的物业管理服务经费投入差异较大。在不同阶段或不同年份，受地方财政、领导干部偏好等因素影响，经费投入的变动幅度也较大。第二，机关单位物业管理服务收费标准不明确。我国机关单位物业管理服

---

[1] 耿旭，蒋燕霞.机关物业服务质量提升的全过程管理研究——深圳实践样本分析[J].中国机关后勤，2023(8)：34-37.

务费用标准缺乏清晰的法律或政策规定。目前物业管理市场以住宅小区为主，房产、价物等主管部门的物业管理收费指导文件也仅用于规范住宅小区管理，政府机关办公楼物业管理收费尚无相应的规范和标准。

在经费使用方面，机关办公楼物业管理的消费者是广大的机关公务人员，他们长期习惯于福利化服务，由于缺乏"物业管理也是一种需付费的商品"的意识，随意提高服务质量档次、增加服务范围和次数的现象时有发生。而在实际操作过程中，业主（机关事务局、服务中心、行政处）在选择物业服务企业时往往采取竞价方式，但以最低价中标者往往无法提供高质量服务，如不用竞价方式招标，又易出现暗箱操作，滋生腐败，且引入的物业管理质次价高等问题。

（三）物业服务企业在实际运行中问题多

物业服务企业在实际运行中的主要问题在于物业管理市场发育不良。首先，由于物业管理在中国发展时间不长，市场进入门槛低，导致行业内企业良莠不齐，管理型、专业型，大型、小型各类物业服务企业混杂一起，使得市场选择机制尚未完全形成。其次，物业服务企业人员观念相对落后，市场意识不强，存在"反正是政府的钱，没人在意花得多不多、花得对不对、花得该不该"等思想，严格按照物业合同和管理制度履行的意识欠缺。部分物业服务企业人员因循守旧，不敢和不愿创新，相对制约了物业行业的发展。随着机关事务管理日趋职业化，专业人才将成为重要决定力量。而目前办公环境管理行业的从业人员的意识水平和操作素养远远不能满足办公环境管理科学化、现代化、专业化发展的要求。

（四）对机关办公环境管理工作认识不够、方式单一，服务能力有待提升

当前机关办公环境管理部门的工作认识落后于实践需要，方式方法也比较单一，不利于其发挥运行保障的功能。一方面，办公环境管理相关部门缺乏自我认识和工作主动性，在工作中通常扮演被动的角色。就机关而言，对于办公环境管理的认识有限，认为只要保障好单位的正常运行即可，只满足于完成基本的保障工作，缺乏对办公环境管理工作的创新性思考和谋划。物业服务企业不能仅关注基础物业工作，而忽略管理中需要认真解决的难题；更不能认为只需做好分内之事即可，而不愿主动发现和化解棘手问题。如临时性或突发性的机关事务对物业服务企业提出了更高的服务要求，而物业服务企业的服务积极性和创新性往往难以满足机关的个性化需要，势必影响机关工作的质量。

另一方面，办公环境管理对信息技术方法——尤其是"互联网+"和大数据的应用尚未普及，工作方式和技术相对落后。由于缺乏机关物业服务标准、评价标准，不同物

业服务企业的服务标准差异较大，不仅难以形成服务合力，影响了机关的保障质效、安全运行和整体形象，不利于服务成本控制；工作人员对于智能化手段存在抵触心理，不愿意或不乐意采用信息技术方法，习惯于传统的工作方式，不会依据具体的情况进行创新性的调整，导致管理方式单一呆板，服务效率和水平提升缓慢。

（五）机关办公环境服务质量监管体系不健全

加强监管是提升物业服务质量的重要途径，当前机关物业服务质量监管相对滞后，"政府购买服务过程中，'一买了之''重买不重管'等监管缺位会导致服务质量下降、矛盾纠纷增多等问题"[①]。具体而言，办公环境服务质量监管体系存在以下几方面的不足。

1. 事前审查监督不够规范

事前审查是进行质量监管的重要环节，也是避免和减少质量问题的重要途径。当前，机关在明确办公环境服务的承接主体之前，缺乏对其资质、资格、资历的全面审查机制。具体而言，办公环境服务承接主体的选择，通常有两种方式：一种是自主购买，即机关可以自行决定相关事宜，但这种购买方式的透明度较低，监督无法及时到位；另一种是法定采购，即通过公开招投标的方式扩大选择范围，增强信息公开性和透明性，但该种采购方式事前的违规行为不易被发现。

2. 监管主体行政色彩太重

各级机关事务管理部门作为业主代表，其"办后勤"向"管后勤"的角色转换尚未全部完成，不少机关事务管理部门仍然全面负责后勤服务规划、实施管理监督、自办后勤服务工作，多重角色重叠，不利于履行监管职责。不少地方的机关事务管理部门所属处室仍按旧有体制设置，有房产处、设备处、综合处等，行政化程度高，且对现代社会化、专业化的物业管理具体内容、角色定位等认知不清、匹配不够。比如，作为购买物业外包服务单位的机关部门，对应该监管什么、在什么地方或环节上重点监管等内容认识模糊，更多是凭借经验进行监管，有的是物业公司提供什么就监管什么，有的则是哪里出现问题就重点监管哪里，缺乏统一明确的监管内容[②]；对其与物业服务企业等主体间的契约关系尚难以完全接受，无法平等地处理双方关系，不能做到依法合规，从而制约了监管的成效。

3. 事中监督反馈机制单一

有效的监督反馈机制是提升物业服务质量监管水平的关键。当前，物业管理服务事

---

① 耿旭，蒋燕霞. 机关物业服务质量提升的全过程管理研究——深圳实践样本分析［J］. 中国机关后勤，2023（8）：34-37.
② 国家开发银行行政事务管理局. 机关办公楼物业外包服务监管机制探析［J］. 中国机关后勤，2019（3）：49-51.

中监督反馈主要存在两个方面的问题。一是监督反馈缺少双向互动。监督反馈不能只是单向的，好的物业管理必须是服务者与被服务者的双向互动。而现实的机关办公环境物业管理除有少数服务对象进行投诉外，多数人认为物业管理不属于他们的工作范围，缺少对于集中服务对象意见的制度性安排。由于服务对象与物业管理之间的互动难以建立起来，监督反馈始终存在"中梗阻"现象。二是监督反馈缺少调查评判。良好的监督需要建立在认真全面的调查研判基础上。但是当前物业管理服务中的监督工作，通常只是反馈监督意见或结果，很少进行针对性的分析研究，因而是一种低水准的监督反馈。

4. 事后评估验收过于简单

一方面，物业管理服务质量监管考核评估体系不完善。机关没有建立起完整的评估验收机制，也没有能够归纳出行之有效、成熟的质量评估验收办法，影响了评估验收工作的开展。比如，在评估验收方式选择上，通常比较单一，习惯采用现场查看、听取汇报、查看资料等方式，缺乏创新性、针对性和有效性；在评估验收时间设置上，缺少常态化的不定期考核或抽查，无法对物业服务进行全过程评估。另一方面，现有的大多评估验收机制在实践运行中流于形式，难以客观反映物业服务的具体成效。机关对于考核验收重视不够，甚至存在"应付差事"等问题。

三、机关办公环境管理的完善对策

（一）加快机关办公环境管理法治建设

法治是现代社会平稳有序运行的根本保障，只有加快法治建设，完善法治体系，强化法治支撑，才能为办公环境管理奠定基础。目前，我国尚没有一套针对办公环境管理工作的法律规范，极大制约了一线工作的开展。

因此，一方面，必须加快完善相关法律规范，并制定与之配套的行政法规和规章，建立和完善相关制度标准，提高机关事务工作的法治化与规范化水平。国家层面应加快立法速度，就机关事务管理部门地位而言，通过法律条文明确办公环境管理工作的地位，明确相应机构的职能、配备和设置，明确工作原则、内容和要求等；就各类党政机关的国有资产管理、办公用房分配、机关物业管理、公务消费等而言，应分层级制订管理标准；就物业企业而言，在立法中应具体区分物业管理公司类型，将其资质细化，从而便于实践中的操作应用。另一方面，要以法治思维和法律权威为办公环境管理改革创造条件，健全改革的法律推进机制。当前，办公环境管理中存在的诸多问题，必须通过依法改革进行破解。在推进改革过程中，如何改革、改革哪几个方面、改到什么程度，必须在法治轨道上进行，严格依法汇聚改革共识，严格依法处理各类问题。

（二）完善机关办公环境管理机制

促进办公环境管理，首要的是形成行为规范、公正透明、运转协调的现代化管理体制。首先，完善适应机关物业服务需要的政府服务购买制度。市场化是机关办公楼运行管理的必然趋势。机关办公环境的物业项目外包可以降低经营成本，提高物业服务质量，实现专业化、社会化的物业管理。我国各级党政机关的办公环境运行管理，必然要突破各种阻碍，摆脱内部封闭运行的束缚，逐步走向市场化道路。政府购买办公环境管理服务，有章可循是其前提。"只有依法确立政府购买服务的制度政策，明确购买程序、招投标制度、资金审核与管理办法、监督和管理办法等，才能推进政府购买服务。"[1] 其次，就政府机关办公环境这一特殊物业而言，除相应的法律规范、行业标准需要更有针对性外，物业管理主管部门和机关事务管理部门应加大对政府物业管理的指导和管理力度。在办公环境管理领域，机关和物业服务企业都面临管理机制不够健全、权责关系不够清晰、行为不够规范等问题。因此，物业管理部门要致力于制度建设，制定相应的管理制度，使物业管理工作在制度化方面迈出较大的步伐，并加强对行业行为、各方关系的研究，尤其要针对机关单位办公环境的具体特点，出台可操作的制度规范。同时，应围绕办公环境管理服务"怎么买、怎么管"，制定完善的实施办法和具体措施，为机关和物业服务企业之间关系的良性运转提供保障，促进作为业主的机关能够有效自我约束。

（三）逐步规范机关物业管理经费保障

"在治理能力现代化背景下统筹考虑机关事务管理创新，应以经费管理作为基本突破点。"[2] 机关应加强本单位物业管理经费管理，规范经费保障标准，明确资金拨付程序，严格资金使用管理，为办公环境管理奠定稳固基础。

1. 尽快制定机关物业管理服务的收费标准

目前，政府物价、房产等行业主管部门对住宅小区、高级写字楼物业管理收费有相应的指导性政策，而对机关办公楼等特殊物业尚无具体的收费标准。因此，针对机关办公楼的物业管理收费，可由省一级机关事务管理部门牵头，联合物价、房产等行业主管部门，根据办公楼的层数、面积、设备数量、服务项目内容、各地工资水平等因素，定

---

[1] 耿旭，蒋燕霞.机关物业服务质量提升的全过程管理研究——深圳实践样本分析[J].中国机关后勤，2023（8）：34-37.

[2] 王佃利，于棋.治理现代化视野下机关事务管理创新：从制度优势到治理效能[J].理论与改革，2020（2）：122-130.

期发布物业管理收费标准，以避免无序竞争，促进物业服务行业健康发展[①]。

2. 规范经费投入

机关办公环境管理经费的收支都要依从财政安排。机关应当按照预算法律规范的要求，执行机关运行经费预算规定。根据财政部门批复的部门预算，编制用款计划并按照规定程序报批。要对采购流程、交易成本等进行精确的内容审查、过程检查、结果核验，确认既定目标与实践成果相适配。

3. 使机关后勤经费预算与机关行政经费预算分开

财政支付机关行政经费中的后勤服务经费，应模拟市场交换方式，由原来的拨款方式改为付款方式，根据机关后勤服务机构承担的服务项目，与机关签订合同，并按照服务合同支付后勤服务费，逐步建立和完善结算制度，形成提供服务收费、享受服务付费的核算关系[②]。

4. 严格经费使用

办公环境管理经费使用，应该按照涵盖范围、规范性等要求，不得违规使用、超标使用。要按照经费预算计划使用，不得超越预算使用经费。首先要提高经费使用的科学性，做到勤俭节约，并对经费使用进行全程跟踪和管理，及时发现存在的问题，避免资金的浪费，真正做到"财尽其用"；其次要建立办公环境管理经费支出统计年度报告和绩效评价制度，对办公环境管理运行经费进行成本分析和绩效评价，提高资金使用效益。

（四）全面提升机关办公环境工作人员服务水平

机关办公环境管理部门能否为机关运行提供高质量的服务保障取决于工作人员的素养。因此，必须以全新理念为引领、以科学管理为依托、以信息技术为手段，提升管理服务水平。

首先，完善聘任、激励等相关制度，大力引入人才，充分发挥人才作用。按照现代市场经济原则，建立科学合理的人才管理制度，引进和培养办公环境管理方面的优秀人才，为企业或部门注入专业化的管理理念和技术，优化管理服务团队，提升整体素质。要健全内部激励机制，充分体现人才的价值，激发其主动性和创造性。进一步明确办公环境管理岗位职责，实行科学的绩效工资制度，引导工作人员主动改进服务态度，提高工作效率。

其次，强化教育培训，引导工作人员树立新认识、学会新知识，尤其是学习和掌握

[①] 李超良.政府机关办公楼物业管理市场化问题研究[D].苏州：苏州大学，2010.
[②] 包钢.努力适应新形势 加快机关后勤体制改革[J].中国行政管理，2004（4）：59-60.

信息化和智能技术。加强对机关办公环境工作人员的专业技能培训和观念认识培养，提高工作人员对机关单位物业服务性质和办公环境管理特征的认识，确保工作人员掌握工作的要点和要求，牢记工作使命和职责。同时，加强信息化和智能化技术的推广和应用。智能化、信息化是打破物业服务效率瓶颈的重要手段，通过提升办公环境管理的信息化程度、运用信息技术工具，不仅能够强化机关事务管理部门与市场、社会等多元主体之间广泛建立规范的合作伙伴关系，共同搭建后勤服务的信息平台，还能够构建资源共享、相互依赖和互惠合作机制。

（五）引导多元主体参与在互动中调动相关主体的积极性

机关要使承接主体多元化，开放物业管理的服务边界，鼓励社会组织、社会公民等主体积极参与，在验证主体资质合格的基础上争取获得更高质量的服务。加快变革物业管理长期以来的经营理念、管理模式和服务方式，促进机关与物业服务企业间的良性互动。充分发挥承接主体的作用，推动物业服务企业的中高端、创新发展，支持人员配置充足、经验丰富、口碑好的物业公司高水平发展。

（六）建立健全机关办公环境服务质量监管体系

1. 加强办公环境的集中统一管理

集中统一管理是当前机关事务管理的发展趋势，是传统机关事务管理向现代机关事务治理转型的客观要求。党政部门应从降低机关运行成本出发，将保障机关运行的保安、保洁、保绿、保修、会务等事务工作交由机关事务管理部门集中统一管理，以促进效率提高和专业化市场形成。集中统一管理还有助于实现统一的规划设计，厘清权责边界，畅通办公环境管理的运行机制，这是服务质量监管的重要前提。"一类事情原则上由一个部门统筹、一件事情原则上由一个部门负责"的原则，符合现代行政管理的基本要求，通过优化机构设置、扩大管理幅度、减少管理层级、再造管理流程，可以实现权责一致、集约高效的监管体系，这些都是强化质量监管的重要举措。

2. 完善办公环境服务质量监管标准

集中统一的办公环境管理，必须有统一的质量监管标准。国家和地方应明确办公环境管理质量监管的统一标准，明晰相关主体的监管领域、监管重点、监管程序等，便于相关主体开展监管工作。比如，从主体来看，可以区分对购买主体的内部监督、对物业服务企业的外部监督、对相关部门的工作监督；从监督重点或内容看，重点关注资金的流转过程和操作资金的人员作风及其是否有违规违法行为等。

3. 加强管理全过程监督考核

机关事务管理部门应充分运用现代管理手段和管理工具，强化监管信息公开，通过日常巡查、月度考核、邀请第三方部门评估等方式，对物业服务企业运行情况进行考核管理，严格督促检查指标完成情况。同时，要改变监管主体过于单一的弊端，充分吸纳多元化的监管主体，优化监管机制，加强监管中的互动和反馈，尤其要注重对出现问题的调查、分析和研判，使监管真正发挥作用。同时，要优化考核评估，建立完整的评估验收机制，确保评估验收真正落地。

【拓展阅读】

[1] 明心.政府机关楼外包物业管理模式利弊谈[J].现代物业，2003（3）：55.

[2] 国家开发银行行政事务管理局.机关办公楼物业外包服务监管机制探析[J].中国机关后勤，2019（3）：49-51.

[3] 刘博明.机关物业管理中存在的问题与对策探微[J].企业改革与管理，2017（2）：218.

[4] 包钢.努力适应新形势 加快机关后勤体制改革[J].中国行政管理，2004（4）：59-60.

[5] 沈宏庆.政府机关物业管理的服务探索[J].城市开发，2019（9）：76-77.

[6] 耿旭，蒋燕霞.机关物业服务质量提升的全过程管理研究——深圳实践样本分析[J].中国机关后勤，2023（8）：34-37.

[7] 黄新宝.中央国家机关后勤服务社会化改革的历史嬗变与未来走向[J].中国机关后勤，2016（6）：16-20.

[8] 王佃利，于棋.治理现代化视野下机关事务管理创新：从制度优势到治理效能[J].理论与改革，2020（2）：122-130.

第十章 机关人员福利管理

机关人员福利管理是在经济和生活方面对机关人员进行补偿照顾、经济保障的行为活动。科学合理的福利制度有利于保障机关人员的生活条件，减轻他们的经济负担，从而满足机关人员的心理需求，调动他们的工作热情。机关人员福利管理需要立足实际、靶向定位，不断向规范化、科学化、节约化迈进。

第一节 机关人员福利概述

一、机关人员福利的概念与特征

（一）机关人员福利的概念

机关人员福利的概念区分，主要基于机关人员福利界定的不同方式、不同内容及不同分类等。梳理现有学界研究，主要从福利性保障、福利性补贴、福利性补偿、福利性支出、福利与薪酬的关系等进行探讨。比较有代表性观点有，公务员福利是实行公务员制度的国家为公务员提供的各项优惠服务设施和直接给予公务员个人的各种福利性补贴[1]；公务员福利是基于公平原则，为保障公务员基本生活需要和抵制社会风险而进行的补偿，包括当期支付的各类生活补贴补助（不包括职务消费）和抵御社会风险的延期支付，如养老金、医疗费用报销、住房公积金等，在实践中，根据需要进行的物质补偿，分为级等值支付和均等值支付，其主要内容有单位福利、职业福利和社会福利；[2]公务员福利是指国家按照法律制度的规范和制度的规定，以政府各种收入（主体是财政收入）为资金来源，由政府机关遵循公平分配的原则，在工资报酬和社会保险以外，通

---

[1] 佟亚丽.建立公务员福利制度的总体设想[J].中国公务员，1996（4）：28-30.
[2] 杨燕绥.公务员薪酬福利初探[J].中国社会保障，2007（6）：14-15.

过提供集体福利设施、服务以及发放补贴等形式给予公务员的一种生活保障和生活享受，用以满足他们共同性和普遍性的需求，解决公务员个人或家庭难以解决的某些困难的各种报酬的总称；[1]福利是总报酬的一部分，它不是按照工作时间进行给付的，而是支付给全体或者部分员工的报酬（如人寿保险、养老金、休假、住房补贴）等。[2]

总之，机关人员福利，是国家机关为改善和提高机关人员家庭基本生活和工作条件，提供他们必要的生活保障和生活享受，通过提供特定的集体福利设施、服务以及发放补贴等形式，或创新设计合理有效的机关人员福利制度和政策，以满足机关人员共同性或普遍性的生活需要。

（二）机关人员福利的基本特征

1. 普惠性与附属性

机关人员福利顾名思义是面向机关内部人员提供的具有福利性的产品或服务。普惠性是指福利对于机关内部人员而言是普惠的、人人皆可享有，所有机关人员可以免费或承担少数费用享受相应的福利。附属性是指部分福利可延伸至机关人员的配偶、子女等直系亲属，但仍具有极强的享受主体内部性和资格特定性。

2. 层级性与差异性

机关人员享受到的福利是有层级区分的，通常会按照职务、职级、年龄、工龄等标准对机关人员进行分类，并分配相应可享受的福利内容。机关人员的级别越高，可享受福利的数量越多、范围越广、水平越高、质量越好。在我国，机关人员是由公务员、参照公务员管理的人员、事业单位人员、合同制聘用人员构成的，这些人员虽然都在同一个机关工作，但是由于编制不同导致福利待遇不一样。其中，公务员的福利待遇最好，可以享受最高、最全的福利待遇；参照公务员管理的人员与公务员在福利待遇上并无明显差别，而事业单位人员和合同制聘用人员与公务员在租房补贴、交通补助、取暖补贴这些方面的福利待遇存在一定差异。具体福利待遇差异取决于各机关的具体规定。

3. 生活性与物质性

生活性主要强调福利的目标，即保障机关人员生活。当机关人员的工资不能满足他们的基本生活需求时，机关可以通过制定相应的福利措施来弥补。例如，制定福利性政策房计划来满足机关人员的基本住房需求，进而保障公务员的生活需求等。[3]物质性强调福利的载体或形式。一般而言，机关人员福利内容包括薪水、奖金、加班费、困难补助、社会保障、医疗保障、公共住房以及全额或部分社会服务的退休金、病假、产假，

---

[1] 苏海南，杨燕绥.中国公务员福利制度改革[M].北京：中国财政经济出版社，2008.
[2] 约瑟夫·J·马尔托奥.战略薪酬[M].北京：社会科学出版社，2002.
[3] 周春佳.中国公务员福利制度改革研究[D].北京：首都经济贸易大学，2010.

以及单位、国家各级的奖章等物质、精神福利。其中，最基本、最主要的是物质上的福利。

二、机关人员福利的内容

（一）机关人员福利内容

美国学者约瑟夫·马尔托奇奥从管理分类的角度对福利进行了界定，他认为福利就是非货币奖励，属于边缘薪酬。主要分为三类：第一，内部成员所能获得的非工作时间的报酬（如休假）；第二，为雇员提供的各种服务（如日托服务）；第三，有组织的各种保障计划（如医疗保险）。新中国成立以来，我国逐渐形成了一套完整的国家机关人员福利制度体系，主要内容包括集体福利设施、文体福利设施、福利补贴三大类。[1] 结合我国实践，机关人员的福利制度体系主要包括以下几方面内容：

1. 福利设施

福利设施主要是为机关人员提供各种生活服务。①建立集体福利设施，主要是为了满足机关人员的共同生活需要，如职工住房、领导公寓、周转房、食堂、幼儿园等。②建立文化福利设施，主要是为了满足机关人员文化生活需要，提高其身体和文化素质，如内部健身场所、图书阅览室等。

2. 生活补助福利

生活补助福利主要是为了满足机关人员的不同生活需要和减轻其生活压力，而在当期支付的各类补助。补贴是为补偿物价变动等因素而设置的补偿。补贴具有较强的福利性，也因各单位效益的差异而有所不同，具体包括：①养老补贴。②医疗补贴。③住房补贴。④交通补贴。⑤取暖补贴。⑥定期体检。⑦节假日福利。《公务员法》规定公务员按照国家规定享受住房、医疗等补贴、补助。这些补贴标准通常由职位等级和职务等级来确定，也与地区有关，有的项目并不具有全国统一性。

3. 奖金津贴福利

《公务员法》规定，公务员在定期考核中被确定为优秀、称职的，按照国家规定享受年终奖金。《关于规范地方公务员工资津贴补贴的通知》对名目繁多的奖项进行了整合，将其统称为"绩效奖"。绩效奖由基础绩效奖和年终考核奖两部分构成（基础绩效奖，即单位为激励员工达到某一绩效行为而支付的奖励；年终考核奖，即单位根据员工在一年内的绩效考核结果来发放的一种奖金），基础绩效奖一般逐月发放，年终考核奖

---

[1] 薛立强，杨舒文. 当代中国公务员制度[M]. 天津：天津大学出版社，2009.

年终一次性发放。津贴是对职工在特殊条件下的劳动消耗、生活费额外支出等进行的补充性工资分配形式，具有很强的针对性和均等分配的特点。《公务员法》规定公务员按照国家规定享受地区附加津贴、艰苦边远地区津贴、岗位津贴等津贴。岗位津贴应根据工作岗位职责需要来确定补贴标准，特殊岗位津贴是对从事特殊工作的劳动者给予的额外补贴。

4. 生活保障福利

生活保障福利主要是为了抵制社会风险而保障机关人员在养老、医疗、生育等生活方面的权益，如公费医疗待遇、病假待遇、产假待遇等。

5. 非工作时间福利

非工作时间福利主要是为机关人员提供的各类休闲时间。具体包括：①休息日、法定年节假日。休息日和法定年节假日是由国家法律法规规定的休息时间。②年休假。各单位应根据单位工作性质、特点，结合实际，合理做好本单位人员年休假计划安排，单位定期对本年度内未进行休假的员工及时予以提醒，确保员工福利保障制度得到有效落实。③探亲假。国家对机关人员在探望父母、配偶等方面的规定主要包括探亲条件、探亲假期的时限、探亲待遇等方面。④病假待遇。具体规定可参考国务院《关于发布＜国家机关工作人员病假期间生活待遇的规定＞的通知》和中组部《关于公务员病假待遇有关问题的答复》。

6. 退休人员福利

机关退休人员享受除了基本养老金以外的部分福利待遇，这些福利待遇主要是国家规定的各种补贴和津贴。机关退休人员可以领取的补贴为：①独生子女奖励费，只生一个子女的员工，退休后可以领取一定数额的独生子女奖励费。②物业补贴费，指在每年缴纳物业费用时就可以享受一定的补贴。③住房补贴费，退休人员在买房子或租房子时可享受一定比例的优惠。④取暖补贴费，在冬季供暖时可以享受一定比例的折扣，补贴数额与个人职称职级挂钩。⑤退休人员的养老金补发因人而异，如果退休时间早、职称职级高，则补发金额相对会高一些。⑥过节费，即过节慰问费用。这些福利并非任何退休人员都能获得，与个人情况、地区差异等有关，不具有全国统一性。《关于规范地方公务员工资津贴补贴的通知》规定，所有超出国家明确规定范围和标准的工资津贴补贴项目，自2021年6月起，一律停止发放。

（二）现阶段机关的主要福利[①]

现阶段机关事务管理的最主要福利包括以下三个方面。

---

① 本部分由任晓春完成，张健、艾佳琳收集资料。

1. **餐饮福利**

机关食堂长期以来延续新民主主义革命时期物资供给制的战时后勤色彩，维持原来的高福利政策，为公务员提供低价餐食和方便、实惠的就餐选择。机关食堂的存在被认为是对公务员贡献的回报，可以保证公务员的工作效率和工作质量。作为计划经济时代的产物，多数政府机关食堂不对外开放，存在资源浪费、缺乏监管等问题。1983年召开的中共中央书记处第70次会议提出"机关后勤改革三步走"的思路：后勤服务同机关工作分开；打破部门界限，按地区联合；逐步过渡到社会化，首次正式提出机关后勤服务社会化问题。1989年，"后勤服务工作社会化"被正式写入文件。

20世纪90年代，商品经济的大潮逐渐蔓延，落后体制的劣势已经开始显现。管理者开始意识到，只有面向市场、服务社会，才能增强后勤机关服务的核心竞争力。这一时期，机关后勤服务被逐渐推向市场。许多地方的机关食堂开始由计划经济时期的中央全额拨款，转变为市场经济时期的定额补贴，甚至全面实现市场化。一些地方还开始尝试食堂对外承包经营，逐步开放机关食堂，通过设立特定的时间段或特定的餐厅区域，向外部人员提供就餐服务，同时保留一部分区域供内部人员使用，让更多人能够共享机关食堂的实惠。自政府机关后勤改革以来，机关食堂的开放式经营作为改革目标的一项重要内容，以安全、实惠、与民共享为原则，既符合经济发展的需求，也树立了良好的政府形象，提高了公共资源的使用效率。

2. **住房福利**

机关人员住房制度的变化与调整，直接影响着机关人员群体的住房水平、获得住房的能力以及评估职业幸福指数的标准。机关人员住房福利体现在两个方面：一方面是对市场的住房供应和流通进行干预，另一方面是对机关人员的住房消费进行补贴并给予金融、税收政策上的优惠。

（1）机关人员住房提供。机关人员保障住房涉及的群体比较广泛，包括新录用人员、交流干部、离退休人员等。不同群体对住房的需求和条件不同，相应的保障措施也不相同。一方面，机关人员的流动和交流为住房管理带来了挑战；另一方面，机关内存在许多难解决的住房问题、需要帮助的员工群体。因此，保障住房成为机关人员福利的重要内容。

在计划经济时代，我国机关人员住房主要是公产房，具体可分为直管公房和自管公房两类。由政府所有的属于直管公房，由房管局代政府管理；由单位所有的为自管公房，居住者只拥有使用权。保障范围包括领导干部、所有的国家机关人员和国有企业的员工。由于政府财力有限，建设规模无法满足机关人员日益增长的住房需求，并且存在"住得进去、搬不出来"的现象，这不仅影响了干群关系，给政府也带来了严重的财政负担。20世纪90年代开始的住房改革导致上述公产房基本被取消。进入21世纪，公租房与周转房成为新时期机关人员住房保障的主要手段。①公租房的产权通常属于政府，具有租金稳定且便宜的特征，通常为市场价六折至九折。与廉租房相比，公租房的申请需要具有与工作单位、社保年限等相关的条件，又称为"人才公寓""专家公寓"等。其中配租型保障性住房（即保障性租赁住房）主要针对从事基本公共服务的机关事业单位和企业人员，用以解决新录用的机关人员或交流干部的居住需求。②周转房是指政府拥有产权，供机关人员周转使用的过渡性住房。保障范围包括新录用的机关无房人员、异地调动干部及军队转业人员等。周转房具有"保基本""广覆盖""能循环""可持续"等特点。首先，周转房以成套小户型为主，具有交通便利、配套齐全、方便适用、节能环保等优点，装修一次到位。周转房可以满足机关人员因工作地点变化、子女上学、老人就医等原因希望改变居住区域的实际需求，具有极大的灵活性和适用性。周转房租金低，既在公务员的支付能力范围内，又涵盖了房屋的完全建造成本和日常运营维护成本，能够实现周转房自身的保本运营，有利于周转房的可持续发展。2008年国管局出台了《在京中央和国家机关新录用公务员周转住房管理办法》，并于2011年进行了修订。此外，各地方政府也相继出台公务员周转房管理的相关办法，组织实施了公务员周转房政策。

（2）机关人员住房补助。从目前的情况来看，在市场经济发达的国家，政府的保障主要体现在住房金融支持和税收减免上；在市场经济欠发达的国家，政府既会对住房供应市场进行干预，也会通过住房补贴政策、公共住房基金等政策来支持机关人员购房。①机关人员住房补助主要是为了解机关人员的住房问题，以提升其生活水平和促进工作的稳定。住房补助的具体标准和实施方式可能因地区和政策的不同而有所差异。一般来说，机关人员住房补助包括以下四个方面：①一次性住房补贴。在购房或租房时，机关单位会给予一定数额的一次性住房补贴，以减轻机关人员的经济负担。2001年，国务院机关事务管理局和中共中央直属机关事务管理局联合发布《在京中央和国家机关部级干部住房制度改革实施意见》《在京中央和国家机关职工住房面积核定及未达标、超标处理办法》，确定了各职级领导干部的购房补贴标准（按建筑面积计算）：科级以下60平方米，正副科级70平方米，副处级80平方米，正处级90平方米，副司局级105平方米，正司局级120平方米，副部级190平方米，正部级220平方米。其后，各地区也制定了相应的领导干部购房补贴标准。②按月发放的住房补贴。有些地方会按照机关人员的职务职级和家庭人口等因素，按月发放一定数额的住房补贴，以帮助职工维持生活和改善居住条件。③住房公积金补贴。机关会为其员工缴纳一定比例的住房公积金，以帮助员工获得较低的贷款利率和更多的购房保障。中共中央办公厅、国务院办公厅印发的《关于严禁自行出台政策发放工资津贴补贴有关问题的通知》取消了超标准缴

---

① 胡健颖.商品房价格波动的成因及调控举措[J].中国地质大学学报（社会科学版），2005（5）：20-25.

存住房公积金的补贴，凡是退休人员都没有住房补贴。④其他形式的住房补贴，一些地方会根据实际情况提供其他形式的住房补贴，如租房补贴、房屋维修补贴等。

（3）机关领导干部住房保障。多数国家还会为某些异地任职官员在担任公职期间提供免费或低价的住所。有的国家将其称为"官邸"，有的称为"领导公寓"。党的十八届三中全会决定，在"健全改进作风常态化制度"部分明确提出"探索实行官邸制"。"官邸制"即由官员所任职的当地政府为异地领导干部提供临时住所的制度。官邸是公产而非私产，对于"官邸制"住房是否要交纳租金以及租金缴纳多少、有关房屋的日常开销费用如何解决、政府要不要给予补贴以及补贴多少的问题等，需要进一步做好顶层设计，并以制度形式确定下来。从十八届三中全会后，部分地方政府开始探索建立异地交流任职官员流转房制度。

三、机关人员福利管理的意义

（一）激励机关人员更高质量地提升服务效能

良好的福利可以增强机关人员对机关的认同感和归属感，提升机关的凝聚力和竞争力。同时，也可以提高机关人员的工作满意度和忠诚度，降低人员流失率，为机关吸引和留住优秀人才。有效的激励手段和科学的社会福利保障机制，可以调动机关人员参与工作的主观能动性和积极创造性，提高他们的工作效率，使他们能够更加全心全意地为人民服务、更加努力地去工作。确立现代服务理念和市场竞争观念，充分运用市场竞争手段，提高机关事务管理工作的服务水平和服务能力，提升机关人员福利保障的科学性、公平性和公开性，不仅是提高机关人员工作效率、规范机关人员团队建设、防止机关人员做出腐败行为的重要举措，更是维护社会稳定必不可少的手段。

（二）推进机关人员福利制度与体系的建设

科学合理的机关人员福利管理模式，能够激发机关人员岗位热情，最大化地挖掘机关人员工作潜能，使福利制度、福利体系与福利管理人群高度匹配。机关人员的有效激励机制，不仅能够增强机关组织的凝聚力和创造力，而且可以提高机关工作效率。通过满足机关人员的各种需要，以激发机关人员的心理动机，从而使其产生符合组织所期望的行为。

（三）有利于推动我国机关事务的健康发展

机关人员的福利管理是我国机关事务的重要组成部分，加强机关人员的福利管理，不断发展和完善福利内容，统一和规范机关人员的福利待遇，优化机关人员的生活福利管理，有助于遏制权力寻租行为和腐败现象，促进机关人员廉洁从政，稳定机关人员队伍，增强机关工作凝聚力。健康的福利制度不仅对于激发机关人员的主观工作积极性和促进机关事务的高效优质完成具有十分重要的意义和价值，更对我国机关事务治理水平的提升、法治化政府的建设起着重要作用，不断推动我国机关事务管理的科学化、法治化和精准化。

第二节　机关人员福利管理的过程与方法[①]

一、机关人员福利管理的原则

（一）物质生活与文化生活需求相结合

机关人员福利本质上是一种职业福利，职业福利管理应该遵循以人为本的原则。机关事务管理部门提供的福利应该以满足机关人员共同的物质和文化生活为出发点，围绕机关人员迫切要求解决的问题、机关人员的切身利益、机关人员的日常生活等方面展开。广义的机关人员福利管理着力于解决机关人员在饮食、养老、住房、生育等方面的民生保障问题；狭义的机关人员福利管理既要满足机关人员在饮食、住房等方面的物质需求，而且还要满足机关人员及家属在教育、文化休闲等方面的精神需求。生活福利体现在对机关人员生活上的关心关爱，在对特定群体的帮扶慰问、普遍基本需求保障的基础上，要向更高层次的精神需求方向延伸，彰显人文关怀。

（二）实物供给与货币补偿相结合

机关事务管理部门提供的福利是对机关人员进行一定程度的服务或补偿，以稳定机关人员的生活水平和精神状态。服务或补偿可采用实物供给或货币补偿的方式。实物供给主要体现为为机关人员生活提供一定的公共服务设施，如住房、食堂、内部健身场所、图书阅览室等；货币补偿主要体现为向机关人员发放礼品、超市购物卡、食堂餐券、现金补贴等。机关人员福利待遇由实物供给转向实物供给与货币补贴相结合，符合社会主义市场经济体制改革要求，是我国机关人员福利管理的重要转向之一。

---

① 本部分由任晓春完成，张健、艾佳琳收集资料。

（三）多元提供与共同负担相结合

机关人员福利旨在凝聚人心、保障自身的高效运行，具有私人性和公共性特征。因此机关人员福利需建立起多方主体共同负担的机制，包括政府、社会、家庭、个人等多元主体在内的福利供给机制，实现福利成本多方共同承担，进一步减轻机关负担。政府通过提供货币型福利，如补贴、补助，鼓励多方主体参与实物福利的供给、服务型福利设施建设，如住房福利由单位与个人共同负担。

（四）规范透明与严格管理相结合

机关人员福利管理要把握"制度、程序、监督"关口，即聚焦制度制定、规范程序、提高监管等程序。按照中央和省市各项福利政策以及相关配套法规，结合单位内部控制制度，进一步明确福利使用范围、标准和审批程序，以严格的管理制度确保福利保障运行规范、透明。福利办理流程上，审批所需材料，对符合条件、资料齐全的人员，及时进行审核，确保审批的原则性和严肃性。福利费用支出核算上，在保证福利落实到位的前提下控制成本。机关应严格遵守福利费用提取标准和总量控制原则，做好福利费的提取、使用和管理工作。建立全面严格的福利监管制度，通过档案管理建立审核台账，福利项目分类建档存档，确保电子台账和纸质资料内容统一、准确、完整，实现阳光操作、透明管理。

二、机关人员福利管理的过程与影响因素

（一）机关人员福利管理的过程

机关人员福利管理过程可以分为五个阶段。

1. 福利规划

机关人员福利项目的设计应该更具有针对性并且按照一定的程序设立，以保证公平公正，确保机关人员福利的有效性和可持续性。在各种福利项目的设计上，应根据机关情况进行总结分类并做出福利说明，标明各项福利服务的标准，加强对社会福利管理的宏观调控。同时还要考虑机关的具体情况，如机关运行成本、员工构成对福利设置的影响等，灵活调整福利政策。如在住房保障中，为了确保住房的公平分配和管理，2011年国管局印发了《在京中央和国家机关新录用公务员周转住房租金管理办法》，规定了中央与国家机关周转房的产权属于国管局与中直管局，对周转房租金的确定、收取、管理和使用等相关问题进行了明确规定；2013年，国管局等部门要求周转房的租金标准应根据相关因素变化适时调整。

2. 福利审核

根据机关福利享用者的资格，可将其分为针对所有人员的福利与特定群体享有的福利。①对于所有人员享有福利，福利管理部门应对人员名单进行确认，并经过上一级领导审核批准。②对于特定群体享有的福利，应先由相关人员提出申请，再由福利管理部门对申请人员资格进行审核。

3. 福利分配

在具体落实上，单位要严格遵循国家相关法律规范和政策制定具体福利标准，如宪法和劳动法中对员工福利以及社会保障的相关规定。在具体操作上，单位可先安排无房员工租住本单位周转房；当本单位的周转房无法满足需求时，可以分配统一建设的周转房。住房保障的审核流程为由申请人向所在单位出具书面申请、提交材料，所在单位提出初审意见，所在单位公示无异议后，报同级住建部门审核。申请租住统一建设周转房的，申请单位应提交申请材料，并由单位法定代表人在申请文件上签字。住建部门对申请单位和申请个人提供的有关情况进行审核与公示，通过审核的按照轮候规则进行轮候，并按照轮候顺序选定周转房。周转房的租金实行"收支两条线"管理，租金收入主要用于房屋的维修管理、家具电器购置和支付物业费等。

4. 福利监管

一方面，加强对福利享用者及实物的监管。对于有一定资格要求的福利，应当对享用者的资格及实物情况（如公寓）进行审核。如周转房管理应按照"一户一册"的原则建立档案，档案包含入住者的入住申请手续、租赁合同、租金收缴记录等，做到账目清晰、信息完善。另一方面，加强对福利资金的监管。用于机关人员福利支出的资金来源和使用都必须明确化。就支出而言，应该在机关人员队伍内用货币来结算、衡量福利，并将部分福利设施和福利项目的供给社会化。在内部，所有的福利项目都需要对组织成员公开，定期公布账目、享受补助的名单和款数，接受群众的监督；财政、审计等部门应依法对周转房租金的管理和使用进行监督检查，对周转房建设资金的使用支出情况进行严格的审计。在外部，纪检监察机关、公安机关、住房和城乡建设部门多方联合，建立和健全惩防并举的住房监管制度体系。

5. 福利退出

对享受机关福利人员实行动态管理，对调出、退休、去世、辞职等人员及时修改、核销信息资料，健全福利退出机制。对于一些长期不使用或故意闲置的保障住房，需要进行有效的收回和再分配，确保资源的合理利用，形成"动态管理"流程。周转房应实行严格的退出制度，即在原有分配原则与数量基本不变的前提下，在当地已获得产权住房的员工，如果已退休、调离、解除劳动合同或不在单位服务等，需将所承租的周转房腾退，交由其他无房员工租用。这样一套周转房可以供多个员工家庭循环使用，不仅充分利用了有限的保障性住房资源，减少了房源流失，而且有助于节约日益稀缺的土地资源。除此之外，回收的住房还包括不可售公房：平房、筒子楼、简易房、危险房、违章建筑和需要拆除的住房，具有历史纪念意义的住房，党政、科研机关及大专院校内与机关、办公不可分割的住房，不可售军产房。住房修缮的标准和价格由房屋产权单位报房产主管单位核定。

（二）机关人员福利管理的影响因素

1. 群体的特殊性

不同年龄段、不同文化、不同收入层次的机关人员对福利的需求差异较大，要求机关有针对性地满足不同机关人员的需要。不同机关人员的差异主要表现为，一是职务上的差异，高级职务涉及重要的社会管理与决策职务，承担较大的社会责任，因此享受较高的福利；二是地区上的差异，不同地区机关人员的福利待遇存在较大差异；三是个体差异，如在居住需求方面，要求有与其社会身份和地位相匹配的住房。由于机关人员一般接受过良好的教育，社会政治地位和文化素质较高，因此对住房的质量、面积、居住环境、配套设施及售后管理等都有一定的要求。[①]

2. 收入水平

机关人员基本工资为他们提供了较为稳定的收入保障，住房公积金、各项奖金增加了他们的收入，但机关人员总体收入水平仍普遍偏低。同时不同的机关人员收入水平之间存在一定差异，如市级以上机关的福利补助往往比县区基层高，专业技术岗位人员往往比管理岗位人员、工勤岗位人员收入高，新入职人员收入水平较低。由于机关人员的收入水平与市场住房的价格之间还存在一定差距，他们依靠自身的收入还无法完全支付得起一套市场价格的住房，因此需要政府给予一定的优惠和保障。随着市场化改革力度的加大，机关人员的福利待遇也在逐步市场化，福利制度在不断调整优化，机关人员未来的收入水平还存在不确定性，待遇的稳定性有待提高。

3. 财政承受能力与经济发展水平

福利待遇的增长与国民收入的增长成正相关。《公务员法》规定，公务员按照国家规定享受福利待遇。国家根据经济社会发展水平提高公务员的福利待遇。福利待遇的上限取决于经济的发展水平和财政汲取能力，下限为满足机关人员的基本生活需求，福利待遇水平只有介于上限与下限之间才是适当的，才有利于社会和国民经济的发展。

4. 经济体制与国家政策

单位制下机关人员享受福利的可能性和水平与其所在单位级别、规模等呈现正相

---

① 张颢墨. 中央国家机关职工周转住房建设标准研究［D］. 北京：北京建筑大学，2012.

关。在社会主义市场经济体制改革的背景下，社会福利保障水平应从实际情况出发，充分考虑各级机关的承受能力，不断调整机关人员的平均工资水平和福利待遇标准。

三、机关人员福利管理的方法

（一）法律方法

法律方法为机关人员福利管理限定了基本框架。一方面，机关人员福利管理的法治化要求福利管理是一项法定的保障活动，即必须提供法律规范所要求的保障。1981年全国人民代表大会常务委员会批准《国务院关于职工探亲待遇的规定》，规定了职工探亲假期和探亲待遇等；《公务员法》规定，公务员按照国家规定享受福利待遇；公务员工资、福利、保险，以及录用、奖励、培训、辞退等所需经费，列入财政预算，予以保障。这些法律法规从法律层面规范了机关人员福利待遇的内容、标准、发放条件、发放程序等，所有机关必须依法为机关人员提供福利，不得私自取消或漏发。另一方面，机关人员福利管理的法治化要求福利管理是一项法定的限制活动，即提供的保障必须在法律法规所限定的范围内。1957年国务院发布并沿用至今的《关于国家机关工作人员福利费掌管使用的暂行规定》，规定了福利费的使用范围，即为解决工作人员的家属生活费困难、家属患病医药费困难、家属死亡埋葬费困难、其他特殊困难以及补助集体福利事业的费用。《公务员法》规定，任何机关不得违反国家规定自行更改公务员工资、福利、保险政策，擅自提高或者降低公务员的工资、福利、保险待遇。法律法规规范了机关人员福利管理制度，监督所有机关人员福利项目的政府预算，坚决遏制滥发、变更等违规操作，要求所有机关根据部门预算将消费支出具体到项目和个人，严格控制福利范围，避免制度外不合法收入的产生。同时要求福利管理部门制订科学、合理、规范的福利计划，合并或简化福利发放流程，进一步细化福利制度的实施范围和标准，提高福利管理的稳定性和透明度，防止操作上的随意性与主观性。最后，我国机关人员福利制度不仅要有总的法律法规，还要有辅助性的单项法规和实施细则，以紧跟社会发展提升法治建设水平，及时更新过时或不合理项目，为机关人员创造前沿、周全的新福利项目；同时，还要在法律法规中增添人情味，允许各地区制定具有地方特色的福利制度，以满足不同地区机关人员福利的需要。

（二）政治方法

政治方法既要考虑机关人员福利管理的柔性化，又要强调机关人员在管理过程中的参与。一方面，机关人员福利管理的柔性化主要指福利待遇管理应坚持矛盾分析方法，给予特别人群特别待遇。优化福利制度设计，在规定的福利标准、福利范围内，使福利既能保障机关人员的生活基本需求，又能满足机关人员的个性化需求，提供多样化、高效用、多形式、重需求、灵活的福利项目，可结合自助式福利、标准组件式福利、核心外加式福利、弹性支用账户式福利等多种方式，提升机关人员的满意度。1979年，中共中央、国务院印发的《关于高级干部生活待遇的若干规定》中，对领导干部住房、福利、休假等生活待遇标准作出了明确规定。这些规定既能从层级差异激励机关人员积极进取，又能为领导干部减轻生活负担，将更充裕的精力交付到工作中。另一方面，机关人员在管理过程中的参与，即贯彻群众路线的工作方法，让机关人员参与到福利管理当中来。我国机关人员福利管理应当畅通民主参与渠道，加强信息公开，严格防范"隐性福利"滋生蔓延，保证福利发放合法合理合规。各机关对所有工作人员的福利补助，都必须经过群众讨论，福利委员会评议，然后由机关的管理部门或人事部门审定。各机关和福利委员会还应该定期公布账目、享受补助的名单和款数，以便能够更好地接受群众监督，做好福利补助工作。机关事务管理部门应梳理福利管理职能，调整管理目标和任务，以专业化和规范化意识履行层级机构职能，制定宏观法律法规、执行并指导政策实行、发放具体福利，推动机关人员福利上下联动，确保福利服务具有操作性。

（三）经济方法

机关人员福利管理要坚持切合实用以实现经济有效的原则。机关事务管理部门福利的发放主要运用实物补贴与货币补贴相结合的方法。实物补贴主要是为人员生活提供一定的公共服务设施，如住房、机关食堂、图书阅览室等服务型福利项目，往往涵盖机关人员日常生活或工作的基本需求，具有其自身的实际价值。即使不为机关人员提供此类福利，机关人员自身也要购买，而机关集体购买比个人购买更具有价格方面的优势，因此机关能够以较低的成本为机关人员提供此类福利，机关人员也能够享受到性价比更高的服务。另一方面，随着社会主义市场经济体制改革的推进，机关人员福利待遇由单位保障转向市场提供，由实物配给转向货币补贴。福利作为机关运行支出的一部分，会对机关运行成本产生一定影响。货币补贴一般以发放补助、补贴等现金或消费券为主，如食堂餐券、现金补贴等。这种方式能够使机关人员积累更多的消费资金，通过市场购买解决需求问题，同时也有助于机关节省成本。例如机关人员的住房保障，既可采用修建并分配周转房的形式实现，也可采用给予租房补贴或购房补贴的形式实现，即将单位原用于建房、购房的资金转化为住房补贴发给机关人员。

（四）社会方法

机关人员福利管理的社会方法是指通过社会统筹的方式有效承接机关人员的福利提

供,实现由行政直供转向招标代理。机关人员福利通过建立政府、社会、家庭、个人等多元主体共同供给的制度安排,实现福利成本共同承担,相对于以前政府统一提供福利的方式而言,其有利于实现机关人员福利的社会运作和自我运行。实行市场经济体制以后,政府通过提供货币补贴,鼓励多方主体参与实物福利的供给、服务型福利设施建设,进一步减轻机关提供实物服务的负担,机关可以更自主地安排福利项目。由于机关人员个体情况不同,其需求可能不同,机关应有针对性地提供多样化的福利项目供工作人员选择,使每个机关人员的福利需求得到最大满足,从而提高福利的适应性。由机关人员与社会主体共同承担福利提供,一方面,能够促使机关人员基于自身所承担的费用和单位补贴的支持做出理性选择,使其切实地享受到机关所提供的福利;另一方面,有助于控制福利成本,机关可以减少提供或不再提供非必需的实物福利,既有效控制了机关福利成本又照顾到了机关人员对福利项目的个性化需求,从而更好地促进整个机关福利管理的良性运行。

第三节 机关人员福利管理的中国实践

一、机关人员福利管理的体制变迁[①]

(一) 1949—1978年:计划方式的多福利

新中国成立初期,我国在社会主义建设中对机关人员实行"供给制与津贴相结合"的薪酬制度,确定"低工资,多福利"的福利分配格局。这一分配格局随着计划经济体制的全面建立经由单位制度固定下来,保障了机关人员的经济福利与社会服务,这是一种总体性福利形式,供给内容全面而普惠。[②] 为了解决国家机关人员生活困难问题,政务院(现国务院)于1957年发布了《关于各级人民政府工作人员福利管理费掌管使用办法的通知》,对机关人员福利费用标准、福利费用审批程序、福利费用使用范围、定期或临时补助适用情形等方面作了详细规定。机关事务福利管理的三大领域(生活性福利、保障性福利和文化性福利)的福利实行以实物或服务供给为主要形式。在工资待遇低下、物资匮乏的计划经济时代,职能和规模各异的机关都有各自的机关事务

---

① 本部分由任晓春完成,张健、艾佳琳收集资料。
② 丁学娜,孟荣芳."公私可比较"中国公共部门职业福利制度发展趋势研究[J].兰州学刊,2019(1):138-152.

管理部门，机关人员的福利待遇均来源于机关事务管理部门提供的服务和所办经济实体的产出。

住房方面，早期机关人员的住房保障带有福利性、行政性等特征，机关人员的住房主要依靠政府独立保障，在当时形成了由国家投资，政府管理、分配的住房制度。[①] 即，住房实物分配制度，实行公屋的无偿分配。在这一阶段，住房是一种福利，这种福利分配的住房制度的特征可以概括为以下四点：一是国家和单位对住房进行投资与建设，二是采取实物分配，三是缴纳低廉的租金便可以使用，四是房屋日常修缮与管理全部都由政府负责。[②]

饮食方面，机关人员存在职住未分离的情况，机关食堂既为机关人员提供饮食服务，也为居住在单位大院里的机关人员亲属提供服务。机关食堂的运转由所在单位承担，而食堂服务的质量水平则由单位的财政能力决定，这典型地体现了机关运转中存在的小而全、破碎化、苦乐不均现象。

教育方面，幼儿教育制度覆盖城市各类单位，其起源于计划经济体制下幼儿园体系，该时期的幼儿园主要由单位供给并负担经费，是一种典型的"单位福利"。1956年教育部、卫生部和内务部（现民政部）发布的《关于托儿所、幼儿园几个问题联合通知》中规定，幼儿园所有必要的支出、人员安排、住宿和日常管理是相关单位的责任。1973年5月财政部发文确定了幼儿园归属后勤服务开支的准则，强化了幼儿园的单位福利属性。政府和事业单位的幼儿教育支出按照中央规定的人员编制和供给标准开支，列支在政府和事业单位的经费中。

（二）1978—1998年：社会化改革的大福利

20世纪80年代我国的经济体制开始由计划经济向市场经济过渡，机关人员福利向"大福利、异福利"方向发展。社会成员所能享受的福利水平与其所在单位级别呈正相关，单位所属的政府主管部门预算级别越高，单位越可能提供就餐、幼儿园、洗澡设施和交通班车等职业福利，单位的规模与提供福利的可能性呈正相关。

住房方面，机关人员的住房保障主要通过购买单位房改房、获取住房补贴等方式获得，但并未改变住房的福利性质。在20世纪80年代初期，我国开始探索全价出售公房的改革措施，然而这一改革并没有达到理想的效果；之后调整为补贴出售公房，即个人、地方政府与单位各承担房价的三分之一（"三三制"），但这一调整的效果也不够理想；随之，住房政策转为提租补贴，即调整租金和发放住房券，并给予机关人员适当住

---

① 王宇锋.改革开放四十年我国城市住房制度体系：演变逻辑与展望[J].江西财经大学学报，2019（3）：30-39.
② 吕萍.中国城乡住房保障与住房市场：城镇化背景下的困境与出路[M].北京：中国人民大学出版社，2020.

房补贴，但由于通货膨胀这一方案并未取得实效。1991年国务院发布《关于继续积极稳妥地进行城镇住房制度改革的通知》，规定政府在出售公房为重点的基础上，新建的公房实行以售带租的形式，继续调整公房租金；同年10月出台的《关于全面推进城镇住房制度改革的意见》，提出将实物分配的住房制度转变为货币分配制度，逐步改变公房低租金、无偿分配的制度，逐步提高租金标准，进一步形成"售、租、建"并举的住房新政策。[①] 1994年，国务院发布《关于深化城镇住房制度改革的决定》，提出建立经济适用房、商品房的供应模式与建立住房公积金制度两大措施。为落实文件精神，各地纷纷为机关人员提供了住房公积金补贴，解决他们的住房问题。

饮食方面，1991年《中央国家机关食堂管理办法（试行）》的施行标志着机关食堂管理逐步走向规范化，机关食堂被明确定性为实行内部核算的集体福利性后勤服务单位。1993年政府决定设立专项服务机构，如机关食堂，并逐步推进食堂服务的社会化改革。各地初期将机关食堂由行政单位划转为自收自支的事业单位或企业，面向社会招募机关食堂职工，工勤人员大多不再入职定编。随着改革的深入，部分机关食堂开始尝试成立独立餐饮企业或选取市场中的餐饮企业承担机关的餐饮服务保障工作。此外，部分机关食堂开始就近承担本机关外的单位、市场主体和社会公众的供餐服务，形成了立足机关、面向社会的双向服务体系。

教育方面，1983年开始，中央国家机关幼儿园补贴费改由家长双方单位负担。从1984年开始，作为福利的幼儿教育逐渐被剥离出国有企业。1997年《全国幼儿教育事业"九五"发展目标实施意见》进一步推动幼儿教育社会化发展。与国有企业剥离幼儿园教育福利的做法不同，机关办的幼儿园的属性一直并未发生变化，机关办幼儿园凭借其悠久的办学历史、稳定的财政资金在市场竞争中具有鲜明优势，成为幼儿园供给体系的"弄潮儿"，也成为高质量幼儿教育的代名词。[②]

（三）1998年至今：集中化改革的优福利

1998年之后，社会经济快速增长，社会保障制度逐步完善和加强，机关人员福利保障制度不断完善，所提供的福利更为优质、集中，主要体现在：机关人员津贴福利制度逐步规范；社会养老保险制度、基本医疗保险制度、住房公积金制度、住房补贴制度等的建立与完善，为机关人员提供了全方位的生活保障；工会组织工作的加强，积极关心和维护职工的利益，通过开展形式多样的服务活动，分担了部分机关事务服务工

---

① 廖翠.政府责任视角下公务员周转房政策优化研究[D].南昌：南昌大学，2021.
② 曾晓东，刘莉.从单位福利到多元供给——改革开放四十年学前教育事业的发展与改革[J].教育经济评论，2018（6）：62-72.

作。①特别是自机关事务集中统一管理以来,机关人员福利集中在住房、饮食、幼儿园教育三大方面。

住房方面。1998年国务院出台《关于进一步深化城镇住房制度改革加快住房建设的通知》,停止住房实物分配,逐步实行住房分配货币化。此后,机关人员将不再通过单位而是要通过市场来获取住房,中央国家机关人员住房供应体系从"以售为主"逐步走向"租购并举"。在"以售为主"阶段,住房公积金及住房补贴是机关人员购房的重要支持政策。1999年至2005年,中共中央办公厅、国务院办公厅就在京中央和国家机关干部住房制度进行改革,形成了改革配套制度体系,推动住房制度改革工作的制度化、规范化开展;1999年首次提出推进在京中央政府机关住房商品化进程,加快解决在京中央机关人员住房问题;2000年发布《在京中央和国家机关部级干部住房制度改革实施意见》,2005年发布《关于完善在京中央和国家机关住房制度的若干意见》。至此,各单位停止住房实物分配,进一步完善住房公积金制度,建立住房补贴制度,逐步实行住房分配货币化。①在建立"租购并举"的住房供应体系方面,我国也进行了许多改革。2003年,中共中央办公厅、国务院办公厅印发了《建设部、中共中央组织部、财政部关于易地调动干部住房管理暂行规定》的通知,明确了易地调动干部的住房政策;同年国务院办公厅及有关部委提出了建立临时周转住房政策,以解决易地调动干部的住房问题;2005年,国务院办公厅提出建立机关人员周转住房政策,向新录用等符合条件的员工出租;2008年,国务院机关事务管理局出台了《在京中央和国家机关新录用公务员周转房管理办法》;2011年印发了《在京中央和国家机关新录用公务员周转住房租金管理办法》。2013年国管局出台了《在京中央和国家机关职工周转住房管理办法》及相应的租金管理办法,之后又印制了租金标准评估技术指引等配套办法。与此同时,各地积极探索为机关人员提供租赁型保障住房等阶段性住房保障。中央及地方政府出台的关于领导干部住房制度的有关规定,在保障机关人员住房条件的前提下,明确规定了机关人员住房标准和配备条件,促进了机关人员住房供给的市场化、社会化格局基本形成。但由于异地交流干部的住房制度一直没有统一规定,导致在实践中出现了领导干部超标分配住房、倒卖出租住房、非法占有住房等住房腐败问题。

饮食方面,2020年国管局发表《机关食堂精细化管理,标准化服务大力改进餐饮保障方式》一文,2023年国家市场监督管理总局印发《集中用餐单位食品安全问题专项治理行动工作方案》等,从食品安全、反食品浪费、保障工作成效等多方面做出规范,对不同经营方式、供餐方式、服务方式的机关食堂实施差异化评估,以"包工不包

---

① 黎兵.对机关事务工作机构职能的几点思考[J].中国行政管理,2007(3):60-62.

料"的社会化购买服务方式提供服务保障，促进餐饮服务保障质量和能力的有效提升。

二、机关人员福利管理存在的问题

（一）福利项目设置不合理

我国的机关人员福利项目设置，总体来说存在五个方面的问题。第一，机关人员薪酬福利项目不专业。长期以来都是由政府部门自行设置本机关的福利项目，造成了各机关随意设置和不专业设置的现象，以至于机关人员福利项目数量偏多且复杂。第二，机关人员福利项目设置缺乏规范性。各个机关在设置福利项目时，对同一福利项目以不同名称进行设置，比如针对"交通薪酬"，有的将其命名为"车补"，有的则将其命名为"公车补贴"等，福利项目名称五花八门，福利项目名称的非统一性会导致最终的薪酬补贴范围扩大或者缩小。第三，机关人员福利项目类型错位。一直以来，很多机关人员补贴项目问题从改革初期到现在都悬而未决，福利项目和工资性收入混为一谈，如机关人员医疗和住房补贴从其性质来看属于福利项目，但在现实中却被纳入工资性收入范畴。第四，机关人员薪酬福利设置缺乏灵活性。很多机关人员福利项目未能因时而变，随着时代的变化，有的福利项目需要更新或者细化，或者取消。但是就目前情况来看，机关人员福利项目只增不减，项目泛滥情况严重。第五，福利项目非透明化。目前我国存在半公开福利项目，且在某种程度上，机关人员福利项目还存在"泛福利"和"滥福利"现象。部分机关通过权力的行使，将消费性福利项目通过各种办法变通和转化嫁接，从而使消费性福利项目通过极为隐秘的方式得以保留。

（二）福利支出结构失衡

在机关人员薪酬体系中，工资性收入应该是机关人员报酬收入的主体，但是现实情况却与之相反。薪酬体系中各种补贴总和往往超过了工资性收入，呈现机关人员福利项目与工资性收入比重不对等、本末倒置、福利支出结构失衡的现象，具体体现在三个方面。第一，预算外福利支出大于预算内支出。我国公共部门预算外支出高，资金规模庞大，当前的福利预算支出与远期的福利预算支出不协调，远期福利预算支出常常高于现阶段预算支出，这导致社会公众对支出福利的怀疑，同时也会让当前的福利预算支出失去激励性。第二，隐性福利支出占比大，除了列出的福利支出外，还存在很多未列入的隐形福利支出，如不在工资条上列出的出国培训费用、公务员接待费、公务员差旅费等，这些隐性福利支出往往占据了相当大的支出比重。第三，职务性福利支出占比大。我国公共部门出于职务运转的需要，往往需要购置各种办公设施，如办公用车、办公用房、办公电器等，但由于办公设施的供给个人利益性，导致这类支出的成本消耗较大。

（三）福利支出水平上升幅度大

机关人员福利支出的费用逐年提升，且上升幅度呈不协调趋势。主要表现在两个方面，一方面是机关人员福利支出中的行政管理费用增幅高于财政费用增幅，这是由行政管理费用支出内部结构造成的，包括机关人员的工资和福利费用支出、机关离退休人员费用支出等，这从侧面体现了人员费用支出占据了很大比重，以及近年机关人员福利支出的增长趋势。另一方面是机关人员的合理性福利收入与非合理性福利收入的增幅不协调。合理性福利收入，即机关人员所获得的取暖补贴、生活困难补助、用餐补贴、交通补贴、住房补贴、高温补贴、节假日补贴等，这些福利是有法律和制度依据的，合规合法；非合理性福利收入，即缺乏法律和制度依据的制度外收入，这些福利收入缺乏依据或规范。国家明令禁止非合理性福利收入，并出台有关规定，禁止机关私自设立"小金库"，或违规给机关人员发放财物。

（四）福利支出关系失当

机关人员福利支出关系存在不协调和关系失当等问题体现在许多方面。第一，地区差异，经济发达地区的机关人员福利待遇好，其机关人员福利待遇往往会高于中央国家机关待遇水平。第二，城乡差异，城市机关人员待遇比乡镇机关人员要好。第三，部门差异，如事业单位部门和公务员部门的福利支出水平不同，事业单位其一般会缴纳五险一金享受相应福利待遇；而公务员除领基本工资外，还享受额外的福利，包括年终奖、艰苦边远地区津贴等，因公牺牲或病故的人员其亲属会依法享受抚恤和优待。第四，职务差异，职务层级高低也会影响福利待遇的高低。

三、机关人员福利管理的完善对策

（一）健全机关人员福利管理的机构

加强机关人员福利管理的科学化、制度化和规范化水平，是保障机关人员福利权益的首要内容。因此，必须按照"工作放在首位，政策把握到位，服务对象到位"的工作要求，在"把握政策、强化培训、严格审批、优化服务"上狠下功夫，扎实做好机关人员福利管理工作。①设置相对统一的机关人员福利管理机构，特别是按照机关人员福利管理的规制设置相对专业的主体部门，明确其相应的机构职责和职能定位，对机关人员福利管理的全过程进行精准的把控。②加强对法律法规和相关政策的学习，确保机关人员待遇落实。机关人员福利管理机构必须认真研读相关工资福利政策，加强对法律法规及业务知识的学习，吃透文件精神，严格统一安排部署，在规定时间内规范、科学、及时兑现各项工资福利待遇。③加强对机关福利管理机构人员的培训，全方位系统地解读机关单位工龄政策、工资福利政策等，加强人员管理，及时更新信息工资变动数据，保证数据资料真实准确；简化工资审批流程，提高工资福利水平。④强化对财政统筹人员增减变化的动态管理，对每年调入、调出、退休、死亡等人员，建立工资审批台账，及时修改更新工资档案管理信息，严格工资审批登记制，做到审批业务清楚可查。⑤利用互联网、新媒体优势，对各项机关人员工资福利工作通知、业务政策进行答疑、解读；积极与财政部门沟通，简化工资变动流程，提高办事效率和服务质量。

（二）推进机关人员福利管理过程监督

1. 对机关人员福利费用的使用加强监管

为了合理使用福利费用，各部门必须严格做到：第一，各单位规划实施鼓励政策，并制定机关福利服务标准，加强对社会福利管理的宏观调控。第二，规定福利费用补助群体，只有机关人员本人，以及依赖于机关人员生活的亲属才能享受福利补助。第三，加强群众监督。各单位对所有人员的福利补助，都必须经过群众讨论、福利委员会评议，然后由单位的领导或人事部门审定。对于单位领导干部的福利补助，应该严格掌握，并经过上一级领导审核批准。同时，各单位和福利委员会，还应该定期公布账目、享受补助的名单和款数，以接受群众监督。

2. 强化监督津贴补贴发放情况

根据《关于进一步落实"四风"问题监督责任的通知》要求，应加强机关事业单位津贴补贴发放监督检查。第一，监督检查范围。机关事业单位各项津贴补贴，如实物、购物卡等和福利发放情况及发放方式，均纳入监督检查范围。第二，监督检查的主体实行津贴补贴和福利发放监督检查责任制，各单位、各部门负责本单位、本部门的监督检查工作，部门对所辖单位要经常进行检查，对违法行为要严格查处。第三，确定专人负责，按时报送自查情况。对不履行职责，或因履行职责不到位，发现违纪违法问题隐瞒不报或不及时移交的，坚决实施责任倒查制度，落实责任追究。

（三）加强机关人员福利管理制度保障

1. 控制好社会福利保障水平

社会福利保障水平应从实际情况出发，要考虑各级机关的承受能力，社会福利保障的下限应满足机关人员的基本生活需求。只有介于上限与下限之间的社会福利保障才是适当的，保持适当的福利支出，有利于促进整体社会高质量发展。同时，也可按照技术方法，采取定性和定量方法，来确定社会福利保障支出水平的高低，并适时进行调整和控制。

2. 加强福利制度的法制保障

要认真贯彻落实党中央的"八项规定"《关于进一步激励广大干部新时代新担当新作为的意见》精神，严格执行《国务院关于国家机关工作人员福利费掌管使用的暂行规定的通知》《关于中央级事业单位、行政机关从预算包干结余中提取的集体福利费开支范围的暂行规定》，确保机关人员福利制度在法制轨道上运行。按照"简政放权、增强实效"原则，福利费实行负面清单管理，规定禁止事项；按照"厉行节约、实事求是、规范透明、严格管理"原则，福利费开支执行以下管理要求：福利费实行预算总额控制；不得无预算、超预算开支福利费；不得预提列支福利费；在职、在编人员和非在编雇用人员福利费统筹使用；不得有其他违反财政财务制度规定的开支；各单位对本单位福利费的使用管理负责；各单位按照福利费开支管理规定，结合本单位内部控制制度，制定福利费具体使用办法，明确开支对象、形式、标准和程序等，并将使用办法报有关部门备案。

（四）促进机关人员福利管理社会化发展

社会福利是增进人民福祉的重要制度性安排。福利管理朝着社会化、制度化、系统化、专门化发展，是社会文明和健康发展的重要标志。

1. 实现福利管理多层次、多渠道、多形式发展

当前福利工作并非国家所主导的工作，国家倡导多主体参与机关福利管理，机关人员可根据经济情况购买福利服务，以此来提高个人的社会福利保障水平；政府还应大力提倡民间设置社会福利项目，建立起社会福利市场化机制，但是在建立过程中，必须依照法律法规规范福利的供给与需求。

2. 加强社会舆论宣传，更好地促进机关人员福利社会化发展

现阶段，我国社会老龄化问题严重，家庭呈个体式和小型化发展，双职工家庭幼儿接送问题和抚养问题难，社会中残疾人和孤儿养护看护问题急需改善。政府应积极倡导，激发社会各主体力量的参与积极性，实现社会保障主体多元化，共同推进社会福利体系建设，并形成政府、单位和个人共同承担责任的机制。如，针对机关人员子女看管难问题，机关单位应从机关人员自身需求出发，动员相关主体常态化、持续化地提供优质安心的寒暑假期托管服务、延时托管服务，切实解决机关人员的后顾之忧，使其能够安心地工作。

【拓展阅读】

[1] 丁建定."新社会风险"下西方福利国家社会保障制度道路的新选择[J].社会保障评论,2023(4):34-51.

[2] 刘继同,尹慧.现代社会福利财政制度化目标、社会化补偿机制和原理[J].湖南社会科学,2023(3):125-134.

[3] 万国威.中国式现代化与新时代社会福利制度的转型升级[J].社会工作,2023(2):1-11,106.

[4] 卫小将.中国社会福利发展的动因与机理[J].社会科学文摘,2022(11):100-102.

[5] 蔡昉.社会福利的竞赛[J].社会保障评论,2022,6(2):36-45.

[6] 丁学娜,孟荣芳."公私可比较"中国公共部门职业福利制度发展趋势研究[J].兰州学刊,2019(1):138-152.

[7] 郭如良,胡军华.关于机关事业单位福利制度改革的思考[J].江西行政学院学报,2004(1):56-57.

[8] 袁媛,杨卫安.新中国成立70年学前教育的社会属性定位与供给制度变迁[J].教育学术月刊,2019(10):43-49.

下篇
重要领域

2022年9月，财政部印发《关于加强"三公"经费管理严控一般性支出的通知》。"三公"经费是指因公出国（境）、公务用车购置及运行、公务接待所产生的费用。积极落实中央"过紧日子"的号召，大力压缩行政运行成本，集中财力促发展、惠民生、保运转，需要做好机关事务重要领域的管理。办公用房是行政资产重要组成部分，其建设与置换涉及土地资源的管理，租赁与腾退涉及资金的节约，同时还涉及节能建筑管理与办公环境管理的重要任务；随着办公用房租金制的发展，办公用房管理更加凸显出节约经费的重要性。公务用车作为一类行政资产，其管理不仅仅关乎资产本身的价值，更涉及经费的节约、新能源汽车的推广、绿色出行理念以及员工出行福利等多个方面。公务接待不仅是后勤服务中的一项基本任务，更是与会议管理紧密相连，共同构成保障政务活动的"一体两面"，同时也涉及运行经费的节约，因此本篇包括办公用房管理、公务用车管理、公务接待管理三大领域。

第十一章 机关办公用房管理

机关办公用房是保障机关正常运行的重要物质基础，是机关人员认真履职的基本场所。管好、用好机关办公用房，可以推进机关办公用房资源合理配置和节约集约使用，保障正常办公，降低行政成本，促进党风廉政建设和节约型机关建设。党的十八大以来，中央高度重视机关办公用房管理，作出了一系列重要部署，在此背景下，如何实现机关办公用房管理的现代化，有效提高机关办公用房管理质量，已经成为各级机关的一项重要工作任务。

第一节 机关办公用房管理概述

一、机关办公用房的内涵和特征

（一）机关办公用房的内涵

机关办公用房由来已久，从氏族时期的长老议事之所，到封建社会时期的"衙署""治所""商会会所"，都具有明显的办公功能。而伴随着工业革命带来的快速城市化，现代意义上的机关办公用房开始出现。作为机关人员处理公务的场所，机关办公用房最早在《周礼》中被称为"官府"，唐代之后称之为"衙门""衙署"。进入现代社会，随着机关职能的日趋完善，机关办公用房规模不断扩大、类型逐渐丰富，对机关办公用房进行有效管理显得愈发重要。为了推动机关办公用房管理的规范化和制度化，我国对机关办公用房的定义和类型进行了明确规定。根据《党政机关办公用房建设标准》《党政机关办公用房管理办法》两个重要文件，本章所指的"机关办公用房"是指党政机关占有、使用或者可以确认属于机关资产的，为保障党政机关正常运行需要设置的基本工作场所，包括办公室、服务用房、设备用房和附属用房，具体功能分类见表11-1。

表 11-1　机关办公用房功能分类

办公用房		内容
基本办公用房	办公室	包括领导办公室和一般工作人员办公室
	服务用房	包括会议室、接待室、档案室、图书资料室、机关信息网络用房、机要保密室、文印室、收发室、医务室、值班室、储藏室、物业及工勤人员用房、开水间、卫生间等
	设备用房	包括变配电室、水泵房、水箱间、中水处理间、锅炉房（或热力交换站）、空调机房、通信机房、电梯机房、建筑智能化系统设备用房等
附属用房		包括食堂、停车库（汽车库，自行车库，电动车、摩托车库）、警卫用房、人防设施等

资料来源：国家发展改革委、住房城乡建设部等部门于 2014 年 11 月 24 日修订的《党政机关办公用房建设标准》。

（二）机关办公用房与技术业务用房的辨析

机关办公用房和技术业务用房具有很多相同属性，二者都属于国有资产，其权属都要登记至本级机关事务管理部门名下，运行需要财政保障。因此在实务工作中，机关办公用房和技术业务用房较难区分，容易出现借技术业务用房的名义超标建设机关办公用房，或者随意设置技术业务用房挤占机关办公用房空间等现象。区分机关办公用房和技术业务用房，一方面可以参考表 11-1-1 所列机关办公用房分类以及国家已经出台的技术业务用房标准，另一方面也可根据技术业务用房特点进行判断。技术业务用房的特点主要有两个：其一是具有较强的技术支撑性，例如实验室、检验室、影像室、制证室以及配套用房等；其二是对外性，技术业务用房不是为机关服务，而是承担社会管理服务职能，提供对外管理服务，例如各类公共服务大厅、公安执法执勤用房、法院审判大厅等。

（三）机关办公用房的特征[①]

1. 资产国有性

机关办公用房是国家所有、政府管理、财政支持、机关使用。机关办公用房主要以国有资产的形式存在，个别单位由于短期内缺乏机关办公用房向市场租用的，租金也是财政资金支付，因此租期内资产的使用权也属于国有。

2. 高投入性

机关办公用房的规划、建设、使用以及物业管理等过程都会产生大量费用，具有体量大、一次性投资高、支出项目多、后续维保频繁等特点。

---

① 穆艳坤. 党政机关办公用房管理基本概念及特征研究［J］. 中国机关后勤，2022（6）：50-53.

3. 服务保障性

机关办公用房的功能是为纷繁复杂的机关办公活动提供场所和设施保障，具有很强的服务性。

4. 非营利性

机关办公用房不同于商业写字楼、购物中心等经营性资产，其是用于提供公共管理和政务服务的非经营性资产，具有非营利性。

5. 符号象征性

公民在不了解机关部门的具体工作内容时，往往会通过机关办公用房来判断机关的能力及态度，因此机关办公用房在一定程度上代表着机关的形象，能够直观反映政府的作风和管理理念。因此，机关办公用房应庄重、朴素、实用，要树立良好的窗口服务形象。

二、机关办公用房管理的内涵和特征

机关办公用房管理是指各类机关办公用房的建、管、用、拆的全生命周期管理，既包含机关办公用房建设、调配、置换和处置等实物资产的管理，也包含机关办公用房维修、装修、运营和节能等日常使用的管理。[1] 机关办公用房管理具有以下特征：

（一）管理主体多

我国机关办公用房管理涉及众多部门，其主管部门包含各级机关事务管理部门、发展改革部门、财政部门，使用主体是各级机关。机关办公用房既有内部管理又有外部管理，两种管理互相依存、互相监督、互相制约（如图 11-1-1 所示）。但是，多个管理主体容易造成责任界定模糊、管理边界不清、责任交叉等问题，因此需要明确各部门的职责分工，建立可持续的协调机制，协调好机关办公用房各主管部门之间，以及主管部门与使用主体之间的关系。关于不同主体的职责分工，我国规定：机关办公用房的管理主体主要包含机关事务管理部门、发展改革部门以及财政部门，其中机关事务管理部门是主管部门，负责机关办公用房规划、权属、调剂、使用监管、处置、维修等；发展改革部门负责建设项目审批、建设标准制定及投资安排等；财政部门负责预算安排、指导开展资产管理等。机关办公用房的使用主体是各级机关，需要负责本单位占有、使用机关办公用房的内部管理和日常维护。[2]

---

[1] 张晓卯.整体性治理视角下的节约型机关建设研究——以党政机关办公用房管理为例[J].中国行政管理，2020（6）：13-18.

[2] 中共中央办公厅，国务院办公厅.党政机关办公用房管理办法[EB/OL].（2017-12-11）[2023-12-11]. https：//www.gov.cn/zhengce/2017-12/11/content_5246029.htm.

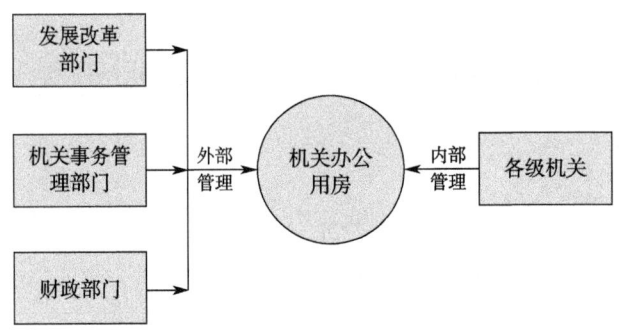

图 11-1 我国机关办公用房的管理主体

(二) 管理具有集中性

由于机关办公用房体量大、使用主体分散，管理过程中容易存在标准不统一、房产余缺难以调剂、建设和管理成本较高等问题。而推行机关办公用房集中统一管理则可以有效破解以上困境，实现统一标准、统筹合理配置资源以及降低机关运行成本的管理目标。从全球视野来看，对机关办公用房进行集中统一管理，建立专门的管理机构是西方发达国家的共同经验。例如，美国联邦总务署下设的公共建筑服务中心负责对全国范围内的公共建筑进行统一的产权管理，承担机关办公用房的新建、维修、出租、运行管理等具体工作；澳大利亚联邦政府设立资产管理局，统一管理政府所有的房产。结合西方的先进经验以及我国的管理实践，近年来我国大力推动机关办公用房的集中统一管理，建立统一规划、统一权属、统一配置、统一处置的"四统一"管理体制。[①]

(三) 管理涉及面广

机关办公用房管理的整个过程涉及机关事务管理的多个重要领域。例如，新建机关办公用房的规划涉及城市规划、国土空间规划等土地管理内容，在办公用房的建设、使用以及维修过程中会涉及到建设资金预算、办公用品采购、维修项目预算以及物业成本核算等资金管理内容，机关办公用房的建设和使用过程还涉及节水、节电、节约办公用品、建筑节能、节能采购等节能管理内容。而机关办公用房作为重要的国有固定资产，其本身就是资产管理的重要内容。综上所述，机关办公用房管理同时涉及资产管理、土地管理、资金管理以及节能管理，因此做好机关办公用房管理需要融合机关事务管理多个领域的管理理念。

---

① 中共中央办公厅，国务院办公厅.党政机关办公用房管理办法[EB/OL].(2017-12-11)[2023-12-11]. https://www.gov.cn/zhengce/2017-12/11/content_5246029.htm.

三、机关办公用房管理的意义

(一)有利于转变机关形象,推动服务型机关建设

区别于传统管制型机关,服务型机关要求建设服务人民、服务市场和社会的现代治理型机关,以提高人民满意度为核心目标。我国作为社会主义国家,全心全意为人民服务是我国政府工作的根本宗旨,各级机关人员是人民的公仆,人民是机关工作的最终评判者。而机关办公用房在一定程度上代表着机关的形象,人民群众到机关办事的感受也直接影响他们对机关政府工作的满意程度,因此,加强机关办公用房管理,塑造良好的窗口服务形象,将有助于机关摆脱"衙门"形象,拉近干群关系,提高人民群众对机关的满意程度,推动服务型机关建设。

(二)有利于缩减财政开支,推动节约型机关建设

近年来,节约型机关建设成为了当前机关建设的主要目标之一,我国政府工作报告多次强调"要坚持政府过紧日子,更好节用裕民"。节约型机关的突出表现是政府在行使行政管理职能时,能够有效减少行政支出或遏制行政支出增长过快的趋势,坚决杜绝资源浪费,提升资源使用效率。机关办公用房作为规模庞大的国有资产,其建设、使用、维修等管理环节等会产生大量财政支出。改革开放以来,随着我国经济的快速发展,地方机关纷纷对机关办公用房进行了改造或建设,但在此过程中普遍出现了超标准建设和装修的现象,造成了财政资金的极大浪费。因此,加强机关办公用房管理,严格设定机关办公用房的建设和装修标准,能够推动机关办公用房集约、节能建设,有效缩减财政开支,为建设节约型机关助力。

(三)有利于杜绝腐败现象,推动廉洁型机关建设

党的十八大以来,以习近平同志为核心的党中央大力推进全面从严治党,2012年12月4日,习近平总书记召开中央政治局会议,审议通过《十八届中央政治局关于改进工作作风、密切联系群众的八项规定》(简称"中央八项规定"),开启了党政机关激浊扬清之变。党的二十大更是首次提出"健全全面从严治党体系"。建设廉洁型机关是纵深推进全面从严治党的必然要求,也是永葆党员干部政治本色的必然要求。而机关办公用房作为非经营性的国有资产,其管理环节多、涉及面广,在立项、审批、招投标、建设、使用、处置的各个环节均存在腐败的可能。因此,积极强化机关办公用房的监督问责管理,建立完善的监管体系,将有助于杜绝腐败现象,推动廉洁型机关建设。

第二节 机关办公用房管理的过程与方法

一、机关办公用房管理的原则

（一）依法合规和统筹兼顾原则

机关办公用房管理要严格遵守相关的法律规章制度，也要根据实际管理情况统一筹划，灵活应对。具体而言，一方面，近年来在全面从严治党的要求下，我国持续强化机关办公用房管理的法制化建设，在国家层面上出台了一系列的规章制度，例如《党政机关厉行节约反对浪费条例》《党政机关办公用房管理办法》《党政机关办公用房建设标准》等，初步建立了机关办公用房管理的法制体系，对违规行为起到了约束作用。因此，机关办公用房管理工作要严格执行当前已有的法律规范和党内有关制度规定，做到依法合规。另一方面，由于机关办公用房管理涉及的管理主体和管理环节繁多，实际工作开展面临的情况十分复杂。这就要求机关办公用房管理需要在依法合规的基础上，根据实际情况，总揽全局、科学筹划、协调发展、兼顾各方。

（二）规范标准和满足办公需要原则

通过制定和实施标准，可以有效提升机关办公用房配置、使用、维修、处置、利用等重要环节的标准化、规范化以及科学化水平。因此，要积极推动机关办公用房管理的标准化建设，制定各个管理环节的科学标准。而满足办公需要应是制定机关办公用房管理标准的第一原则，即加强标准化建设是为了更好地满足办公需要，而不是一味地追求规范标准，进而影响了办公工作的开展，降低了办公效率，影响了办公人员的办公体验。具体来看，机关办公用房管理标准体系应覆盖机关办公用房管理的全生命周期，即包含建设标准、权属标准、配置标准、使用标准、维修标准、处置利用标准以及监督问责标准，各项标准的构成见表11-2。

表11-2 机关办公用房管理标准体系

管理标准	主要构成
建设标准	面积标准、建筑标准、装修标准
权属标准	权属登记标准、权属台账管理标准

续表

管理标准	主要构成
配置标准	调剂标准、置换标准、租用标准
使用标准	使用标准和腾退移交标准
维修标准	日常维修标准、大中修标准
处置利用标准	处置标准和出租标准
监督问责标准	巡检考核标准、评价标准、责任追究标准

资料来源：姜亚雷，李维，安华娟，等.党政机关办公用房管理标准体系探索［J］.中国标准化，2021（22）：55-59.

（三）厉行节约和适用为主原则

对照节约型机关的要求，机关办公用房管理应该以厉行节俭和经济适用为主要原则，杜绝铺张浪费的现象。具体而言，首先，严把机关办公用房建设关。机关办公用房建设应以功能适用和简朴庄重为导向，规划和布局要科学合理，鼓励集中办公。其次，推动机关办公用房有效利用，避免闲置浪费。长期以来，我国机关办公用房苦乐不均的现象十分严重，对此，要实现机关办公用房权属统一，应由机关事务管理部门统筹配置机关办公用房。通过收回闲置机关办公用房来调余补缺，缓解部分机关因房屋紧缺去租赁社会用房而增加行政支出的情况，解决机关办公用房利用率不高甚至房屋资源浪费的问题。最后，强化节约意识，构建使用成本核算考核机制。成本意识的淡薄导致机关办公用房管理往往不惜代价、不计管理成本。对此，应建立成本核算机制和配套的考核制度，以此强化各级机关的节约意识，提升机关办公用房使用的成本理念，在节约财政经费上做出努力。

二、机关办公用房管理的过程

机关办公用房管理是各类机关办公用房的全生命周期管理，涉及建设管理、权属管理、配置管理、使用管理、维修管理、处置利用管理、监督问责管理等具体过程。《党政机关办公用房管理办法》作为全国范围内统一规范各级党政机关办公用房管理的法规，对我国当前机关办公用房管理的各个环节进行了明确规定。本部分基于我国的管理实践，参考《党政机关办公用房管理办法》《党政机关办公用房建设标准》等文件，对机关办公用房管理每个过程的要点进行系统阐述。

(一)建设管理

"建设管理"回答的是"房子建在哪""房子怎么建"两个重要问题。首先是"房子建在哪"的问题。机关办公用房建设用地包括建筑主体及其附属建筑用地、道路及停车用地、绿化用地等,具体应由县级以上机关事务管理部门统筹安排。对于机关新增用地需求,需要由县级以上国土资源主管部门严格审批,按照土地管理的有关规定,办理用地手续。机关办公用房的选址,应当选择位置适合、交通便利、环境适宜、基础设施和地质条件良好、有利于安全保卫的地点,同时坚持厉行节约和适用为主原则,严禁超标准占地、低效利用土地,不得占用耕地。

其次是"房子怎么建"的问题。机关办公用房建设包括新建、扩建、改建、购置四种类型,《机关团体建设楼堂馆所管理条例》《党政机关办公用房建设标准》等文件对于机关办公用房建设提出了具体要求。第一,建设机关办公用房应当严格履行审批程序,未经批准,不得建设机关办公用房。禁止以技术业务用房等名义建设机关办公用房或者违反规定在技术业务用房中设置机关办公用房。第二,建设机关办公用房应当遵循朴素、实用、安全、节能的原则。外立面不得搞豪华装修,内装修应简洁朴素。第三,机关办公用房建设应严格遵守《党政机关办公用房建设标准》规定的各项建筑和装修标准,如各级工作人员办公室使用面积标准(见表11-3)。严禁超规模、超标准、超投资建设机关办公用房。

表11-3 各级工作人员办公室使用面积标准

类别	适用对象	使用面积(平方米/人)
中央机关	部级正职	54
	部级副职	42
	正司(局)级	24
	副司(局)级	18
	处级	12
	处级以下	9
省级机关	省级正职	54
	省级副职	42
	正厅(局)级	30
	副厅(局)级	24
	正处级	18
	副处级	12
	处级以下	9

续表

类别	适用对象	使用面积（平方米/人）
市级机关	市级正职	42
	市级副职	30
	正局（处）级	24
	副局（处）级	18
	局（处）级	9
县级机关	县级正职	30
	县级副职	24
	正科级	18
	副科级	12
	科级以下	9
乡级机关	乡级正职	由省级人民政府按照中央规定和精神自行作出决定，原则上不得超过县级副职
	乡级副职	
	乡级以下	

资料来源：国家发展改革委、住房城乡建设部等部门于 2014 年 11 月 24 日修订的《党政机关办公用房建设标准》。

（二）权属管理

"权属管理"回答的是"房子产权划给谁"的问题。所有权和使用权分离，是实现机关办公用房集中统一管理的重要前提。《党政机关办公用房管理办法》明确规定，党政机关办公用房权属应当统一登记至本级机关事务管理部门名下，并提出建立三项配套管理制度。第一，建立健全资产清查盘点制度，由使用部门和机关事务管理部门分别建立资产管理分台账和总台账，定期核对。第二，建立健全信息统计报告制度。建设全国机关办公用房信息数据库，定期统计汇总机关办公用房管理情况，实现上下一体、互联互通、动态管理。第三，建立健全档案管理制度。及时归集权属、建设、维修等原始档案，确保机关办公用房档案妥善保存和有效使用。

（三）配置管理

"配置管理"回答的是"有了房子需求怎么满足"的问题。机关办公用房的配置方式有调剂、置换、租用 3 种。从选择顺序来看，当使用单位需要配置机关办公用房时，应依次采用调剂、置换和租用的方式。具体来说，调剂即打破部门、层级限制，由机关事务管理部门在现有机关办公用房总量内调余补缺、统筹调整。无法通过调剂获得机关办公用房时，可以进行机关办公用房的置换。在置换机关办公用房时，应严格执行新建机关办公用房各项标准,确保新机关办公用房符合使用单位的实际要求,并按规定组织资产评估,置换所得超出面积标准的机关办公用房由机关事务管理部门统一调剂,置换所得收益按照非税收入有关规定管理。无法通过调剂和置换解决机关办公用房的,可以面向市场租用,具体由使用单位提出申请,经机关事务管理部门核准后,报财政部门审核安排预算;或者由机关事务管理部门统筹本级机关办公用房使用需求,制定租用方案,报财政部门审核安排预算后,统一租赁并统筹安排使用。

(四)使用管理

"使用管理"回答的是"房子给了以后怎么用"的问题。《党政机关办公用房管理办法》结合2013年以来机关办公用房清理整改有关的政策,对机关办公用房使用管理作出了具体规定。第一,机关事务管理部门与使用单位签订机关办公用房使用协议,核发分配使用凭证,以厘清管理部门和使用单位职责定位。第二,使用单位不得擅自改变使用功能,不得擅自调整给其他单位使用。第三,加强内部管理,使用单位每年度应对机关办公用房安排使用情况进行内部公示,并将领导干部办公室配备情况报机关事务管理部门备案。第四,提倡办公室采用大开间等形式,提高机关办公用房利用率。第五,机关办公用房的腾退时限为六个月。对于公益一类事业单位,按照面积标准核定后可以继续无偿使用;对于公益二类事业单位,应当按照规定予以腾退,确有困难的,经机关事务管理部门批准,可以继续有偿使用;对于其他企事业单位和社团组织,原则上不得占用机关办公用房。第六,鼓励地方探索试行机关办公用房租金制,从经费管理这一源头来控制机关办公用房使用行为,强化使用单位自我管理的内生动力和约束力。

(五)维修管理

"维修管理"回答的是"房子破了怎么修"的问题。维修管理是机关办公用房全过程管理的重要环节,也是提高机关办公用房使用效能的重要方面。机关办公用房维修分为日常维修和大中修两类,日常维修由使用单位负责,所需资金通过部门预算安排;大中修由使用单位提出申请,机关事务管理部门结合机关办公用房建筑年代、历史维修记录、老化损坏程度、单位建筑面积能耗水平和使用单位的实际需求,统筹安排,并报财政部门审核预算。日常维修和大中修具体通过机关办公用房维修标准来合理区分。考虑到各地区经济社会发展水平不同、气候差异大,地方机关办公用房的维修标准由各地区结合当地实际制定,并实行动态调整。

(六)处置利用管理

"处置利用管理"回答的是"多出来的怎么办"的问题。为了盘活机关办公用房闲置资产,《党政机关办公用房管理办法》提出调剂、转换用途、置换、出租、拍卖和拆除六种处置利用方式。具体做法如下：加强闲置机关办公用房跨系统、跨层级调剂使用；鼓励闲置机关办公用房转为便民服务站、社区活动室等公益场所；允许将闲置机关办公用房置换为其他符合国家政策和需要的资产；对于确实无法通过上述方式有效处置利用的机关办公用房，机关事务管理部门可以通过公共资源交易平台统一招租或者公开拍卖。各级机关可以根据实际情况，自行选择最适合的方式，多措并举有效防止国有资产闲置浪费。

（七）监督问责管理

"监督问责"回答的是"怎么防止出问题""出了问题怎么办"的问题。2018年修订的《中国共产党纪律处分条例》第一百零九条明确将机关办公用房方面的违规行为列为追责条款,《党政机关办公用房管理办法》一以贯之，明确了机关办公用房使用单位和管理部门的监督责任，并提出建立健全巡检考核、信息公开、责任追究等多项制度。具体来看，在巡检考核方面，巡检是指对本级机关办公用房使用情况和下级机关办公用房管理情况的检查；考核则是将机关办公用房管理的巡检结果作为干部监督管理、选拔任用的依据之一，以提高各级机关管理办公用房的主动性和积极性。在信息公开方面，要求将机关办公用房建设、使用、维修、处置利用、运行费用支出等情况在机关门户网站等公共平台定期公开，主动接受社会监督。在责任追究方面，《党政机关办公用房管理办法》分别针对管理部门和使用单位，列出七项和八项责任追究细则。对有令不行、有禁不止的，依照有关规定严肃追究相关人员责任。

三、机关办公用房管理的方法

（一）基于新公共管理理论：引入市场机制

新公共管理理论以市场为导向，通过引入竞争机制来调整国家、社会、市场三者之间的关系，倡导通过改变机关自身管理手段，解决机关在发展过程中遇到的新问题，实现提高机关工作效率、减少机关支出的目的。具体到机关办公用房管理中，引入市场机制就是打破机关办公用房管理与服务的"公有制"，让专业的人干专业的事儿，以提高管理效率，实现花最少的钱得到最优服务的目的。具体可以从以下两个方面着手：

一是在机关办公用房建设环节引入市场机制。把机关办公用房建设交给市场主体，可以提高机关办公用房建设的专业化水平、控制建设成本、减少不必要的浪费。因此，应该建立并完善机关办公用房建设招投标制度，各级机关只需要在前期的招投标环节以及后期的工程验收环节严格把关，选择与资质最好、建设费用最合理的施工企业签订施工合同，并在机关办公用房建设完工以后，由发展改革、财政、机关事务管理等部门，以及机关办公用房的使用部门进行联合验收，确保机关办公用房的建设质量。二是在机关办公用房物业管理环节引入市场机制。各级机关应该积极引入专业的物业公司对机关办公用房进行日常管理，并做好对物业公司的选择、监督和考核等工作。具体而言，应对机关办公用房的物业管理进行公开招投标，系统考察投标物业公司的业务能力和专业化水平，并着重审查其工作人员的政治素养。此外，还要对物业公司进行日常监督和定期考核，制定相应的管理考核制度，形成常态化的监督管理模式。①

（二）基于整体性治理理论：推动集中统一管理和信息化管理

整体性治理理论是在反思和审视新公共管理理论基础上提出的一种新的治理理论。英国学者佩里·希克斯于1997年和2002年分别提出了"整体性政府"和"整体性治理"的概念。整体性治理关注的核心问题是如何解决机关治理面临的碎片化和裂解性的困境。对此，相关学者提出了推动机关内部整合、公私部门合作和技术治理赋能三条破解这一困境的关键路径。②其中，推动公私部门合作与新公共管理理论相似，以下主要讨论推动机关内部整合和技术治理赋能两种理念在机关办公用房管理中的应用。

具体而言，基于整体性治理理论，一方面要推动机关办公用房集中统一管理。整体性治理强调针对跨部门棘手问题，要积极推动部门整合，形成治理合力。部门整合既包括机关系统内部上下层级之间的统一和同步，也包括同级机关不同职能部门基于业务流程所形成的协同整合。而机关办公用房管理涉及众多管理部门，为此就要运用部门整合的理念，进一步完善机关办公用房的集中统一管理体制。具体要进一步强化机关事务管理部门的角色，充分发挥其在机关办公用房规划、建设、调配、维修、处置等重要环节的作用，加大机关事务管理部门对房屋资源的宏观调控力度，发挥整体优势，充分整合利用好宝贵的机关办公用房资源，盘活闲置资产，提高资源利用率。并且还要建立机关事务管理部门与发展改革部门、财政部门等机关办公用房管理部门以及众多机关办公用房使用部门之间的协同机制，提高管理效率。③④另一方面，要加强机关办公用房的信息化管理。整体性治理强调信息技术对于优化机关管理的重要性。机关办公用房管理点多

---

① 杨军凯.我国党政机关办公用房管理问题研究——以ZZ海关为例[D].天津：天津财经大学，2019.
② 张晓卯.整体性治理视角下的节约型机关建设研究——以党政机关办公用房管理为例[J].中国行政管理，2020（6）：13-18.
③ 陈闻翔.节约型政府视角下党政机关办公用房管理问题研究——以上海市为例[D].上海：华东政法大学，2022.
④ 彭宗超，曾学华，曹峰.整体性治理视角下党政机关事务的整合与协同[J].北京行政学院学报，2019（1）：44-51.

面广、数据繁杂，要将如此庞大的房产资源管实、管好、管出效益，单纯依靠人力，显然不可能实现。因此，需要推动信息化建设，利用信息技术向机关办公用房管理赋能。借助信息管理平台，可以快速掌握机关办公用房的一手资料，迅速完成机关办公用房维修申请、调配、处置利用等工作，极大提高机关办公用房的管理效率，降低管理成本。

（三）基于建筑全生命周期理论：打造绿色建筑

建筑的全生命周期管理是指从项目准备开始直至最终建筑物拆除报废的全过程中，运用系统的理论和方法，对建设工程项目进行计划、组织、指挥、协调和控制等专业化活动。而绿色建筑是当前建筑行业发展的主要趋势之一，随着环保理念的不断深入，绿色建筑与全生命周期理论紧密结合，强调将节能环保的理念贯穿于建筑的全生命周期，最大限度节约资源、保护环境和减少污染，提供健康、适用、与自然和谐共生的建筑。[1] 机关办公用房作为公共建筑的主要类型，其建设管理过程自然也应该以打造绿色建筑为导向。

基于全生命周期理论，可将机关办公用房的全生命周期分为决策、设计、施工以及运营四个阶段，每个阶段均应该坚持节能环保理念。首先，在决策阶段，需要重点关注项目建议书和可行性报告。项目建议书方面，需要重点考虑项目是否符合绿色建筑的理念要求，并着重探讨项目施工是否能够体现节能环保以及与自然和谐统一的目标；项目可行性研究方面，则需要从项目概念设计开展，从项目行业需求、建设场地、技术、节能、环境保护、劳动与消防安全、组织架构、项目实施进度等方面进行详细的分析，以便能更加系统地对项目的可行性进行评估。其次，在机关办公用房管理的设计阶段，需要结合绿色建筑项目的实际建设要求选择合适的建筑设计方法。例如，选择绿色节能新技术和新材料，采用被动性设计降低能耗，实现循环再生型建筑生涯。再次，在施工阶段，通过加强施工质量管理、进度管理、安全管理，保证机关办公用房施工能够达到绿色节能环保的主要目标。最后，在运营阶段，需要在设施设备的维护更新、采暖空调使用、垃圾处置管理、生态环境监测、项目环境绿化管理以及建筑拆除等过程中强化节能意识，减少能源损耗。[2]

（四）基于价值工程理论：探索成本租金制

价值工程是以提高产品或作业价值为目的，通过有组织的创造性工作，寻求用最低的寿命周期成本，可靠地实现使用者所需功能的一种管理技术。价值工程涉及价值、功

---

[1] 谭文宇.绿色建筑项目全生命周期管理和评价体系研究[D].广州：华南理工大学，2019.
[2] 张健.绿色建筑全生命周期建设工程管理分析[J].工程建设与设计，2023（8）：239-241.

能和寿命周期成本三个基本要素，其中，价值等于功能/周期寿命成本。价值工程的目标是以最低的寿命周期成本，使产品具备其所必须具备的功能。[1]基于价值工程理论，提升机关办公用房的价值就需要在满足办公需要、保证办公效率的基础上，尽可能减少机关办公用房的周期寿命成本。对此，需要提升机关办公用房的成本理念，推行机关办公用房租金制，将机关办公用房成本量化、可视、可比较和可管理。

《党政机关办公用房管理办法》中倡导的机关办公用房租金制实际上是机关办公用房或者物业的成本租金制，其内涵是以"公允标准"将机关办公所需物业的平均实际成本转化为用房租金，根据各地实际，既可以通过账面虚拟核算，也可以通过用房机关向机关事务管理部门统一承租、缴纳租金、统一管理的方式，确定机关的实际办公用房成本，以此推进机关的成本—绩效核算。进一步来讲，机关办公用房租金制具有以下特征。第一，此处的成本并非机会成本，而是机关使用房屋或者物业的实际平均成本，这也是机关办公用房租金的下限。如果机关多数通过自有产权用房办公，这一租金制度的改革实施，其实是国有实物资产的"租金内部化"和"实物现金流化"，是实物资产管理和经费预算管理的结合与统一，对未来机关办公用房租金具有一定的预测意义。第二，机关办公用房租金制的实施目的是衡量机关的工作效能，但是否产生真实租金以及租金的具体数额取决于预算、政府债务、房屋资产性质等实际条件。但是，应当设计和建立一套与成本租金相关的财务体系，即使是账面产生用房的租金，也应依规进行管理，直至将虚拟租金转化为真实租金。第三，成本应包含全部用房成本，即办公用房的附属院落和设施所产生的全部房屋折旧费、维修管理费，以杜绝实际办公区缩减、非办公区扩张的违规现象。

根据机关办公用房的特点，租金计算应该考虑以下几个费用：一是土地成本，根据我国土地管理的规定，机关办公用房一般通过划拨方式使用国有土地，但划拨土地并非无价，其形成或获取过程中会发生征地补偿费、房屋征收补偿费、土地开发费等成本费用，因此机关办公用房使用的划拨土地存在着客观成本。二是建设成本，主要指机关办公用房建造所必要的费用，建设成本一般包括建筑安装工程费、基础设施建设费、装修费用等。三是运行成本，一般指日常维护房屋发生的相关费用，如房屋维修费、物业管理费等。[2]

同类市场租金价格是机关办公用房租金的重要参照对象。但是，在将市场租金价格与可能产生的机关办公用房租金进行对比时，应当考虑的调整系数是机关办公用房的特殊性，即机关办公用房是履行公共服务和机关运行的物质化统一，应当未雨绸缪防范两

---

[1] 何盛明.财经大辞典[M].北京：中国财政经济出版社，1990.
[2] 陈闻翔.节约型政府视角下党政机关办公用房管理问题研究——以上海市为例[D].广州：华东政法大学，2022.

种极端倾向。第一种极端倾向在现实中已经出现,即人均机关办公用房面积没有超标,甚至较为拥挤,但是公共空间出现了巨大浪费。例如各地机关在压缩超标办公面积的同时,仍然保留甚至新增了多层挑空等相对浪费空间的做法,这种做法与商业办公用房和生产用房追求高效利用空间的理念形成了对比。由此可见,在计量成本租金的人均值时,对于办公区与公共空间如何合并计算、现有的办公用房能否进行安全改造等问题,仍需进行专业咨询和设计。第二种极端倾向则可以描述为"不顾一切地压缩成本"。这种极端观念会以原罪的思路来看待较大、较新、功能较为高级的机关办公用房。但是,我国的机关由于承载较多的社会职能,其办公区域不可避免会偏大。另外,商业办公用房和生产用房在多数情况下不会衍生更多的精神含义,而机关建筑物往往传递着更多的精神含义,正如研究政治营销和宣传的学者所言:"没有层级和象征,就很难有一定程度的尊敬。"高大的建筑、相对较深的庭院、更为空旷的公共空间,的确能在某种程度上形成一种公共凝聚。因此,第二种倾向与第一种倾向殊途同归,成本租金制既然是核定全部的、平均的实际成本,设计和实施的部门就必须达成某种平衡,这不仅需要机关内部各部门的讨论和协作,还需要机关与外部的专业机构之间进行专业合作。

第三节 机关办公用房管理的中国实践

一、机关办公用房管理的体制变迁

(一)古代机关办公用房管理:"官不修衙"[①]

我国机关办公用房管理历史悠久,唐代以后机关办公用房通称为"衙署",而我国古代衙署管理有一个显著特征,即"官不修衙"。官不修衙的原因十分复杂,有人说这是古代流官制度带来的必然结果,任期短暂的官员总是频繁地从一地迁往他地,因而没有修衙的动力;有的说是风水因素使然,古代官衙的选址和建设大多会考虑风水、地势、布局等,如果擅自改动,恐有不利;还有的说是官声的影响,不修官衙乃是官员仁民爱物的体现。但"官不修衙"根本原因还是在于古代修衙制度的不完善。下面我们将以清代的官衙管理制度为例,从经费保障和维修标准两个角度剖析"官不修衙"的内在原因。

---

① 祁峰."官不修衙"为哪般(上)[J].中国机关后勤,2017(6):42-44.

在清代，工部主管全国的工程事务，下辖四司，分别为营缮司、虞衡司、都水司和屯田司，其中各种修理工程由营缮司负责，包括坛庙工程、城垣、公廨、仓廒、营房等。《乾隆会典》卷七二记载了在京部院衙门和地方官廨修理的基本程序。其中，在京部院衙门的维修程序是，由各部门按规定向工部行文，工部派人核估经费、会同修理；竣工后，工部另外派人验收并报销经费，明确保固期限。如果违反规定行文，或者虚报冒领者，就要追责。据清代《钦定工部则例》，在京部院衙门的保固年限为15年。具体来说，在京各衙门自修竣之日起15年内，如果出现质量问题，要由原承办官员赔修；15年至25年之间，如果出现糟朽渗漏的，由该衙门自行筹款修理，通常需要官员捐俸维修；25年之外出现问题的，"始准奏明动项兴修"，也就是奏请朝廷批准，从国库拨款兴修。关于地方修理官廨，《乾隆会典》将其分为小修和大修两类。小修的责任在地方，由各级官员自行"随时黏补"；大修及增建衙署的责任在朝廷，由地方的总督、巡抚行文工部核准，"动帑兴修"，竣工后奏销。

从以上制度可以看出，在修衙的经费保障方面，小修的经费不纳入财政支出，由各级官员自行负担，只有经朝廷批准的大修及增建衙署，才允许动用国库资金。众所周知，我国古代建筑多为土木结构，衙署很容易受到风吹、日晒、雨淋、水灾、地震等自然因素以及各种人为因素的影响。在法定保固期内，衙署一旦出现开裂渗漏等问题需要修理，要么由原承办官员赔补，要么由衙署官员自行负担，这相当于把日常修理衙署的责任和经费负担转移到各级官员身上。而在古代流官制度的影响下，各级官员难免"以传舍视官署"，也就是把机关办公用房或官家住房当作旅店一般看待，自然不愿意自己出资维修衙署。

除了缺少经费以外，清代官员不愿修衙还有一个原因是缺乏维修标准体系。尽管在特定条件下，清代官员可以上奏朝廷申请大修和新建官衙，但是由于缺乏客观、明晰的维修标准，审批机构判断官衙是否需要维修具有很强的主观性，导致实际的办公需求在一定程度上被忽视。在这种情况下，官员奏请修衙经常会因为各种理由遭到否决。

综上所述，"官不修衙"的内在原因主要有两个：一是缺乏必要的经费保障，二是缺乏相应的维修标准体系。"官不修衙"带来的影响有好有坏，其积极影响在于有效制约了地方官员大兴土木、劳民伤财的冲动，减轻了百姓的负担，给老百姓树立了一个简朴为民的好形象；其消极影响也十分明显，如衙署办公条件较差，各种年久失修、破败不堪的官衙比比皆是，安全隐患较多，安全事故频发。①

---

① 祁峰. "官不修衙"为哪般（下）[J]. 中国机关后勤, 2017（7）: 3.

（二）现代机关办公用房管理

新中国成立以后，我国一直高度重视机关办公用房管理，尤其是改革开放以来，随着市场化改革深入推进、经济社会快速发展，我国也积极推进机关办公用房管理的改革和创新，颁布实施了一系列政策制度，见表11-4。根据机关办公用房管理体制和特点的不同，下面将改革开放以来机关办公用房管理的发展历程分三个阶段阐述。

表11-4 机关办公用房管理政策制度梳理

年份	印发机关	文件名称	主要内容
1987年	城乡建设环境保护部	《城镇房屋所有权登记暂行办法》	城镇房屋产权产籍管理是城市管理的重要内容之一；决定从今年开始，用二至三年时间在全国城镇开展房屋所有权登记、核发所有权证的工作；城镇房屋所有权登记由市、县人民政府主管房屋所有权登记的机关办理
1988年	国务院机关事务管理局	《关于开展中央国家机关房屋所有权登记、核发房屋所有权证工作的通知》	"中央级公产"要由各部门的行政机关依规定办理房屋所有权登记，领取房屋所有权证；领证后即取得房屋占有、使用、收益和处分的权利，但在行使处分权时，凡涉及买卖、转让、赠予、析产、交换、调拨以及翻建、改建、扩建、增建、拆除等现状变更和改变用途的，均需经我局审核同意
1997年	中共中央、国务院	《关于党政机关厉行节约制止奢侈浪费行为的若干规定》	党政协委员机关现有办公楼已达到规定建筑面积指标的，不准改扩建、新建或购买办公楼。现有办公楼未达到规定建筑面积指标的，从1997年起三年内原则上不准新建或购买办公楼
1999年	国家发展计划委员会	《党政机关办公用房建设标准》	从面积指标、选址、建筑标准、装修标准、室内环境等多方面对机关办公用房建设进行了明确规定
2001年	国务院	《关于改进和加强中央国家机关办公用房管理的意见》	中央国家机关办公用房及其相应土地实行权属统一管理，由国务院机关事务管理局（以下简称国管局）负责；实行统一调配，国管局根据人员编制和实际需要，按照规定标准合理核定、分配、调整各部门、各单位的办公用房，并逐步推行机关办公用房租用制度
2003年	中共中央办公厅、国务院办公厅	《关于继续从严控制党政机关办公楼和培训中心项目建设的通知》	中央和地方省级党政机关新建办公楼，无论规模大小，一律报国务院审批

续表

年份	印发机关	文件名称	主要内容
2012年	国务院	《机关事务管理条例》	县级以上人民政府应当建立健全机关办公用房管理制度，对本级政府机关办公用房实行统一调配、统一权属登记；具备条件的，可以对本级政府机关办公用房实行统一建设
2013年	中共中央办公厅、国务院办公厅	《关于党政机关停止新建楼堂馆所和清理办公用房的通知》	五年内，各级党政机关一律不得以任何形式和理由新建楼堂馆所；各级党政机关要对占有、使用的机关办公用房进行全面清理；各地区要按照有关规定，建立健全机关办公用房集中统一管理制度，实行统一调配、统一权属登记
2013年	中共中央、国务院	《党政机关厉行节约反对浪费条例》	凡是违反规定的拟建机关办公用房项目，必须坚决终止；凡是未按照规定程序履行审批手续、擅自开工建设的机关办公用房项目，必须停建并予以没收；凡是超规模、超标准、超投资概算建设的机关办公用房项目，应当根据具体情况限期腾退超标准面积或者全部没收、拍卖
2014年	国家发展改革委、住房城乡建设部	《党政机关办公用房建设标准》	更新、丰富且细化了党政机关办公用房的建设内容、规模和标准，并新增大量图表解释、说明各项标准
2017年	中共中央办公厅、国务院办公厅	《党政机关办公用房管理办法》	建立统一规划、统一权属、统一配置、统一处置的"四统一"管理体制；系统回答了机关办公用房规划、配置、权属、使用、维修、处置等一系列问题

资料来源：笔者根据相关文件整理。

1. 改革开放初期探索阶段（1978—2000年）

改革开放初期，各项事业百废待兴，机关办公用房管理也不例外。这一阶段，为了适应社会主义市场经济的要求，我国对机关办公用房管理进行了初步改革探索，为推动机关办公用房管理现代化奠定了基础。

（1）探索房屋所有权登记。改革开放以来，为适应社会主义市场经济的建设要求，中央国家机关办公用房管理方式在不断探索发展。1987年，城乡建设环境保护部印发《城镇房屋所有权登记暂行办法》，强调在全国城镇开展房屋所有权登记。次年，国务院机关事务管理局出台《关于开展中央国家机关房屋所有权登记、核发房屋所有权证工作的通知》，要求中央国家机关各部门办理本部门房屋所有权登记并报国务院机关事务管理局备案。这种各部门自行登记和管理的分散管理模式引发了很多问题，如行政机关与国务院机关事务管理局管理职能不同程度的重叠造成多头管理现象，进而引发标准规范不统一和配额苦乐不均等问题；行政机关条线结构与国务院机关事务管理局块状管理常常存在各自为战、自成体系的情况，致使管理体制不一致，运行机制相冲突，房产余缺调剂困难；缺少严密监督下的自行管控还普遍存在房产底数不清、情况不明、管理成本较高等问题。

（2）建立机关办公用房建设标准。改革开放以来，随着经济快速发展，各地出现了超标准建设机关办公用房的现象。为了遏制这种势头，中央从1987年开始先后发布了《行政办公楼建设标准（试行）》《楼堂馆所建设管理暂行条例》《关于党政机关厉行节约制止奢侈浪费行为的若干规定》等重要文件，突出强调机关办公用房的建设和维修要厉行节约、禁止浪费。1999年12月，国家发展计划委员会印发《党政机关办公用房建设标准》，该文件从面积指标、选址、建筑标准、装修标准、室内环境等多方面对机关办公用房建设进行了明确规定。该标准作为全国统一标准一直施行至2014年，在规范党政机关办公用房的使用建设上发挥了重要作用。

2. 探索集中统一管理阶段（2001—2011年）

为了解决前一阶段机关办公用房分散管理所产生的各种问题，2001年8月国务院办公厅转发国务院机关事务管理局《关于改进和加强中央国家机关办公用房管理的意见》（以下简称《意见》）及其实施细则，要求对中央国家机关办公用房进行集中管理。《意见》指出要建立所有权与使用权相分离、统筹规划、统一建设的中央国家机关办公用房的管理体制。一方面，对机关办公用房权属实行统一管理，由国务院机关事务管理局统一申办机关办公用房房屋所有权及相应土地使用权登记，并且在中央机关范围内对机关办公用房进行统一调配。另一方面，各部门、各单位拥有机关办公用房的使用权，可自主安排使用机关办公用房，但如果要改变机关办公用房的用途，或者将机关办公用房租、借以及调整给下属单位或其他单位使用，则需要报经国务院机关事务管理局批准。

在中央的提倡下，地方各级机关也积极探索对机关办公用房的集中管理。例如，2003年8月黑龙江省委办公厅、省政府办公厅转发省直机关事务管理局《关于改进和加强省直机关办公用房管理的意见》及其实施细则，建立了类似于中央国家机关的省直机关办公用房集中管理制度，由省直机关事务管理局扮演国管局的角色。

3. 全面推进集中统一管理和专项整治阶段（2012年至今）

（1）全面推进机关办公用房集中统一管理。2012年10月1日《机关事务管理条例》正式实施，这是我国首部正式关于机关事务管理工作的制度法规。该法规针对机关办公用房管理提出了多条规定，明确指出在全国范围内推行机关办公用房集中管理，要求"县级以上人民政府应当建立健全机关办公用房管理制度，对本级机关办公用房实行统一调配、统一权属登记；具备条件的，可以对本级机关办公用房实行统一建设"。此外，该法规还进一步限制了机关办公用房的使用权,规定"政府各部门不得出租、出借机关办公用房或者改变机关办公用房使用功能;未经本级人民政府批准,不得租用机关办公用房"。

2017年12月,中共中央办公厅、国务院办公厅正式印发《党政机关办公用房管理办法》,这是我国第一部在全国层面统一规范机关办公用房管理的法规。该法规进一步细化了机关办公用房集中统一管理制度,明确机关办公用房的管理主体是各级机关办公用房的主管部门,使用主体是各级党政机关单位,并提出建立统一规划、统一权属、统一配置、统一处置的"四统一"管理体制。此外,该项办法系统回答了机关办公用房规划、配置、权属、使用、维修、处置等一系列问题,对于建立权属明晰、规划科学、配置合理、使用规范、处置顺畅、监督有力的机关办公用房全生命周期科学管理体系具有重要意义。

(2)严格控制机关办公用房的建设,全面开展停止新建和清理整治专项工作。2012年12月,中央政治局审议通过的"中央八项规定",全面从严治党由此破题。2013年7月,中共中央办公厅、国务院办公厅印发《关于党政机关停止新建楼堂馆所和清理办公用房的通知》,提出自通知印发之日起五年内,各级党政机关一律不得以任何形式和理由新建楼堂馆所,全面开展全国党政机关办公用房停止新建和清理整治专项工作。2013年11月,中共中央、国务院印发《党政机关厉行节约反对浪费条例》,要求各地区、各部门要充分认识厉行节约反对浪费的极端重要性和现实紧迫性。该文件将"办公用房"单列一章(第七章),并分为七条进行严格规定。2014年11月,国家发展改革委、住房城乡建设部发布了新的《党政机关办公用房建设标准》,对"1999年标准"进行了修订,对于机关办公用房的建设、规模、装修提出了很多新的标准。综上所述,这一阶段中央对机关办公用房建设的严格控制取得了十分显著的成效,机关办公用房超标准配备、使用以及违规出租、出借等问题得到有效遏制,贪大求洋、追高求新的观念得到根本转变。

(3)机关办公用房管理的地方实践

自《党政机关办公用房管理办法》印发以来,各级党政机关纷纷以推动集中统一管理为主攻方向,出台机关办公用房集中统一管理改革实施方案。例如,长沙市机关事务管理局结合城市规划建设,对机关办公用房布局进行了合理科学规划,针对集中办公区机关办公用房紧张、机关办公用房配置不均衡的问题,坚持"集中集约、存量调剂"的原则,对涉改的近55家机关办公用房实行了从严核定、科学规划,且保证了所有涉改单位均在存量用房中进行调剂。再如,广东省机关事务管理局办公用房管理处从三方面着手强化机关办公用房管理:第一,盘活利用现有机关办公用房资源,建立数百家机关事业单位办公用房台账,深入调研70余家省直单位,累计挖掘盘活10余万平方米闲置房产，整合调剂 50 余万平方米机关办公用房。第二，组织人员研发建设"广东省省直行政事业单位办公用房管理信息系统"，涵盖资源台账管理、全流程业务办理、可视化数据运用深化以及智能辅助决策等多种功能。[①] 第三，多措并举，调剂机关办公用房改善民生。一是调剂安排 7500 平方米房源作为卫生健康和医疗保障用房；二是全面梳理盘活在沪闲置房产物业，调剂建设"粤字号"优质农产品推介中心；三是积极协调有关省直单位共享闲置用地资源，支持城市地铁轨道建设；四是积极推动机关办公区停车场服务社会公众，错峰安排党政机关、社会群众车辆停放。

二、机关办公用房管理存在的问题

在各级党政机关部门的努力下，我国机关办公用房管理工作取得了突出成效，集中统一管理体制初步建立，机关办公用房的利用效率明显提高、管理使用更加规范。但在实际工作中，仍然存在一些问题，主要体现在以下四个方面。

（一）机关办公用房管理碎片化问题突出

尽管近年来我国大力推动对机关办公用房的集中统一管理，但是在实际工作中，机关事务管理部门作为机关办公用房管理的主管部门，存在感较弱，机关办公用房多头管理、管理碎片化的问题仍然十分突出。例如，发展改革部门主要负责机关办公用房建设项目的审批，但要完成机关办公用房建设审批，还需要规划、土地、住建、环保、交通等职能部门审核；项目建设由使用单位承担法人责任并组织建设管理，竣工验收后形成的党政机关单位资产归财政部门管理；机关办公用房调配、处置、节能归机关事务管理部门负责；物业运营管理和大中修项目管理仍由使用单位负责申请部门预算并组织实施。机关办公用房管理的碎片化使得集中统一管理的理念难以真正落实，无法形成"一盘棋"的思想，全生命周期管理严重脱节。

（二）机关办公用房资源整合困难

目前机关办公用房的实际管理过程中仍然面临房产资源难以整合的困难，有大量机关办公用房浪费闲置，不少机关单位还需要额外花费财政资金向社会租赁机关办公用房满足工作需要。究其原因，主要有以下两点。其一是机关办公用房资料收集难度大，整合缺乏依据。如很多机关单位的办公用房与其他非机关单位办公用房，甚至住宅混用，使得机关办公用房的摸排统计工作需要耗费大量的人力成本和时间成本，因此目前很多

---

① 潘剑锋，马英喆. 破旧推新提升办公用房管理效能[J]. 中国机关后勤，2022（11）：68-69.

地区建立的机关办公用房档案资料并没有真正覆盖所有的机关办公用房,且可能统计情况与实际情况不符。其二是机关办公用房缺乏开放共享理念,整合动力不足。当前多数机关单位仍将机关办公用房视作自己单位的财产,不愿将闲置的机关办公用房交给机关事务管理部门统一调剂,还有不少使用单位对租赁机关办公用房存在抵触心理,总希望能够单独建设机关办公用房。

(三)机关办公用房管理成本意识不强

机关办公用房属于国有资产,其使用目的在于为机关的正常运转提供办公场地,因此与社会一般不动产有明显区别。企业或公民通过购置或租赁等方式使用房屋均会首先考虑成本支出的问题,成本是决定其最终选择何种地段、房屋面积最根本的因素,而机关无论是通过自建办公用房、调配使用办公用房,还是租用办公用房,均不会过于考虑行政支出的问题。成本意识的淡薄就导致机关在办公用房管理过程中往往不惜代价,不计管理成本。例如,一些单位过分强调工作环境,违背了机关办公用房厉行节约、适用为主的原则,多数机关干部希望自己的办公场所地段要优、房龄要新、楼层要好、面积要大,能够单间办公的就不合署办公。在能源资源节约上,机关单位开展节约工作的动力不足,人均能耗、人均水耗和人均电耗虽有明显下降,但仍高于社会商务楼宇指标。

(四)机关办公用房管理市场机制引入不足,信息化管理水平不高

首先,机关办公用房管理的市场化水平较低,市场力量介入的环节较少。目前除了少数发达地区以外,全国范围内大部分地区的机关办公用房管理市场化建设刚刚起步,党政机关缺乏借助市场主体、社会组织的力量来优化办公用房管理的理念,并且也缺少相应的制度设计。其次,机关办公用房信息化管理水平相对滞后。当前虽然各地机关都积极建设机关办公用房信息化管理平台,但是存在平台功能较少、平台覆盖率较低、平台数据更新不及时等问题,普遍出现了"有平台,但是用不起来"的现象,机关办公用房管理的大部分业务仍然依赖线下完成,信息技术没有得到充分应用。

三、机关办公用房管理的完善对策

针对上述问题,笔者提出了以下建议,以期为继续提升机关办公用房的管理水平提供借鉴。

(一)强化整合,构建集中统管模式

破解机关办公用房管理"碎片化"困境,需要进一步完善当前的集中统一管理体制,

明确一个部门牵头，统筹配置机关办公用房资源，理顺"九龙治水"困局。具体由机关事务管理部门按照房屋所有权、管理权集中统一管理的要求，承担机关办公用房项目建设、使用管理和实物资产处置等职能。在管理架构上，建立从中央到地方的机关办公用房管理领导小组（或联席会议工作制度），成立由机关事务管理部门会同本级发展改革、财政、住建、规土和监察等部门组成的"1+N"的机关办公用房管理领导小组，领导小组下设办公室，组长由分管机关事务管理部门的领导担任，办公室主任由机关事务管理部门主要负责人担任。

（二）健全绩效考核制度

通过建立系统的机关办公用房管理考核制度，把各单位对办公用房管理的情况纳入到考核范畴，可以激励各单位及其管理人员认真仔细地开展各项机关办公用房管理工作。具体来看，机关办公用房绩效考核制度应包含以下三方面内容：一是机关办公用房基础管理的绩效考核。考察各单位是否建立了机关办公用房管理制度，尤其是在机关办公用房出租、调配、处置等环节，是否有明确的实施细则和工作流程。二是机关办公用房过程管理的绩效考核。首先，要评估机关办公用房产权，评估其是否存在产权不清、权属不清的情况，是否有产权证明仍未办理的情况。其次，要对各单位办公用房使用标准进行考核。对机关办公用房建设不符合规定的情况（如使用面积超标、私自偷改房间面积等）要严格绩效考核。最后，对机关办公用房处置过程考核。机关办公用房处置工作涉及国有资产流失问题，要规范机关办公用房出租、调配等工作，将其纳入考核工作，对因处置不力造成的国有资产流失现象予以严惩。三是机关办公用房信息化管理的绩效考核。目前，机关办公用房管理信息化是大势所趋，所以要把信息化工作纳入到机关办公用房管理的整体考核工作中，对信息化平台的建设、维护以及使用情况进行考核，如平台数据是否全面、信息是否定期更新、各项功能是否能够正常使用等，都要进行考核评定。

（三）推进市场化建设，强化公私合作

按照机关办公用房建设、管理、使用和处置等不同阶段的工作要求，合理有序地开放市场，积极引入市场机制和社会力量参与组织管理。在建设管理期间，试点推进代建制，通过专业代建，减少机关管理成本和非专业化导致的管理弊端。在物业管理方面，可以引入一批专项性强、业务水平较高的物业公司，提供集服务质量、服务内容、服务深度为一体的商品化、专业化、社会化的经营管理服务，让专业的人做专业的事情。例如，有机关办公用房需要维修，可以联系第三方公司进行维修，维修完成之后支付相应的费用。此外，针对机关办公用房闲置的问题，可以尝试与口碑较好房产中介合作，将

闲置机关办公用房信息数据整合在房产信息平台展示，进行公开招租。还可以与社会一些公益性企业合作，将闲置机关办公用房综合转化为公共图书室、免费休息室等场所，既可以提升城市温度，又可以提高闲置用房利用率。

（四）强化信息化管理，建设信息化管理平台

建设机关办公用房信息化管理平台可以从以下两个方面着手。一方面，强化房产相关数据收集。数据收集是建设信息化管理平台基础环节，机关办公用房管理的数据收集要全面覆盖房产的各方面，如机关办公用房权属单位信息、所在区域、楼层、户型、面积等；具体的房间数据要包括使用的科室、内部人员情况，以及人员职位级别情况等；房间维修、维护的数据要包括装修、维修情况，装修图纸等。另一方面，要根据实际业务需求来建设信息化管理平台的各项功能。一般而言，机关办公用房动态管理信息平台至少要具备调配、租赁、维修等功能。首先，在调配功能建设方面，各单位可以根据实际情况，在信息化管理平台上提出调配、腾退申请，并能通过此功能查询一定区域内所有单位的房产闲置情况；其次，在租赁功能建设方面，各单位可以利用平台提出租赁或者出租申请，由机关事务管理部门进行审批，而相关的租金支付和收取也要通过平台进行统一管理；最后，在维修功能建设方面，各单位要能够通过平台提出维修申请，由机关事务管理部门和财务部门进行审批，并且平台上还应准确、详细记录机关办公用房的日常维修和大中修的维修情况，为后续维修工作提供参考。

【拓展阅读】

［1］穆艳坤.党政机关办公用房管理基本概念及特征研究［J］.中国机关后勤，2022（6）：50-53.

［2］张晓卯.整体性治理视角下的节约型机关建设研究——以党政机关办公用房管理为例［J］.中国行政管理，2020（6）：13-18.

［3］姜业雷，李维，安华娟，等.党政机关办公用房管理标准体系探索［J］.中国标准化，2021（22）：55-59.

［4］彭宗超，曾学华，曹峰.整体性治理视角下党政机关事务的整合与协同［J］.北京行政学院学报，2019（1）：44-51.

［5］张健.绿色建筑全生命周期建设工程管理分析［J］.工程建设与设计，2023（8）：239-241.

［6］李涛，戴浩然.新形势下办公用房管理问题与对策探析［J］.国际机关，2022（7）：100-102.

［7］王艺潼，张权.标准化视野下的美国办公用房管理［J］.中国行政管理，2018（12）：129-134.

［8］苏国良.美、日、俄、德办公用房管理体系研究［J］.中国机关后勤，2016（8）：34-36.

第十二章 公务用车管理

世界各国机关管理领域均面临公务用车购置费用高、公车私用、公务出行保障低效等问题带来的机关运行成本上升、政治风险攀升的顽疾。在此背景之下，如何实现节约高效的公务出行、规范灵活的管理，成为公务用车管理实践与理论关注的重点。

第一节 公务用车管理概述

一、公务用车的概念

公务用车，顾名思义是为保障公务顺利履行而使用的车辆，通常被称为公务车。从广义而言，公务用车是指由公共财政承担运营经费的各类单位所配备的用于定向保障公务活动的机动车辆。从狭义而言，公务用车是指机关配备的用于定向保障公务活动的机动车辆。[①] 基于行政管理专业的研究对象以及研究便利性考量，本书所提的公务用车为狭义概念的公务用车。

（一）公务用车的内涵

公务用车是由公共财政负担的、保障公职人员履行公共职责的交通工具，目的不仅在于为公职人员履职提供便捷、提高工作效率，而且还要代表政府组织形象，通过车身明确的组织专用标识为公职人员履职提供权威支持，根本目的在于更好地服务人民、维护国家利益。由此来看公务用车有以下含义：

1. 公务用车因由公共财政负担，具有公共物品属性；
2. 公务用车是工业技术的产物，具有工具属性；

---

① 中共中央办公厅，国务院办公厅.党政机关公务用车管理办法[EB/OL].(2017-12-11)[2023-12-13].https://www.gov.cn/zhengce/2017-12/11/content_5246032.htm.

3. 公务用车代表着政府组织的形象，具有专业属性和社会服务属性；

4. 公务用车本质是公权力的延伸，具有权威属性。

（二）公务用车的特征

1. 车型多样化

公务用车的车型有小型轿车、能源轿车、越野车、小客车、多功能乘用车等。

2. 车用分类化

《党政机关公务用车管理办法》规定，公务用车分为机要通信用车、应急保障用车、执法执勤用车、特种专业技术用车以及其他按照规定配备的公务用车。机要通信用车是指用于传递、运送机要文件和涉密载体的机动车辆，应急保障用车是指用于处理突发事件、抢险救灾或者其他紧急公务的机动车辆，执法执勤用车是指中央批准的执法执勤部门（系统）用于一线执法执勤公务的机动车辆，特种专业技术用车是指固定搭载专业技术设备、用于执行特殊工作任务的机动车辆。其他公务用车主要是指用于接送参加调研、考察、督查、会议等活动人员的机动车辆。[1]

3. 车体标识化

车体标识化是指公务用车外观上统一体现公务用车的专用标识，包括喷涂标识和粘贴标识。喷涂标识是指除了涉及国家安全、侦查办案和其他有保密要求的特殊公务用车之外，其他公务用车车身均统一喷涂"公务用车"或"综合执法"字样以及监督电话。粘贴标识是指将公务用车专用标识粘贴在公务用车前挡风玻璃右下角处，粘贴内容也是"公务用车"或"综合执法"以及监督电话，粘贴图样及规格需要统一标准。

二、公务用车管理的概念

（一）公务用车管理定义

公务用车管理是指政府为了有效保障公务运行、提高"三公"经费的使用效率，由公务用车的主管部门依法依规采取一定的管理方法和管理手段，对公务用车资源获取、配备、使用、处置进行计划、组织、协调和控制的实践活动。这个定义可以从以下几个方面理解。

1. 公务用车管理的主要目标是提高"三公"经费使用效率，有效保障公务出行，

---

[1] 中共中央办公厅，国务院办公厅.党政机关公务用车管理办法［EB/OL］.（2017-12-11）［2023-12-13］. https://www.gov.cn/zhengce/2017-12/11/content_5246032.htm.

达成善治和善政的效果。提高"三公"经费的使用效率在公务用车管理实践中尤为重要，具体表现为以更少的"三公"经费投入获得更便捷的公务出行。从管理主义视角看，是对投入与产出比的追求。有效保障公务出行达到善治和善政的效果，需要政府在财政成本允许的条件下，保证公务出行的便利、迅捷、安全，保障执行公务的效果赢得社会对政府的信任。

2. 公务用车管理活动依法依规开展。治理国家、社会的关键是立规矩、讲规矩、守规矩。法律是治国理政最大、最重要的规矩。政府是法律实施的重要主体，依法行政是依法治国基本方略的重要内容。政府必须根据法律法规设立、取得和行使行政权力，并对行政行为后果承担相应的责任。公务用车管理尽管发生在政府内部，是政府内部行政管理活动，但是政府作为国家政权组成部分，其内部管理行为的溢出效应决定了公务用车管理需要立规矩、讲规矩、守规矩，依法依规管理。

3. 公务用车管理内容包括公务用车资源获取、公务用车配备、公务用车使用、公务用车调度、公务用车维护、公务用车处置六个环节。公务用车的生命周期一般包括进入编制、分配、服役、报废四个阶段。公务用车管理的具体活动就是围绕公务用车生命周期的各个阶段实施的计划、组织、协调和控制的活动。

4. 公务用车管理需要回应社会诉求。公务用车管理的生命之源是公共财政，公共财政的公共属性决定了公务用车管理的各项决策与实施无法脱离社会的诉求与期望。社会公众期望政府透明、廉洁、成本效益最优，这要求公务用车的管理必须建立健全的监督机制，防止权力滥用与腐败现象的发生。在公共财政有限的情况下，减少不必要的浪费，提高资金的使用效率，降低公务用车费用在财政资源耗费的占比。因此，优化公务用车管理流程、强化监督、提升管理水平，实现人财物有机结合、高效同步就成为摆在管理者面前的重要课题。

（二）公务用车管理的特点

1. 系统化

公务用车管理的系统化表现在管理主体由多部门构成且管理要素相互关联，共同形成体系化的公务用车管理制度。这些不同层级、不同职能的部门各司其职，又相互协作，共同推动公务用车形成上下联动、左右协同的管理格局。在公务用车管理要素方面，车辆采购、配置、使用、调度、维护、报废等环节紧密相连，构成了一个闭环系统，每一环节都以前一环节的完成质量为基础，同时也对后续环节产生影响。

2. 效益化

效益是一项活动产生的有益效果及这个效果所达到目标的程度，是效果和利益的总称，通常可以通过资源分配及资源利用的效率评价，获得可视化的效益。公务用车管理的效益化具体表现在公务用车及相关资源分配和利用不仅追求公务用车减量、循环利用的直接经济效益，公务用车集中管理的规模效益；而且也追求公务用车污染减排带来的生态效益，公务用车廉洁守法产生的政府信任和社会教育等政治与社会效益。

3. 信息化

信息网络的迅速普及将"信息空间"推入了公务用车管理领域。它使管理要素跨越时间和地域的限制，拓宽了资源获取渠道和资源管理方式，进而使得公务用车管理方式表现出信息化特征。即，公务用车管理实践以现代通信、网络、数据库技术为基础，将公务用车及其使用者要素信息汇总至数据库，极大地提高了获取决策、使用、监督信息的速度和精确度，降低了人工成本，为提高公务用车管理水平提供可靠的技术支持。不过信息维护、安全防护以及技术支持成本增长也随之成为新的问题。

4. 编制化

编制化管理是政府公务用车管理与其他组织车辆管理的根本区别。公务用车的编制管理是指公务用车的主管单位根据用车单位人员编制数、领导职数和实际工作需要等因素，确定公务用车的配置数量。编制化管理不仅刚性约束了公务用车配置数量，而且也约束了协同车辆编制产生的财政支出，对公务用车的实际配置工作具有指导和严格的约束作用。

三、公务用车管理的意义

（一）有利于减少财政支出，促进节约政府建设

无节制的公务用车消费会带来沉重的财政负担，形成极高的行政成本，因此减少财政支出、减轻公共财政压力以及防范国有资产流失就需要加强公务用车管理，如控制公务用车规模、规定公务用车采购与装饰规格、明确使用和处置情形。另一方面，有效的公务用车管理是构建节约政府、改善政府形象的重要途径。政府形象直接影响着治理社会的效果，良好的政府形象才能凝聚人心、巩固治理基础。加强公务用车管理有利于科学、合理、高效地配置公务用车资源，提高政府资金使用效率，促进节约政府建设，防止国有资产流失，进而有利于塑造政府及其职能部门务实清廉为民的良好形象，提升政府的公信力。

（二）有利于改变领导干部作风，推进廉洁政府建设

公务用车的管理是科层体系等级制度的组成部分，但是无形中被特权观念裹挟，成为服务权力的专属品，极大地助长了"官本位"思想，严重背离了公务用车是政府服务

人民的交通工具的属性。在政治体制改革和经济体制改革不断深化的背景下，公务用车消费的腐败问题也日益突出，成为群众非常关注的一个"热点"。强化公务用车管理可以有效遏制部分领导干部公务用车使用的攀比行为，消除公务用车作为官员身份、地位和权力的象征属性，可以铲除因攀比和彰显特权产生的各种官僚作风和各类车轮腐败行为，能够改变部分领导干部的官僚主义、享乐主义、奢靡之风，形成良好的工作作风、生活作风和纪律作风，监督领导干部"勤俭持家"，把钱花在刀刃上，让公务用车真正用于公务活动，推进廉洁政府建设。

（三）有利于限定政府市场主体行为，推进法治政府建设

公务用车管理因其具有的系统化特征，因此会采取权变方式来适应环境的变化。在计划经济时期，公务用车可以依据计划，以零开放、零竞争的实物配给的自给自足服务模式实施管理。进入社会主义市场经济时期，公务用车管理活动关注成本收益，根据市场的供求关系和等价交换原则，积极寻求与市场主体和社会主体的合作，采用市场购买服务的方式促使公务用车服务供给的行政模式市场化。这种市场化模式不仅在政府公务用车主管部门与使用部门之间建立了次级市场体系，而且使政府能够以市场主体身份参与社会主体和其他市场主体的公务用车服务等价交换过程。政府以市场主体参与市场交换对市场运作有很强大的影响力。政府购买公务用车支出可以影响区域市场的需求与供给。尤其在经济低迷时期，公务用车支出将会影响汽车生产主体的投资方向、投资规模与投资比例，改变市场的资源配置效率和效益。在市场交换过程中，政府天然的权力优越性极易使得政府的市场主体行为异化为特权主体行为，严重破坏市场规则。因此，需要限定政府购买公务用车服务的资格与行为，规定公务用车服务购买或出让应当遵循效用优先于利润的原则，将政府的市场行为纳入到法治框架内，推进法治政府建设。

第二节 公务用车管理的过程与方法

一、公务用车管理的原则

公务用车的性质和特征要求公务出行应当厉行节约、反对浪费，公务出行保障方式需要向社会化、市场化方向发展，公务用车管理需要创新公务交通提供方式、控制公务用车运行费用，实现公务用车管理规范透明、监管问责科学有效、公务出行节能高效。鉴于此，应当遵循以下管理原则。

（一）定向保障原则

定向保障原则是指根据公务出行主体、公务出行的性质，对应匹配车辆类型的标准，表现在公务用车购置、配置、使用不得与公务内容、公务保障人出现错位。定向保障原则实施的前提是公务用车总量适度，公务内容与公务用车建立了分级分类管理档案，具备向不同公务出行指派对应车型的条件。

（二）预算定额原则

预算定额原则主要是指对公务用车购置经费、运行维护费用实施定额预算的原则。政府购买公务用车和租赁公务用车的车辆经费应当严格执行单车费用定额核算制度和定点保险、定点加油、定点维修制度。公务用车购置和运行经费，包括维修费、保险费、过路过桥费、停车费和其他相关支出，应当一并列入单车核算定额指标考核管理范围，认真编制和执行年度公务用车运行经费预算，在财务上单独列项。预算定额还需要遵循价值规律的要求，参照社会平均水平和简明适用通则，坚持预算的一般性和因地制宜的特殊性相结合、专家编审责任制原则，将预算软性约束转变为刚性约束。[①] 为此，除了涉及国家安全、侦查办案和其他有保密车辆之外，其他公务用车预算和支出应当向社会公开，接受社会监督。

（三）市场竞争原则

公务用车管理的直接目标是高效保障公务出行，其中高效是投入效率和产出结果的总和。投入效率涉及公务用车购置、运行维护、管理流程中人工费用的投入以及各投入要素的配置效率；产出结果涉及到公务出行保障的便捷、安全等公共服务质量以及由此产生的社会和政治效益。投入与产出是否高效根本原因之一在于资源配置效率的高低。在市场经济机制下，公务出行保障作为准公共产品或者公共服务，可以在特定范围按照市场原则，允许提供保障公务出行服务的主体多元化、供给方式多样化。充分发挥价格、供求、竞争机制的作用，达到供需有序、资源配置高效率的目的。[②] 需要注意的是，当公务出行保障成为政府购买的一项服务时，政府大额购买支出直接消耗了经济资源，成为社会总需求的一部分，产生生产刺激和扩展效应，其支出结构的变化就会直接影响关联企业资源配置、资本利润、劳务报酬以及上下游企业就业群体的收入分配格局，也会影响区域内社会游资的流动方向。因此，政府在按照市场竞争规则提供公务出行保障时，需要紧密结合地方经济情况以及未来发展规划进行。

---

① 谢来位.论公务用车管理的组织模式选择——基于网络组织理论的视角［J］.吉首大学学报（社会科学版），2012，33（6）：78-86.
② 王媛.兰州市公务用车管理研究［D］.兰州：西北师范大学，2022.

(四)节能环保原则

全球经济、人口和资源消费持续增长导致含碳原料的消耗比重极速增加,给生态环境带来的冲击和威胁已然成为全世界必须共同面对的生存挑战。加速能源转型、提高减排目标、减少温室气体排放、积极支持发展气候友好型技术被纳入到国家经济发展建设的战略中。机动车辆作为现代化国家大规模普及的交通工具,其能源消耗和温室气体排放自然应得到控制和转型,节能环保应当成为贯穿公务用车全生命周期管理的基本原则。在公务用车购置环节,尽可能采购绿色汽车,提升电油混合动力车、纯电车、其他清洁能源车辆的比例,减少化石燃料对环境造成的污染和能源的消耗。在使用维护环节,对于长途差旅或多人同时公务出行,优先使用公共交通;对于公务用车使用路线规划,要借助先进的智能交通管理系统,合理规划驾驶路线,减少行驶路程、规避拥堵路段,进而降低能源消耗和二氧化碳排放;维修护理时,采购绿色铝材制成的电池外壳以及使用低排放工艺生产的轮胎等。在处置环节,积极和能够二次利用与回收电动汽车电池的社会主体合作。

(五)因地制宜原则

如果说定向保障原则和预算定额原则是无差别的通用原则,那么市场竞争原则和节能环保原则则受到具体地区地理环境、地区经济发展水平、汽车租赁市场成熟度、预算限额等多个要素的影响。在这种情形之下,政府需要以保障高效公务出行为首要目标,遵循因地制宜的原则,实施公务用车管理。

具体而言,偏远山区、道路崎岖的地区公务用车中的新能源汽车比例应当降低,主要保留能够有效保障公务出行的、以传统燃料为动力的公务用车;道路交通平整、新能源供给便利的地区则应当严格遵循节能环保原则,大幅提高新能源汽车在公务用车中的比例。

同理,地区经济发展水平较低、公共交通不便利、社会安全度低且汽车市场缺乏供给主体时,市场竞争原则就难以贯彻到公务用车使用维护这一环节。公务用车管理可以遵循因地制宜的原则,在财政允许情况下实施政府投资供给公务用车的模式。例如,在公务用车管理改革转轨时期,政府可以采用直接供给或者政府成立汽车租赁公司提供半市场化的公务用车供给。当然无论采用哪种组织形式和投资管理模式,都须加强公务用车使用过程的监管和公务用车支出的限制。如若地区经济社会发展水平良好,公共交通便捷、汽车租赁市场的潜在交易主体多,那么对于资产专用性程度低、交易需求频率不太高、用车需求确定的一般公务用车和其他用于会议接待、考察调研的公务用车宜采用市场模式。具体可以采用服务外包的方式,政府与汽车生产厂家、汽车租赁公司等市场主体签订服务购买合同，由汽车厂商或租赁公司等市场主体进行汽车投资与管理，政府根据出行需求采用现付或预付的方式支付服务费用。当然，在有利于贯彻市场竞争原则的条件下，对于资产专用性程度高、用车需求频率高、用车需求极不确定的公务出行保障用车、执法执勤用车、特种专业技术用车以及涉及国家机密和特殊办案用车，还是需要采用政府直接配备公务用车的政府投资管理模式和科层组织形式。

二、公务用车管理的过程

（一）编制管理

正如前文所述，公务用车编制是为了满足相关单位完成未来或过去任务的需要，对人员、设备设施数量进行合理配置的一种制度，以指导和约束资源的配置工作。公务用车编制是公务用车配备更新、调剂置换、报废处置以及监督管理的基本依据，由公务用车主管单位根据用车单位人员编制数、领导职数和实际工作需要等因素，遵从适度从严的原则，以规范公务用车管理、保障工作运转、压缩车辆规模、降低行政费用为目标，核定公务用车编制数量。

1. 编制管理的内容

编制管理的主要内容是公务用车定编、以编控车。编制管理通常要求管理主体统一，即由一个主管部门审核管理公务用车编制，负责制定、贯彻或参与公务用车编制管理的法规、规章和政策，按审批权限审核、批准公务用车编制，监督公务用车编制的执行情况。

（1）公务用车定编包括编制分类和核准公务用车编制数量。编制分类是指编制主管单位根据定向保障原则对公务用车进行编制分类，即按照公务出行的性质将公务用车用途予以分类管理。中国内陆某些地区的公务用车编制分为执法执勤用车、特种专业技术用车、一般公务用车、其他用车等。执法执勤用车、特种专业技术用车的审批活动由财政部门会同公务用车使用部门确定，并送公务用车主管部门备案；一般公务用车、其他用车的审批活动由财政部门会同公务用车主管部门确定，并报公务用车主管部门备案。核准公务用车编制数量则是指编制主管单位根据机构设置、人员编制和工作需要等因素确定公务用车的编制数量。公务用车的编制核准工作不是一成不变的，常规情形是定期复核，在特殊情形下，也会发生公务用车编制临时核准的情况。例如在机构改革时期，机关单位撤并、升降格、人员编制调整都是启动公务用车编制重新审核、调整工作的因素。国际、国内社会无偿赠予的车辆，符合公务用车配备使用标准的，也会促使公务用车编制重新审核。

（2）以编控车是指一编一车一钱。即，编制主管单位根据公务用车编制配置公务车辆类型、车型数量以及财政经费,并实施编制督查。编制督查的方式包括定期检查、随机抽查和暗访,科层体制的内部检查和来自社会的外部检查。在信息时代,公务用车编制督查已经借助了信息技术和大数据算法,24小时无间断追踪式督查能够及时发现公务用车编制的变动情形,对擅自突破编制购置的车辆,不仅不予上牌、不给予财政保障而且还要追究相关者责任。

2. 编制管理的流程

公务用车编制审批流程一般是:用车单位或部门提出申请、递交材料—→由审核主体审查核实—→召集会议研究—→上报审批办理—→制发核编文件;如果召集会议研究未通过,则告知申请方结果及否定的原因,如图12-1所示。

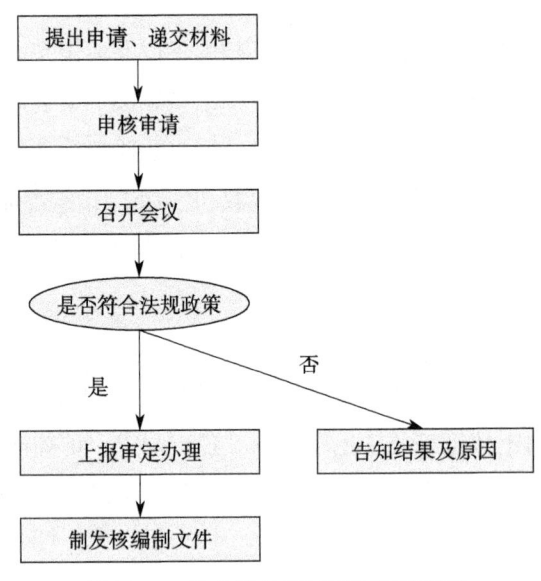

图 12-1 公务用车编制核定的流程图

(二)购置管理

公务用车购置是指政府购买公务用车行为的总称。政府与汽车生产厂商、汽车供应商均是公务用车购置活动的主体,公务用车购置活动的对象是车辆,关于购置管理的各种政策制度目的是保障采购活动顺利完成。

1. 购置管理的内容

公务用车购置管理涉及购置主体及其职责、购置流程两项内容。一般而言,购置主体是公务用车的管理主体,如公务用车管理部门、财务部门、交通管理部门。公务用车管理部门是公务用车采购的组织者、购置活动的落实者、购置行为的监督者,具体承担公务用车采购、登记备案归口,负责编制、更新年度公务用车配置计划,审批公务用车购置与更新申请，监督购置活动。财务部门负责将辖区内公务用车购置经费纳入财政综合预算并严格管理，负责公务用车采购的监督与管理。交通管理部门负责辖区内公务用车的车牌登记管理。

购置职责中最核心的内容是审批职责。审批职责包括前置审核与实质审批两个内容。前置审核的目的是核查购置公务用车的前提条件，包括审核公务用车的报废申请或先行了解配置公务用车编制调剂。在公务用车满编且无调整的前提下，相关部门的公务用车需要先达到报废条件，并经主管部门核准报废后才可以提出购置申请。如果存在因公务用车超编而闲置的车辆时，应当优先调配现有车辆而不是采购新车辆。审批是审批车型并实施采购的流程。公务用车管理部门会根据公务用车的政策导向、公务用车配置限定、配置标准以及汽车行业技术发展、市场价格变化等多个因素调整购车申请的审批条件。购置申请通过审批后，公务用车管理部门按照政府采购的相关规定，统一组织集中采购。我国大部分地区都是由机关事务局负责审批和采购一般公务用车，财政部门的资金管理处负责审批中央批准的公检法等部门用于一线执勤执法的机动车，公检法等部门通过政府采购中心自行组织采购。

2. 购置管理的流程

公务用车的采购流程通常包括六个环节。①申报，即用车单位向公务用车管理部门提交申请文件、申请理由以及本单位公务用车的编制文件。②审核，即公务用车管理部门对公务用车的申请文件、申请理由以及公务用车编制进行核对检查，可以是文本核查也可以是实地核查。若核查通过则转入审批环节，核查不通过则告知申请单位结果及理由。③审批，即经购车单位的主管部门批准，形成同意购车的凭证。凭借购车申请和购车审批表，公务用车管理部门会依据公务用车配置更新标准和车辆编制动态变化，在进行下一年度部门预算之前会同财政部门编制公务用车配置年度更新计划。④公务用车配置年度更新计划确定后进入采购环节。在这个环节，公务用车管理部门统一办理车辆采购手续，财政部门按照公务用车管理规定严格审核，安排购置经费，列入公务用车主管部门预算。⑤配置环节，即公务用车交付到公务用车管理部门后，公务用车管理部门根据审批结果配置给各个申请部门单位。⑥入户，即车辆配发到位后，购车单位凭借入户申请、购车证明以及政府采购备案登记等资料申请办理入户手续，经由交通管理部门获得车辆牌证并存入机动车档案。然后到政府定点公务用车维护机构喷涂车辆相应的外观标识，到政府规定地点登记机动车证书、外观照片等信息的台账。当前，大数据开始运用于公务用车购置，采购模式借助虚拟平台推动了购置流程向模块化发展，采购需求与供给信息、公务用车配置等的智能检测和实景呈现，使购置流程实现"一站式"服务效果。

（三）使用管理

1. 公务用车使用范围和导向的管理

公务用车的使用范围通常根据使用主体的基本职能和履职需求确定，也是监管公务用车使用情况的内容之一。政府部门内部和外部管理职能的运行需要信息及时准确地上传下达、资源运用分配合理、激励机制到位、部门壁垒消除。政府部门内部管理职能表现为组织、参与会议，传递机要文件，大额现金或物资的运送，跨部门联合督查、检查、考核，接待内外部组织的考察、调研或督查，以及帮助员工紧急就医等。政府部门外部管理职能包括政治、经济、文化、社会、生态保护五项基本职能。而政府在履行内部与外部管理职能时，不可避免地需要公务出行，公务用车作为公务出行的工具，在其中扮演着重要的角色。

按照公务用车管理的预算定额、节能环保、市场竞争的原则，不属于涉及国家机密和特殊工作的公务出行，路途遥远的应当乘坐公共交通工具；除了监管、执法活动之外的一般会议、调研、考察、外事接待等多人参与的公务活动，鼓励通过社会租赁方式保障公务出行。这是公务用车使用管理的基本导向。

2. 公务用车使用管理的内容

公务用车使用管理的内容大致有派车管理、燃料管理、使用费管理、安全管理、标识化管理。①派车管理是指通过派车流程化、标准化管理，实现派车单与车同行，车辆、司乘人员与派车单一致。在这个环节，用车单位提出用车申请，表明用车事由、出行目的地、乘车人员数量、使用时间等信息，公务用车管理部门审核后派出与公务性质匹配的车辆和司机。当前派车管理流程既有传统的"口头申请—批复—调度"模式，也有"纸质填单申请—审核—调度"模式，还有利用信息平台的"数字填单申请—审核—调度"模式。②燃料管理包括加油管理和充电、充气管理，无论是哪种管理，公务用车的使用主体均需要根据全年工作任务及每辆车实际耗能量，作出下一年度的燃料使用计划。在日常使用过程中，公务用车的燃料加充应当与用车情况对应，并禁止无派车的燃料加充行为；同时，公务用车燃料管理应当实行一车一卡制度，即车辆与燃料卡要确保唯一对应关系，并建立专人管理负责和定点加充燃料的机制。③使用费管理包括公务用车出行过程中燃料费、过路费、停车费和车辆使用费的管理。这些费用的核算必须与派出的公务用车使用时间段、路程范围相符，在提供正规的票据、书面证明材料以及审批单后列入财政支出。目前公务用车使用费管理模式有预付制、现付制、垫付制等多种方式。④安全管理是指公务用车主管单位建立车辆安全管理机制，督促、检查、处理公务用车车队的安全管理工作，包括行驶安全管理、停放安全管理、设备安全管理，以及通过建立培训、激励、检查等机制来培养行车、停车、检车的安全理念和行为。公务用车行驶必须严格遵守道路交通安全法，自觉服从交通警察和交通电子警察的检查。因违反道路交通安全法造成一切事故，除了依法处罚之外，相关责任人应当承担一切经济损失。停放安全管理是指公务用车停放应严格执行公务用车管理部门的规范要求，例如定点停放、节假日封存、临时使用履行报备手续等。设备安全管理要求有关部门定期或不定期对车辆进行安全检查，及时发现、解决车辆的安全隐患。⑤标识化管理。公务用车除了工具属性之外，还具备专业属性、服务属性和权威属性，是政府形象和政府权力的象征。因此，公务用车使用管理的一个重要内容就是标识化管理。公务用车管理部门和交通管理部门可以联合制作和发放公务用车专段号牌，对非涉密的公务用车统一喷涂"公务用车"字样和监督电话。规定喷涂标识和统一发放专段号牌的地点、时长、方式，明确标识模糊脱落的补喷、补领方式，以及故意遮挡、消除公务标识的惩戒措施。需要注意的是，标识化管理的消极影响是形成公车道路特权，因此开放社会监管渠道，建立政府外部约束机制就显得尤为必要。

（四）处置管理

1. 处置管理的内容

公务用车处置管理是指公务用车管理部门根据公务用车编制变动、公务用车权属关系变化、公务用车的车况等采取的调剂、拍卖、报废、厂家回收等处理活动。公务用车编制变动是指一些政府职能部门因职能转变，履行需求发生变化，致使对公务用车数量、类型的需求发生改变，公务用车管理部门会根据实际情况宏观调控各职能部门公务用车编制数量，削减一些部门的公务用车编制数量以填补到其他部门。公务用车权属关系变化是指有些政府部门出现分离、撤销、合并、改制等变动，致使原部门的公务用车编制数量、公务用车使用权或所有权发生转移。公务用车的车况通常是指车辆的整体状况和使用情况，包括技术情况、安全性能、环保排放等多个方面。当公务用车使用期满或者公务用车使用年限长导致维修成本极高，或出行保障能力差、存在安全隐患、环保不达标时，公务用车管理部门将采取集中公开拍卖闲置超标车辆、调剂公务用车或者报废处理、厂家回收等措施。公务用车的处置管理也要遵循公开公平、节俭的原则。

2. 处置管理的流程

要处置公务用车的政府部门，需要向公务用车管理部门提出处置申请。公务用车管理部门对申请单位提交的证件资料审核查验后，符合规定的出具同意处置凭证并备案。申请公务用车调剂的，接受单位应当有空余的公务用车编制；申请拍卖公务用车的，应当委托评估机构依法进行价值评估，评估价值作为公务用车拍卖底价，委托依法设立的产权交易场所进行公开拍卖；申请公务用车报废回收的，应当提供评估机构出具的车况鉴定报告。评估机构按照市场竞争原则，由政府公开招标选取。对于未达到使用期限且车况良好的公务用车，不得提出处置申请。申请单位如果需要封存公务用车，需要向公务用车管理部门提交公务用车的系列凭证、评估机构的鉴定报告等资料。公务用车处置完毕后，由负责处置的政府部门将处置批准文件以及处置报告等手续到交通管理部门和公务用车主管部门以更新机动车信息以及机动车编制信息。公务用车处置期间产生的保管费、处置费，通常需要按照资产管理的规定确定承担主体和资金流向。

（五）租赁管理

公务用车供给模式包括政府直接组织供给模式、政府购买第三方组织供给服务模式两种，公务用车租赁属于后者。公务用车租赁适用于一般性的政府活动、会议接待、临时工作任务用车或者政府既有车辆无法保障一般性履职需求的情形，例如抢险救灾、处置突发事件等。根据租赁时间，公务用车租赁方式有定期租赁和临时租赁两种。定期租赁的前提是公务用车编制有空余，即在公务用车编制存在空缺但是又面临公务用车短缺的情况下，可以在一定时间内租赁符合公务用车配备标准的社会车辆。定期租用社会车辆需要公务用车管理部门审批备案、进行标识管理，车辆及司机的管理权移交到公务用车使用单位。临时租赁则以完成单次工作任务为租用时限，不需要公务用车管理部门审批备案、进行标识管理，车辆和司机的管理权仍属于汽车租赁公司。临时租赁公务用车类似于私人出行的打车模式。

公务用车租赁管理主要包括租赁企业招标、租赁审批、租赁使用和租赁费用管理四项内容。租赁企业招标是指公务用车使用单位通过申请，使公务用车管理部门将机动车厂商或租赁企业的租车服务纳入政府采购的管理范围，根据招标规则择优选取合作的企业或社会主体，并通过合同明确租车方式、服务内容、服务价格、服务期限以及双方的权利义务等事项。租赁审批是指无论是定期租赁还是临时租赁的公务用车，在使用过程中必须执行车辆租赁审批制度，遵守公务用车的使用规范，并严格履行申请、审批、调度、使用、归还五个环节。社会租赁的公务用车使用痕迹要登记汇总，并进行归档管理。租赁费用管理是指政府购买公务用车服务的费用以及临时租赁的费用均要遵循限额管理原则，将租赁费用纳入部门预算，并在分类分档经费中进行合理安排。公务用车租赁费用应当严格执行国库集中支付制度，由用车单位统一支出。与非政府定点采购租赁服务企业发生的租赁费用不予支付。

三、公务用车管理的方法

（一）统一管理与分散管理相结合

公务用车统一管理是指公务用车编制、公务用车经费、公务用车信息等要素由一个主管部门管理。各要素统一于一个主管部门的数量和程度不同，公务用车统一管理的程度也不同。当审批、分配、监管权的所有要素均统一于一个主管部门时，公务用车统一管理的程度最高，这种管理方式被称作集中统一管理；当仅有公务用车编制权、公务用车经费审批权、部分公务用车信息收集权统一于一个主管部门，公务用车经费分配权、部分公务用车信息收集权、公务用车监督管理权分散于各个部门时，统一管理的程度比较低，称为分散式统一管理。公务用车统一管理的目的是以公务用车总量减少、费用降低、管理规范、服务标准统一、监管评价尺度一致为目标。公务用车统一管理应利用公务用车资源的规模效应和积聚效应，提高宏观规划配置公务用车资源的效率，提高公务用车重复使用频次，减少公务用车购置数量，为相关部门提供标准化的公共服务保障，同时注意避免政出多门、公务用车使用的地域壁垒等现象。公务用车统一管理程度的提升，有利于加强内部监督力量，提高承担信息技术运行成本的能力，实现高精度的有效监管。而统一管理不容忽视的弊端是统一管理的程度会对管理目标的实现程度产生直接影响：统一管理的程度越高，公务用车使用的流程越烦琐、使用的便捷程度越低，各部门间公务用车使用矛盾也会增加。

公务用车的分散式统一管理是指公务用车的编制审批权形式上属于一个主管部门，公务用车经费审批、分配权，公务用车信息收集权，公务用车管理监督权实际归属于各个公务用车使用主体的管理方式。分散式统一管理的优势在于能够为公务出行提供灵活、快捷的保障，弊端在于公务用车购置、使用、维护、处置等环节的监管形同虚设，导致出现公务用车成本激增、公共财政开支增大、公务用车滥用等损害社会福利和政府收益的问题。

（二）实物保障与货币保障相结合

公务用车的实物保障是指由政府直接提供机动车保障公务出行的管理方法，公务出行费用由公共财政报销，不需要出行人员承担出行费用。货币保障方法是指政府收回公务用车，根据公务人员行政职位高低和公务出行情况，将部分公务用车管理经费折抵为交通补贴，纳入个人工资，短途公务出行由个人支付，公共财政不再报销。

两种保障方法相比，实物保障方法比货币保障方法的管理成本高，不仅有机动车购置、使用维护、处置的成本投入，而且还有司乘人员和管理人员、停放场地、监督管理的成本投入，即便是采用社会租赁方式，也需要有专职机构和人员协调处理其与市场、社会主体的关系。货币保障方法的管理成本相对较低，减少了公务用车的数量、公务用车管理中的人力成本和监督成本，遏制了公车私用现象。当前西方一些国家的公务用车管理大多采用了货币保障方法。我国的主要做法有公共财政按月按人发放交通补贴，也有单位集中管理交通经费，个人在限额内凭票报销，超支不补，节余转入次年使用；或实行费用包干，将交通经费按一定标准发放给个人，节约归己，超支不补。货币保障方法的优点是当需要公务用车时，可凭个人偏好选择公交车、出租车或公车服务中心车辆等方式。① 但实物保障方法能够提供更加稳妥、安全、高效的公务出行保障。因为，一些个人为了把交通补贴转换为个人生活资金，会尽可能选择价格低廉的公共交通，减少公务用车消费，甚至拒绝必要的公务出行，有可能导致加密的公务资料泄露，影响正常公务活动开展。除此之外，货币保障方法也容易产生负效应。当货币补贴数额没有充分与岗位特点和工作量挂钩时，那么交通补贴就扭曲了公务用车使用性质，使组织内部成员产生不公平感，直接影响工作积极性。与此同时，若交通补贴过高，交通出行费用有可能成为工资福利，公务用车成本不降反升。

（三）信息化与标准化相结合

公务用车信息化管理方法是指将大数据、云计算、物联网、区块链、人工智能等先进技术贯穿于公务用车的每个管理环节，以提升公务用车的保障效能。公务用车信息化管理方法的核心要素是数据平台的建设和数据的深度挖掘，并通过信息集成和分析的管理系统把公务用车的购置、使用、维护、处置等环节的信息汇总共享，并以此为基础开展公务用车管理各个环节的计划、组织、实施、监管等行为。信息化管理方法不仅利于优化内部管理，而且还能够帮助公务用车管理部门寻找潜在的合作伙伴，与社会、市场主体建立紧密联系，有效支撑公务用车管理部门的决策系统，以降低公务用车的管理成本，简化烦琐的组织构架，提高公务用车管理效能，快速响应各个地区公务出行的异质化需求。

公务用车信息化管理方法的逻辑是公务用车管理的数字治理思维。例如，江苏省无锡市公务用车服务中心利用当地"智慧城市"区位优势，引入大数据管理技术，通过深度挖掘公务用车显性和潜在的业务流和信息流，实现了预警和辅助决策的功能。其公务用车数字治理的核心理念是通过对公务用车运营生成的海量数据进行筛选和分析，小切口深度挖掘车辆使用、维护及司乘人员管理等方面存在的问题，逐本溯源地分析原因，

---

① 沈荣华，史和平，刘杰．推进公务用车制度改革：模式与建议［J］．中国行政管理，2010（5）：7-9．

精准地制定解决方案，然后再运用解决问题过程中产生的新数据，优化公务用车治理计划，形成以数据分析问题、解决问题、优化治理计划的数字化转型新局面。

公务用车标准化管理方法是一种基于系统分析公务出行需求以及公务用车管理现状而编制的管理框架，其核心理念是为出行人员提供同等资源、同质服务，实现均等出行保障。公务用车管理信息化阶段分为初始化阶段和成长阶段。公务用车管理信息化初始化阶段，公务用车数据管理主要是收集静态的基础主数据和动态的初期交易数据并进行重置，其实就是按照信息化的标准对公务用车管理做了一次简单的标准化重启。这个过程是信息化管理与标准化管理的融合。公务用车信息化管理的成长阶段是管理信息化有意识地不断更新的过程。随着时间推移，公务出行保障需求会发生变化，新增需求无法及时纳入最初信息化的流程时，会导致管理效率的降低，于是公务用车信息化管理就需要锚准公务用车新需求，不断修改部门间配合规则、重新修订或制定公务用车管理标准，此时公务用车标准化管理就成为信息化管理的核心。

从这个意义上来看，公务用车信息化管理和公务用车标准化管理犹如"鸟之两翼、人之双臂"[①]，具有整体性、系统性、叠加性。二者同向发力、同频共振，是解决公车改革瓶颈、"卡脖子"问题的关键。

（四）法制化与法治化相结合

法制化管理方法是建立用以调节和规范公务用车管理各项活动、各个环节的法律法规，将公务用车管理技术的系列方法、协调手段、行为方式、步骤和程序法律化，使公务用车管理有法可依。[②]除法律法规外，以中国共产党章程为统领的党内法规制度体系和以党内基本路线为统领的政策制度体系，如党的十八届三中全会提出的反享乐主义和奢靡之风，《党政机关厉行节约反对浪费条例》《党政机关公务用车管理办法》也是规范公务用车管理的依据。另外，《中华人民共和国预算法》《中华人民共和国预算实施条例》《中华人民共和国政府采购法》《中华人民共和国政府采购实施条例》等法律法规也为公务用车管理提供了依据。

公务用车管理权是内部行政权，具有行政权的基本特性，即行政权是国家权力中最为活跃的权力，也是最容易膨胀、最难以控制的权力，需要刚性的法律规范约束其潜在的恣意性。约束公务用车管理权需要建立一套完整的法律体系。具体而言，需要围绕公务用车管理活动的每个环节、涉及的主体和公权力建立法律规范或行政规章。在具体立法过程中，需要克服地方和部门保护主义倾向，广泛听取各公务用车使用单位与合作伙伴的意见，深入调查，根据实际创制或完善公务用车管理规范。

---

① 迟翔. 对公务用车管理改革路径选择的思考[J]. 时代金融, 2014 (7): 174-175.
② 史浩林. "行政管理法制化"辨析[J]. 长白学刊, 1991 (1): 35-37.

公务用车管理的法治化是衡量政府内务治理现代化水平的主要标准，也是评价公务用车管理现代化水平的一个关键指标。其本质是用法律规范约束公务用车管理权力，实现管理的稳定预期。市场经济已经成为世界最普遍和最基本的经济运行形式，其规则意识、契约意识和诚信精神是维系现代社会运行的纽带。市场经济要求各主体按照规则设定的轨道有序活动，承担规则设定的违规责任，这也正是法治强调的规则之治的精神。经济形式与政治形式精神的耦合决定了公务用车管理需要依法开展，接受程序之治，实现效率和公平兼顾的管理。公务用车管理法治化的直观表现为公务用车管理部门必须严格遵守相关法律法规，不任意越权或越位。同时还要设立配套的监督手段，以预防、补救和改进公务用车管理中出现的问题。2017年颁布的《党政机关公务用车管理办法》，对党政机关公务用车的配备、使用、管理和监督等方面进行了详细的规定，使公务用车管理体系更加完备、严格。这些法律法规规定了公务用车的管理规则和流程，也设计了公务用车的监督体系，如政府采购的监督体系、使用维护过程的监督体系、处置环节的监督体系，以及各个环节预算、支出的审计监督、社会监督等。表12-1为我国公务用车的政策制度梳理。

表 12-1　我国公务用车的政策制度梳理

年份	文件名
2007 年	《关于党政机关汽车配备和使用管理的规定》
2011 年	《党政机关公务用车配备使用管理办法》
2017 年	《党政机关公务用车管理办法》
2023 年	《中央国家机关所属事业单位公务用车管理办法（试行）》

第三节　公务用车管理的中国实践

一、公务用车管理的体制变迁

（一）公务用车的出现

公务用车在中国早已有之，封建王朝早期的皇室出行、皇室内务，以及地方公干、地方主政官员出行等事项均被赋予公务属性，保障这些事项完成所需要的车舆马匹就成为中国最早的"公务用车"。《周礼》中"天子驾六马，诸侯驾四，大夫三，士二，庶人一"的记载,规定了当时公务用车与官职等级的对应关系,形成了公务用车的等级体系,对后世产生了深远的影响。从隋朝开始,历朝皇帝内务及皇室需要的车舆马匹开始与"公务用车"区分开来,前者归属于皇帝御用和皇室私用,后者则归属于朝廷运输、军队作战、畜牧等国用,并且确立了公车不得私用的制度规范。

封建王朝结束后,中国陷入军阀割据时代,这个时期各地政府公务的主要内容是军事政治活动,公务用车的主要用途也聚焦于军事政治活动以及军政领导人的出行事务。此时,公务用车由具有农耕文明特征的车舆马匹转变为具有工业特征的汽车。中华民国成立后,中国面临着内忧外患的复杂局面。政府公务内容在延续了战争、政治活动外,还增加了国内的社会管理活动,公务用车承担起了保障政府履行社会管理的职责,此时公务用车有自行车、摩托车、汽车三类。

新中国成立之前,中国共产党经历了艰苦卓绝的斗争。在这个过程中,尽管中国共产党人"为天地立心,为生民请命"的事业需要车辆保障,但由于条件限制,公务用车并未立即出现。中国共产党最早的公务用车出现于解放战争时期,为缴获的敌军车辆,主要服务于战场。新中国成立后,人民民主专政的主权国家需要全方位履行对内和对外职能,履职范围扩大和履职程度提升对公务用车的需求提上日程。初期,国家公务用车主要通过盟国支援、国内进口、国内仿制、购买合资汽车的途径获得,直到20世纪60年代末才自主开发生产。随着我国汽车工业的发展,公务用车逐渐规模化地普及到政府和军队。改革开放后,合资汽车大量进入政府和军队公务用车体系,公务用车数量极速膨胀。1986年内蒙古自治区基层政府率先发起公务用车统一管理模式的改革,1993年广东省基层政府掀起了以货币补贴减少公务用车数量的改革浪潮。2014年,中共中央办公厅、国务院办公厅出台《中央和国家机关公务用车制度改革方案》《关于全面推进公务用车制度改革的指导意见》,推动公务用车的货币化改革以有效降低行政成本。同年,军队公务用车停止采购合资汽车,转为采购国产汽车。从此开始,公务用车进入了管理改革的时代。

(二)当代公务用车管理第一次改革:公务用车管理部门划出行政序列

这一阶段公务用车改革以政府前两次机构改革为背景。当时政府机构改革目标是以精兵简政为原则,力求通过机构调整为经济体制改革深化提供有利的条件,于是国家大幅度撤并了一些政府管理部门,并将其中一些条件成熟的单位改革成了经济组织。第一次公务用车管理改革就是在此指导下拉开帷幕。

1986年,内蒙古自治区乌兰察布市卓资县成立了机关事务管理局,对公务用车实行了统一管理。1989年卓资县又把机关事务管理局改革为机关服务公司,通过引入企业化的运营和管理模式,将政府部门逐步淡出机关事务管理系统,使得公务用车逐渐商品化。①卓资县的改革首次触及到公务用车管理体制的改革，这是我国公务用车改革的标志性事件之一。1993年9月，中央机构编制委员会、国务院机关事务管理局印发的《国务院各部门后勤机构改革实施意见》（以下简称《意见》）指出，要分步实现后勤服务部门与机关行政序列脱钩，改为事业单位，使用事业编制，列支机关事业经费；逐步在后勤服务与机关间建立经济核算关系，后勤服务实行多种形式的承包经营责任制，独立核算；最终实现机关后勤服务的社会化和自收自支，实行企业化管理②。公务用车管理作为后勤服务的一部分也被纳入到《意见》的指导范围。1998年，黑龙江省大庆市以公务用车私有化和供车市场化为方向，进行了较大规模的改革，此次改革涉及63个部门、316台公务用车，但并未予以大规模推广，成效十分有限。③

（三）当代公务用车管理第二次改革：公务用车货币化改革

以公务用车管理部门去行政序列为特征的第一阶段改革为后续的公务用车管理改革奠定了基础，具有历史标志性，但是由于种种原因未能在全国范围推广。进入20世纪90年代，各地方的财政负担日益沉重，沿海地区的地方政府、事业单位、国有企业开启了以货币化为特征，以减轻财政负担为目标的第二轮公务用车管理改革。

1993年广东省东莞市沙田镇党委、镇政府决定取消领导干部的公务用车，改发交通补贴。该镇原有公务用车14台，除保留4台公用外，其余10台小轿车参照市场价转让给私人。镇领导自费购车并用于公务的，每年发给5000元交通补贴并由单位负担汽油费。改革后，镇机关每年的交通费用从84万元下降为38万元，节约率达54%以上。④这个做法被称作"公务用车改革货币化"。1996年，深圳日报社引入"公务用车货币化改革"的概念。1998年，国家启动部分中央机关的车改试点并同时在浙江、江苏、北京、湖南、重庆等地试点。2003年广东省纪委、省监察厅出台了《关于积极稳妥推进公务用车制度改革的意见》，明确提出公务用车改革应着重抓好交通保障、公车拍卖、补贴标准、司机安置、方案论证、试点改革这六个环节，公务用车货币化改革开始在广东省全面推广。2004年，全国性公务用车货币化改革进入高峰期，《中央国家机关公务用车编制和配备标准的规定》颁布。2005年，公务用车货币化改革遇冷，杭州、北京等地公务用车货币化改革相继搁浅。⑤

---

①③ 翟元元.我国公务用车改革中的问题与对策研究[D].青岛：中国海洋大学，2011.
② 张弘力.机关后勤工作应坚持"三个服务"——张弘力部长助理在财政部机关服务中心经营管理工作会议上的讲话（节录）[J].预算管理与会计，2007（6）：47-49.
④ 梁谷.聚焦广东公车改革[J].先锋队，2006（4）：45-48.
⑤ 科技日报.公务用车改革20年大事记[J].科技风，2014（13）：2.

（四）当代公务用车第三次改革：公务用车采购制度改革

1994 年，公务用车采购制度改革开启。1994 年中共中央办公厅、国务院办公厅颁布《关于党政机关汽车配备和使用管理的规定》，首次明确规定了不同级别干部的用车数量和标准，明确对进口轿车的限制，极大地改变了政府采购公务用车散乱无序的局面。在这一阶段，黑龙江省大庆市的改革范围以及力度尤为突出。1999 年中共中央办公厅、国务院办公厅发布了《关于调整党政机关汽车配备使用标准的通知》，首次对采购公务用车标准予以说明，提出了公开竞价、统一购置的原则，详细规定了各个级别配车的价格限制，以经济制约的方式遏止了购买豪华公务用车的现象，在一定程度上缓解了公务用车购置产生的财政压力。2003 年颁布的《政府采购法》和 2004 年颁布的《中央国家机关公务用车编制和配备标准的规定》，对公务用车采购制度又作出了更为详细的补充性规定，明确规定了公务用车报废的年限以及公务用车的编制，使得公务用车采购制度更具有可行性，有效控制了政府机关换车的频率，限制了公务用车数量上的盲目增加，公务用车采购改革趋于完善。随后，在建设资源节约型、环境友好型的政策背景下，2008 年国务院颁布的《关于中央和国家机关进一步加强节油节电工作和深入开展全民节能行动具体措施的通知》，进一步降低了公务用车的配备标准，详细规定了"党政机关一般公务用车配备排气量 1.8 升（含）以下、价格 15 万元以内的轿车，机要通信用车配备排气量 1.6L（含）以下、价格 10 万元以内的国产自主品牌轿车"。2012 年财政部、监察部和审计署三部门联合印发《中央金融企业负责人职务消费管理暂行办法》，进一步明确中央金融企业负责人职务消费的 12 项禁止性规定，其中包括禁止超标准购买公务用车等。

（五）当代公务用车第四次改革：重启并完成公务用车货币化改革

2009 年，浙江省杭州市正式启动市级机关公务用车货币化改革，市局（副厅）级以下干部一律取消专车，并向公务员发放公务交通补贴，补贴根据级别分 9 档，最低每月 300 元，局级干部每月 2600 元。2010 年初，云南省昆明市在市内四个辖区开始了公务用车改革试点工作，改革的核心是实行公务用车专用卡和定额包干管理。2014 年，我国发布《关于全面推进公务用车制度改革的指导意见》和《中央和国家机关公务用车制度改革方案》，规定取消一般公务用车，推动普通公务出行社会化，并适度发放公务交通补贴，司局级每月补贴 1300 元、处级 800 元、科级及以下 500 元。2014 年 12 月，中央国家机关以及各地的改革试点单位陆续开始发放公务交通补贴。2015 年 1 月，中央层面公务用车封存和补贴发放工作基本完成。补贴标准按照《中央和国家机关公务用车制度改革方案》中的规定执行。2015年12月，中央和国家机关本级车改全面完成。[①]

（六）当代公务用车第五次改革：公务用车统一管理改革

为推动节能减排，降低行政成本，推进公务用车配备使用制度改革，促进党风廉政建设[②]，2011年《党政机关公务用车配备使用管理办法》明确了党政机关公务用车实行分级管理、编制管理，要求加强公务用车集中管理，统一调度，严禁分散管理使用。2012年党的十八大、2013年党的十八届三中全会提出增强政府公信力，建设服务型政府、廉洁政府，提高政府管理水平等要求；2013年党中央和国务院核发的《党政机关厉行节约反对浪费条例》以及2014年发布的《中央和国家机关公务用车制度改革方案》《关于全面推进公务用车制度改革的指导意见》政策的密集出台，全面推动了公务用车改革，使公务用车改革不再局限于管理技术领域和经济成本领域，还深入到了政治领域。2012年发布《机关事务管理条例》规定，县级以上人民政府应当推进公务用车社会化改革，政府各部门应当对公务用车实行集中管理、统一调度，建立健全公务用车使用登记和统计报告制度。2017年中共中央办公厅、国务院办公厅印发《党政机关公务用车管理办法》，规定党政机关公务用车实行统一制度规范、分级分类管理。党政机关公务用车管理部门负责本级公务用车管理工作，根据职责实行统一编制、统一标准、统一购置经费、统一采购配备管理，并指导监督下级党政机关公务用车管理工作。时至今日，在实践中公务用车统一管理的范围主要是县级以上党政机关用车，但各地区统一管理幅度、统一管理程度、统一管理技术参差不齐。

二、公务用车管理存在的问题

机关公务用车改革确立了以货币化补贴、社会化提供为主的公务出行保障新机制，形成了以平台化、信息化、标识化管理为基础的公务用车管理新模式。公务用车改革后，规定区域内的普通公务出行实行社会化提供，出行方式由公务人员自行选择；少量公务用车作为定向保障公务活动的机动车辆保留下来，主要是为了保障特定范围内的公务出行需求，而不再是以前的全口径保障。公务用车改革减少了机关车辆购置、运营和维护方面的经费开支，降低了公共机构运行成本，顺应了民意，促进了党风廉政建设，维护了党和政府的良好形象。但同时我们也看到公务用车改革过程中暴露出的一些问题。如由于公务出行观念转变不到位，公务用车改革政策落实不到位，公务出行配套措

[①] 科技日报.公务用车改革20年大事记[J].科技风,2014(13):2.
[②] 刘世伟.加强资产管理体制建设的探讨[J].行政事业资产与财务,2011(11):19-22.

施不健全，再加上一些地方社会化出行条件确实还不充分，公务用车大幅减少造成一些业务部门和县、乡基层单位公务出行难以获得有效保障，造成"基层下不去，现场到不了"，或个别地方出现"公车照坐、车补照拿"等问题。

（一）基层公务车供不应求，私车公用较为普遍

基层政府作为乡村社会的直接管理者，承担着落实各项政策、服务群众、维护社会稳定等多重职责，其中进村工作是基层政府最主要的工作内容之一。绝大多数基层班子成员和普通干部的工作方式是以包干分户的方式定期入村协助村民做好春耕生产、环境整治、防火防汛、乡村振兴等重点工作。基层各部门、站所（中心）还有大量日常入村的业务工作。种类繁杂、业务量大、人次众多、时间间隔短的基层进村工作决定了公务用车需求量很大，但是公务用车编制化管理后造成"僧多粥少"的供不应求局面，出现"基层下不去，现场到不了"的问题。随着私家车的不断增多，私车公用成为解决问题的一种普遍方式。其优势在于公务出行用车便捷，提高了公务出行效率，节约了财政经费，是一种有效保障公务出行的补充手段。可是针对私车公用情况目前却缺乏相对应的制度设计，其产生的费用往往难以合理列支和报销。用私人财务保障公共事务运行若成为常态，势必会影响工作人员的办事积极性，不利于开展工作，最终损害职责履行成效。[①] 长此以往，工作落实必将打折扣，工作效率也会降低。而且非专业司机驾车不仅有行车安全隐患，而且隐含潜在的法律风险，也为公务用车的监管带来困难，向集中统一管理提出了挑战。

（二）公务用车需求不均衡，社会租赁车使用频率不高

公务用车需求苦乐不均是公务用车管理实践中最大的问题。各地区经济结构、经济发展水平和人口总量存在明显差异，即便在政治环境相同的条件下，地区间的工作重点和工作量却不尽相同，对公务用车的需求量也存在明显差异。目前公务用车配给标准的稳定性导致一些地区或部门业务繁忙，出现公务用车供不应求、一车难求的状况，而有的地区和部门业务量较少致使公务用车长期闲置，又出现"僵尸车"现象。需求不均衡的现象在基层尤为明显，即使政策鼓励政府租赁车辆以弥补需求不均的缺陷，但是受限于基层政府财政负担能力以及市场成熟程度，很难建立公务用车社会租赁体制，借用社会租赁车弥补公务用车需求不均衡的方法收效甚微。

为了减轻社会租赁的财政压力，各地政府提出了新能源车的分时租赁模式，但是效果仍然不理想。截至 2015 年 9 月底，全国各级公共机构购买和租用新能源汽车

---

① 王传连.公务用车制度改革后存在的问题及思考[J].中国行政管理，2018（4）：149-151.

6 200 辆、配建充电设施 3736 套。这在一定程度上满足了部分公务出行的需要。理论上机关工作人员可以在任意网点租赁或归还车辆，但实际上租赁网点主要是利用机关单位内部既有场地配建、改建的，各公共机构基于本单位自身安全管理考虑，对进出单位人员的管理比较严格，非本单位的工作人员若想进入院内办理租还车手续几乎不可能。而且受场地限制，平均每个网点大约只有 5 辆车，远远无法满足庞大的公务出行需求。分时租赁试点的成效评估需要具体数据的支持，如果缺乏具体数据可能会使精准分析和判断变得困难，但我们可以根据已知的信息和常识来推测其成效，如果分时租赁车辆成为机关工作人员公务出行的首选，那么可以初步判断工作人员对分时租赁模式的认可和接受程度较高。[①] 从实际了解的情况来看，选择出租车、私家车公务出行的人数还是占了一定的比例。这说明当前的新能源车分时租赁模式还不能满足大家的实际需求，还有待于持续改进。

（三）统一管理成本高，使用手续烦琐

在信息化技术加持下，公务用车统一管理依赖于在省、市、县三级建立的"全省一张网"的公务用车信息平台。此平台软件除了需要从软件开发公司购买之外，还需要根据每年平台中录入的公务用车的数量向软件开发公司缴纳平台运营维护费。平台运营收费标准是一辆车 880 元 / 年，平台上的车越多，平台运营收费总额越多。市级政府公务用车数量约为 700 辆，县级政府公务用车约为 140 辆，那么市级公务用车平台运营费用每年为 60 余万元，县级财政每年支出平台运营维护费约为 12 万元。对于经济水平较低的市县，这笔支出很难获得财政支持，只能通过减少进入平台的车辆数来维持平台运营。事实上，目前许多市县公务用车管理平台是欠费运行，运营商也因长期费用拖欠降低维护质量、关闭平台软件的若干功能，致使地方政府运用信息化技术实现公务用车统一管理的积极性严重受挫，统一管理改革的进程缓慢。

通过公务用车平台完成用车申请人与司机对接需要 9 个基本环节：用车个人网上提交申请——部门办公室主任审核——部门负责人审核——领导审核——机关事务管理部门审批——机关事务管理部门车队队长接单——车队队长网上派单——司机接单——司机反馈信息至申请人——申请人与司机接洽准确出发时间、地点。细致烦琐的用车申请流程、较长的审批时间消除了信息化手段本应带来的便捷，令地方政府顾虑借助信息化平台实施统一管理将产生"用车繁、用车难"的新问题。基于以上两个因素，统一管理范围和统一管理深度受到极大限制，致使公务用车管理部门与用车组织的信息不对称，导致公务用车监管出现虚监、弱监的弊端。

---

① 王传连. 公务用车制度改革后存在的问题及思考 [J]. 中国行政管理, 2018（4）: 149-151.

（四）公务交通补贴福利化

公务用车货币化改革的初衷是为了通过交通补贴保障职工基本公务出行需求，减少公务用车使用频次，其目的不是为了提高职工的福利待遇。现方案是按职级高低将公务交通补贴发放到个人工资账户。对于进入个人账户的资金，绝大多数人认为这是自己应得的福利待遇，而不愿意在实际的公务出行中支付交通费用。这完全背离了公务用车货币化改革的本意。[①] 尤其是当前公务交通补贴是按照职级发放而不是按照岗位性质和履职情形发放，易产生内部分配不公的现象，有的领导干部一边领取高额补贴一边享受公务用车专用，而普通职工外勤量大、补贴少且没有公务用车保障。这些问题挫伤了普通职工的工作积极性，严重损害组织内部凝聚力和工作效率。

三、公务用车管理的完善对策

作为党政机关自身建设和内部治理的一个重要领域，公务用车管理工作具有很强的政治性、政策性和敏感性。各级机关事务管理部门在推进《党政机关公务用车管理方法》的贯彻实施过程中，应以高度的政治责任感和使命感开展工作，加强与相关职能部门的沟通协调，建立健全以推进集中统一管理为核心的配套制度，培育打造标准化、信息化管理手段，形成"一体两翼"的工作格局，不断提升公务用车管理质量和效能。在管理体制上，秉持"有为才有位、有位更要为"的理念，积极发挥公务用车管理部门的职能作用；采取实打实的措施推进"四统一"管理体制落实，实现涵盖各类公务用车的集中统一管理，着力解决多头管理、分散管理问题，推进公务用车管理的专门化、专业化。

（一）保障财政稳定增长，深化公务用车集中管理改革

集中统一管理公务用车是解决公务用车供不应求、需求苦乐不均的有效途径。目前很多地方的公务用车仍采取委托管理模式，但实质是分散管理方式。从公务用车保障出行的效果看，其优势在于公务用车供给者与使用者合一，公务用车使用灵活迅捷；缺点在于使用单位各自为政，选择性执行公务用车管理和使用政策及标准。分散的公务用车资源限制了统一调配、整合资源优势的发挥。相比之下，公务用车集中统一管理方式具有规模经济的特点，管理流程、政策的标准化程度较高，能够发挥整体管控、及时查缺补漏、调配资源的功能，是平衡公务用车供需的先决条件。

---

① 王传连. 公务用车制度改革后存在的问题及思考[J]. 中国行政管理，2018（4）：149-151.

财政压力严重制约了公务用车集中统一管理的改革步伐。因此多渠道保障公共财政稳定增长有利于推动公务用车集中统一管理改革发展。具体而言，首先，大力推动经济发展，培育财源，通过减少非税收收入比重以及治理乱收费现象，扶持鼓励市场主体的经济活动。其次，优化税收结构，提高税额征收效率，增加税收收入。再次，通过增加政府性基金的种类和数量，增加政府性基金收入。最后，加强财政监督管理，压减低效、无效支出，提高财政资金使用效率，增加财政收入。

（二）以信息化为依托，发挥公务用车平台的基础性和支撑性作用

在管理载体上需要以信息化为依托，发挥公务用车平台在公务出行保障和公务用车管理方面的基础性和支撑性作用。继续完善平台模块功能，合理设定平台车辆保障范围，加大车辆跨部门统筹调度使用力度，提高公务出行保障能力。县、乡机关能集中的车辆尽量集中到平台，打破部门界限，统筹调度使用，优先保障到偏远地区的出行需求，提高车辆使用效益。同时，拓展和深化平台数据在公务用车编制调配、运行维护费用管理等方面的分析应用，实现公务用车全周期管理，防范公车私用、私车公养、"既拿钱又坐车"现象。可以通过建立一个跨行业、跨部门的开放性交通综合服务管理平台，以打破车和人的信息不对称，实现"车车皆可连接，人人皆可共享"的目标。机关单位、个人以及社会化车辆服务机构均可以在平台注册，经审核合格后即可实现交通出行的自助服务与管理，提升管理效能。用户在计算机或手机上安装综合管理系统应用客户端后，通过应用客户端按照公务或私人两种性质查询选择相应的社会化车辆服务机构提供交通出行服务，用户既可以选择自助驾驶的分时租赁汽车，也可以选择有专职司机驾驶的出租车、专车。服务结束后，私人出行由个人支付费用，在限额标准内的公务出行由单位统筹账户支付费用，超过限额部分由个人支付。公务用车平台还会保存公务出行轨迹以备查验。为严格规范管理公务用车改革后保留的车辆，可以将一般公务用车、特种专业技术用车和执法执勤用车等统一纳入综合管理平台，实现对这些车辆的使用登记、集中调度、出车服务和停放管理等。①

（三）设计私车公用补偿和风险处置制度

私车公用作为保障公务出行的一种补充手段，具有一定的积极作用，但使用过程中又伴随着潜在的法律风险，需要谨慎使用。但从理顺管理关系角度考虑，宜疏不宜堵。建议以合同的方式将私车公用的补偿和风险处置问题予以明确，并通过适当的价格调节机制引导私家车主逐步转向使用分时租赁汽车、出租车、专车等社会上提供的出行方

---

① 王传连.公务用车制度改革后存在的问题及思考[J].中国行政管理，2018（4）：149-151.

式。允许私车公用的车辆各项手续应完整齐备，并购买相应的商业保险。私车公用过程统一纳入交通综合服务管理平台进行监督管理。① 公务出行时，用户通过客户端申请私车公用模式，管理平台实时记录私车公用过程，出行结束后，系统按照实际出行的时间和距离自动计算费用，由单位统筹账户向个人支付交通补助。考虑到私车公用存在潜在的法律风险，其补助标准可略低于新能源汽车分时租赁计费标准，以引导公务出行交通消费模式。对于由于个人原因的交通罚款等不合理支出，由驾驶人自行承担。私车公用过程中发生交通事故，造成车辆损失以及他人人身、财产损害的，相关行政主管部门可协调保险机构出台相应的保险条款，并依据《中华人民共和国民法典》中的相关规定处理，即"因租赁、借用等情形机动车所有人、管理人与使用人不是同一人时，发生交通事故造成损害，属于该机动车一方责任的，由机动车使用人承担赔偿责任；机动车所有人、管理人对损害的发生有过错的，承担相应的赔偿责任"。

（四）探索共享公务用车机制，弥补公务用车社会租赁效率缺陷

共享公务用车机制是集中统一管理和分散管理之外的补充管理模式，是集约共享公务用车资源、提高公务出行效率的有效措施，其运行模式与共享单车类似。可以由公务用车管理部门通过社会主体为各机关单位提供标准化有偿服务。具体形式为，共享公务用车的供给者是与公务用车管理部门签订合同的汽车生产厂商或汽车租赁公司，汽车生产厂商或汽车租赁公司为共享的公务用车喷涂公务标识、安装北斗系统、接入公司用车平台，并将共享公务用车就近放置于用车大户所在地区。共享公务用车不配专属司机，而是采用使用者申请自驾的模式，车辆出现问题由公司维修，即公司"有偿供车、出资养车"、平台"信息管车"、政府"付费用车"。共享公务用车的最大优点是增加了公务用车供给量，却不占用公务车编制，有效缓解了政府用车大户公务用车申请难、私车公用的问题。除此之外，由于共享公务用车接入汽车生产厂商或汽车租赁公司的用车平台，因此共享公务用车的管理运行不会增加政府机关网络运行成本。由于公司与政府都不需要提供司机，因此均减少了公务用车的人力成本。

共享公务用车机制能够通过标准化流程、专业化和规模化操作，降低运营成本、提高运作效率和提供优质服务；也能够因长期参与基层一线公务出行，而对各个基层公务需求变化及时做出反应；能够根据政策和各层级公务出行需求的特点提供个性化、差异化服务，有利于及时革新公务用车管理、推广成功的管理经验，进而提升公务用车的管理水平。

---

① 王传连. 公务用车制度改革后存在的问题及思考[J]. 中国行政管理, 2018（4）: 149-151.

（五）改进公务交通补贴制度

机关公务用车管理，应以标准化为牵引，建立健全公务用车管理、公务出行保障配套制度。建立公务用车配备更新和使用情况统计报告制度，将包括执法执勤用车在内的各类公务用车全部纳入统计报告范围，实现公务用车管理形式和内容上的全覆盖。通过政府购买服务增加出行保障供给，引入社会车辆定点租赁和新能源汽车分时租赁，作为现有公务用车的补充，合理利用社会车辆保障公务出行。采用适度的经济手段，出台中短途出差、到偏远地区下乡根据距离远近按次包干制度，为基层干部多样化的公务出行提供支持。允许参改单位根据实际情况，从公务交通补贴中划出一定比例作为单位统筹部分，集中用于解决不同岗位之间公务出行不均衡等问题，统筹资金使用须公开透明，具体管理办法由各单位制定。[①] 单位统筹部分原则上不超过补贴总额的10%。公务交通补贴的改进策略设计上，一是要坚持厉行节约、反对浪费的原则，二是坚持合理配置资源、有效保障公务出行，三是在兼顾效率与公平的前提下发放公务交通补贴。

鉴于推进公务用车制度改革的目标是既要高效保障公务出行、提高工作效率，又要节省财政费用、降低行政运行成本，因此科学确定公务交通补贴发放方式尤为重要。可以考虑以部门为单位建立公务交通补贴管理系统，将财政部门核定的公务交通补贴费用总额统一确定为统筹资金，在满足公务交通补贴支出后，结余资金再实行货币化分配。机关工作人员公务出行时，自行选择出行方式，既可以步行、骑车，也可以乘坐公交、地铁、出租车或分时租赁车辆，还可以使用私家车。所有需申领公务交通补贴的公务出行，其轨迹均须纳入系统管理，经审核确认属于公务出行的，才可以在一定标准限额内领取公务交通补贴；超出标准限额的，按最高限额标准领取公务交通补贴。部门交通补贴总额在扣除公务交通补贴支出之后仍有结余的，可按本部门全部工作人员当月实际出勤总天数平均计算每人每日应补贴的数额，再乘以每人当月实际出勤天数，就可以得出每人每月应领取的公务交通补贴数额。若需要体现职级差别，可以考虑不同职级人员的实际出勤天数乘以不同的权重系数。由先发放交通补贴再个人支出的方式改为先统筹集中使用再分别发放补贴的方式，既可以有效保障公务出行，又可以引导机关工作人员选择绿色、环保、高效的交通方式出行。

（六）明确公务用车标准，遏制公务用车发生"公地悲剧"

哈丁的"公地悲剧"理论强调，在产权制度不清晰、约束规则松弛的情况下，公共

[①] 中共中央办公厅，国务院办公厅.关于全面推进公务用车制度改革的指导意见[EB/OL].（2014-07-16）[2023-12-20].https://www.gov.cn/gongbao/content/2014/content_2723622.htm.

产品产权由于其不可分割性，往往会导致社会成员或组织因利益驱动而出现掠夺集体资源的行为。某些机关事务管理部门集中管理公务用车及其运行维护经费时出现了公务用车扎堆滥用、公务用车运行保障经费被恶意透支的现象。这些现象均表明公务用车制度和约束规则处于松弛状态。因此明晰公务用车标准，强化约束规则是解决公务用车集中统一管理成本高的重要途径。

明确公务用车标准，首先需要明确"公务"的标准，以严格约束非公务用车行为。公务是一个学术概念不是法律概念。《中华人民共和国刑法》第二百七十七条规定，以暴力、威胁方法妨害国家机关工作人员依法执行职务的，处三年以下有期徒刑、拘役、管制或者罚金。我们可以看出，刑法将公务活动等同于职务行为。《党政机关公务用车管理办法》提及的"公务活动"必然也应当等同于"职务行为"，即党政机关工作人员代表国家机关依法履行法定职责的行为。因此，依据党政机关工作人员的活动是否代表国家机关履行法定职权，可以将其准确地区分为公务活动、单位活动或个人活动。

公务用车仅保障公务活动，机关工作人员以机关名义进行外出活动，虽然有可能是为了处理组织事务或是单位行为，但并不一定属于公务活动的范畴，不在公务用车保障范围内。具体而言，机关工作人员代表单位实施的民事行为，例如采购、后勤外包、内部管理（人事管理）等行为不属于公务用车保障范围。如果一个行为虽然涉及公共权力，但不代表公务意向或超出了职权范围，那么它应被视作个人行为，即使具有公务标志（如穿制服或持有公务证件等）也不属于公务行为，不属于公务用车保障范围。例如，以职务身份私人宴请、消费等行为。单位行为与个人行为用车应当依靠市场方式解决。

其次，严格落实公务类型与供给主体匹配的分类管理制度，明确公务用车的优先规则。党政机关需要公务用车的公务活动包括执法执勤活动，机要通信以及应急活动，调研考察、检查活动等。第一，执法执勤活动优先匹配基层政府保留车辆。执法执勤这类公务活动不仅涉及强制权力的运用，更直接关系到社会的安全公正，所选择的车辆必须具备高度的安全性和可靠性，并具备清晰、持久的车身标识，以增强执法行为的权威性和可信度。因此执法执勤活动应当优先匹配基层政府保留车辆。第二，机要通信以及应急活动按照机要级别以及紧急程度可以选择社会供给车辆。机要通信活动通常关系到涉密文件的信息安全，不同级别的机要文件意味着信息安全的风险不同，因此对于高等级的机要通信文件需要优先选择保密性更强的政府保留车辆，低等级的机要通信文件可以优先匹配社会供给车辆。应急活动主要指处理突发事件、抢险救灾或者其他紧急公务的活动，具有偶发性和突然性，属于小概率事件。在进行应急活动时，如果需要公务标识和公权力背书，那么优先匹配基层政府保留车辆；如果涉及的应急不需要公务标识、和公权力背书，那么优先匹配社会供给车辆。第三，调研考察、检查等活动优先匹配社会供给车辆。从理论上而言，政府间的调研考察活动是一种相互学习的行为，主要发生在政府系统内部。因此一些调研考察活动也可以看作是多个单位之间的民事行为。检查活动主要是上级政府对下级政府的检查督促，通常是组织职权规定的内容，属于公务行为。检查活动属于政府系统内部的管理行为，其主要目的是提升政府管理绩效。由于参加检查的人员是政府系统内部人员，所以这类公务活动通常不会发生外部矛盾和冲突；同时参与检查的人员的身份信息相对容易核实和确认。因此，在大多数情况下，不需要通过公务用车标识来证明参与检查人员身份的合法性。因此，在公务用车数量紧张时，可以优先匹配社会供给车辆。

最后，根据经费来源审批公务用车申请。为了加强公务用车的管理，除了要通过筛选公务行为与非公务行为、建立公务用车的使用规则，遏制过度挤占公务用车及经费资源的行为外，还要根据申请用车事项的保障经费来源，排除不必要的公务用车使用情形。例如党费保障的党员集体活动，要求自行解决出行车辆保障，不得在享受党费保障的同时挤占财政经费。

【拓展阅读】

[1] 谢来位. 论公务用车管理的组织模式选择——基于网络组织理论的视角[J]. 吉首大学学报（社会科学版），2012，33（6）：78-86.

[2] 沈荣华，史和平，刘杰. 推进公务用车制度改革：模式与建议[J]. 中国行政管理，2010（5）：7-9.

[3] 迟翔. 对公务用车管理改革路径选择的思考[J]. 时代金融，2014（7）：174-175.

[4] 王传连. 公务用车制度改革后存在的问题及思考[J]. 中国行政管理，2018（4）：149-151.

第十三章　公务接待管理

公务接待是政府间相互往来交流的必然产物。公务接待管理是机关事务管理的重要组成部分。自新中国成立以来，我国对公务接待管理工作就十分重视。随着我国治理体系和治理能力现代化步伐的加快，党和国家对公务接待管理的科学化、规范化也有了进一步的要求。目前，我们仍需要对公务接待管理工作进行深入研究，解决这一领域存在的基本问题。

第一节　公务接待管理概述

一、公务接待的概念与特征

（一）公务接待的概念

所谓接待，即迎接招待之意，是与拜访相对应的一种互动行为与过程。简言之，接待是组织或个人对于来访者迎接招待的活动。因而，接待有公私之分。私人接待是人们为表达善意、增进彼此间的联系和了解而开展的活动，而公务接待是因为公务需要而产生的接待活动。由于人类社会文化的复杂性，不同社会、不同时期，公务接待产生的前提、内容与形式都会有所不同。

公务接待有广义与狭义之分。广义的公务接待是与私人接待相对应的，顾名思义，是指因为公务需要而产生的接待活动，包括了外事接待和商务接待（甚至包括国有企业的公务接待）以及国内公务接待；而狭义的公务接待仅指国内公务接待。

本章所探讨的公务接待为狭义的公务接待，即行使公权力的公共组织，因出席会议、考察调研、执行任务、学习交流、检查指导、请示汇报工作等国内公务产生的接待活动。① 根据《党政机关国内公务接待管理规定》，公务接待主体是行使公权力的公共组织，包括中央和地方各级党的机关、人大机关、行政机关、政协机关、审判机关、检察机关，以及工会、共青团、妇联等人民团体和参照公务员法管理的事业单位。

（二）公务接待的特征

1. 政治性

公务接待是行使公权力的公共组织为公务的需要所进行的活动，具有鲜明的政治导向性。公务接待的指导思想和工作要求都必须代表和维护国家利益；公务接待往往因为涉及多部门多领域、应对多种突发情况，而更加需要"讲政治"，工作人员应该有更高的政治觉悟。公务接待部门的机构设置和职能分配要符合行政管理科学的基本原理，也要适合我国国情、与我国行政体制改革的总体趋势相适应；公务接待的工作规范以及物质手段，必须符合国家公务活动的特殊要求。

2. 安全性

安全是公务接待的基本要件，直接关系到公务接待工作能否顺利进行。公务接待涉及内容庞杂，包括饮食安全、住宿安全、交通安全、会议接待场所安全等。同时，对于一些涉密的接待任务还要做到信息保密安全等。从某种意义上讲，安全是公务接待的最低要求，一旦安全出了问题，则标志着公务接待工作的失败。

3. 服务性

公务接待是为保障公务活动顺利进行而提供相应的住宿、餐饮、交通等服务，其服务的对象是公务执行者，其目的是保障公务活动顺利进行。只有服务到位，访问、会议、考察调研、执行任务、学习交流、检查指导等工作才能达到预期目的。公务接待的服务性是与公务活动紧密相连的，离开了服务性，公务接待就改变了性质。

二、公务接待的内容与要素

（一）公务接待的内容

公务接待的内容主要是提供食宿接待（服务）、用车接待（服务）、会议接待（服务）、迎送接待（服务）等。

1. 食宿接待（服务）

在公务活动中，因来访者公务尚未执行完毕，接待方常常需要为来访者提供必要的

---

① 中共中央办公厅，国务院办公厅.党政机关国内公务接待管理规定[EB/OL].(2013-12-08)[2023-12-22].https://www.gov.cn/jrzg/2013-12/08/content_2544591.htm.

食宿，即提供餐饮和住宿服务。公务接待的餐饮和住宿都有一定的标准要求。例如餐饮服务涉及就餐场所、价格、方式（自助或桌餐）、陪餐人数等标准；住宿涉及场所、条件、价格等标准。在计划经济时代，由于粮食匮乏、物资短缺，公务接待食宿服务的目标主要是让来访者吃饱、睡好。随着我国生产力水平和人们生活水平的不断提高，公务接待的相关标准（特别是食宿标准）也随之发生变化。但是公务接待所花费用属于公共资源，制定合理的食宿接待标准实属必要。"中央八项规定"颁布以来，公务接待领域一度蔓延的公款吃喝和奢靡享乐风气被有效遏制，公务接待食宿服务的标准越来越规范。

2. 用车接待（服务）

用车接待（服务）是指在公务接待中，接待方为来访者提供交通工具，供对方乘坐、使用的服务，目的是更好地开展公务活动。公务接待的用车也必须制定相应的标准，如使用车辆的种类或车型（如小型轿车、中巴等）、用车数量、是否使用警车等。用车接待（服务）不仅涉及经济因素，还涉及政治因素。

3. 会议接待（服务）

会议接待（服务）主要是指在公务活动中因举办会议而提供会议场所及提供相应的服务。会议根据内容分为接洽座谈会、工作汇报会、经验交流会、任务布置会等。会议接待服务范围广泛，内容包括会场布置，提供会议设备设施、茶点（水）、照明，确保环境整洁卫生、安全保卫措施到位等。会议接待服务贯穿整个会议流程，包括会前工作、会中工作、会后工作三个环节，每个环节须相互衔接，形成闭环。

4. 迎送接待（服务）

迎送接待（服务），也称礼遇接待，指的是在公务活动期间，接待方为来访者（主要是指国家政治人物以及重要的检查团、指导团等）提供的礼仪待遇。根据我国的惯例，礼仪待遇的规格与接待对象的行政职级紧密关联，具体包括乘车、陪同、会见、宴请规格，迎送的地点、迎送规模，是否进行道路管控等。因此，在公务活动中，我们应当注重迎送接待的适度性和得体性，为后续的公务合作奠定坚实的基础。

（二）公务接待的要素[①]

公务接待的要素，是指构成公务接待的各个有机组成部分。简单地说，是由公务接待硬件和公务接待软件两大基本要素构成。

1. 公务接待硬件

公务接待硬件主要是指公务接待服务的各种物质载体，表现为公务接待环境、公务

---

① 朱新海，晨黎.中国公务接待[M].北京：中国大百科全书出版社，2005.

接待机构设施和接待服务条件等物质设施。①

公务接待环境主要指公务接待方所在地特有的大环境和小环境。所谓大环境是指当地社会经济情况、历史情况、地域情况，民风民俗，文化宗教等。所谓小环境是指公务接待方为履行职责所必须涉及的相关部门和团体。较大的公务接待工作可能要涉及相关党政机关、交通部门、公安交警、参观景点、会展场馆等。只有多个部门协同配合，营造良好的公务接待小环境，才能做好公务接待工作，履行公共管理职能。

公务接待管理机构设施是指公务接待部门为完成公务接待工作所必需的办公设备，包括办公用房、车辆、办公设备、通信工具等。

接待服务条件是指公务接待部门在提供接待服务时，所需满足的一系列标准和要求，具体包括交通、住宿、餐饮等方面。

2. 公务接待软件

公务接待软件主要是指公务接待的主观要素，表现为接待人员素质、公务接待机构组织方式、制度、程序、礼仪等意识形态要素。②

接待人员素质是指参与接待人员具有承担公务接待任务所必须具备的条件，具体表现为硬性条件和软性条件。

硬性条件是指接待人员的生理、心理条件。相较于国家公务员所必须满足的身体健康、五官端正、身材匀称等基本要求外，对接待人员在这些方面要求更加严格。因为接待人员的工作主要是协调处理公共管理事务关系，代表着接待部门的形象。

接待人员的软性条件是指接待人员的主观条件。因接待人员一般都是在各级政府机关工作，代表了机关的形象，因此要求具有比国家普通公务员更高的政治思想修养、文化水平及语言表达能力与办事能力等。

公务接待机构组织方式是指公务接待部门的名称、机构性质、级别、机构设置、权力职责、运行模式等。一般来说，公务接待部门的机构组织方式与其所服务的机构组织方式是相一致的。

制度、程序指公务接待部门的工作制度和接待全程的操作程序。

礼仪是指公务接待部门接待宾客的规格要求。不同规格和等级的宾客在迎送、会见、宴请、食宿、乘车、警卫等方面都有相应的接待礼遇档次。

---

①② 朱文艳.S市公务接待服务外包研究[D].厦门：厦门大学，2018.

三、公务接待管理的含义及其特征

（一）公务接待管理的含义

公务接待与公务接待管理是两个不同的概念。具体来说，公务接待需要对一定的人、财、物进行调配和管理。因而，具体的公务接待工作本身就有管理的内容和含义。但是，从行政管理学的视角来看，每一项具体的公务接待工作都需要由专门的组织机构组织完成，因此，此处讨论的公务接待管理是机关事务运行保障管理的重要组成部分，是国家公共事务管理不可或缺的重要组成部分，是拥有相关管理职能的机关对公务接待工作进行的管理。

公务接待的主体与公务接待管理的主体不同。公务接待的主体包括中央和地方各级党的机关、人大机关、行政机关、政协机关、审判机关、检察机关，以及工会、共青团、妇联等人民团体和参照公务员法管理的事业单位及其接待部门。而公务接待管理的主体是对所有公务接待工作都有管理权限的组织。

公务接待的管理对象是公务接待活动。公务接待是接待部门所实施的具体的接待行为，包括公务用车接待、公务食宿接待和公务会务接待等。这些接待行为都是因公务而展开，是国家权力行使的具体表现，现代政治的基本原则要求"有权必有责"，权力就必然会受到规制。因而，公务接待就必然受到有关部门的监督管理，即为公务接待管理。

公务接待管理的管理方式主要是代表国家制定公务接待的政策与具体操作规范，对公务接待工作进行监督，并且追究在公务接待中违法、违规行使职权者的法律或行政责任。

公务接待管理的目的是为提高公务接待的工作效率以及提升公务接待的制度化水平。公务接待管理不聚焦于某个具体的公务接待工作，而是作为国家公共事务管理的重要组成部分，其目的在于提高国家整体的公务接待水平，努力实现公务接待制度化水平的提升。

（二）公务接待管理的特征

1. 公务接待管理主体的多元性

根据我国现行机关事务管理体制，目前我国公务接待管理的主体主要是县级以上党政机关公务接待管理部门以及各级党政机关，除此以外，还包括各级党政机关（负责公务外出计划管理、外出人员报销管理等）、财政部门（负责对党政机关国内公务接待经费开支和使用情况进行监督检查）、审计部门（负责对党政机关国内公务接待经费以及机关内部接待场所进行审计）、纪检监察机关（对公务接待违规违纪行为进行监督）等。

2. 公务接待管理对象的广泛性

公务接待管理对象包括了中央和地方各级党政机关、群团组织及参照公务员法管理的事业单位的公务接待工作。上述机关或组织数量庞大，不仅性质多样，而且行政级别多样，这些都导致了公务接待管理工作任务的复杂性和艰巨性。

3. 公务接待管理内容的复杂性

尽管公务接待管理内容可以归纳为餐饮服务、住宿服务、用车服务和会议服务，但是由于接待的事由、对象、规模、目的等不同，因而管理内容是复杂多样的。特别是一项大型的接待任务往往需要多个部门共同参与，统筹调配、合理使用社会各类公共资源，如交通运输、公安特勤、医疗保健、食品检疫、消防保电等部门密切配合，进而达到良好的公务接待效果。

4. 公务接待管理目标的多元性

公务接待管理对象的广泛性和管理内容的复杂性，决定了其管理目标的多元性。首先，公务接待的服务性决定了管理要达到"周到"的目标；其次，公务接待的政治性又要求管理的目标要兼顾效率与效益，要"花小钱，办大事"。最后，公务接待的安全性也要求管理要达到"安全至上"的目标。因此，公务接待管理的目标是一个综合性的整体，其中个别目标之间或许会存在一定的冲突，例如服务质量与服务效益之间就存在着冲突，但各个目标属于一个整体，公务接待管理就是要使各个目标实现一种平衡，不能顾此失彼。

5. 公务接待管理方法规范性与灵活性统一

一方面，公务接待管理是按照严格的法规制度实施管理的活动，管理的核心内容是经费是否合理使用。公务接待所产生的经费为公共财政列支项目，必须定期接受监督。这要求接待人员要严格遵守接待规范并熟练掌握各项礼仪标准，在有原则、有标准的前提下把公务接待工作开展得更加专业化、规范化。[①]另一方面，公务接待又是一项复杂的工作，充满了许多无法预料的因素，如领导临时交办的事项、突发事件等，因此，公务接待管理在有规章制度的情况下必须依规行事，追求管理的规范化，而在有行政自由裁量权的事项上则还需要讲求管理的灵活性。

四、公务接待管理的意义

（一）有利于提高公务接待的效率，建设高效政府

公务接待是围绕公务活动而展开的，其存在的价值和意义是通过为来访的公务人员

---

① 于澎. 黑龙江省公务接待存在的问题与对策[D]. 哈尔滨：黑龙江大学，2020.

提供相应的服务从而提高公务活动的工作效率。从来访公务人员的抵达到离开期间，公务接待负责包括沟通协调、日程制定、踏查线路、迎来送往、衣食住行、转场对接、会见陪餐、安全保卫、医疗保健、票务预订等多方面的服务保障任务。[1] 公务接待管理为来访人员开展常规公务活动提供后勤服务，提高公务执行效率，达到事半功倍的效果。

（二）有利于节省政府开支，建设节约型机关

公务接待支出是公共开支项目的重要组成部分。合理的开支是必需的，但是过度的开支会给公共财政带来巨大的负担。公务接待管理的重要目的和意义就在于严控公务接待的各项开支，与铺张浪费坚决做斗争。党的十八大召开以来，我国在厉行节约、反对浪费方面取得了显著的成效，并且制定了一系列关于公务接待的制度规范，其中比较有代表性的是《党政机关国内公务接待管理规定》。该规定有效地堵住了公务接待中的漏洞，大大节省了政府开支，为建设节约型机关奠定了坚实的基础。

（三）有利于严肃公务接待纪律，建设责任型机关

公务接待管理的意义不仅在于提高公务的效率，而且在于节省开支、建设一个节约型机关。而要实现上述目的，就必须坚决落实各项公务接待制度。公务接待管理的一项重要意义就是监督公务接待工作是否遵守公务接待制度，并且对违法违纪的行为进行处罚，真正做到"有权必有责"。《党政机关国内公务接待管理规定》设计了对公务接待的全过程监管、接待信息公开等制度，强调严格公务接待工作问责、强化对公务接待工作的刚性约束以及增强内外监督合力，为严肃公务接待纪律、建设责任型机关提供了有力的制度保障。

（四）有利于改进工作作风，树立机关良好形象

公务接待是人民群众关注的热点之一，易引发人们的热议。长期以来，一些公务人员思想松懈，借公务接待之名公权私用、铺张浪费、奢靡腐败，"三公"经费居高不下，给机关的形象带来非常负面的影响。有效的公务接待管理不仅可以从制度源头上极大地填堵腐败的漏洞，而且可以有效提高公务接待的制度化水平，改进公务接待部门的工作作风。当公务接待管理促使公务接待工作形成"务实""勤俭""高效"的作风时，公务接待工作就成为了展现机关良好形象的一扇窗口。

---

[1] 于澎.黑龙江省公务接待存在的问题与对策[D].哈尔滨：黑龙江大学，2020.

第二节　公务接待管理的过程与方法

一、公务接待管理的原则

所谓公务接待管理的基本原则是公务接待管理活动所要追求的价值目标，也是指导公务接待管理工作所要遵循的基本准则。所有具体的公务接待管理活动都是这些原则的应用与展开。具体而言，公务接待管理工作应遵循的基本原则有以下五项。

（一）坚持党的领导原则

中国特色社会主义最本质的特征是中国共产党领导，中国特色社会主义制度最大的优势是中国共产党领导。坚持党的集中统一领导是我国国家制度和国家治理体系的显著优势。公务接待管理是我国政府管理的重要组成部分，必然要坚持党的领导，这是公务接待政治性的直接要求和体现。只有坚持党的领导，公务接待管理才能保证在正确的方向前进。

（二）坚持依法管理原则

依法管理原则也称依法行政原则，有以下三层含义。首先，公务接待管理必须制定相应的法律制度，使相关工作有法可依，目前，我国已经出台了有关公务接待不同层级、不同方面的法律制度规范，这是依法管理的前提条件。其次，公务接待管理必须严格执行相关的法律制度，即"有法必依"，这是依法管理的关键环节。最后，如果公务接待管理工作中出现违法行为，还必须追究其法律责任，对违法者进行制裁。

（三）坚持高效、透明原则

公务接待管理工作往往牵涉多个部门与机构。公务接待管理的首要或直接的目标就是促进多种机构和部门之间的协同合作，使公务接待工作高效开展，否则将会影响公务的执行。公务接待管理不仅要追求高效，还要坚持透明原则。所谓透明，包括了公务接待管理制度的透明、接待费用的透明等。管理的透明是管理高效的有力保障。

（四）坚持务实节俭原则

公务接待管理要坚持务实原则。所谓务实，是与务虚对应，是指要从公务的实际出发，给执行公务者提供必要的服务。务实原则就必然推导出节俭原则。务实节俭原则是中国共产党为人民服务宗旨在公务接待管理领域的体现和要求，是党中央针对铺张浪费等不良社会风气作出的有力回应。

（五）坚持简化礼仪原则

我国是礼仪之邦，对接待礼仪尤为重视。必要的礼仪是公务接待工作的基础，但是过度繁复的礼仪不仅会影响工作效率，还会造成公共资源的浪费。因此，简化礼仪是在新形势下党和国家对公务接待管理工作的新要求，是务实节俭原则在接待礼仪方面的直接体现。

我们也可以将以上公务接待管理的五项原则浓缩为一句话，即少花钱，多办事；花小钱，办大事。

二、公务接待管理的过程

公务接待管理的过程大致可以分为三个阶段：立法阶段、执行阶段、监督阶段。

（一）公务接待管理的立法阶段

依法治国是我国治理国家的基本方略，而依法行政是依法治国的重要内容。公务接待管理作为国家治理的重要内容，自然要遵循依法行政原则。所以，制定公务接待的相关法律规范就成为接待管理的首要任务。立法的主要步骤是：

制订立法（制度）计划；起草立法（制度）草案；通过并颁布法案（制度）。

（二）公务接待管理的执行阶段

1. 编制公务接待管理预算计划

《党政机关国内公务接待管理规定》要求各级党政机关应当加强对国内公务接待经费的预算管理，合理限定接待费预算总额。公务接待费用应当全部纳入预算管理，单独列示。

2. 公务接待管理的具体执行阶段（见图 13-1）

（1）制定接待方案。接待方收到接待通知后，应根据服务需求对接待服务进行全面的策划，填写公务活动安排表。形成实施方案，其中包含但不限于：职责分工、时间安排、场地安排、会务用品及硬件设施配备、突发事件应对措施、会议秩序及安全、个性化服务等。

1）接待信息报送。第一时间由专人填写接待通报、客情简报，按要求报送至相关领导和有关部门。接待人员提出拟办意见报接待处处长、分管局领导审批。

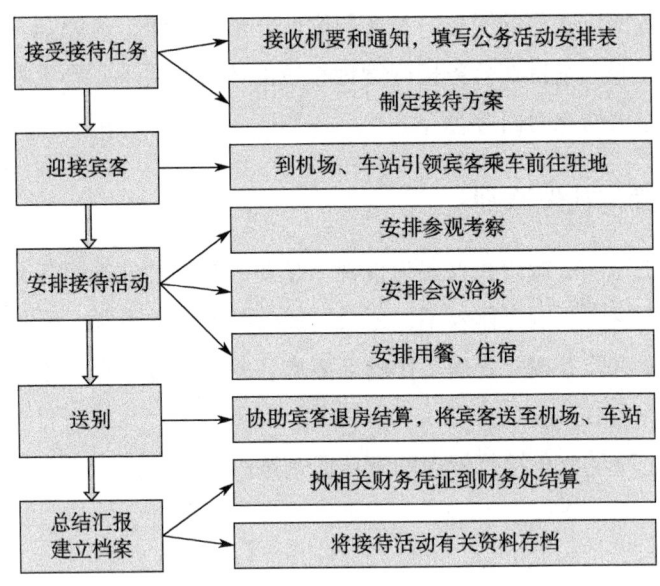

图 13-1　公务接待管理的具体执行阶段

2）任务分工。根据担负的工作任务情况和上级有关要求，及时召开任务协调会，进一步对本次接待任务进行全面研究，确定人员分工、完成时限，并提出具体要求。

（2）组织接机（站）工作。

1）确定接待对象到达时间，提前与机场、火车站沟通，掌握航班、车次运行动态，并通知参与接送的领导和工作人员；如需使用快捷通道，提前对接并督促落实相关事宜。

2）确定迎接地点，如悬梯、廊桥、贵宾室、普通出口等。

3）合理调度车辆、人员，在预定的时间、出发地点乘车前往机场、火车站接站；负责行李运送人员需提前与接待对象沟通，做好行李运送保障工作。

4）接到宾客后，接待人员需简要进行自我介绍，并将同行的接待人员也介绍给宾客。

（3）安排接待活动。

1）根据接待任务，提前制定工作计划和预案。

2）陪同接待对象参观考察时，须做好随行服务，以及与相关单位的沟通与协调。

3）会议场地的布置要符合会议的内容和主题。

4）如需安排住宿、餐饮，要严格按照国家的有关规定和标准进行安排。

（4）会务接待活动。

1）会议前准备。会场直接负责人要安排专门人员定期检查、维护各会议室的所有设备。包括：吊顶、墙体、门窗、门锁、窗帘、桌椅、茶具、照明灯光设备、音响设备、电视机、投影仪、热水器、空调、洗手间、灭火器、手机信号屏蔽器等，确保一切设施设备能正常使用。一旦出现故障，必须及时排除，不能影响会议的进行。设备的增添和更换需要常态化进行，随时保证会议正常进行。每次会前必须做到有目的、有计划、有组织，确保会议效率最大化。

2）会场布置。会场由会议中心人员根据会议主办单位的要求进行布置。相关领导的姓名卡和各相关单位的名片，由主办单位提供摆放顺序，会议中心负责摆放和收回保存。会议室的桌椅必须摆放整齐，热水壶、茶杯、烟灰缸等物品放置有序。会议现场要做好保洁工作。

3）会议中服务。确保设施设备功能正常，参会人员的座次、座位安排准确无误；派专人供应茶水、负责清洁卫生、看管音响灯光设备，调节空调、电视电话、多媒体设备等服务工作。各种服务必须周到，服务人员要热情、态度和蔼，有礼貌、有耐心。

4）会议后工作。会议结束后，应及时清理会场，关闭灯光、空调等电器并锁门。如发现遗忘的茶杯、笔记、书本或贵重物品，须及时交还失主或送交会议主办单位。检查室内外设备设施有无损坏，如发现，及时与会议主办单位接洽。最后，工作人员应以书面形式收集会务组、会议代表意见，以方便整改，并将书面意见汇总整理成册存档。

（5）送别。

1）组织送别首先要确认礼遇规格，包括送行流程、送行方式、送行地点、车辆安排等。

2）宾客离开宾馆前，提前通知宾馆前台按规定收费，并协助办理结账手续。

3）一般宾客送至候机（车、船）大厅即可，重要宾客按规定送至悬梯（车厢、船舱）处，待机（车、船）启动后方可离开。

（6）完成接待任务后的工作。

1）接待费用的结算。认真审核费用情况，及时填写国内公务接待清单，按规定和程序进行费用结算。

2）将相关资料存档。

3）总结接待工作中存在的问题和经验，提出改进工作的建议和方案。

4）备案。接待单位职能部门及时汇总本单位接待公函、客情报告单、接待清单和账单，报本单位备案。

（三）公务接待管理的监督阶段

公务接待管理的最后一个阶段是监督阶段，对公务接待管理的监督分为内部监督和外部监督。

1. 内部监督

狭义的内部监督是指公务接待机关对其管理对象或公职人员在公务接待工作中进行

的管理和监督。

广义的内部监督还包括层级监督和专门监督。层级监督指上级公务接待管理部门对本级党政机关公务接待工作的业务监督以及对下级公务接待管理部门工作的监督。专门监督是指财政部门、审计部门以及纪检监察部门对各级党政机关公务接待工作的监督。

2. 外部监督

外部监督是指各级人民代表大会对公务接待工作的监督，以及司法系统对公务接待工作的监督。前者主要指各级人民代表大会对政府公务接待预算、决算的监督；后者主要指检察机关对在公务接待过程中有渎职、贪污等犯罪行为的侦查起诉，以及法院对涉嫌上述犯罪的人员的审判。

三、公务接待管理的方法

公务接待管理的方法是管理主体为实现管理目标所采用的各种管理方法、措施和手段。公务接待管理的方法一般有经济方法、行政方法和法律方法。

（一）经济方法

经济方法是指运用经济手段或途径来管理公务接待工作的方法。其实质是以物质利益为作用机制来实现对公务接待工作的管理。由于公务接待管理提供的各种服务都需要成本核算，经济方法能够直观地反映出各项服务的成本，可以促使相关组织不断创新公务接待管理的形式，降低公务接待管理成本，从而实现公务接待管理效益的提高。

1. 公务接待的预算管理

目前，我国公务接待费用已经全部纳入了预算管理，且单独列支，并将预算总额予以合理限定。

2. 公务接待场所企业化改革

我国大多党政机关都有内部的接待场所，为公务接待提供食宿服务。由于历史原因，这些内部接待场所沿用计划经济时期的管理模式，缺乏经济指标的考核，导致接待服务的经济成本巨大，浪费严重。为降低服务成本，提高资产使用效率，《党政机关国内公务接待管理规定》要求机关内部接待场所应当建立健全服务经营机制，推行企业化管理，推进劳动、用工和分配制度与市场接轨，建立市场化的接待费用结算机制，逐步实现自负盈亏、自我发展。

3. 对公务接待部门进行经济考核

公务接待管理主体可以根据管理对象的工作表现或业绩（如对公务接待费用收支情况的考核），给予相应的物质奖励或惩罚，促使各个管理对象努力达到公务接待工作的最佳状态。

（二）行政方法

行政方法是依靠行政权力，运用各种行政手段来管理公务接待工作的方法。行政方法具有强制性和直接性的特点，具体表现为各级公务接待管理部门制定并执行公务接待的相关制度和政策。行政方法是我国最主要的公务接待管理方法。

1. 制定和颁布各类有关公务接待的规章制度

目前，各种规章制度是公务接待管理的主要依据，根据制定主体的不同，可以分为全国性制度（包括党纪）和地方性制度。

全国性制度，如中共中央办公厅、国务院办公厅印发的《党政机关国内公务接待管理规定》（2013年）。

地方性制度是地方政府制定的各种有关公务接待的制度，如山西省财政厅、山西省人民政府机关事务管理局印发的《山西省省直机关会议费管理办法》（2014年），山西省机关事务管理局、山西省财政厅印发的《山西省省直机关集中办公区后勤服务保障管理办法》（2021年）等。

2. 各级公务接待管理部门依据有关制度对管理对象发布行政命令

此为最直接、具体和普遍的管理方式。如各级党政机关对其公务外出计划管理、接待单位对接待审批控制等，也包括上级党政机关会同有关部门对本级或下级机关的工作进行检查，以及纪检监察机关对公务接待违纪违规行为的查处。各级公务接待管理主体推进国内公务接待服务社会化改革的举措也属于行政方法。

（三）法律方法

法律方法是依照国家制定的法律规范，运用法律的强制手段管理公务接待工作的方法。其实质是以法的权威性为作用机制，在一定范围内规范公务接待工作。法律代表国家意志，具有极大的权威性，任何社会成员都必须服从于法律规范，同时，法律一经确立就应具有稳定性，不能朝令夕改、随意变动。

1. 对公务接待进行立法

对公务接待管理进行立法是指立法机关起草、审议、颁布和修改有关公务接待管理的法律规范。目前，我国有关或涉及公务接待管理的中央立法有：中共中央、国务院颁行的《党政机关厉行节约反对浪费条例》（2013年）；财政部、国管局、中共中央直属机关事务管理局颁行的《中央和国家机关会议费管理办法》（2016年）等。

有关或涉及公务接待管理的地方立法则数量庞大，以山西为例有：山西省人民政府颁行的《山西省机关事务管理办法》（2018年）、山西省人民代表大会颁行的《山西省机关运行保障条例》（2020 年）等。

2. 对公务接待中的犯罪行为进行处理

对公务接待中的犯罪行为进行处理指司法机关运用法律规范侦查、起诉以及审理涉嫌在公务接待工作中违法犯罪的公职人员。

第三节　公务接待管理的中国实践

一、公务接待管理的体制变迁

（一）新中国成立初期的公务接待管理

早在中国共产党建党初期，党中央就为党的政权建设开展了各种公务接待活动。不论是在井冈山革命时期还是延安革命时期，公务接待工作都发挥了十分重要的作用，也为新中国的公务接待工作积累了大量的经验。新中国成立后，党和国家对公务接待工作高度重视，1950 年 12 月 8 日，中央人民政府政务院召开了第 62 次会议，决议成立中央人民政府政务院机关事务管理局。政务院机关事务管理局内设交际处，其他机关内部也设有交际处，全国各地区大都成立了交际处和招待所。在接待范围上，既接待内宾又接待外宾；在接待体制上，地方交际处归党委、政府秘书长统一领导；在工作重心上，主要是全力以赴做好党中央重大政治活动（党和国家的重要会议、重大节庆、国事活动等）的接待服务工作。公务接待工作为新中国政权的巩固和建设发挥了巨大作用。但是，在公务接待工作中也存在着比较严重的铺张浪费现象，表现在：一是宴请"四多一高"，即次数多、桌数多、陪客多、工作人员多和标准高；二是赠送礼品的面过宽、数量过多、标准过高，而且有层层加码的现象；三是迎送铺张，对一般外宾的迎送也是超规格进行；四是租用饭店房间时往往宽打宽用，心中无数，造成很大浪费。这一阶段公务接待的对象主要是上级领导，以及视察工作的党和国家领导人。由于我国当时经济基础薄弱，生活还比较艰苦，公务接待工作的重心是为领导人做好生活服务工作，公务接待很大程度上沿用新中国成立前的供给制，接待的标准也根据接待对象的行政级别来决定。

为了加强对公务接待工作的领导，政务院 1952 年 8 月 25 日召开各大区政府交际工作座谈会，其后，国务院于 1958 年、1959 年、1961 年、1964 年四次召开全国招待工作会议，专题研究国内公务接待工作。1962 年 3 月国务院发布的《关于对内招待工作的规定》，共26条，对公务接待的方针、原则、性质、作风建设、公款请客、送礼、迎送、公务接待管理等进行了规定，为我国公务接待工作奠定了坚实基础。

（二）改革开放时期的公务接待管理

1978年党的十一届三中全会否定了"以阶级斗争为纲"的指导思想，将工作重心转移到社会主义现代化建设上来。随着全国经济迅猛发展，地方政府之间交流的机会大大增多，公务接待的数量和内容都发生了很大的变化，公务接待工作进入新的发展阶段。为了适应改革开放和现代化建设的需要，各地机关公务接待工作也开展起来，各级机关重新组建新的接待机构，名称也由过去单一的"交际处"发展为"接待办公室""接待处""礼宾局""接待局""合交办"等。在机构设置上，绝大多数省、市分设了内事接待处与外事接待处。在体制上，有的是党委序列，有的是政府序列，还有的是几大班子各自成立接待机构。在接待职能上，除了做好领导和领导机关的公务接待工作以外，还要承担为当地经济建设服务的保障工作。与此同时，对公务接待工作作用的认识，也由提供"吃、住、行"服务发展为展示城市形象、传递信息、促进沟通和建立友谊的平台。在工作机制上，逐步实现了"党委统一领导，任务集中管理，工作分级负责，函电归口通知，活动对口接待，接待部门牵头，相关部门配合，上下左右联动，全局一盘棋"的工作机制。

伴随着改革大潮的推进，为减轻国家财政负担，中央公务接待部门也开始了市场化的改革探索。从1983年开始，国管局国宾招待处开始施行经营责任制的改革，国管局第一招待所实行事业单位企业化经营，使用独立核算、自负盈亏的管理办法。1984年，国管局开始了对内有偿服务和对外经营服务的改革探索，将接待处、国宾招待处合并，成立接待服务公司，作为企业独立经营；同时，将中央国家机关招待所的客房和会议室分等论价，根据自己的实际水平制定了相应的收费标准。[①]

公务接待工作在改革开放、社会发展、经济建设中发挥了不可替代的作用。随着改革开放的深入和社会的发展，公务接待的公务性要素快速上升，而生活服务和礼仪性要素相对下降。同时，在市场经济的冲击下，公务接待的奢华攀比之风盛行。这一时期，公务接待工作突出的问题仍然是：接待标准过高、接待范围过宽，铺张浪费现象普遍存在等。为此，党中央、国务院多次发文进行治理，虽然在短期内上述现象有所控制，但并没有从根本上解决问题，不仅如此，这些问题还发展得越来越严重。

针对以上存在的问题，国家出台了若干规范性文件加以规制，如1986年中央出台《关于简化各级领导干部外出活动接待工作的若干规定》，规定在就餐方面要按标准就

---

① 朱萌，王浦劬. 从"去行政化"到"再行政化"：机关事务管理体制变迁研究（1983至今）[J]. 云南大学学报（社会科学版），2021，20（4）：121-129.

餐，禁止举行迎送宴会，进餐时不得备酒；1994年出台《关于党政机关工作人员在国内公务活动中食宿不准超过当地接待标准的通知》，规定公务接待工作要按标准执行，严禁超标；2006年出台《党政机关国内公务接待管理规定》，规定接待提倡自助餐，不得超标，被接待者按规定交纳伙食费，凭据报销。这些文件的出台对于公务接待制度的完善起到了一定的作用，但是未从根本上解决公务接待中的铺张浪费等问题。

（三）党的十八大以来的公务接待管理

党的十八大以来，新一届中央领导集体高度重视公务接待工作中存在的问题，明确要求完善公务接待制度体系，厉行节约，坚决刹住铺张浪费之风，切实遏制公务接待中的公款消费等各种违规违纪违法现象。为切实扭转铺张浪费的不良风气，党中央、国务院先后出台了《十八届中央政治局关于改进工作作风、密切联系群众的八项规定》（2012年）、《党政机关厉行节约反对浪费条例》（2013年）、《中央和国家机关会议费管理办法》（2016年）等一系列规章制度和法规，对规范和简化公务接待工作提出了明确要求。

特别是在2013年，中共中央办公厅、国务院办公厅对2006年印发的《党政机关国内公务接待管理规定》（以下简称《规定》）从完善制度和标准、创新管理机制、推进社会化改革、强化监督问责几个方面进行了全面修订。《规定》覆盖了适用范围、接待单位、接待对象、接待项目、配套改革等接待管理的各个方面，规范了事前审批控制、事中规范、事后监督问责等接待管理的全流程。[①]《规定》对规范开展公务接待工作提出了许多具体要求，可操作性强，便于抓好制度落实。修订后的《规定》共26条，其中，15条为全新内容，对7条进行了大幅修改。

1. 新《规定》对旧《规定》进行了大范围、大幅度修改和增加，在三个方面提出了13项新举措[②]

（1）"源头管控，双向约束"，压减公务接待活动数量。新《规定》提出的具体措施有：①严格公务外出管控。要求各级机关加强公务外出计划管理，科学安排和严格控制外出的时间、内容、路线、频率和人员数量。公务外出确需接待的，派出单位应当向接待单位发出公函，告知内容和行程、人员。②严控接待范围。明确要求接待单位严格审批控制，无公函不接待，探亲、旅游、休假等因私活动不接待；对能够合并的公务活动统筹接待；不得用公款报销或支付应由个人负担的费用。③建立接待清单制度，实现接待"留痕"。接待单位应当填写反映接待对象的单位、姓名、职务和公务活动项目、时间、场所、费用等内容的接待清单，作为报销凭证之一，留存备查。

---

① 盛若蔚，江琳.管住"吃"管好"住"管控"行"管制"游"[N].人民日报，2013-12-09（6）.
② 裴力，潘强.公务接待管理新规呈现四大亮点[N].中国改革报，2013-12-11.

（2）"明确标准，综合治理"，简化公务接待工作。新《规定》对公务接待工作食、宿、行、迎送及警卫、预算和报销等关键环节作出了详细规定。①简化接待礼仪，地区、部门主要负责同志不得参加迎送，不得层层多人陪同。②限制接待住宿房型，接待对象自负住宿费用。住宿用房以标准间为主，接待省部级干部可以安排普通套间，不得额外配发洗漱用品。③从严控制接待用餐的次数和陪餐人数，严格限制用餐地点和消费内容。④规范警卫安排。尽可能缩小警戒范围，不得违反规定管控交通，不得清场闭馆。⑤接待费全部纳入预算管理，合理限定接待费预算总额，单独列示。⑥接待费开支标准参照会议等标准分地区制定并进行动态调整。⑦严格接待费用报销管理。明确报销凭证种类，具备条件的地方应当采用银行转账或公务卡结算，不得以现金方式支付。归纳起来共提出了公务接待的38项禁令，包括11项"禁止"事项和27项"不得"要求。

（3）"全面公开，强化问责"，杜绝公务接待中的"破窗效应"。新《规定》提出的具体措施有：①县以上各级机关全面建立接待信息公开机制，接受社会监督。②建立立体式的公务接待工作监督检查体系，明确监督检查内容。③将公务接待工作纳入问责范围，强化责任追究和惩处，涉嫌犯罪的，移送司法机关依法追究刑事责任。

2. 公务接待管理存在很多体制方面的难题，为此新《规定》提出了破解难题、深化改革的四个方向

（1）深化公务接待管理体制改革。新《规定》首次明确县级以上机关公务接待管理部门负责管理本级机关国内公务接待工作，指导下级机关国内公务接待工作。这一规定结束了此前公务接待管理体制多头管理的混乱局面，为公务接待管理的科学化创造了组织基础。

（2）积极推进接待服务社会化改革。为充分发挥市场机制的作用，新《规定》要求公务接待实行政府购买服务，有效利用社会资源提供接待用餐、住宿、用车等服务。推行接待用车定点服务制度。

（3）推进机关内部接待场所转制改革。为切实降低机关内部接待场所的运营成本，新《规定》要求机关内部接待场所建立健全服务经营机制，推行企业化管理，建立市场化的接待费结算机制，逐步实现自负盈亏、自我发展。

（4）推进机关内部接待场所集中统一管理改革。为充分发挥各级党政机关内部接待场所国有资产的功能与作用，新《规定》要求推进各级机关对其内部接待场所进行集中统一管理和利用，建立公共部门接待资源的共享机制。

综上所述，我国公务接待管理体制经历了集权——分权——集权的循环阶段；在实际工作中，我国的公务接待还有很多中国特色，这与我国的历史文化以及制度、体制有着千丝万缕的联系。但是，也应该看到，随着我国治理体系和治理能力现代化水平的不断提高，公务接待工作的制度化水平也在飞速发展和提高。

二、公务接待管理中存在的问题及其成因

自 20 世纪七八十年代以来,随着我国经济和社会的快速发展,跨地区的公务交流活动越来越频繁,同时,相应的制度规范建设又没有及时跟进,导致"三公"经费居高不下,成为公众关注的焦点。党的十八大以后,为切实扭转铺张浪费的不良风气,党中央、国务院先后出台了一系列法律法规和规章制度,公务接待工作也相应出现了新的气象。但是事物的发展总是遵循着"波浪式前进、螺旋式上升"的规律,公务接待工作在取得一定成果的同时,也会面临新的问题与挑战。

(一) 公务接待工作中出现的新问题

随着公务接待工作的各项制度不断完善,公务接待工作也更加规范,但是在这一领域中依然存在着一些问题:接待标准执行难、报销流程有漏洞、差旅费标准不统一及补助标准过低等,需要我们认真对待。

1. 接待标准执行难

《党政机关国内公务接待管理规定》和《中央和国家机关工作人员赴地方差旅住宿费标准明细表》出台后,许多省市也相继出台了公务接待工作的实施细则,对接待标准进行细化。目前,公务接待工作标准执行难主要表现在用餐方面。

首先,公务用餐的餐标执行不易。根据规定,"因工作需要,接待单位可以安排工作餐一次",同时,"县级以上地方党委、政府应当根据当地经济发展水平、市场价格等实际情况,按照当地会议用餐标准制定本级国内公务接待工作餐开支标准"。目前,根据财政部规定,会议餐标准为每人每日上限 150 元。这样算来,接待用餐的午餐与晚餐的一般人均标准为 60~70 元。在接待人数不足、采用自助餐不经济的情况下,接待方会采用桌餐的形式。倘若就餐人数为 10 人,根据这一标准则需要提供 600~700 元的桌餐。但根据实际物价水平来说,600~700 元一桌的饭菜不论在质上还是量上都是有较大局限性的。在接待重要的对象,特别是上级领导的时候,这一用餐标准就常常会被突破。其次,陪餐人数的标准经常被突破。《党政机关国内公务接待管理规定》规定了公务接待的陪餐人数:接待对象在 10 人以内的,陪餐人数不得超过 3 人;超过 10 人的,陪餐人数不得超过接待对象人数的三分之一。但这项制度执行起来却有一些困难。在很多地方,人们习惯于将一些诸如汇报、协商之类的工作放在餐桌上进行,特别是涉及多个部门联合工作的时候,就需要多人参与和陪同。最后,很多地方的公务接待已经推出禁酒令,但是实际执行起来也很困难。有的时候,为掩人耳目,个别接待方会把酒提前倒在饮料瓶中并端上餐桌,以规避禁酒令。

2. 报销流程有漏洞

《党政机关国内公务接待管理规定》的亮点之一就是对报销制度作了详细规定，完善报销流程。首先，公务接待的派出单位应向接待单位发出公函，接待单位对无公函的公务活动一律不予接待；对有公函的公务活动，确因工作需要，接待单位可安排工作餐一次；应将公函作为接待费用报销凭证。

无公函不接待制度堵住了打着公务接待旗号进行公款吃喝的漏洞，在实践中取得了很好的效果。但在具体执行过程中，一些地区、部门仍不同程度地存在违反上述规定的现象。主要是因为在公务接待中常常会遇到各种特殊情况，如领导临时电话交办或公函要素信息无法及时确定等，但这些情况尚可以通过事后弥补来解决。但是对于具有保密性的公务活动，由于不便透露相关信息，这些活动往往需要在遵循"无公函不接待"原则的基础上进行特殊处理。

3. 差旅费标准不统一及补助标准过低

差旅费用的管理，也是公务接待工作的重要组成部分。目前，这项工作主要存在的问题有二：一是出差补助标准过低，二是差旅住宿的标准不统一。

目前，公务出差补助一般为每人每日180元（其中餐补100，市内交通补助80元）。实际上，这一标准已不符合经济发展的实际情况。近几年，全国的物价水平都有大幅提高，有些地方吃一碗面也要花几十块钱，特别是在一线城市，每天100元的餐补确实不能满足公务出差的基本需求。

2016年财政部结合地方财政部门的意见，制定并印发了《中央和国家机关工作人员赴地方差旅住宿费标准明细表》，随后，各省市也相继出台了自己的差旅标准，但基本是将财政部印发的差旅标准加以"复制"。问题是，不同地区的住宿标准并不统一且有着较大的差异。例如，上海、北京每人住宿限额为500元/天，青海海西州住宿限额为200元/天，之间相差300元。有些省的公务出差标准限额竟然有四个等级，这就会带来一些后续问题，给因公出差的报销和地方财政造成影响。另一方面，住宿标准已经制定和施行了若干年，一些地方的经济状况（财政收入情况）已经有了很大的变化，旧的住宿限额已经不合时宜，需要及时作出调整。

4. 转移接待费用现象依然存在

党的十八大以来，对公务接待费用的管理呈现出越来越规范、严格的趋势，但是实际中却依然会有漏洞的存在，接待费用的列支、转移等情况时有发生。

例如，目前各级政府对公务接待的食宿制度规定得都比较具体和严格，但是对会议费用的监管却比较薄弱，会议室的租用价格没有统一的标准，实际工作中很难对会议进行有效的监督，如是否有必要开会、参会的人数、会议的时间、场次等没有具体的可依据的标准。现实中，当公务接待的食宿费用超过规定的标准时，接待方常用的方法是将超出标准的金额列支或转移到会议或培训费用中。而接待宾馆出于利益考虑，也十分乐意帮助接待方开具隐瞒真实情况的发票，让公务接待账面"干净漂亮"，使财务和审计监督查不出任何问题。但是，这种违规的做法却使得公务接待费用脱离了国家的监管，最终造成了"三公"经费的居高不下。

（二）公务接待工作出现问题的原因分析

1. 制度规定存在空白

从目前来看，涉及公务接待的标准、内容、范围、性质、公开制度等都较以前规定得更加具体，极大地减少了制度漏洞。但是在实际执行过程中，有些规定较为笼统，仍然存在一定的制度空白。

第一，《党政机关国内公务接待管理规定》第十条规定，工作餐应当供应家常菜，不得提供香烟和高档酒水。但是，在实际操作中，还要根据具体情况和地方标准来进一步细化和界定何为"高档酒水"和"高档菜肴"，以确保规定的合理实施。第二，关于公务接待清单制度，接待费用的报销必须要有接待清单作为依据，但对于公务接待清单具体应该怎样设计，却没有一个规范化的标准。不同地区、不同级别的机关自己设计出来的公务接待清单是否符合要求，也没有一个评判的标准。第三，对公务接待清单上所要列明内容的规定较为笼统，没有规定必须列明相应的"佐证资料"。例如，尽管接待清单上列明了用餐（包括陪餐）的人数和用餐总额，但陪餐者的具体身份以及每顿的具体菜品和价格往往未能详尽列出。这些制度空白都使得公务接待的监督很难有效深入开展。

2. 缺乏有效的监督机制

现阶段，对于公务接待工作的监督，主要有内部行政监督以及外部的人大监督、审计监督和社会舆论监督。虽然这四方面的监督在不断地完善，但也存在一定的问题。

第一，人大对公务接待费用的监督有限。人大具有对政府财政预算执行情况进行监督的职能。但是，对于公务接待费的预算究竟应该怎样制定，却没有具体的、规范化的实施细则。近年来，预算报告的内容越来越详细，但是，还有很多科目没有详细列出，人大代表无法对预算报告进行详细了解，而且在预算、决算审议时，由于审议时间非常有限，人大代表往往只审大的额度，很少审明细。[①] 第二，审计监督的独立性和规范性不足。由于公务接待费的报销凭证没有规范化，导致审计部门在审计过程中较难开展工作。第三，社会舆论监督缺乏信息基础，接待费用向社会公开的程度影响社会监督的效果。《党政机关国内公务接待管理规定》中已经明确规定，县级以上党政机关公务接待

---

① 黄敏."八项规定"颁布以来公务接待规范化存在问题的研究[D].广州：暨南大学，2017.

管理部门应当会同财政部门应按年度组织公开本级国内公务接待制度规定、标准、经费支出、接待场所、接待项目等有关情况，接受社会监督。目前，公务接待费用只是一定程度、一定范围的公开，大部分的机关单位只是笼统地列出了"三公"经费的年度预算数字及实际使用情况，而具体的使用情况则没有详细地列出。

同时，对公务接待工作的监督目前还存在"铁路警察各管一段"的现象，无论是异体监督还是同体监督，各监督主体之间尚未形成有效的合作机制，在一定程度上限制了监督工作的效果。

3. 公务接待社会化改革不到位

公务接待中存在的很多问题都与接待场所经营管理模式有着千丝万缕的联系。因此，《党政机关国内公务接待管理规定》指出，机关内部接待场所应当建立健全服务经营机制，推行企业化管理，推进劳动、用工和分配制度与市场接轨，建立市场化的接待费结算机制，降低服务经营成本，提高资产使用效率，逐步实现自负盈亏、自我发展。

由于历史原因，各机关内部的接待场所曾经是机关工作人员安排亲属就业的重要渠道，这些亲属文化水平及工作能力都较低。同时，由于接待场所的经济核算对财政拨款有极大的依赖，缺乏创新经营的积极性，很难开源节流。这些都是公务接待费居高不下的重要原因。同时，也造成了服务质量不高的后果。

目前，公务接待不论在定点饭店或者机关内部接待场所进行，都执行协议价格。但是，很多定点宾馆、酒店表示，如果按当前公务接待规定的标准结算，往往利润率极低，很多时候甚至仅能收回原材料成本。因此，在既要保证服务品质，满足公务接待的要求，又要维持企业正常盈利与生存的双重挑战下，定点接待的酒店和宾馆面临着较大的生存压力。

4. 传统观念的影响

中国两千多年的专制历史形成了国人"官本位"思想和文化思维定式，同时，在行政体系内，对权力和权威的遵从和依赖，以及对正式规则漠视的文化和心理也导致上级"吃"下级，下级也乐意招待上级的现象。"官本位"思想必然产生出集体主义的行政文化，这种文化使得行政人员对行政系统（包括同僚）十分依赖，他们更愿意建立一种以情感为纽带的非正式组织，这也就导致了公私界限的模糊以及公务接待的"私人化"。

同时，中华农业文明的一大特色，就是对于"吃"非常重视，饮食文化强调"食不厌精，脍不厌细"。在很多人看来，吃一桌美味佳肴不仅可以满足口腹之欲，更是人生价值和社会地位的体现。一桌丰盛的酒宴不仅代表着东道主的诚意，更是彰显了被接待者的地位与尊荣。

当公务接待工作中的吃、住、行，被赋予了更多的社会和文化意义时，公务接待工作就不再是为执行公务活动者提供必要的吃住服务了。接待被视为了一个体现接待者态度和心意、展示被接待者地位和价值的重要标志，接待工作成为了具有象征意义的仪式活动。从古至今，"三公"经费居高不下，此为其背后的文化原因。

三、公务接待管理的完善对策

（一）进一步完善制度：标准化与个性化的适度平衡

一方面，制度化是公务接待工作的基本要求。进一步完善制度、细化标准，是坚持按制度办事、用制度管人的前提，同时也是体现国家治理能力和治理水平的重要标志。在全国范围内，一些基本的规范需要基本统一，如工作职责规范、办事程序规范等。

另一方面，接待制度的标准化虽然是一个趋势，但是对于中国这样一个地域辽阔的国家来说，个性化的制度也是非常需要的。《党政机关国内公务接待管理规定》第三条规定，国内公务接待应当坚持尊重少数民族风俗习惯的原则，这条规定就是典型的对个性化制度的肯定。

此外，有些制度或标准也需要根据实际情况作出调整。例如，目前公务出差的交通补助为每人每天80元，这个标准在小城市没有什么问题，但是在北京、上海这样的大城市，打车办事很轻易就会突破这个标准。

（二）强化监督：内部监督与外部监督必须形成合力

健全公务接待的监督机制，可以从以下几个方面着手：

一是加强人大预算监督。监督公共财政预算，是各级人民代表大会的义务和责任。提升人大预算监督的能力，需要改变以往对预算监督过粗的状况。对于预算粗糙的报告，人大可以给予退回，责令整改，重新细化后才能提请人大审议。建议全省各机关将公务接待费用年度预算在财政预算中列支，统一纳入人大预算监督的范畴，同时赋予人大专门委员会问询预算执行情况的权力，一旦发现问题要协同有关部门依法进行处理。

二是提升审计监督效果，完善内部审计制度。增强审计机关的独立性，对审计部门的监督职责，还要赋予法律上的保障，必要时在经费上要给予支持。采取措施保障审计部门的独立性，使其能在法律授权的范围内对公务接待费用进行独立审计，同时也避免在某些大领导的压力下，对公务接待费用的审计流于形式。

三是完善社会监督制度。加强社会大众对公务接待的监督，关键是要畅通监督的渠道，推进公务接待的阳光化。公务接待公示可以让民众了解公务接待工作信息。将公务接待的细节向全社会公开，以方便公民在网上查到招待费用、菜品、酒水等具体细节，更好地保证社会大众实现有效监督。再者，要鼓励和调动新闻媒体曝光公务接待中的违规行为,加大社会各界的监督力度。

(三)推进公务接待的社会化改革:统筹行政资源与社会资源

公务接待的市场化是公务接待体制创新的重要方式。建立公务接待市场化服务保障体系将是大势所趋,充分利用市场资源实现公务接待工作的优化,将为公务接待部门提供更多选择。通过将公务接待基地市场化,并引入市场机制和竞争机制,可以极大地提升定点场所服务效率和服务质量,进而形成更为完善的社会化服务体系。

当然,市场经营体制下的商业模式与公务接待之间或多或少仍存在一定矛盾,这就需要公务接待部门与定点饭店互相适应,在尽量不损失定点饭店利益的前提下更侧重于公务接待服务保障职能,保障公务接待服务工作高质、高效开展。

(四)塑造现代行政文化:融合优秀传统文化与世界现代文明

塑造现代行政文化,既要创造性地利用好我国传统文化的精华,又要积极吸收现代世界文明先进的理念和制度。在传统文化中,有"天下兴亡,匹夫有责"的忧患意识,"先天下之忧而忧,后天下之乐而乐"的爱国主义精神,还有重民、爱民、利民、富民的朴素民本思想以及崇尚节俭、克制的优良品质,这些都应该加以推崇并发扬光大。

中国儒家传统文化的长处在于道德自省和启发人性中的"光辉面",是一种自律文化。而西方法治文化的特点在于预设并承认人性中的弱点,用制度加以防范。因此,单方面依靠道德或者仅仅强调制度的作用都是不妥当的。塑造现代行政文化,就是要创造性地转化传统文化中的优秀成分,并结合西方法治文化的精髓,使二者充分融合,发展成为一种新的符合中华大地的优秀行政文化。当清廉成为社会普遍的风气,当"社会主义国家由人民当家作主,公共行政只是实现人民民主的工具,公务人员是受雇于人民的公仆,对人民负责,其活动的一切宗旨都是为人民谋福利",当"一切权力属于人民"和"为人民服务"的观念深入公务者的血液,制度的有效执行就会变得水到渠成和顺理成章。

【拓展阅读】

[1] 陈卫民,李剑. 行政管理视阈下公务接待工作初探 [J]. 江西社会科学,2007(7):208-212.

[2] 周运启. 公务接待的理性认识 [J]. 中国机关后勤,2001(8):29-30.

[3] 吴海娜. 浅析公务接待制度体系建设 [J]. 中国机关后勤,2022(5):54-55.

[4] 刘红春. 法治政府视域中公务接待标准制度化的法律思考 [J]. 云南大学学报(法学版),2014(4):14-18.

［5］施研.国外如何管束公务消费［J］.领导科学论坛，2014（6）：41-42.

［6］姜秀敏，秦龙.制度建设："三公消费"治理的路径选择——基于行政成本理论的视角［J］.行政论坛，2013（3）：59-62.

［7］严霞，王宁."公款吃喝"的隐性制度化——一个中国县级政府的个案研究［J］.社会学研究，2013（5）：1-25，242.

后记

2021年5月，山西大学机关事务研究中心成立，为我们系统地研究机关事务理论创造了良好条件。同年，山西大学行政管理专业获批成为国家级一流本科专业建设点，机关事务管理的教研便成为行政管理专业建设和公共管理学科发展的重点之一。经过三年的教学实践和不断总结，我们编写了《机关事务管理导论》一书。

机关事务管理是一门研究范围比较广泛的独特学科，其所包括的内容是丰富多彩的。它不但包括一般的原理与方法，还涉及若干分支学科和许多专业问题。显然，这不是我们这本教科书所能全部涉及的。在编写过程中，我们力争做到以下三点：首先，在内容上着眼于"导论"的内容，致力于构建机关事务管理的基本概念与知识体系，使读者初步了解机关事务管理的主要理论规范和一般研究方法。其次，注重机关事务管理的普遍原则与中国实践的并重。在阐述机关事务管理的基本原理和方法时，结合中国的国情特点和实践经验，分析中国机关事务管理的历史沿革、现实状况以及面临的挑战，提出适合中国国情的机关事务管理方法和解决方案，为实际工作提供指导。最后，尽可能吸纳当代国内外机关事务管理研究中得到学界公认的成果，以确保内容的时效性和前沿性，并注重吸收当前教材建设的新技术和新方法，以提高教学效果和学生的学习兴趣。

本书是山西大学机关事务研究中心团队合作、集体努力的成果。本书的写作分工为：第1章由任晓春编写，第2章由曹宇峰编写，第3章由闫飞飞、李建福编写，第4章由史凤林编写，第5章由太原理工大学宋晓娟编写，第6章由段迎君编写，第7章由武照亮编写，第8章由任晓春、席瑞杰编写，第9章由史亚峰编写，第10章由翟新花编写，第11章由董瑞昶编写，第12章由李华君编写，第13章由张力编写。我的研究生贾璐、郭嘉馨、张健、艾佳林为本书进行了认真校对，付出很多。我负责提出写作纲要、统筹推进撰写工作和统稿定稿工作。

在编写过程中，我们得到了山西省机关事务管理局的大力支持，得到山西大学政治与公共管理学院领导和老师们的积极支持。同时，本书在写作过程中，我们参阅了大量中外文献，吸收了许多学者的研究成果。在此，我们一并表示由衷的、最真挚的感谢！

最后，感谢使用本书的同行专家、师生及读者朋友们！出版本书，意在为公共管理（政府运行保障管理）的学习者提供一个相对系统的读本。机关事务管理的研究是一个可以继续深化的领域。由于我们水平所限，书中难免有不妥或不当之处，我们竭诚欢迎各位同仁和广大读者批评指正，以便我们今后进一步改进与完善。我们的邮箱是：ggswgl2021@163.com。

任晓春